योद्धा संन्यासी

विवेकानंद

योद्धा संन्यासी विवेकानंद

वसंत पोतदार

प्रभात प्रकाशन

प्रकाशक
प्रभात प्रकाशन प्रा. लि.
4/19 आसफ अली रोड, नई दिल्ली–110002
फोन : 23289777 • हेल्पलाइन नं. : 7827007777
इ–मेल : prabhatbooks@gmail.com ❖ वेब ठिकाना : www.prabhatbooks.com

संस्करण
2023

अनुवाद
श्री गंगाधर परांजपे

पेपरबैक मूल्य
चार सौ रुपए

मुद्रक
नरुला प्रिंटर्स, दिल्ली

———— ★ ————

YODDHA SANNYASI : VIVEKANAND
novel by Vasant Potdar

Published by **PRABHAT PRAKASHAN PVT. LTD.**
4/19 Asaf Ali Road, New Delhi-110002

ISBN 978-93-5048-149-3
₹ 400.00 (PB)

सद्‌गुरु!
वह मेरा प्राण, वह मेरी आत्मा,
गुरु है तो वह, मालिक है तो वह।
हृदयस्थ प्राण भी वही,
और मेरे जन्म को
सार्थक बनानेवाला भी वही।
मैं ऊपर से तो ज्ञानी, पर अंदर से भक्त,
वह बाह्यतः भक्त, अंदर से श्रेष्ठ ज्ञानी।

—स्वामी विवेकानंद

प्रस्तावना

स्वामी विवेकानंद के विविधतापूर्ण एवं स्फूर्तिदायक व्यक्तित्व, चिंतन और कृतित्व के विषय में अनेकों पुस्तकें लिखी गई हैं और आगे भी लिखी जाएँगी। वे सब स्वामी विवेकानंद के जीवन, उनकी सोच और उनके प्रभाव के संबंध में कुछ-न-कुछ नए तथ्यों को उजागर करती हैं। इनमें तथ्य भी सामने आते हैं और पुरानी जानकारी को नए-नए परिप्रेक्ष्य में भी प्रस्तुत किया जाता है। उनके व्यक्तित्व में एक अप्रतिमेय गतिशीलता है। समय-समय पर स्वामीजी ने जो विचार व्यक्त किए, वे समाज जीव और जगत् की मूलभूत समस्याओं से संबंधित हैं, अतएव समसामयिक महत्त्व के होने के कारण आज भी उनमें एक नवीनता दिखाई देती है। वे पाठक को व्यावहारिक जीवन के लिए नई दृष्टि, विचार-शैली और संवेदनशीलता प्रदान करते हैं। भारत और समस्त मानव समाज के लिए उनका अवदान इतना बहुमुखी और गंभीर है कि उसका आकलन अलग दृष्टि से करना आवश्यक है।

स्वामी विवेकानंद के बहुआयामी व्यक्तित्व और कृतित्व के विषय में यहाँ कुछ अधिक कहने की आवश्यकता नहीं है। स्वामीजी के संदेश करीब दस खंडों में प्रकाशित हैं। हमारे आज के जो सरोकार हैं, जैसे—शिक्षा की समस्या, भारतीय संस्कृति का सही रूप, व्यापक समाज-सुधार, महिलाओं का उत्थान दलित और पिछड़ों की उन्नति, विकास के लिए विज्ञान की आवश्यकता, सार्वजनिक जीवन में नैतिक मूल्यों की आवश्यकता, युवकों के दायित्व, आत्मनिर्भरता, भारत का भविष्य आदि-आदि। उनमें से कुछ भी स्वामीजी ने अछूता नहीं छोड़ा है। भारत को अपने पूर्व गौरव को पुनः प्राप्त करने के लिए, समस्याओं के निदान के लिए स्वामीजी के विचारों का अवगाहन करना होगा। रवींद्रनाथ टैगोर ने रोम्या रोलाँ को कहा था कि यदि भारत को समझना है तो विवेकानंद को जानना होगा। उनमें सबकुछ सकारात्मक है। विवेकानंद भारतीय नवजागरण और पुनरुत्थान के एक जाज्वल्यमान नक्षत्र हैं। वे उसके साक्षी और भागीदार भी हैं। स्वामीजी ने जहाँ अपने प्राचीन गौरव और सम्मान के प्रति जागरूक किया, वहाँ देश की कमजोरियों के प्रति भी सचेत किया। वे जहाँ राष्ट्रीय

जागरण के प्रतीक हैं, वहीं संपूर्ण मानवता के उद्घोषक भी हैं। स्वामी विवेकानंद ने राजनीति में प्रत्यक्षत: भाग नहीं लिया, किंतु परोक्ष अथवा अपरोक्ष रूप से राष्ट्रीय स्वतंत्रता आंदोलन के वे एक मुख्य प्रेरक रहे हैं। शिकागो के १८९३ के सर्वधर्म सम्मेलन में उन्होंने केवल धार्मिक सहिष्णुता की ही बात नहीं की। उन्होंने कहा कि वे आगे आनेवाले धर्मों और पैगंबरों को भी श्रद्धा के साथ स्वीकार करेंगे। उन्होंने यह भी डंके की चोट पर कहा कि कोई भी धर्मावलंबी यह दावा नहीं कर सकता कि उसके धर्म का ही सत्य पर अधिकार है और अन्य धर्म झूठे हैं तथा उनके द्वारा मनुष्य का कल्याण नहीं हो सकता है। इसलिए उन्होंने धर्मांतरण का विरोध किया। वे सच्चे सर्वधर्म सद्भाव और समन्वय के समर्थक थे। उन्होंने सनातन धर्म को ऐसे विशद रूप में व्याख्यायित किया, जिसका विश्वव्यापी प्रभाव आज भी हम देख सकते हैं। स्वामीजी का यह हृदयस्पर्शी वाक्य कि मैं उस प्रभु का सेवक हूँ, जिसे अज्ञानी लोग 'मनुष्य' कहते हैं, उनके विशाल मानवतावादी दृष्टिकोण का ही द्योतक है, जो भारत को प्राचीन वसुधैव कुटुंबकम परंपरा के अनुरूप है। स्वामी विवेकानंद के चिंतन में आध्यात्मिकता और भौतिकीय प्रगति, धार्मिक और विज्ञानवादी दृष्टिकोण, परंपरा और आधुनिकता का एक अद्भुत कल्याणकारी सामंजस्य और सम्मिश्रण दिखाई देता है, जिसके कारण उनके चिंतन का मूलतत्त्व कालजयी है और आज भी प्रासंगिक है।

यह प्रसन्नता का विषय है कि मराठी के प्रसिद्ध लेखक श्री वसंत पोतदार, जो अब हमारे बीच में नहीं हैं, की पुस्तक 'योद्धा संन्यासी' का हिंदी अनुवाद प्रकाशित हो रहा है। मूल स्रोतों और शोध पर आधारित इस पुस्तक में प्रस्तुत स्वामी विवेकानंद के जीवनवृत्तांत में उपन्यास की रोचकता समाहित है। पुस्तक के अनुवादक श्री गंगाधर परांजपे मूलतया मराठी भाषाभाषी हैं, किंतु वाराणसी एवं प्रयाग जैसे सांस्कृतिक और आध्यात्मिक केंद्रों में कार्यरत रहने और निवास करने के कारण उनका संस्कृत और हिंदी का अच्छा अभ्यास है। उन्होंने यह अनुवाद स्वान्त: सुखाय और दूसरों के लिए हितकर होने के सद्-उद्देश्य से किया है। आशा है, उनकी आकांक्षा जरूर पूरी होगी। श्री परांजपे ने जो यह श्रमसाध्य कार्य स्व प्रेरणा से किया है, उसके लिए मैं उनकी प्रशंसा करना चाहूँगा और उनकी उपलब्धि के लिए उन्हें बधाई देना चाहूँगा। श्री परांजपे ने स्वयं प्रकाशन की कठिनाइयों की चर्चा की है। उनके निवारण में निवर्तमान न्यायमूर्ति (इलाहाबाद उच्च न्यायालय) पालोक वसु उसके माध्यम बने। पालोक वसु ठाकुर और स्वामीजी के अनन्य भक्त हैं। उन्होंने भाषा और प्रस्तुतीकरण की दृष्टि से अनुवाद का पुन: निरीक्षण भी किया। वे साधुवाद के पात्र हैं। अनुवादक श्री गंगाधर परांजपे को बहुत शुभकामनाएँ। 'योद्धा संन्यासी' हम सबके स्वागत योग्य है, मेरा ऐसा विश्वास है।

२२-२-२०१२ — त्रिलोकी नाथ चतुर्वेदी

(त्रिलोकी नाथ चतुर्वेदी)

भूमिका

"उठिए, जागिए, मेरे देशबंधुओ! आइए, मेरे पास आइए। सुनिए, आपको एक ज्वलंत संदेश देना है। इसका अर्थ यह नहीं है कि मैं कोई अवतार हूँ। ना-ना, मैं अवतार तो नहीं ही हूँ। कोई दार्शनिक अथवा संत भी नहीं हूँ। मैं हूँ, एक अति निर्धन व्यक्ति, इसीलिए सारे सर्वहारा मेरे दोस्त हैं। मित्रो! मैं जो कुछ कह रहा हूँ, उसे ठीक से समझ लीजिए। समझिए, आत्मसात् कीजिए और उसे जनमानस तक पहुँचाइए। घर-घर पहुँचाइए मेरे विचार। मेरे विचार-वृक्ष के बीजों को दुनिया भर में बोइए।

"तर्क की खुरदुरी झाड़ू से अंधविश्वास के जालों को साफ करने का अर्थ है शिक्षा। संस्कृति और परंपरा, दोनों एकदम भिन्न हैं, इसे स्पष्ट करने का नाम है शिक्षा। प्रत्येक धर्म का विशुद्ध स्वरूप कौन सा और परंपरा की मिलावट करने के बाद उससे उपजा कुरूप कौन सा, इसका जो सटीक विभाजन करे, उसी का नाम है शिक्षा।

"मित्रो! सच बताऊँ—धर्म, धार्मिक, धर्मनिष्ठ आदि शब्दों के जो रूढ़ अर्थ हैं, उनका मानव जीवन से प्रत्यक्षत: कोई संबंध नहीं है। धर्म के संस्कार बाल्यकाल में ही आवश्यक होते हैं। नन्हा सा पौधा हम गमले में लगाते हैं। उसकी देखभाल करते हैं। पर उस नन्हे पौधे का रूपांतरण जब वृक्ष में होता है तो वह गमला फूटकर अपने आप नष्ट हो जाता है। इमारत के पूर्ण होने पर उसके निर्माणार्थ लगाए गए बाँस के पाड़ को हटा दिया जाता है। इसी प्रकार बढ़ती उम्र के साथ परिपक्वता आने पर परंपरागत धर्म का अस्तित्व समाप्त होना ही चाहिए। धर्म यानी जन्मघुट्टी, बस।

"मित्रो! धर्म की अपनी परिभाषा मैं आपको बताता हूँ। ध्यानपूर्वक सुनिए, प्रत्येक व्यक्ति को अपनी अस्मिता से हजारों, लाखों, करोड़ों लोगों की अस्मिता से जोड़ना चाहिए। प्रत्येक प्राणी को अपनी ही आत्मा का अंश मानने से पूर्णत: धर्मपालन हो जाता है। इसी धर्म का नाम है, मानव धर्म। हिंदू धर्म इसी मानव धर्म का पर्यायवाची है। मेरे हिंदू मित्रो! यदि आपने इस मानव धर्म का पालन नहीं किया, तो धिक्कार है आपकी

संस्कृति को, वेद व उपनिषदों को और धर्मग्रंथों के पठन-पाठन को।

"मेरे प्यारे भाइयो! आप ही बताइए, आकाशस्थ ईश्वर को हम पिता कहते हैं, उसी के पुत्रों यानी अपने ही भाइयों से दुराव रखकर हमारा दुश्मनी करना कहाँ तक उचित है?

"मैं तो अपने को तभी भाग्यशाली मानूँगा, जब मुझे बार-बार जन्म मिले। भले ही नरकवास ही क्यों न भोगना पड़े, पर मेरा पुनर्जन्म होना ही चाहिए। प्रत्येक जन्म में मेरे हाथों असीमित समाज-सेवा संपन्न हो। क्योंकि मेरा दृढ़ विश्वास है कि मानव-सेवा ही वास्तव में ईश्वर-सेवा है।"

उक्त अक्षय मंत्र का उच्चारणकर्ता है वीरेश्वर। बचपन में उसका नाम सचमुच 'वीरेश्वर' रखा गया था, पर उसके माता-पिता उसे 'बिले' नाम से पुकारते थे। मित्रों में उसे 'नरेंद्रनाथ' कहा जाता था, तो गुरुजी की स्नेहिल वाणी उसे "नारेन" नाम से पुकारती थी। संन्यासी जीवन में वह अपना परिचय 'विविदिशानंद' और 'सच्चिदानंद' के नाम से कराता था। सारी दुनिया उसे 'झंझावाती हिंदू' और 'योद्धा संन्यासी' के विशेषणों से गौरवान्वित करती थी। उस विप्लवी, क्रांतिकारी हिंदू धर्मोपदेशक का नाम है—विवेकानंद, 'स्वामी विवेकानंद'।

स्वामी विवेकानंद का उपनाम था दत्त, जाति-बंगाली कायस्थ।

दत्त परिवार कलकत्ते के उत्तर में 'सिमुलिया' नामक स्थान में रहता था। धनवान, शक्तिसंपन्न होते हुए भी इस परिवार की कीर्ति उदार चरित्र वाली थी। विवेकानंद के परदादा का नाम था—राममोहन दत्त। वे एक अंग्रेज सालिसीटर के मुंशी थे। आगे चलकर वे उसके सहयोगी भी बने। राममोहन बाबू ने मेहनत से व्यवसाय कर पर्याप्त धन अर्जित किया। कलकत्ते के गौरमोहन मुखर्जी नामक लेन में एक बड़ी सी कोठी बनाकर राममोहन बाबू अपने सभी परिजनों के साथ बड़े ऐशोआराम के साथ रहते थे।

राममोहन बाबू के दो पुत्र थे—दुर्गाप्रसाद तथा कालीप्रसाद। इनमें से दुर्गाप्रसाद हमारे चरित्र नायक के सगे दादा थे। फारसी तथा संस्कृत—इन दो परस्पर विरोधी भाषाओं पर उनका समान अधिकार था। इसके अलावा वे कानून के अध्ययन में इतने पारंगत थे कि राममोहन बाबू ने उन्हें अपने व्यवसाय में भागीदार बना लिया था।

परंतु दुर्गा बाबू को संन्यासी जीवन का अजीब-सा आकर्षण था। उन्होंने शादी की और १८३५ में पहली संतान होते ही वे गृह त्यागकर कहीं निकल गए। उस समय दुर्गा बाबू की आयु मात्र २५ वर्ष थी। उनको एक पुत्र हुआ। उसका नाम रखा गया विश्वनाथ। उन्हीं का ज्येष्ठ पुत्र अपना चरित्र नायक है।

विश्वनाथ को शैशवावस्था में ही छोड़कर, समस्त धन-संपत्ति का त्याग कर दुर्गाप्रसाद कहीं अज्ञात स्थान को चले गए। उनकी पत्नी का नाम था श्यामासुंदरी। वे एक निर्भीक

माता थीं। घर-गृहस्थी को समर्पित तथा सारी जिम्मेदारियों का वहन करने में सक्षम नारी थीं। उन्होंने अपने पुत्र को उत्तम संस्कार दिए।

बारह वर्षों बाद दुर्गा बाबू संन्यासी वेष में घर लौटे, पर तुरंत ही वापस चले गए। उसके बाद उनका कोई पता न चला। नरेंद्र में संन्यासी होने की तीव्र इच्छा थी। अपने दादाजी से ही उसे वह विरासत में प्राप्त हुई थी।

पति से पुनर्मिलन के बाद श्रीमती श्यामासुंदरी का निधन हो गया। विश्वनाथ की परवरिश चाचा कालीप्रसादजी ने की। वे जीवनयापन के लिए कोई काम-धंधा नहीं करते थे। इसलिए दत्त परिवार का जीवनयापन किसी तरह हो रहा था। विश्वनाथ बाबू बुद्धिमान होने के साथ-साथ परिश्रमी भी थे। उन्होंने वकालत की परीक्षा उत्तीर्ण की और परिवार को पुनः संपन्न बनाया।

विश्वनाथ बाबू का बांग्ला और अंग्रेजी के साथ-साथ फारसी, उर्दू तथा हिंदी भाषा पर भी समान अधिकार था। उन्होंने संस्कृत भाषा भी पढ़ी थी। इतिहास उनका प्रिय विषय था। ज्योतिषशास्त्र में भी उनकी बराबर की रुचि थी।

प्रचुर धनार्जन करना, खूब खर्च करना, शान-शौकत से रहना, उनका स्वभाव था। उन्हें संगीत का शौक था और संगीत उन्होंने सीखा भी। शनिवार-रविवार को उनके बँगले पर महफिलें सजा करती थीं।

सन् १८५१ में सोलह वर्ष की अवस्था में विश्वनाथ बाबू का विवाह हुआ। सिमुलिया के ही प्रतिष्ठित बसु परिवार के नंदलालजी की दस वर्षीया सुकन्या भुवनेश्वरी दत्त-परिवार में आई। भुवनेश्वरी देवी के गले में स्वभावतः मिठास थी। गायनप्रेमी माता-पिता के कारण ही नरेंद्र गायनकला में निपुण हुआ। अन्य सभी आनुवंशिक गुणों में नरेंद्र का सर्वाधिक महत्त्वपूर्ण गुण था—गायन। ऐसा इसलिए भी कि सद्गुरु के प्रथम मिलन का कारण ही बना नरेंद्र का गायन।

विश्वनाथ बाबू खुली तबीयत और मनमौजी होने के बावजूद उनकी दृष्टि समाजोन्मुखी थी। ईश्वरचंद्र विद्यासागर के विधवा-विवाह आंदोलन के वे समर्थक ही नहीं, अपितु निष्ठावान् कार्यकर्ता भी थे। उन्होंने अपने मोहल्ले की एक-दो युवा विधवाओं के विवाह का नेतृत्व भी किया था। इस कार्य में उनकी पत्नी उनका पूरी तरह सहयोग करती थीं।

विश्वनाथ बाबू थोड़ा-बहुत लेखनकार्य भी किया करते थे। सन् १८८० में उनका बंग भाषा में लिखा पहला उपन्यास 'सुलोचना' प्रकाशित हुआ। सन् १८८२ में उन्होंने बँगला और हिंदी भाषा में दो खंडों में एक ग्रंथ लिखा, जिसका शीर्षक था 'शिष्टाचार पद्धति'। अपने व्यवसाय के निमित्त उन्हें उत्तर भारत तथा मध्य प्रदेश में अकसर जाना पड़ता था। वहाँ की सामाजिक रूढ़ियाँ समाज को सशक्त करने के लिए घातक हैं, यह

देख उन्होंने उक्त ग्रंथ दो खंडों में लिखा। पहला खंड तो प्रकाशित हुआ, पर दूसरा खंड प्रकाशित होने से पूर्व सन् १८८४ में उनका आकस्मिक निधन हो गया।

विश्वनाथ बाबू तथा भुवनेश्वरी देवी–दंपती से उत्पन्न पुत्ररत्न ही हमारा चरित्र–नायक है।

१२ जनवरी, १८६३, सूर्योदय से कुछ मिनट पहले, प्रातः ६ बजकर ३३ मिनट तथा ३३ सेकंड पर वैदिक धर्म का पुनरुज्जीवन करनेवाले एक धर्मसूर्य का उदय हुआ। बंगाली पंचांग का नौवाँ मास पौष कृष्ण सप्तमी। मकर संक्रांति का प्रातःस्नान करने वाले कोटि–कोटि हिंदू कहीं इसी धर्मसूर्य को तो अर्घ्य नहीं दे रहे थे। कलकत्ते के उत्तर में चार मील पर स्थित दक्षिणेश्वर के काली मंदिर में निवास करनेवाला एक पुजारी क्या इसी नवजात शिशु के आगमन की प्रतीक्षा तो नहीं कर रहा था?

नरेंद्र के बाल्यकाल की सारी प्रमुख घटनाओं का संबंध उसके संपूर्ण जीवन को परिलक्षित करके देखा जाता है। बाल्य जीवन की तीव्र इच्छाएँ व छोटे–मोटे शौक तरुणाई में ही समाप्त हो जाते हैं और वृद्धावस्था में तो विस्मृत ही हो जाते हैं, ऐसा सर्वसामान्य लोगों का मानना है। पर विवेकानंद की बाल्यकाल में जिन चीजों में रुचि प्रस्फुटित हुई, वह जीवन भर बढ़ती ही गई।

उसके पहले शौक का नाम था, संस्कृत। छह वर्ष की आयु में नरेंद्र का पाठशाला में प्रवेश हुआ। घर में माँ रामायण, महाभारत की रोचक कथाएँ सुनातीं। उसके संयुक्त परिवार में नृसिंह दत्त नामक एक वृद्ध रिश्तेदार रहते थे। वे संस्कृत के पंडित थे। बालक नरेंद्र उन्हीं के पास सोता था। वे रात में नरेंद्र से संस्कृत व्याकरण की 'मुक्तबोध' नामक पुस्तक से उच्चारण के लिए अत्यंत क्लिष्ट उद्धरण याद करवाते थे और संस्कृत व्याकरण भी सिखाते थे। एकपाठी नरेंद्र ने 'मुक्तबोध' के सारे उद्धरणों को तो कंठस्थ किया ही, साथ में रामायण तथा महाभारत के लंबे–लंबे काव्यांश को भी कंठस्थ कर लिया। संस्कृत भाषा, विशेषकर संस्कृत व्याकरण विवेकानंद का आजीवन प्रिय विषय रहा।

पाणिनि के व्याकरण के समान ही विवेकानंद का प्यार पाक क्रिया से भी था। अपने पिता के समान ही नरेंद्र को स्वादिष्ट व्यंजन बनाने के साथ ही उन्हें चाव से खाने का भी शौक था।

पिताजी प्रसिद्ध वकील थे। सभी जातियों के लोग उनके मुवक्किल थे। वे बँगले पर आते। प्रत्येक जाति के लोगों के लिए अलग हुक्का–चिलम रखी रहती। मुसलमानों के लिए अलग हुक्का। सात–आठ साल का नरेंद्र उन दर्जन भर चिलमों का रहस्य समझ नहीं पाता था। ब्राह्मण ने अगर चमार का हुक्का पी भी लिया तो क्या होगा? क्या उस पर आसमान टूट पड़ेगा या उसके प्राणपखेरू उड़ जाएँगे? मर जाएँ, कोई बात नहीं। नरेंद्र ने हुक्के की हरेक नली में एक–एक कर फूँक मारी, पर कोई भी असामान्य घटना

नहीं घटी। वह जिंदा कायस्थ और बुद्धि से जैसा था वैसा ही बना रहा।

इसी संदर्भ में नरेंद्र की ही तरह श्री रामकृष्ण परमहंस के बाल्य जीवन की भी एक घटना याद आती है। उनका नाम था गदाधर। उन्हें 'गदाई' नाम से पुकारा जाता था। गदाई के पड़ोस में धानी नाम की एक लोहारिन रहती थी। गदाई के होनेवाले यज्ञोपवीत की बात सुनकर उसने सहजता से कहा कि उसे पहली भिक्षा वह देगी। गदाई ने स्वीकार कर लिया। यज्ञोपवीत के बाद बटु को तीन दिन तक भिक्षा माँगकर उदर-निर्वाह करने की परंपरा थी। यज्ञोपवीत होते ही सर घुटाया, यज्ञोपवीत धारण किया। गदाई झोली लेकर सीधे धानी के घर जाने के लिए निकला। बड़े भाई ने कहा, 'अरे, हम लोग ब्राह्मण हैं, वह जाति की लोहार है, उससे भिक्षा नहीं ली जाती।' गदाई ने कहा, 'मैंने उसे वचन दिया है। यदि मैंने उसका पालन नहीं किया तो मुझे यज्ञोपवीत धारण करने का कोई अधिकार नहीं है।'

भारत की मिट्टी से अभी भी जात-पाँत की विषैली और कँटीली बेल पनपकर जनजीवन को ग्रस रही है। आज से डेढ़ सौ वर्ष पूर्व और बाल्य जीवन में भी रामकृष्ण-विवेकानंद जैसे उच्च वर्ण के लोगों ने जातिप्रथा का विरोध किया था, इसे हम जान-बूझकर भूलना चाहते हैं और फिर भी उन्हें हम महान् मानते हैं, यह एक विचित्र विसंगति है।

दोनों ही गुरु-शिष्यों ने जातिप्रथा के विरोध में बहुत कुछ तो कहा ही, आचरण से भी यह दिखा दिया कि जातिप्रथा कितनी आधारहीन है। यहाँ विवेकानंद का एक वाक्य उद्धृत कर रहा हूँ—

"जातिप्रथा मनुष्य-निर्मित है। उसका ईश्वर से जरा भी संबंध नहीं है।"

बचपन में नरेंद्र को एक और शौक लग गया—व्यायाम करने का। कार्नवालिस स्ट्रीट पर नवगोपाल मित्र के अखाड़े में वह प्रतिदिन व्यायाम करने लगा। अखाड़ा गोड़ना, कुश्ती, मुष्टियुद्ध, तैरना, नाव चलाना और पिताजी के दिए हुए टट्टू पर दौड़ लगाना, इतने विविध व्यायाम नरेंद्र करता था। मुष्टियुद्ध प्रतियोगिता में उसे प्रथम पुरस्कार भी मिला था। चाँदी की तितली उसे इनाम में मिली थी।

व्यायाम में उसका प्रिय खेल था लाठीयुद्ध। उसने एक मुसलमान उस्ताद से लाठी भाँजने के गुर सीख लिये थे। दस वर्ष की आयु में ही किसी भी लड़के को ललकारकर वह लाठी-युद्ध में विजयी हो जाता था। विवेकानंद के फोटो में उनका विशाल वक्षस्थल, बलवान बाहू और कसा हुआ शरीर दिखाई पड़ता है। इसका कारण है, बचपन में उनके द्वारा किया गया व्यायाम। भारत में संन्यास-जीवन में बिना खाए-पीए इधर-उधर भटकने के कारण कई बार वे बेहोश हो गए थे। अमेरिका में हिमाच्छादित पहाड़ियों पर उन्हें कई बार चढ़ना-उतरना पड़ता था। पाँच भीषण रोगों ने उन्हें ग्रस लिया था। दिन-रात

लेखन, प्रवचन, उपदेश और यात्रा—बालपन में किए हुए व्यायाम के कारण ही स्वामीजी इन कष्टों को सह सकें। उन्हें आगे जो मिशन चलाना था, वह योगाभ्यास के बिना संभव नहीं था। योगाभ्यास के लिए सशक्त शरीर का होना शायद पहली शर्त थी, क्योंकि परमहंस ने अपने सोलहों शिष्यों के शरीरों की ताकत की जाँच कर, उनके सीने को ठोककर देखने के बाद ही उन्हें दीक्षा देने के लिए चुना था।

विवेकानंद के जुझारू व्यक्तित्व के कारण ही 'योद्धा संन्यासी' यह उपाधि उनके लिए उपयुक्त है। एक बार किसी यात्रा के दौरान दो क्रिश्चियन मिशनरियों से स्वामीजी की धर्मचर्चा प्रारंभ हो गई। जगह थी जहाज का डेक। स्वामीजी के तर्कों के आगे वे दोनों पादरी निरुत्तर हो गए, पर एक काले आदमी से पराजित होना उन्हें बरदाश्त नहीं हुआ। उन्होंने हिंदू धर्म के विरुद्ध बिना कारण ही विषवमन प्रारंभ कर दिया। स्वामीजी ने तुरंत उनमें से एक पादरी का गला पकड़ा और गर्जना की—"इसके बाद अगर एक भी शब्द जबान से निकाला तो समुद्र में फेंक दूँगा।" उनका सशक्त शरीर देखकर वे दोनों चुप हो गए।

मानवधर्म के प्रसार का संकल्प लेने के बाद स्वामीजी को व्यायाम करने के लिए समय नहीं मिलता था। इसके अलावा उन्हें लंबैगो नामक बीमारी होने के कारण भी उनके लिए व्यायाम करना संभव नहीं था। सिर्फ एक ही व्यायाम करना संभव था और समय मिलते ही स्वामीजी उसका पूरा लाभ उठाते थे। उस व्यायाम का नाम था—घुड़सवारी। सन् १९०१ में अल्मोड़ा नामक पहाड़ी इलाके में स्वामीजी को एक उम्दा जानवर मिल गया। उन्होंने पहाड़ी उतार-चढ़ाव पर काफी घुड़-दौड़ कर ली। भगवा चोला और साफा पहने संन्यासी को देख लोग दंग रह जाते थे। मृत्यु के एक वर्ष पहले तक विवेकानंद प्रचंड घुड़सवारी का दम रखते थे, यह उनकी खासियत थी।

प्रथम विदेश यात्रा से लौटने के बाद भारत की दुर्दशा पर स्वामीजी ने गहन चिंतन किया। उनके अनुसार इसके मुख्य कारण थे, अत्यधिक आस्तिकता और शारीरिक कमजोरी।

केवल 'हे भगवान्', 'हे भगवान्' की रट लगाना और नाक पकड़कर मोक्ष की कामना करना—इसी कारण भारतीय लोगों के मन मरे हुए और कलाइयाँ सिकुड़ी हुई हैं। 'होई है सोई जो राम रचि राखा', इस भाग्यवाद के भरोसे रहकर ही भारतीय बंधुओं ने पराधीनता की बेड़ियों से अपने हाथों को जकड़ रखा है।

अत: स्वदेश लौटते ही स्वामीजी ने अपने प्रत्येक भाषण में 'शरीरमाद्य खलु धर्मसाधनम्' के इस महामंत्र का मजबूती से उद्घोष किया। एक संन्यासी योद्धा कितना प्रखर बोलता था, यह देखिए—

"माना कि अहिंसा एक शाश्वत सत्य है, पर आप गृहस्थाश्रमी हैं, यह भी मत

भूलिए। आपके गाल पर एक झापड़ मारने वाले के कान के पास आपको दस बार आवाज करनी ही होगी। ऐसी ही गालियाँ और लात-जूता खाकर अपमानजनक जिंदगी जीने का मतलब है, जीते जी नरकवास भोगना; और सुनिए, मरने के बाद भी आपके भाग्य में नरक ही बदा है, यह मैं दृढ़तापूर्वक आपसे कहता हूँ।''

व्यायाम के आगे भगवद्गीता का पाठ करना भी बेकार है—ऐसा स्वामीजी छाती ठोककर कहते थे।

''व्यायाम कीजिए, खेल खेलिए, फुटबॉल को जोर से किक मारिए, आसमान में गेंद जितनी ऊँचाई पर पहुँचेगी, उतनी ही दूर तक आप आकाशस्थ ईश्वर के पास पहुँचेंगे, गीतापाठ से कभी भी नहीं।''

स्वयं परमहंस बिना संगीत की शिक्षा लिये ही एक उत्तम गायक थे। पर नरेन के गायन के भी वे कायल थे और नरेन के तान लगाते ही वे समाधि में हो जाते थे।

भारत और विदेश में भी स्वामीजी समय मिलते ही गाने का रियाज किया करते थे। वे कवि भी थे। स्वरचित पदों को संगीत के सुरों में ढालकर तन्मय होकर गाते थे। मृत्यु के दिन भी सुबह ग्यारह बजे बेलूर मठ के तहखाने में उन्होंने संगीत का रियाज किया था।

नरेंद्रनाथ के दो भाई और चार बहनें थीं। नरेंद्र से सभी छोटे थे। इनमें से दो बहनें छोटेपन में ही गुजर गईं। उनकी बहनों के नाम कहीं भी उपलब्ध नहीं हैं, यह दुर्भाग्य की बात है। नरेंद्र के छोटे भाई का नाम था भूपेंद्रनाथ दत्त। महर्षि अरविंद के सहयोगी भूपेन बाबू 'युगांतर', नामक समाचार-पत्र के संपादक-मंडल में थे। आजादी के लिए वे जेल भी गए थे। सबसे छोटे भाई महेंद्रनाथ लेखक और संगीतज्ञ थे। कलकत्ते में वह एक संगीत विद्यालय चलाते थे। एक छोटा सा संगीत-प्रेमी लड़का पूर्वी बंगाल से भागकर जब कलकत्ता आया तो उसे संगीत का पाठ तो महेंद्र बाबू ने दिया ही, उसके खाने-पीने की व्यवस्था भी विद्यालय में ही करा दी। आगे चलकर यही लड़का उस्ताद अलाउद्दीन खाँ के नाम से एक महान् संगीतज्ञ के रूप में प्रसिद्ध हुआ।

महेंद्र बाबू ने लिखकर रखा है कि नरेन दादा को छोटेपन में पक्षीपालन तथा रेलगाड़ी बनाकर चलाना आदि वैज्ञानिक गतिविधियों में काफी रुचि थी। स्वयं विवेकानंद ने लंदन में ई.एम. स्टर्डी नामक अंग्रेज शिष्य से अपने बाल्य जीवन के बारे में जो कहा, उसका शब्दशः अनुवाद उद्धृत है—

''छोटेपन में मैंने अपने अंदर एक चीज देख रखी थी। वह थी—मेरे शरीर में रहने वाली प्राणशक्ति। उस प्राणशक्ति की तरंगें मेरे शरीर से हमेशा ऊर्ध्वस्थ होती थीं। उनमें अधोगामिता कभी नहीं रहती थी। मैं हमेशा बेचैन रहता था। इस बेचैनी के कारण मैं हमेशा कुछ-न-कुछ करता रहता था। पढ़ने के लिए मेरे पास जब कुछ नहीं होता था,

तो मेरा बालसुलभ उद्यम प्रारंभ हो जाता था। जब बड़े लोग मुझे डाँटकर कमरे में बंद करते और चुपचाप बैठने के लिए कहते, तो मैं या तो भयंकर रूप से बीमार हो जाता था या मुझे पागलपन के दौरे पड़ते। मेरे अंत:शरीर की ऊर्जा सतत झंकृत होकर मुझे कुछ-न-कुछ करने के लिए बाध्य करती थी।''

उसी विचित्र-सी मानसिक स्थिति और अक्षय ऊर्जा में नरेन ने व्यायाम किया। कुश्ती, मुष्टियुद्ध तथा लाठी चलाना सीखा। गायन-वादन में निपुणता प्राप्त की, नाटकों में अभिनय किया। विद्यालय में तत्कालीन प्रसिद्ध नेता तथा लब्धप्रतिष्ठ वक्ता सुरेंद्रनाथ बैनर्जी की अध्यक्षता में आयोजित एक समारोह में आधे घंटे तक धाराप्रवाह भाषण दिया, जातिप्रथा को झूठ साबित करने के लिए चिलमें फूँकीं, भूत-प्रेत आदि को झूठ सिद्ध करने के लिए विचित्र से साहसी कार्य किए, शतरंज का खेल सीखा और घनघोर वाचन किया।

सन् १८७७ में नरेन चौदह वर्ष का था। दर्जा आठ में पढ़ता था। पिताजी को तत्कालीन मध्य प्रदेश के रायपुर में दो वर्ष के लिए जाना था। उन्होंने सपरिवार जाना तय किया। नरेन की स्कूली पढ़ाई बंद हो गई, क्योंकि रायपुर में स्कूल नहीं था। नरेन को पिताजी का खूब सान्निध्य मिला। उसका अध्ययन गहन था। अपने समवयस्क किशोरों के साथ गंभीर विषयों पर चर्चा करने की प्रवृत्ति भी उसमें बखूबी थी। मध्य प्रदेश के विद्वान् लोग विश्वनाथ बाबू से मुलाकात करने आते थे। विविध विषयों पर गहन चर्चा होती। नरेन एकाग्रता के साथ सबकुछ सुनता था। बीच-बीच में अपने तर्कों से उन्हें आश्चर्यचकित भी करता था। रायपुर प्रवास तथा पंडितों के साथ हुए सहवास के कारण उसकी वैचारिक परिपक्वता बढ़ने लगी।

१८७९ में दत्त परिवार पुन: कलकत्ता में वापस आ गया। नरेन ईश्वरचंद्र विद्यासागर के मेट्रोपॉलिटन स्कूल का छात्र था। उसके सभी पुराने मित्र मैट्रिक की परीक्षा देने वाले थे। उसके बाद महाविद्यालयीय शिक्षण प्रारंभ होता था, इसलिए इसे एंट्रेंस परीक्षा कहते थे। नरेन ने आठवीं से दसवीं कक्षा तक की पढ़ाई कुछ ही महीनों में करने की इच्छा व्यक्त की। सभी शिक्षक उससे बहुत प्रभावित हुए। अत: उन्होंने अनुमति प्रदान कर दी और नरेन ने दसवीं की परीक्षा उत्तीर्ण कर ली। मात्र उत्तीर्ण ही नहीं की, अपितु प्रथम श्रेणी प्राप्त की।

—जस्टिस पालोक बसु

अनुवादकीय

'संन्यासी योद्धा'—मराठी के प्रख्यात लेखक श्री वसंत पोतदार द्वारा स्वामी विवेकानंद के जीवन पर लिखित इस पुस्तक को मुझे पढ़ने का सौभाग्य कुछ वर्षों पूर्व अमेरिका में प्राप्त हुआ। इस पुस्तक में विद्वान् लेखक ने स्वामीजी के बहुआयामी व्यक्तित्व को इतनी कुशलता से चित्रित किया है कि इसे पढ़कर मैं अभिभूत हो गया। स्वामी विवेकानंदजी ने संन्यासी का जीवन कर्मविमुख होने के लिए नहीं, अपितु अनासक्त होकर कर्म में सतत संलग्न होने के लिए स्वीकार किया था। ऐसा जीवन जीने की प्रेरणा उन्हें प्राप्त हुई थी, उनके परमपूज्य गुरुजी श्रीरामकृष्ण परमहंसजी के सान्निध्य में। इस प्रकार स्वामीजी एक अनासक्त कर्मयोगी के रूप हमारे सामने प्रकट होते हैं। स्वामीजी के भारतीय संस्कृति के बारे में जो विचार हैं, वे आज भी कितने प्रासंगिक हैं, इसे समझना आवश्यक है। उनका सर्वधर्म तथा सर्ववर्ण समभाव, दलितों और गरीबों के प्रति प्रेमभाव, धर्म, वेदांत तथा विज्ञान के समन्वय के विषय में उनके उदात्त विचार, ओजस्वी व्यक्तित्व, संगीत में दक्षता, संस्कृत एवं अंग्रेजी भाषा पर समान प्रभुत्व, धार्मिक कट्टरता पर प्रहार आदि उनके व्यक्तित्व के कितने ही ऐसे आयाम हैं, जो प्रेरणादायक होने के साथ ही अनुकरणीय भी हैं।

मराठी भाषा, जिसमें मूल पुस्तक लिखी गई है, एक क्षेत्रीय भाषा है। जबकि हिंदी भाषा राष्ट्रभाषा होने के कारण इसके पाठकों की संख्या हमारे देश में सर्वाधिक है। मेरे मन में विचार आया कि हो सकता है, स्वामीजी के जीवन के बहुत से आयामों से हमारे सर्व-सामान्य हिंदी पाठक अनभिज्ञ हों, इसलिए मैंने इस पुस्तक का हिंदी अनुवाद करने का निर्णय लिया। मुझे मराठी से हिंदी अनुवाद करने का अनुभव है, क्योंकि पूर्व में मैंने मराठी के कई मंच नाटकों का हिंदी रेडियो रूपांतर किया था, जिसका प्रसारण उस समय आकाशवाणी के इलाहाबाद तथा अन्य केंद्रों से होता था। इसके अतिरिक्त मैंने मराठी की कई स्तरीय कहानियों का भी हिंदी अनुवाद किया था, जो

तत्कालीन हिंदी पत्रिकाओं में प्रकाशित हुआ था।

मैंने पुणे से मूल मँगवाई तथा इसके प्रकाशक से इसका हिंदी अनुवाद करने के विषय में बात की। इसकी मौखिक अनुमति तो मिल गई, पर औपचारिक अनुमति प्राप्त करना आवश्यक था। मैंने अनुवाद पूर्ण कर लिया, पर कोई योग्य प्रकाशक नहीं मिल रहा था। इसलिए यह अनुवाद कुछ दिनों तक ऐसा ही अप्रकाशित पड़ा था।

इसे संयोग कहा जाए कि श्रीरामकृष्ण परमहंस, जिन्हें उनके अनुयायी 'ठाकुर' कहते हैं या ठाकुरजी की कृपा, मैंने एक दिन एक स्थानीय समाचार-पत्र में पढ़ा कि इलाहाबाद उच्च न्यायालय के पूर्व न्यायाधीश माननीय न्यायमूर्ति श्री पालोक बसुजी का कहीं स्वामी विवेकानंदजी पर भाषण हुआ। मेरा उनसे परिचय था। क्योंकि आदरणीय पालोक बसुजी न्यायाधीश के आसन पर विराजमान होने के पूर्व मंच तथा रेडियो-नाटकों में अभिनय किया करते थे और उन्होंने मेरे भी कई रेडियो-नाटकों में अभिनय किया था। वे रेडियो के प्रथम श्रेणी के कलाकार रहे तथा उनके श्रेष्ठ अभिनय की प्रशंसा होती थी। इसी तरह इलाहाबाद उच्च न्यायालय में भी इनकी गणना श्रेष्ठ न्यायाधीशों में होती है। वे निष्पक्ष एवं त्वरित न्याय देने के लिए प्रसिद्ध हैं। मैं उनसे मिला, उन्होंने मूल पुस्तक तथा अनुवाद की पांडुलिपि रख ली। इसके 15-20 दिनों के बाद उनहोंने मुझे घर पर बुलाया और वे मुझे कर्नाटक के पूर्व राज्यपाल श्री टी.एन. चतुर्वेदी महोदय से मिलवाने ले गए। उस समय वे किसी कार्य से इलाहाबाद आए हुए थे। उल्लेखनीय है कि श्री चतुर्वेदीजी हिंदी के मूर्धन्य साहित्यकार हैं तथा वर्तमान में 'साहित्य अमृत' नामक प्रतिष्ठित साहित्यिक मासिक पत्रिका के संपादक हैं। वे 6 वर्षों (1984-1990) तक भारत के नियंत्रक एवं महालेखापरीक्षक (सी.ए.जी.) के पद पर आसीन थे और चूँकि मैं भी इलाहाबाद के महालेखाकार कार्यालय में कार्यरत था, इसलिए मैं उनको पहले से जानता था। उन्होंने मूल पुस्तक तथा अनुवाद की पांडुलिपि देखी, मुझसे इस संबंध में थोड़ी चर्चा भी की तथा पुस्तक-प्रकाशन की व्यवस्था करने की बात कही।

आज जो यह पुस्तक पाठकों के हाथों में है, उसका सारा श्रेय परम आदरणीय श्री टी.एन. चतुर्वेदी महोदय तथा माननीय श्री पालोक बसुजी को है। इसलिए मैं दोनों महामान्यों के प्रति अपनी हार्दिक कृतज्ञता व्यक्त करता हूँ।

पुस्तक की पांडुलिपि को यत्र-तत्र परिष्कृत करने में मेरे मित्र श्री भगवती प्रसाद तिवारी (अवकाशप्राप्त जॉइंट रजिस्ट्रार, इलाहाबाद उच्च न्यायालय) ने मेरी सहायता की, उसके लिए मैं उनका आभारी हूँ।

मराठी की मूल पुस्तक में एक से पाँच भाग में पहले एक फोटो, उसके पीछे स्वामी विवेकानंद की एक सूक्ति तथा परिशिष्ट के पहले केवल एक फोटो, इस क्रम को रखा गया है। इस पुस्तक में भी उसी क्रम का यथावत् अनुसरण किया गया है।

पुस्तक की पांडुलिपि के लेखन में मेरी धर्मपत्नी श्रीमती प्रतिभा परांजपे ने मेरे साथ पूर्ण सहयोग कर अपने सहचारिणी धर्म का सही अर्थों में पालन किया।

अंत में मैं कहना चाहूँगा कि इस पुस्तक में पाठकों को जो अच्छाई दिखाई पड़े, उसका सारा श्रेय पुस्तक के मूल लेखक को है तथा भाषा-संबंधी या अन्य कोई दोष दिखाई पड़े तो उसका उत्तरदायी मैं हूँ। सुधी पाठक मुझे अज्ञ समझकर इसके लिए क्षमा करेंगे।

—गंगाधर परांजपे

विषय सूची

परमहंस—एक संक्षिप्त परिचय

"This is the story of a PHENOMENON."

श्री रामकृष्ण परमहंस के सर्वोत्कृष्ट जीवनचरित्र के महान् अमेरिकन लेखक, बुद्धिवादी क्रिस्टोफर ईशरवुड ने अपने ग्रंथ का प्रारंभ उक्त वाक्य से किया है।

महायोगी महर्षि अरविंद ने लिख रखा है कि आगामी पाँच हजार वर्षों में परमहंस जैसा महापुरुष पैदा होनेवाला नहीं है।

रामकृष्ण परमहंस—एक ऐसा व्यक्तित्व, जिसके आचरण का एक सिरा अतींद्रिय, तो दूसरा इंद्रियगम्य। एक ऐसा जीवन, जिसे पढ़-सुनकर आस्तिक व्यक्ति भी असमंजस में पड़ जाए। आधुनिक समय में, यानी उन्नीसवीं शताब्दी में सृष्टि की ऐसी अनुपम निर्मिति, जिसके आँगन में विज्ञान की कठोरता भी तरल हो जाती है और तर्क के राक्षस को लकवा मार जाता है।

स्वामी दयानंद और केशवचंद्र सेन, दोनों ही महासाधक तथा महान् पंडित थे। एक आर्य समाज के संस्थापक थे, तो दूसरे ब्राह्म समाज के। दोनों की कलकत्ते में भेंट हुई। दोनों के बीच चर्चा प्रारंभ हुई, पर तुरंत ही समाप्त भी हो गई। केशव बाबू ने निराश होकर कहा, "स्वामीजी, आपको अंग्रेजी नहीं आती। मैं अपने सिद्धांत आपको कैसे समझा सकता हूँ?"

स्वामी दयानंद ने अपनी कठिनाई बताई—"केशव बाबू, आपको संस्कृत नहीं आती, उसके बारे में क्या बताऊँ?"

सौभाग्य से विवेकानंद का इन दोनों भाषाओं पर प्रभुत्व था। उनकी गगनचुंबी कीर्ति का यह एक प्रमुख कारण है। पर परमहंस को इन दोनों भाषाओं का ककहरा भी मालूम नहीं था। बंगाली में किसी तरह हस्ताक्षर करने के अलावा लेखन-वाचन से उनका कोई संबंध नहीं था। विवेकानंद के अनुसार समाधि की अवस्था में हुई अनुभूति से उन्हें ज्ञान प्राप्त होता था।

'अनेकता में एकता' ऐसा हम लोग भारतवर्ष के बारे में कहते हैं। इस सूत्र का जीता-जागता उदाहरण है, परमहंस जैसा एक अशिक्षित मानव। विविध वस्तु और व्यक्तियों को देखते-देखते एकाएक वे समाधिस्थ हो जाते थे। अनेकता से एकाएक छलाँग लगाते हैं, अद्वैत के स्थिर जलाशय में, और वहाँ से फिर ऊपर आते हैं, इहलोक की भीड़ में।

राम, कृष्ण से लेकर बुद्ध तक परमहंस जैसा अफलातून कोई व्यक्ति हुआ ही नहीं। स्वयं को नास्तिक कहनेवाले नरेंद्र के इस प्रश्न पर कि 'आपने ईश्वर को देखा है क्या?' 'हाँ, मैंने देखा है और तुम्हें भी दिखा सकता हूँ।' ऐसा उत्तर प्राचीन समय में भी किसी सद्‌गुरु ने नहीं दिया होगा।

दुनिया के सभी धर्मों का उद्‌गम वेदों से हुआ है, ऐसा स्वामीजी कहते हैं। ईशू, बुद्ध और मुहम्मद—इन धर्मधुरीणों ने बहुमुखी वेदों में से एक ही मुख का चयन किया और वे उसके प्रेषित प्रवक्ता बन गए।

श्रीरामकृष्ण के समय, उन्नीसवीं शताब्दी में राजा राममोहन राय, स्वामी दयानंद और केशवचंद्र सेन—इन लोगों ने भी एक ही वेदांग को पकड़ा और उसी पर सारा जोर दिया। पर परमहंस ने वेदों में वर्णित संपूर्ण सत्यसनातन धर्म को प्रोन्नत किया, ऐसा श्री रामधारी सिंह 'दिनकर' ने अपने ग्रंथ 'संस्कृति के चार अध्याय' में कहा है।

इसीलिए विवेकानंद ने सर्वधर्मसमभाव की बात की। द्वैत, अद्वैत, विशिष्टाद्वैत—ये अंतिम सत्य तक जाने के सोपान हैं, ऐसा कहकर पंडितों के बीच चलनेवाले वाक्‌युद्ध को उन्होंने विराम दिया। निर्गुण के समान सगुणोपासना के महत्त्व को भी समझाया तथा धर्म के समान ही कला और विज्ञान भी ईश्वर की ओर जाने के रास्ते हैं, ऐसा कहकर नास्तिकों को भी ईश्वरीय राज्य की नागरिकता प्रदान की।

संपूर्ण दुनिया को अपनी मुट्ठी में करनेवाले विचारों की विशालता मति को कुंठित करती है। वैसे मूलत: सनातन सिद्धांत को नए संदर्भों में किस प्रकार प्रस्तुत किया जाए, आधुनिक विज्ञान और यंत्रयुग की परिभाषा को मानव धर्म से किस प्रकार परिवेष्टित किया जाए, इसके गुर परमहंस ने अपने पट्टशिष्य को बताए थे। वे सिर्फ बताकर ही सीमित नहीं रहे, बल्कि आदेश भी दिया—"इन नव विचारों का दुनिया भर में प्रचार-प्रसार करो।" आधुनिक समय में ऐसा आदेश देकर अपने शिष्य को दुनिया भर में यात्रा करानेवाले श्रीरामकृष्ण परमहंस एकमात्र सद्‌गुरु हैं।

इस आदेश का पालन ही गुरुदक्षिणा है। इस श्रद्धा से विवेकानंद ने महान्‌कार्य किया। संदेशवाहक का कार्य समाप्त होते ही विवेकानंद ने अपनी जीवनयात्रा समाप्त कर दी। विवेकानंद जैसे महान् संदेशवाहक को समझने के लिए उनके सद्‌गुरु का संक्षिप्त परिचय जानना आवश्यक है।

युवा नरेंद्र कॉलेज जाते ही घोर नास्तिक हो गया था। मुझे लगता है कि परमहंस की दैवी वाणी यदि उसके कर्णरंध्रों को गुंजित न करती तो वह विद्यासागर, आगरकर, बर्ट्रेंड रसेल जैसा महान् विचारक हुआ होता। पर विवेकानंद ऋषि हैं। वे केवल बुद्धिजीवी और समाज-सुधारक नहीं। सच तो यह है कि यह जोड़ी 'यदा यदा हि धर्मस्य' को सिद्ध करने के लिए पृथ्वी पर अवतरित हुई थी।

खुदीराम तथा चंद्रा चट्टोपाध्याय नामक दंपती से परमहंस का जन्म हुआ। जन्मस्थान कामारपुकुर नामक एक गाँव। जिला हुगली। जन्म तारीख १८ फरवरी, १८३६। उनका नाम रखा गया गदाधर। गदाधर के दो भाई और दो बहनें थीं। ज्येष्ठ भ्राता रामकुमार (१८०५), फिर भगिनी कत्यायनी (१८१०), फिर भाई रामेश्वर (तिथि उपलब्ध नहीं है), फिर गदाधर और अंत में छोटी बहन सर्वमंगला (१८३९)।

खुदीराम निर्धन थे। सर्वसाधारण हिंदू ब्राह्मणों के समान धार्मिक और रूढ़िवादी थे। गदाई की माँ भी पूर्णतः धार्मिक थीं। ज्येष्ठ भ्राता रामकुमार संस्कृत के पंडित थे। गदाई जब सात वर्ष का था, तो पिता का निधन हो गया (१८४३)।

गदाई को छोटेपन से ही स्कूल से विरक्ति थी, पर वह एक जन्मजात कलाकार था। चित्रकारी करना, मूर्तियाँ बनाना, नृत्य, संगीत, स्वाँग, अभिनय आदि कलाओं को बिना किसी मार्गदर्शन के उसने आत्मसात् कर लिया था। बच्चों में जिज्ञासा होती ही है। वे मस्ती भी करते हैं। गदाई में जिज्ञासा और ऊधम करने की जबरदस्त प्रवृत्ति थी। किसी की भी ललकार को स्वीकार करना उसका स्वभाव था। यदि कोई उसे किसी वस्तु का भय दिखाता तो वह उसे अवश्य करता, जैसे—रात के समय श्मशान में अकेले जाना, जिस पेड़ पर भूत होने की बात कही जाती, उस पर मध्यरात्रि में चढ़कर बैठ जाना, आदि निडरता उसमें छह वर्ष की आयु में ही दिखाई पड़ने लगी थी। उसी आयु में उसे सहज समाधि की अवस्था भी प्राप्त हो गई। बच्चों का जहाँ मन रमता है, वहाँ स्वाभाविक रूप से वे मगन हो ही जाते हैं, पर गदाई की तन्मयता उसके चारों ओर ही नहीं होती थी, अपितु वह उसके शारीरिक अस्तित्व को भी विस्मृत कर देती थी। देह-चेतना की विस्मृति के कारण उसका शरीर काफी सुदृढ़ हो गया। क्योंकि मृत्यु का भय ही मनुष्य के शारीरिक विकास में बाधक बनता है। गदाई काफी बलवान् थे।

गदाई की ललकार स्वीकार करने की इच्छा किशोर अवस्था में और भी बलवती हो गई। जब वे तेरह वर्ष के थे, उस समय एक मजेदार घटना घटी।

गदाई के पड़ोस में दुर्गादास पाइन नामक एक सज्जन रहते थे। एक दिन वे अपने मित्रों को बता रहे थे कि उनके घर में परदे के रिवाज का किस तरह कड़ाई से पालन किया जाता है। उनके परिवार की महिलाएँ हमेशा अंत:पुर में ही रहती हैं। गाँव के एक भी व्यक्ति ने उन्हें आज तक नहीं देखा है। दुर्गादास की इस गर्वोक्ति को सुनकर गदाई

ने उन स्त्रियों को देखने की ठान ली। दुर्गादास से उन्होंने शर्त भी लगा ली।

कुछ दिनों के बाद गदाई ने एक गरीब बुनकर स्त्री के कपड़े पहने और दुर्गादास के सामने से ही उसकी आज्ञा से वे घर में घुस गए। पाइन परिवार की महिलाओं से बातें कर वे सूर्यास्त के बाद घर से निकल गए। उन्हें कोई भी पहचान न सका।

आगे चलकर कठिन साधना कर परमहंस ने भक्तियोग के सभी भावों-शांत, दास्य, सख्य, वात्सल्य, मधुर—को अपने अंतस् में समाहित कर लिया। पुरुषों द्वारा मधुर भाव को अर्जित करना महा कठिन साधना होती है। इसका आदर्श है—राधा। मन के किसी भी कोने में ठगने की जरा भी प्रवृत्ति नहीं होनी चाहिए। किशोरावस्था में ही उन्होंने दुर्गादास के परिवार की स्त्रियों को अपने पुरुष होने का आभास तक नहीं होने दिया था। आगे मधुर भक्ति में डूबने की अवधि में रामकृष्ण के चाल-चलन तथा व्यवहार में स्त्रीभाव समाविष्ट हो गया था। उसी साधना के समय में वे स्त्रीवेष धारण कर रानी रासमणी के प्रासाद में जाते तथा वहाँ स्त्रियों और लड़कियों को कुलीन स्त्रियों की वेशभूषा एवं रहन-सहन सिखाते। उन्हें कोई भी पहचान नहीं पाता था।

गदाई ने अपने गाँव में नाटक मंडली प्रारंभ की। लेखन, निर्देशन, अभिनय सभी कुछ गदाधर ही करते थे। इससे बड़े भाई नाराज हो गए। स्कूल छोड़कर बिना बाप का यह लड़का अगर नाटक-तमाशा करने लगेगा तो उसका जीवन बरबाद हो जाएगा, यह चिंता उन्हें सताने लगी।

गदाई के ये ज्येष्ठ भ्राता उससे ३१ साल बड़े थे। परिवार चलाने के लिए रामकुमार कलकत्ते में एक पाठशाला चलाते थे। उन्होंने गदाई को कलकत्ता ले जाने का निश्चय किया।

१८५२ में रामकुमार गदाई को लेकर कलकत्ता आ गए। उस समय गदाई की उम्र थी १६ वर्ष। रामकुमार झामापुकुर नामक बस्ती में रहते थे। वहीं पर संस्कृत विद्यालय चलाते थे। विद्यार्थी स्वयं से जो दक्षिणा देते थे, उसे स्वीकार करना पड़ता था। यह दक्षिणा पर्याप्त नहीं होती थी, इसलिए वे पौरोहित्य भी करते थे। गदाई ने अपने दादा से स्पष्ट कह दिया था कि ऐहिक शिक्षा में उसकी जरा भी रुचि नहीं है। भाई रामकुमार विवश हो गए। उन्होंने गदाई को पुरोहिती का काम दिया। लोगों के घर जाकर पूजा करने में गदाई को खूब आनंद आता। मंत्र और विधि-विधान का उन्हें जरा भी ज्ञान नहीं था, पर भक्तिभाव भरपूर था। वह भगवान् की झाँकी खूब अच्छी तरह से सजाते थे।

यह काम करते हुए तीन साल निकल गए। इस दौरान रामकृष्ण के महान् कार्य के लिए पृष्ठभूमि तैयार हो रही थी।

वहाँ रामचंद्रदास नाम के एक करोड़पति थे। वे शूद्र थे। उनकी मृत्यु के बाद उनकी पत्नी रासमणी संपत्ति की मालकिन हो गई। उसका हृदय विशाल था और दान

देने में वह बहुत उदार थी। इसलिए लोग उसे 'रानी' कहते थे। वह ४४ वर्ष की आयु में विधवा हुई। रानी ने तीर्थयात्रा करने का निश्चय किया। बनारस में काली माँ उसके स्वप्न में आईं और रानी को आदेश दिया कि मेरा मंदिर बनाओ, उसमें मेरी प्राण-प्रतिष्ठा करो और रोज नैवेद्य अर्पण करो।

यात्रा बीच ही में छोड़कर रानी कलकत्ता वापस आ गई। उसने कलकत्ता सुप्रीम कोर्ट के अटॉर्नी हेस्टी से कलकत्ता के उत्तर में चार मील पर बीस एकड़ जमीन खरीद ली। रानी के बड़े दामाद मथुरामोहन ने निर्माण कार्य के लिए जिम्मेदारी सँभाली। मंदिर, मूर्ति, बगीचा, घर, गंगा के तट पर घाट आदि के निर्माण में दस वर्ष का समय लग गया। अंततः दक्षिणेश्वर नामक सुंदर परिसर का निर्माण संपन्न हुआ।

पर साथ ही एक जटिल प्रश्न भी खड़ा हो गया। मूर्ति की स्थापना, पूजा-अर्चना, भोग-नैवेद्य आदि कौन करेगा? यह काम करेंगे तो ब्राह्मण लोग ही, पर शूद्र के यहाँ यह काम करने के लिए कोई तैयार नहीं था। काली माँ की कोई जाति नहीं होती, इसलिए उसके छुआछूत का प्रश्न नहीं था, पर पुजारियों की तो जाति थी ही।

रानी और मथुराबाबू चिंतामग्न हो गए। उन्होंने पंडित रामकुमार को बुलाया। उन्होंने भी काम करने से मना कर दिया, पर एक अनमोल सलाह दी। उन्होंने रानी से कहा कि किसी ब्राह्मण को केवल नाम के लिए यह मंदिर भेंट स्वरूप दे दिया जाए। ब्राह्मण का नाम सुनते ही सारे ब्राह्मण पूजा-प्रसाद के लिए तैयार हो जाएँगे।

रानी ने रामकुमार के हाथ में मंदिर देने की इच्छा व्यक्त की। वह तैयार हो गए। प्रतिमा की प्राण-प्रतिष्ठा होने तथा योग्य पुजारी के मिलने तक रामकुमारजी ने पूजा करना स्वीकार कर लिया। दक्षिणा और प्रसाद की प्रत्याशा में ब्राह्मण लोग दक्षिणेश्वर में इकट्ठा होने लगे। विधिपूर्वक कार्य प्रारंभ हो गया।

औपचारिक रूप से रामकुमारजी के नाम दक्षिणेश्वर मंदिर को सौंपने के पीछे मजेदार विधि-लिखित देखिए। यह मंदिर अनायास ही रामकृष्णजी को मिल गया। एक ही साल के बाद १८५६ में रामकुमारजी का निधन हो गया। उनकी पत्नी की मृत्यु पहले ही सन् १८४९ में हो गई थी। अब पूजा-प्रसाद की सारी जिम्मेदारी अकेले गदाधर पर आ गई।

दक्षिणेश्वर में

गदाधर की सहायता के लिए उसका भानजा दक्षिणेश्वर आ गया। यह उसकी फुफेरी बहन का लड़का था। नाम था हृदयराम। यह गदाई से सिर्फ पाँच वर्ष छोटा था। दोनों की खूब पटती थी।

गदाधर अब बीस वर्ष का हो गया था। अशिक्षित तो था ही। कर्मकांड में भी

उसकी कोई पैठ नहीं थी। पर क्या मंत्रों की तोतारटंत का ही नाम पूजा है? रामकृष्ण ने कहा है, "पंचांग में लिखा रहता है कि इस साल इतने इंच वर्षा होगी। पर उस पंचांग को अगर निचोड़ा जाए तो उसमें से एक भी बूँद पानी नहीं गिरेगा।"

वैसे गदाधर एकदम नीरस नहीं था। उसका हृदय भावुक था, मन निष्पाप था। वह स्वयं मूर्तिकार तो था ही। वह श्रद्धाभाव से काली माँ की पूजा करने लगा।

गंगाजी की मिट्टी से उसने एक सुंदर शिवमूर्ति तैयार की। उसकी कला देख रानी और मथुराबाबू आश्चर्यचकित रह गए। एक और घटना ऐसी हुई कि रानी और उसके सारे परिजन गदाई जैसे सुकुमार युवा को श्रद्धा से 'बाबा' (अर्थात् 'पिताजी') कहने लगे।

दक्षिणेश्वर के अहाते में अनेक देवी-देवताओं की मूर्तियाँ थीं। एक मूर्ति भगवान् कृष्ण की थी। क्षेत्रनाथ नामक पुजारी उसकी पूजा करता था। एक दिन उसके हाथ से मूर्ति गिर गई और उसका पैर टूट गया। यह तो अपशगुन हो गया। ब्राह्मणों ने उस मूर्ति की पूजा करने से मना कर दिया। उसका विसर्जन करने का आदेश दे दिया।

वह मूर्ति रानी को बड़ी प्रिय थी। उसका विरह उनसे सहन नहीं हो रहा था। उन्होंने मूर्ति के विसर्जन के लिए मना कर दिया। ब्राह्मण लोग नाराज हो गए। गदाधर ने बीच-बचाव किया। उसने गजब का तर्क दिया। गजब का इसलिए कि वह मानवीय था और स्वार्थी ब्राह्मणों का मानवता से कोई लेना-देना नहीं था। गदाधर ने रानी से कहा, "आपके किसी दामाद का पैर टूट जाए, तो आप उसे छोड़कर क्या अपनी लड़की के लिए दूसरा पति लाएँगी? नहीं न, मूर्ति के पैर को जोड़कर उसकी पूजा हो सकती है।" और शिल्पकार गदाधर ने ऐसी कुशलता से मूर्ति का पैर लगा दिया कि पुजारियों की बोलती बंद हो गई।

गदाधर को 'रामकृष्ण' नाम किसने दिया? तोतापुरी या मथुराबाबू ने दिया होगा, ऐसा उनके चरित्रलेखकों का अनुमान है।

गदाधर उर्फ रामकृष्ण अब दक्षिणेश्वर में स्थानापन्न हो गए। उन्हें हुआ काली माँ का साक्षात् दर्शन, भैरवी तथा तोतापुरी जैसे अधिकारी गुरुओं की प्राप्ति, उनका हनुमान् बनकर सीता माता का दर्शन करना, उनका क्रिश्चियन होना, मुसलमान होना और उनके द्वारा किए गए कठिन आध्यात्मिक साधनाओं का वर्णन करने के पूर्व उनके उत्कृष्ट शिष्य की ओर मुड़कर देखा जाए। नरेंद्रनाथ अब कॉलेज-कुमार हो गया था। केवल अज्ञेयवादी ही नहीं, वह तो पूरी तरह नास्तिक हो गया। उसकी प्रज्ञा से ब्रह्मतेज और उसके आक्रामक तेवर के कारण क्षात्रतेज की कोमल किरणें भी उसमें परिलक्षित हो रही हैं।

ऐसा प्रगतिशील, निरीश्वरवादी, अष्टावधानी सुदर्शन किशोर एक अशिक्षित तथा भावुक पुजारी से अपनी आयु के अठारहवें वर्ष में भेंट करनेवाला है।

नरेंद्र का गुरु से मिलन

प्रथम प्रेसिडेंसी और बाद में स्कॉटिश कॉलेज में नरेंद्र भरती हुआ। उसके कॉलेज बदलने का कारण बनी उसकी बीमारी। उसे मलेरिया हुआ। वह कॉलेज नहीं जा पाया। उसकी उपस्थिति पूरी नहीं हुई थी। प्रेसिडेंसी कॉलेज ने उसे परीक्षा में सम्मिलित होने की अनुमति नहीं दी।

उस समय कलकत्ते में स्कॉटिश जनरल मिशनरी बोर्ड का एक महाविद्यालय भी था। उस संस्था ने नरेंद्र को अपने कॉलेज में दाखिला दे दिया और प्रथम वर्ष की परीक्षा में सम्मिलित होने की अनुमति भी प्रदान की। नरेंद्र ने द्वितीय श्रेणी में परीक्षा उत्तीर्ण की।

नरेंद्र जिस समय कॉलेज में भरती हुआ। उस समय बंगाल में कौन-सी लहर चल रही थी? कौन-सी हवा बह रही थी?

उस समय बंगाल की युवा पीढ़ी पश्चिम के विज्ञान के पीछे भाग रही थी। विज्ञान की कसौटी पर सिद्ध न होने वाली हर बात उसे मान्य नहीं थी।

नरेंद्र भी उसी विचारप्रवाह के भँवर में फँसकर पूरी तरह नास्तिक हो गया। पर वैसे वह था जिज्ञासु। ईश्वर के अस्तित्व के ठोस प्रमाण के बिना अनगिनत व्यक्ति उसके भजन क्यों गाते हैं? इसका उत्तर उसे नहीं मिल पा रहा था। गंगा-किनारे जाकर हरेक साधु से वह पूछता, "क्या आपने ईश्वर को देखा है?"

दमकता हुआ चेहरा और विशाल काली आँखों वाले नरेंद्र का यह प्रश्न ऊपरी तौर पर तो बड़ा ही सीधा-सादा, पर वास्तविकता में इतना पैना था कि कोई जटाजूटधारी भोंदू बाबा उसका उत्तर देने का साहस नहीं जुटा पाता था। आदिकाल से आज तक इतना सरल, पर अनुत्तरित प्रश्न दुनिया के आध्यात्मिक इतिहास में किसी ने नहीं पूछा था।

एक दिन नरेंद्र ने यही अमोघ बाण देवेंद्रनाथ पर चलाया। देवेंद्रनाथ यानी बंगाल में ब्राह्म समाज के अधिष्ठाता। उन्हें 'महर्षि' की उपाधि प्राप्त थी। वह और कोई नहीं अपितु कविगुरु रवींद्रनाथ के पिता देवेंद्रनाथ टैगोर थे।

इन देवेंद्रनाथजी का परिचय मजेदार रहेगा।

रामकृष्ण परमहंस जब देवेंद्रनाथजी से मिलने गए, उस समय उन दोनों के बीच हुआ संवाद कुछ इस प्रकार है—

परमहंस—मेरी इच्छा आपके समाज की एक धर्मसभा देखने की है।

देवेंद्रनाथ—हम लोगों की प्रार्थना सभा में उपस्थित होनेवाले सभी श्रद्धालुओं को सफेद धोती और सफेद कुरता, यह परिधान पहनना आवश्यक होता है। आप तो खुले बदन, केवल अँगोछा लपेटे हुए हैं। क्षमा करें, ऐसी अर्धनग्न अवस्था में हमारी सभा में आपका उपस्थित होना प्रतिबंधित है।

परमहंस—माँ (काली माँ) जिस वस्त्र को धारण करने की मुझे आज्ञा देती है,

वही मैं पहनता हूँ। माँ जिस दिन मुझे आपका परिधान धारण करने की आज्ञा देगी, उस दिन मैं आपके पास आऊँगा। अच्छा, चलता हूँ।

पर महर्षि का दुर्भाग्य! उन्नीसवीं सदी के एक श्रेष्ठ बुद्धिजीवी केशवचंद्र सेन परमहंस के परम भक्त बन गए। अँगोछाधारी परमहंस को उन्होंने ब्राह्म समाज की प्रार्थना सभा में आने का निमंत्रण दे दिया।

सभा प्रारंभ हुई। शाम को छह बजे यदि ध्यान प्रारंभ होने का समय होता तो सवा छह बजे का अलार्म लगाने की परिपाटी थी। ठीक छह बजे सभी भक्तों ने आँखे बंद कर मन को एकाग्र किया। पंद्रह मिनट के बाद अलार्म बजा और प्रार्थना समाप्त हुई। केशवचंद्रजी ने हाथ जोड़कर परमहंस से पूछा, "कैसा लगा आपको हमारा यह ध्यानयोग?"

परमहंस हँसे और कहा, "आपका प्रत्येक भक्त विदूषक लग रहा था। आपकी साधना देखते हुए मुझे गंगा किनारे पेड़ों पर उछल-कूद करने वाले बंदर याद आए। वे हमेशा उछल-कूद करते रहते हैं और सहसा शांत हो जाते हैं। एक बड़े से वृक्ष पर चुपचाप बैठ जाते हैं। वह उनकी सभा होती है। अब किस बगीचे पर निशाना साधा जाए, वे इसकी योजना बनाते हैं। केशव, आपकी महासभा देखकर मुझे उन बंदरों की मूक सभा की याद आई।"

मानव-मन बंदरों से भी कई गुना चंचल है। परमहंस ने मन को एकाग्र करने का नाटक करनेवाले ब्राह्म समाज का ही नहीं, अपितु सभी धर्मों और संप्रदायों में युगों-युगों से चले आ रहे ढोंग की भर्त्सना की है तो नरेंद्र ने इस पंथ के महर्षि देवेंद्रनाथ से पूछा, "क्या आपने परमेश्वर को प्रत्यक्ष रूप से देखा है?"

महर्षि नरेंद्रनाथ के उस तेजस्वी स्वरूप को कुछ क्षण तक निहारते रहे और फिर बोले, "बेटा, तुम्हारे नेत्र किसी योगी के समान हैं।"

एक मान्यवर महर्षि उसके प्रश्न को टाल गए, यह देख नरेंद्र बहुत निराश हुआ।

नरेंद्र को बालपन से मन को एकाग्र करने का मानो शौक-सा था। आयु के सत्रहवें वर्ष में, नास्तिक होने के बावजूद मन को एकाग्र करना उसके लिए सहज साध्य था। वह बड़े पसोपेश में था। सच तो यह है कि एक तरह की आध्यात्मिक उलझन सी थी, एक अस्वस्थ करने वाली स्थिति। इससे अगर कोई छुटकारा दिला सकता है तो वह है मार्गदर्शक सद्गुरु। संत तुकाराम के अनुसार, सद्गुरु यानी एक ऐसा पारस पत्थर, जो शिष्य को सोना नहीं बनाता अपितु उसे पारस ही बना देता है। उस सद्गुरु के अस्तित्व का भी नरेंद्र को पता नहीं था।

आश्चर्य की बात यह है कि नरेंद्र को उसके सद्गुरु का नाम तथा उसकी महिमा बताई सर विलियम हेस्टी नामक एक अंग्रेज ने।

नरेंद्र जिस स्कॉटिश चर्च कॉलेज में पढ़ता था, उसके प्रधानाचार्य थे सर विलियम हेस्टी। एक दिन अंग्रेजी भाषा के अध्यापक अवकाश पर थे, इसलिए प्रधानाध्यापक स्वयं पढ़ाने के लिए नरेंद्र की कक्षा में आए। उन्होंने विलियम वर्ड्सवर्थ की कविता 'एक्सकर्शन' पढ़ाना प्रारंभ किया। उसमें 'एक्सटेटिक जॉय' यानी लगभग भावसमाधि की अनुभूति का संदर्भ आया। प्रधानाध्यापक ने पुस्तक बंद कर दी और छात्रों से कहा—

"Such an experience is very rare indeed, particularly, in modern times. However, I have come across a person who is blessed with this state of mind and he is Ramkrishna Paramhans of Dakshineshwar. You can understand it if you go there and see it for yourself."

नरेंद्र ने प्रधानाध्यापक की बात सुनी। रामकृष्ण परमहंस उसके अस्तित्व को सार्थक बनाने वाले हैं, इसकी उसे कल्पना भी न थी। वह दक्षिणेश्वर नहीं गया। पर जल्दी ही 'माणिकतल्ला' मोहल्ले में उसकी मुलाकात परमहंसजी से हो गई।

परमहंसजी के एक भक्त नरेंद्र के पड़ोस में ही रहते थे। उनका नाम था सुरेंद्रनाथ। एक दिन सहसा परमहंस उनके घर आ पहुँचे। साक्षात् ठाकुर (बंगाली में ठाकुर देवता को कहते हैं। बंगाली लोग रामकृष्णजी को आज भी ठाकुर नाम से ही संबोधित करते हैं) को घर में देख सुरेंद्रनाथ बड़े ही आनंदित हुए। वे समझ नहीं पा रहे थे कि उनका अतिथिसत्कार किस प्रकार किया जाए। उन्हें एकाएक नरेंद्र का स्मरण हुआ। उन्होंने सोचा कि यदि वह अपने मधुर कंठ से भजन सुनाएगा तो संगीत-प्रेमी परमहंस प्रसन्न हो जाएँगे। उन्होंने तुरंत ही नरेंद्र को बुलवाया। वह आया और भक्ति से ओतप्रोत सुरीली आवाज में उसने भजन सुनाए। परमहंस संगीत के स्वरों में डूब गए। उन्होंने नरेंद्र से दक्षिणेश्वर आने का पुनः-पुनः आग्रह किया। गुरु-शिष्य की यह पहली मुलाकात नवंबर १८८१ में हुई।

और एक दिन नरेंद्र अपने कुछ मित्रों के साथ दक्षिणेश्वर गया। परमहंस ने उसके तथा उसके मित्रों का स्वागत किया। उन्हें अपने कक्ष में बैठाया। रामकृष्ण ने नरेंद्र से भजन गाने की विनती की। नरेंद्र ने भजन की शुरुआत की। मुखड़ा था—

"मन चलो निज निकेतने
संसार-विदेशे विदेशीर वेशे
भ्रम केनो अकारणे।"

(रे मन! चल, अपने घर चल। यह दुनिया परदेश है। यहाँ विदेशी वस्त्रों में क्यों बेकार भटक रहे हो?)

जब भजन समाप्त हुआ तो परमहंसजी के नेत्र बंद थे। अब क्या किया जाए? उसी समय एक दूसरे भक्त ने नरेंद्र से एक दूसरा भजन गाने के लिए कहा। उसकी प्रथम पंक्ति के गाते-गाते ही रामकृष्णजी की भावसमाधि भंग हो गई। वे उठे। उन्होंने नरेंद्र

का हाथ पकड़कर उसे उठाया और कमरे से बाहर ले गए। आगे जो हुआ, उसका वर्णन करते हुए विवेकानंद कहते हैं—

''वे मुझे कमरे से बाहर ले गए। दरवाजा खींच लिया। सामने गंगा थी। बरामदे के एक कोने में मुझे ले जाकर उन्होंने कहा, 'अरे निष्ठुर आदमी! कितने विलंब से तुम मुझसे मिले? जल्दी क्यों नहीं आए? मेरी अंतरात्मा में संचित आध्यात्मिक अनुभूति की संपत्ति मैं किसी योग्य उत्तराधिकारी को देने के लिए कब से छटपटा रहा हूँ। तुम पहले क्यों नहीं मिले?'

''मैं घबड़ा गया। मुझे लगा था, शायद यह साधु मुझे कोई मंत्रोपदेश देगा। कोई उपासना बताएगा, उसे सुनकर मैं चला जाऊँगा, पर वह तो कुछ और ही कहने लगे। बाद में वे एकाएक रोने लगे। आँखों से अविरल अश्रुधाराएँ बहने लगीं। उन्होंने हाथ जोड़कर मुझसे कहा, 'प्रभु! मैं आपको पहचानता हूँ। मानव-जाति का उद्धार करने भूतल पर अवतरित वेदकालीन ऋषि आप ही हैं, यह मुझे मालूम है।'

''मैं एक क्षण के लिए आश्चर्यचकित रह गया। मैं थोड़ा सहम गया। मैं तो विश्वनाथ बाबू का लड़का नरेंद्रनाथ हूँ। मुझे ये 'ऋषि' आदि झूठी उपाधियाँ क्यों दे रहे हैं?

''मेरे किसी निषेध करने से पहले ही वे फिर बोलने लगे, 'बेटा! मुझे यह वचन दो कि तुम मुझसे मिलने के लिए जल्दी ही दक्षिणेश्वर आओगे। पर मित्रों के साथ नहीं, अकेले, एकदम अकेले।'

''मैंने तुरंत वचन दिया, इसलिए कि मैं उनसे पीछा छुड़ाकर मुक्त होना चाहता था। हम दोनों फिर कमरे में वापस आ गए। वे अपने आसन पर बैठ गए और मैं अपने मित्रों के साथ।

''और मुझे आज तक का मेरा अनुत्तरित प्रश्न याद आया। मैंने उनसे तुरंत पूछा, 'आपने ईश्वर को देखा है?'

''उन्होंने कहा, 'हाँ, मैंने एकदम समीप से देखा है। तुम जहाँ बैठे हो, उससे भी अधिक समीप से। प्रत्यक्ष एकदम सामने से। इसमें कोई आश्चर्य की बात नहीं हैं। अरे, तुम और अन्य कोई भी ईश्वर को देख सकता है। उससे मिल भी सकता है, पर उतनी तीव्र लगन होनी चाहिए। नहीं तो नामजप भगवान् का और सारा ध्यान परिवार के कल्याण में, प्रसिद्धि प्राप्त करने में और धनार्जन करने में। ऐसे में ईश्वर का दर्शन कैसे हो सकता है? ईश्वर कैसे मिल सकता है? स्वार्थ के चक्कर में जिंदगी भर इधर-उधर न भटकते हुए अगर प्रभु-शक्ति पर मन केंद्रित किया जाए तो वह शक्ति भक्तों के सामने निश्चय ही प्रकट होगी, यह मैं स्वानुभव से बता रहा हूँ, बेटा।'

''उनका उत्तर सुनकर मैं हतबुद्धि हो गया। मेरी मति कुंठित हो गई। मैं तुरंत उठा और कलकत्ता के लिए रवाना हो गया।''

रामकृष्ण का उत्तर सुनकर नरेंद्र का मन उद्वेलित हो गया। तर्क और श्रद्धा के बीच खींचतान प्रारंभ हो गई—'दक्षिणेश्वर का वह पुजारी क्या सच बोला होगा? क्या उसे सचमुच ईश्वर-दर्शन हुआ होगा? उसके स्वर में मृदुलता होने के बावजूद उसमें कितना आत्मविश्वास था। वह कितनी सहजता से बोल रहा था। मानो भगवान् उसका दोस्त हो, पर अगर सच बोला होगा तो सारे शास्त्र झूठ, विज्ञान झूठ! इसके अलावा क्या जॉन स्टुअर्ट मिल तथा हर्बर्ट स्पेंसर के सिद्धांत भी झूठ हैं। पर यह कैसे संभव है! वे लोग शास्त्रविशारद, महापंडित हैं। उनके सारे निष्कर्ष सिद्धातों पर आधारित हैं, क्या वे सब झूठे हैं? असंभव! दक्षिणेश्वर का वह पुजारी संभव है पागल हो। नहीं, वह पागल ही होना चाहिए। एकदम पूरा पागल।' उसके मन में अंतर्द्वंद्व चल रहा था।

नरेंद्र ऐसे उलटे-सीधे प्रश्न अपने आपसे कर रहा था और वहाँ रामकृष्ण उससे मुलाकात करने के लिए आकुल हो रहे थे। कलकत्ते से उनके दर्शन के लिए दक्षिणेश्वर आने वाले अपने हरेक भक्त को बड़े आग्रहपूर्वक कहते थे, 'आमार नरेंद्र कोथाय? ताके पाठिये दाओ।' (मेरा नरेंद्र कहाँ है? उसे यहाँ भेज दीजिए)।

कभी-कभी वह दक्षिणेश्वर के प्रांगण में आकर कलकत्ते की ओर बाँह पसारकर आर्तस्वर में चिल्लाते, 'कोथाय आछिरे रे नोरेन, चोले आय, चोले आय।' (अरे नरेंद्र! तुम कहाँ हो? आओ ना, आओ ना!) और जब उनका धैर्य टूट जाता तो रामकृष्ण दक्षिणेश्वर से निकलते और हाथों में काली माता के प्रसाद से भरा दोना लेकर चार मील का रास्ता तय कर नरेंद्र के घर आते। उसकी पीठ पर प्रेम से हाथ फेरते और उसे प्रसाद खिलाते।

एक महासाधक के अनुभव

जातिभेद पर विजय—आयु के सातवें वर्ष में पिताजी की मृत्यु के बाद गदाई निराश हो गया था। उसके छह साल बाद बड़ी भाभी गुजर गईं। आयु के बीसवें वर्ष में पितातुल्य ज्येष्ठ भ्राता के निधन से गदाई को सदमा लगा। इहलोक के बारे में उसको पहले से ही प्रेम नहीं था। बड़े भाई के निधन से उसके मन में विरक्ति पैदा हुई। परिचित तथा रिश्तेदारों की दुनिया से उसने अपने आपको दूर कर लिया। मोहरहित मन:स्थिति में केवल कालीमूर्ति ही बनी उसका जीवनाधार। उससे मिलने-बोलने के लिए वह उतावला हो जाता। दोपहर में तथा रात में मंदिर के कपाट बंद होने तक वह उसी की कृपा की कामना करता और बाद में अँधेरी रात में जंगल में जाकर तप करता। हृदयराम को मामा के बार में चिंता होने लगी। वह कहीं पागल तो नहीं हो गया? एक रात हृदय जंगल में गया। गदाई एक पेड़ के नीचे बैठा था। धोती और जनेऊ एक ओर पड़ा हुआ था।

"क्या ब्राह्मण को जनेऊ त्यागना चाहिए?" हृदयराम ने उसे डाँटा।

गदाधर ने भानजे को जो उत्तर दिया, उसे उस क्रांति का शंखनाद कहना चाहिए, जिसका नाम है 'मानव धर्म' और जिसके प्रचार-प्रसार के लिए रामकृष्ण-विवेकानंद आखिरी साँस तक अथक प्रयास करते रहे।

जी हाँ, अब गदाधर को 'रामकृष्ण' नाम देना चाहिए, क्योंकि हृदयराम को दिए गए अति सहज से प्रतीत होनेवाले उत्तर के गर्भ से एक विशाल तत्त्वज्ञान का उदय हुआ। वह तत्त्वज्ञान कोई नया नहीं था। भगवान् कृष्ण ने 'भगवत्गीता' में उसे एक श्लोक में कहा है, पर परमहंस ने उसे केवल चार शब्दों में कहा है। 'जतो मत ततो पथ' (सभी धर्मों और संप्रदायों के पथ प्रभु की ओर ही जाते हैं)। विभिन्न धर्मों तथा संप्रदायों के बीच रक्तरंजित कलह को टालने के लिए विवेकानंद एक स्थान पर कहते हैं—

''सभी धर्ममत ईश्वर की ओर ही जाते हैं। इसलिए मैं कहता हूँ कि प्रत्येक व्यक्ति को अपना एक स्वतंत्र संप्रदाय प्रारंभ करना चाहिए तथा उसका निष्ठापूर्वक पालन करना चाहिए। तभी मानव-जाति धार्मिक तथा सांप्रदायिक दंगों से मुक्त हो पाएगी।''

धार्मिक झगड़े उत्पन्न न हों, इसलिए हिंदुओं को जातिभेद समाप्त करना चाहिए और ऊँच-नीच के भेदभाव से मुक्त होना चाहिए, यह महत्त्वपूर्ण है। यही उत्तर रामकृष्ण ने हृदयराम को दिया।

''यज्ञोपवीत मनुष्य को उसके उच्च वर्ण के होने का स्मरण कराता है। ब्राह्मण होने का नाहक दंभ इन तीन धागों से पैदा होता है। ईश्वर-प्राप्ति के लिए किए जाने वाले तपाचरण के लिए ब्राह्मण होने के दंभ की कोई कीमत नहीं है।''

रामकृष्ण में 'जैसी कथनी, वैसी करनी' उक्ति पूर्णतः चरितार्थ होती थी। जन्मजात ब्राह्मणत्व को समाप्त करने के लिए वे केवल जनेऊ उतार फेंकने तक ही सीमित नहीं रहे। प्रथम उन्होंने मंदिर में निवास हेतु आनेवाले यात्रियों की विष्ठा साफ की। फिर मंदिर के बाहर जिन भिखारियों को प्रसाद दिया जाता, उनकी जूठी पत्तलों को उन्होंने अपने सिर पर ढोया। काली का वरदहस्त प्राप्त होने पर परमहंस केवल भिखारियों के ही साथ नहीं, अपितु कुत्तों के साथ भी एक ही पत्तल में खाना खाने लगे।

काली माता का साक्षात्कार

इसका वर्णन स्वयं परमहंस के मुख से सुना जाए—''माँ दर्शन नहीं देती थी, इसलिए मैं व्याकुल हो जाता, हृदय में वेदना होती। जीने का क्या मतलब है? ऐसा विचार मन में कौंधा और मंदिर के अंदर दीवाल पर टँगी तलवार दिखाई पड़ी। मैंने दौड़कर वह खड्ग हाथ में लिया और···और माता का अद्भुत दर्शन हो गया। दरवाजे, खिड़कियाँ, दीवारें पिघल गईं और प्रकाश का एक तटविहीन, क्षितिजविहीन सागर दिखाई पड़ा। चारों ओर किरणों की तरंगें-ही-तरंगें। वे तरंगें मेरे पास आने लगीं, तेजी

से आने लगीं और उन्होंने मेरे अस्तित्व को ही निगल लिया। मेरी सुधबुध समाप्त हो गई। उसी अवस्था में माता ने मुझे साकार रूप में दर्शन दिया होगा। क्योंकि होश में आते ही मैंने 'माँ–माँ' इन्ही शब्दों का प्रथम उच्चारण किया।

"उसके बाद का अनुभव विचित्र था। ध्यान के लिए जब मैं बैठता तो मेरे शरीर के पोर–पोर से 'कड़क ऽऽऽ कड़क' की आवाज आती, मानो उनमें ताले लगाए जा रहे हों। मैं इतना जकड़ जाता कि हिल–डुल भी नहीं सकता था। माता ही मेरे ध्यान की अवधि तय करती। उसके समाप्त होते ही तालों के खुलने जैसी आवाज आती। जब मैं होश में आता तो मैं माँ से विनती करते हुए पूछता, 'माँ, यह क्या हो रहा है? मेरी तो कुछ भी समझ में नहीं आ रहा है। मुझे बताओ न! तेरे सिवाय मुझे कौन बताएगा?'

"मैं माँ की मूर्ति की नाक के सामने अपना हाथ करता और माँ के श्वासों का स्पर्श अपनी उँगलियों पर अनुभव करता। रात में तथा दिन के उजाले में ध्यानपूर्वक देखने पर भी दीवार पर माँ की परछाईं मुझे नहीं दिखाई पड़ती थी। उसका अहर्निश दर्शन अथवा उसका अदृश्य सहवास मुझे प्राप्त होता था। एक क्षण के लिए भी यदि मैं माँ से दूर होता, तो मैं रोता, लोटता और मेरे शरीर से जगह–जगह से खून निकलता।"

रासमणी, मथुराबाबू तथा अन्य पुजारियों को लगा कि बाबा पूरी तरह पागल हो गए हैं। एक दिन आरती के समय रानी रासमणी के आग्रह पर रामकृष्ण ने एक भजन गाना प्रारंभ किया और बीच ही में रुककर बोले, 'माँ के सामने होने पर अन्य विचार तुम्हारे मन में कैसे आते हैं? तुम्हें शर्म नहीं आती? यह लो प्रसाद।' ऐसा कहकर मालकिन रानी रासमणी के गाल पर एक तमाचा जड़कर विचित्र–सी आवाज निकाली। लोग एकदम उनकी ओर दौड़े, पर रानी ने लोगों को डाँटकर रोक दिया।

रानी के दामाद व्यवहारकुशल मथुराबाबू ने इस पर एक उपाय सुझाया। वह था, बाबा को यौन–सुख देना।

उन्होंने दक्षिणेश्वर में कुछ खूबसूरत वेश्याओं को बुलाया। वे कलकत्ते के कोठों पर भी बाबा को ले गए, पर रामकृष्ण प्रत्येक स्त्री को माता मानकर प्रणाम करते और तुरंत समाधिस्थ हो जाते।

श्रीराम की साधना

श्रीरामकृष्ण ने अपने अनुभव स्वयं ही बताए हैं। बंगाली में वे शब्दबद्ध हुए हैं और अनेक भाषाओं में उनका अनुवाद होने के कारण रामकृष्ण के मुखारविंद से सुनते हुए उनकी चमत्कृति और विश्वसनीयता बढ़ जाती है।

परमहंस कहते हैं, "मैं काली का परम भक्त बन गया। भक्तों में मनुष्य योनिं के न होते हुए भी हनुमान सर्वश्रेष्ठ भक्त माने जाते हैं। इसलिए हनुमान बनकर मैंने श्रीराम

की उपासना प्रारंभ कर दी। बंदर बनना तय किया। उनकी तरह हाथ-पैरों के सहारे चलने लगा। कंद-मूल खाने लगा। धोती को कमर में ऐसे बाँधता कि उसका पीछे का छोर पूँछ जैसा लगता। छलाँग लगाने लगा। रात-दिन पेड़ों पर रहकर रामनाम की गर्जना करने लगा। बंदर की तरह मेरी भी आँखों में चंचलता दिखाई पड़ने लगी। आश्चर्य की बात यह हुई कि मेरी रीढ़ की हड्डी का निचला हिस्सा एक इंच लंबा हो गया। उस साधना की समाप्ति के बाद वह रीढ़ की हड्डी पूर्ववत् हो गई।

"एक दिन मैं पंचवटी में (दक्षिणेश्वर की परिधि में एक स्थान) चुपचाप बैठा था। मैं एकदम सामान्य स्थिति में था। चारों ओर का मुझे पूरा ज्ञान था। दोपहर का समय था। चारों ओर उज्ज्वल सूर्यप्रकाश फैला था। उसी में से चलकर एक देदीप्यमान स्त्री मेरे सामने चलते हुए आई। वह मानव ही थी। इतनी लावण्यमयी स्त्री मैंने दक्षिणेश्वर में कभी भी नहीं देखी। ऐसा मन-ही-मन सोच रहा था कि वह मेरे पास आई। 'कौन होगी यह?' इसी बीच पेड़ पर एक बंदर चीखा और दौड़ते हुए उसके पास आया।

"मुझे एकदम लगा कि यह सीता माता होगी। मैं उसके पैरों पर गिरता, इसी बीच वह मेरे मुख में चली गई। मुख में जाते हुए वह बोली, 'तुम्हें एक उपहार दे रही हूँ, मेरा स्मित!' मैं बेहोश हो गया। होश आने पर मुझे लगा कि ध्यानमग्न न होते हुए भी जाग्रतावस्था में ही मुझे देवता का वह प्रथम प्रत्यक्ष दर्शन प्राप्त हुआ।"

आखिर में रामकृष्ण कहते हैं, "सीता माता ने उनका हास्य तो मुझे दिया, पर मैंने देखा तो उनका स्वयं का चेहरा दुःखी था। क्या इसीलिए मुझे जिंदगी भर इतने दुःख भोगने पड़े? कौन जाने?"

रामकृष्ण का विवाह

महासाधना के इस प्रकरण में विवाह नामक लगभग आवश्यक ऐसी ऐहिक बात का क्या संबंध, ऐसा प्रश्न पाठकों के मन में आ सकता है, पर रामकृष्ण ने विवाहोत्तर ब्रह्मचर्य की जो साधना की, उसकी मिसाल इतिहास में नहीं मिलती। 'कथनी के अनुसार करनी' वह भी तुरंत, ऐसा आचरण था परमहंस का। अपने सोलहों शिष्यों को उन्होंने ब्रह्मचर्य की दीक्षा दी। उन्होंने उन शिष्यों से प्रतिज्ञा कराई। इसके लिए स्वतः ब्रह्मचर्य का पालन करना आवश्यक था। विवाहित होने पर भी उन्होंने स्वयं ब्रह्मचर्य का पालन किया, यह खास बात है। शिष्यों के सामने ऐसा अकल्पनीय उदाहरण किसी भी सद्गुरु ने प्रस्तुत नहीं किया है।

रामकृष्ण ने स्त्री, कामवासना, मानवमन आदि पर जो विचार और अनुभव बताए हैं, उनका संबंध प्रत्यक्ष साधना से होने के कारण उन्हें जान-बूझकर दे रहा हूँ—

"कई बार हम लोग एक ही पलंग पर सोते थे। वह भावानंद में निमग्न रहती,

फिर भी मेरे मन में वासना अंकुरित नहीं होती। वह इतनी शुद्ध, इतनी पवित्र न होती तो कौन जाने मैं भी विवेकभ्रष्ट हो जाता। मेरी भी कामवासना जाग्रत् हो जाती। विवाह के बाद मैंने माँ से शिकायत भी की थी। क्यों कराया यह तूने। अब तूने मेरा विवाह करवा ही दिया है तो कम-से-कम मुझे वासनामुक्त रखो, ऐसी प्रार्थना भी मैंने की थी, पर सचमुच उसने मेरी सुन ली, भाई।

"एक बार सारदा मेरे कमरे में गहरी नींद में सो रही थी। उस अठारह वर्षीय सुंदर तरुणी को देखकर मेरा स्वगत शुरू हुआ, 'रे मन! एक स्त्री का यह शरीर है। पुरुष जाति इसे सर्वोच्च भोग की वस्तु मानती आ रही है, पर स्त्रीदेह को भोगने के लिए कामुक पुरुष केवल शरीर की सतह में ही फँसा रहता है न? तब उसे ईश्वर का स्मरण भी नहीं होता है न? रे मन, तुझमें स्त्रीभोग की लिप्सा तो नहीं है न? या है? रे मन! मुझे साफ-साफ बता, तेरे अंदर कामुकता होकर भी तू ऊपर से ब्रह्मचर्य का ढोंग तो नहीं कर रहा है? मुझसे ऐसा दोहरा व्यवहार न करवाओ। मित्र! सच-सच बताओ, मेरी यह देह तू स्त्री के लिए दे रहा है या ईश्वर को समर्पित कर रहा है?'

"और आपको बताऊँ, कामसुख का मन में विचार आते ही मैं समाधिस्थ हो गया। एक बार सारदा मेरे तलुए सहला रही थी। उसने मुझसे पूछा, 'आप मुझे क्या मानते है?'

"मैंने सहसा उत्तर दिया, 'जिस माँ ने मुझे जन्म दिया, जो माँ मंदिर में मूर्ति रूप में है, उसी का एक रूप तुम भी हो सारदा।' "

पत्नी को मातृतुल्य मानकर रामकृष्ण समग्र रूप से जितेंद्रिय हो गए, पर उन्हें इसका लेशमात्र भी गर्व नहीं था। वे शिष्यों से हमेशा कहते, 'पत्नी को माता मानने के बाद क्या मेरे मन में कामवासना जाग्रत नहीं हुई? हुई और अनेक बार हुई, पर मन में कई विचार आते हैं और चले जाते हैं। उसी प्रकार काम की तरंगें उठतीं और नष्ट हो जातीं। इसका कारण सुनिए। कामवासना पर मैंने विजय प्राप्त की है, ऐसी गर्वोक्ति मैंने कभी नहीं की। ऐसी गर्वोक्ति करने पर कामासुर तुरंत अपनी चपेट में ले लेता है। ब्रह्मचर्य कदापि गर्व का विषय नहीं है। विकार तो जीवन में आते ही हैं और मृत्युपर्यंत आते हैं। यह तो प्रकृति का नियम ही है। उनसे मुक्ति कभी नहीं मिलती। इसलिए बच्चो! विकारों पर विजय प्राप्त करने का घमंड कभी भी मत करिए।'

भैरवी

तीस और चालीस के बीच की आयु की ऊँची, भगवे वस्त्र धारण किए, खुले बालोंवाली एक रूपवती रमणी नाव से दक्षिणेश्वर के किनारे पर आई। बगल में कुछ किताबें और झोले में एक जोड़ी कपड़े, बस इतना ही सामान। उसके साथ दो पुरुष थे। रामकृष्ण के पास आकर वह बोली, "बेटा, तो तू यहाँ है, गंगा किनारे कहीं पर हो,

इतना तो मालूम था। माँ ने तीनों को दीक्षा देने के लिए कहा था। ये दोनों तो मिल गए। इनके नाम हैं—चंद्र और गिरीज। तीसरे तुम, आज मिल रहे हो, चलो तुम्हें गुरुमंत्र देती हूँ।''

यह स्त्री थी योगेश्वरी नामक ब्राह्मणी। यह जेसोर (आज बँगला देश में है) की रहने वाली थी। इसे लोग भैरवी नाम से जानते थे। उसकी माँ काली नहीं, शक्ति थी। वह शाक्तपंथी थी। तीनों को तांत्रिक मंत्रोपदेश दो—ऐसा आदेश शायद उसे शक्ति से प्राप्त हुआ था।

चंद्र और गिरीज उसके साथ तो आए ही थे। उन्होंने कठोर साधना की थी। सिद्धि के वशीभूत थे वे बेचारे। थियेटर में जादू के खेल न करते हुए भी महान् जादूगर थे। उन्होंने रामकृष्ण का खूब मनोरंजन किया। चंद्र महाशय तो मीलों दूर घटित हो रही घटनाओं को बता सकते थे, यानी आध्यात्मिक भाषा में इसे आप 'दिव्यदृष्टि' कह सकते हैं तथा वैज्ञानिक भाषा में दूरदर्शन दृष्टि। वह किसी लड़की के प्रेमजाल में फँसकर असफल हो गया था। क्योंकि वह किसी दूसरे के प्रेमजाल में फँसी थी, जिसे जानने की सिद्धि उसके पास नहीं थी। भैरवी के दूसरे शिष्य, गिरीज ने जबर्दस्त सिद्धि प्राप्त की थी। वह अपनी पीठ से एक प्रकाशपुंज निकालता था। रामकृष्ण दोनों का जादू देखकर बड़े ही खुश होते।

चंद्र और गिरीज के बाद भैरवी के तीसरे शिष्य होनेवाले थे रामकृष्ण। भैरवी जब दक्षिणेश्वर में आई, तब रामकृष्ण साधना के किस सोपान पर थे, शायद भैरवी को इसकी कल्पना नहीं थी, क्योंकि रामकृष्ण नामक बेटे को छोड़कर जाते हुए उसने उस बेटे से क्षमायाचना की थी। वह जब आई तो रामकृष्ण की साधना का स्तर कितना जटिल था, यह स्वयं उन्होंने ही बताया है—

"आध्यात्मिक अनुभव की विचित्र-सी क्रूर जटिलता में मैं फँसा था। आग की लपटों से गरम राख में और गरम राख से आग की लपटों में मैं हिचकोले खा रहा था। एक महाप्रलय-सा आ गया था, जिसमें मेरा जनेऊ डूब गया था, अँगोछा निकल गया था। वेश्याएँ सीतासमान प्रतीत होतीं और मैं बेहोश हो जाता। यदि कोई अंग्रेज बालक किसी पेड़ के नीचे पैर पर पैर रखकर खड़ा दिखाई पड़ता तो भगवान् बालकृष्ण के बाँसुरी बजानेवाला दृश्य मेरे सामने उपस्थित होता और मैं समाधिस्थ हो जाता। बिखरे बालों की जटाएँ बन गई थीं, पूजा प्रसंग में कभी-कभी उसमें गिरने वाले अक्षतों को पक्षी उसमें से आराम से चुगते, साँप मेरे अचेतन शरीर पर आराम से लोटते। छह वर्ष तक मुझे निद्रा नहीं आई थी। पलक झपकाने की नेत्रों की ताकत समाप्त हो गई थी। मैं दर्पण के सामने खड़ा होकर उँगलियों से आँखों को बंद करने की कोशिश करता, पर खुली ही रहती, एकदम खुली। मैं माँ से पूछता, 'माँ! मैंने तुझे अपना सर्वस्व समर्पित

किया और उसके बदले तूने मुझे यह दिया? तेरी शरण में आए लोगों की क्या ऐसी दुर्गति होती है, माँ?' "

भैरवी—"मैं तुझे तंत्र-दीक्षा देने आई हूँ, बेटा"

रामकृष्ण—"मैं माँ से पूछकर आता हूँ।" माँ ने स्वीकृति दी। गुरु भैरवी से रामकृष्ण ने तुरंत तंत्रविद्या हासिल की। वह आश्चर्यचकित हो गई। उसने रामकृष्ण को 'अवतार' घोषित किया।

दो अधिकार-संपन्न धर्मधुरंधर धर्माचार्यों को दक्षिणेश्वर में आमंत्रित किया गया। एक का नाम था वैष्णवचरण। वे वैष्णव संप्रदाय के महागुरु थे। दूसरे का नाम था गौरी। वे महान् तांत्रिक थे। उनकी भैरवी से चर्चा प्रारंभ हुई। रामकृष्ण सौंफ चबाते हुए तटस्थ भाव से बैठे थे। जब वैष्णवचरण ने रामकृष्ण को 'अवतार' के रूप में मान्यता प्रदान की, तब उन्होंने बड़ा ही मुग्ध हास्य करते हुए हृदयराम से पूछा, "अच्छा तो चरण ने मान लिया। अवतार यानी कोई रोग या व्याधि नहीं है, यह तो तय हुआ।" उन्होंने निःश्वास छोड़ते हुए कहा।

तांत्रिक गौरी महाशय अनेक शक्तिशाली सिद्धियों के स्वामी थे। उनमें से एक सिद्धि का नाम था 'नाद'। मानव-कंठ से जो सहजता से नहीं निकाला जा सकता, ऐसे 'हर-हर' का वह विराट् घोष करते। 'हर-हर' की उस विराट् गर्जना से ही वे सभी धर्मसभाओं में जीत जाते। वैष्णवचरण को भैरवी के सामने नत होते हुए देख गौरी ने अपना भीषण 'हर-हर' नाद प्रारंभ किया। अन्य विरोधियों की तरह न तो रामकृष्ण के कानों पर कुछ प्रभाव हुआ और न ही उन्होंने वहाँ से प्रस्थान किया, बल्कि उनको भी वैसी ही गगनभेदी गर्जना करने की सूझी।

कृशकाय शरीर वाले उस पुजारी के कंठ से गौरी के समान ही गगनभेदी गर्जना सुनकर गौरी नाराज हो गए। गौरी ने उससे भी ऊँचे स्वर में गर्जना की। रामकृष्ण ने भी उससे और ऊँचे स्वर में हुंकारकर उसका जवाब दिया। मंदिर में कोई बम विस्फोट तो नहीं हुआ, ऐसा समझकर दौड़ते हुए जब मंदिर के प्रहरी आए, तो उन्होंने दोनों के बीच हो रही गर्जन-स्पर्धा को देखा और हँसते हुए चले गए।

गौरी महाशय ने हार स्वीकार की। दोनों ही धर्मधुरीण मठाधीशों ने रामकृष्ण के अवतार होने को स्वीकार कर लिया।

तोतापुरी

सन् १८६५ में एक नागा बाबा दक्षिणेश्वर में आए। ध्यान और निद्रा करते समय वे लुंगी पहनते थे। वे पंजाब के थे। छोटेपन ही में वे लुधियाना के नागा मठ में गए थे। सालो साल की साधना। आयु मध्यम, पर अच्छा डील-डौल, ताकत भी काफी थी।

लुंगी, लँगोटी, दो चिमटे और एक कमंडलु। तोतापुरी की इतनी ही आवश्यकता और जायदाद थी।

तोतापुरी दार्शनिक थे। अद्वैतवाद के कठोर साधक। ईश्वर की कल्पना और मूर्तिपूजा पर तुच्छ सी हँसी करने लायक अद्वैत के तपस्वी और मनस्वी साधक।

आते ही आते तोतापुरी और रामकृष्ण के बीच निम्नलिखित संवाद हुआ—

''वेदांत-साधना करोगे क्या?''

''पता नहीं। माँ से पूछना पड़ेगा।''

''तो जाओ। जल्दी आना। मैं यहाँ अधिक समय तक नहीं ठहरूँगा।''

होनेवाला चेला आज्ञा लेने के लिए मंदिर में जा रहा है, यह देख तोता दंग रह गए, फिर हँसने लगे। अद्वैत, वेदांत का अंतिम पायदान। अमूर्त, ब्रह्म के साथ निर्विकल्प समाधि में तादात्म्य स्थापित करने का नाम है अद्वैत। झाँझ बजाना, यानी बरतन से बरतन टकराने जैसा कोलाहल। अद्वैत यानी असीम शांति। तोता ने यह शांति कठिन तप से प्राप्त की थी। इस पर उसे गर्व था। देवी-देवता, उनके अवतार तथा उनकी भक्ति, इन बातों को वे बेकार मानते थे। इसका वे मजाक उड़ाते थे। रामकृष्ण जिस काली माता की अनुमति लेने गए थे, वे उसे और उसके मायाजाल को नहीं मानते थे। इसलिए उसका मखौल उड़ाते हुए वे हँसने लगे।

रामकृष्ण तुरंत ही वापस आ गए। थोड़ी सी अर्धचेतनावस्था में भी थे। उन्होंने गरदन हिलाकर स्वीकारोक्ति दी।

तोता महाशय ने एक कुटिया में धूनी रमाई। घंटों अद्वैत के पाठ पढ़ाए।

रामकृष्ण बताते हैं—'' 'समस्त बाह्य जगत् को भूलकर आत्मा पर मन केंद्रित करो,' यह उनका उपदेश था। पर पहले मुझे वह सधा नहीं। वस्तु जगत् और प्राणि जगत् के नामों को तो शव पेटिका में डाल सका, पर उनके मूर्त आकार? वे तो इन बंद आँखों के सामने आते ही रहे, आखिर में सतत प्रयत्नों के बाद आकार भी विलीन हो गए, पर माँ? उसकी मूर्ति एकदम स्पष्ट रूप से सामने खड़ी रहती। जिसके लिए मैं रोया, जख्मी हुआ, बेहोश हुआ, जो रात-दिन आँखों के सामने ही रहती, उसे प्रयत्न करने पर भी भुला नहीं सका। मैंने आर्तस्वर में कहा, 'गुरुजी, यह मुझसे सध नहीं रहा है।'

'क्यों नहीं सध रहा है?' उन्होंने डाँटते हुए कहा! इधर-उधर देखा। काँच की एक खाली शीशी वहाँ पड़ी थी। उसे उन्होंने फोड़ा। उसके एक पैने टुकड़े को मेरी आँखों के ऊपर भौंहों के बीच घुसाया। वहाँ घाव हो गया। खून रिसने लगा। वे चिल्लाए, घाव पर मन एकाग्र करो।

''पहले तो मैं असहनीय वेदना से छटपटाया, फिर भ्रूमध्य पर मन एकाग्र हुआ। एकाग्रता भंग करने के लिए माँ फिर आ ही गई, पर उसकी परवाह करने की मन:स्थिति

में मैं नहीं था। उसके सामने दीखते ही अद्वैत के खड्ग से उसके दो टुकड़े कर दिए मैंने, फिर मेरा मन स्थिर हो गया। दुविधा भाव से मैं अद्वैत की निःस्तब्ध, निर्विकार नगरी में प्रवेश कर गया।''

श्रीरामकृष्ण को प्राप्त हुई निर्विकल्प समाधि की वह पहली ही अनुभूति थी। उस अनुभूति की तो दूर, उस अनुभूति की कल्पना के एक अंश का भी अनुभव न होने वाले मेरे जैसे भोगी व्यक्ति को निर्विकल्प समाधि की व्याख्या करने के लिए उपनिषदों की परिभाषा उधार लेने के अलावा कोई विकल्प नहीं था।

घटाकाश और मठाकाश के इकट्ठा होने का नाम निर्विकल्प समाधि है। आत्मा ही ब्रह्म हो जाता है। ज्ञान तथा ज्ञाता का भेद स्पष्टतया नष्ट हो जाता है। नमक और पानी घुल जाता है, यही है निर्विकल्प समाधि।

उस रात में, भोर होने से दो घंटे पहले, भ्रूमध्य में टूटी हुई काँच की शीशी के पैने टुकड़े से घाव होने के कारण रामकृष्ण को निर्विकल्प समाधि प्राप्त हो गई। आगे जो हुआ, वह बहुत ही मजेदार है।

कुछ क्षण के लिए तोतापुरी रामकृष्ण के सामने बैठ गए, फिर चुपचाप उठ गए। कुटिया से बाहर आकर उसमें ताला लगा दिया। तीन दिन हो गए। शिष्य को लगातार समाधिमग्न देख तोता अस्वस्थ हो गए। उन्होंने कुटिया में जाकर शिष्य की नाड़ी टटोली। हृदयस्पंदन कान लगाकर सुना। सबकुछ ठीक था। फिर तोता गुरुजी ने गंभीर आवाज में 'हरिओम्' की गर्जना की। उससे शिष्य समाधि की अवस्था से बाहर आया। गुरु ने शिष्य को गले लगा लिया।

शिष्य ने गुरु को दो बातों में पराजित किया था। इसके कारण तोता आश्चर्यचकित थे। प्रथम तो अनेक वर्षों की साधना के पश्चात् जो समाधि उन्होंने प्राप्त की थी, उसे शिष्य ने पहले ही प्रयत्न में प्राप्त कर लिया। दूसरा, जो रहस्य उनकी समझ में नहीं आ रहा था, वह यह था कि निर्विकल्प समाधि के सर्वोच्च शिखर पर पहुँचकर भी शिष्य का काली-प्रेम जरा भी कम नहीं हुआ था।

रामकृष्ण क्या चीज है, यह तोता की समझ में नहीं आ रहा था। तोता द्वारा अध्यात्म के अंतिम साध्य, निर्विकल्प समाधि को प्राप्त करने पर भी उससे दुनिया का क्या भला होनेवाला है ? कोई उद्योगपति अरबपति बन जाए, बस इतना ही। आध्यात्मिक होते हुए भी तोतागुरुजी की सारी कमाई स्वार्थी थी। उनकी निर्विकल्प समाधि का असीम आनंद केवल उन्हें ही मिलनेवाला था। अधिकांश धर्मप्रवण लोग स्वार्थी ही होते हैं। भोग लगाने से मन्नत माँगने तक जो अनेक प्रकार की घूस ईश्वर को दी जाती है, वह केवल अपने ही भले के लिए होती है। रामकृष्ण का मानव-कल्याण मिशन तोता के पास नहीं था। इसलिए वे रामकृष्ण को समझ नहीं पा रहे थे।

एक घटना से रामकृष्ण का असीम करुणायुक्त और शत-प्रतिशत असली सोने के समान चमकता हुआ हृदय तोतापुरी को दृष्टिगोचर हुआ। उनमें आमूल परिवर्तन हुआ। गुरुभाव तथा उसकी आज्ञाकारक तेजी तिरोहित होकर उनमें शिष्यभाव पैदा हुआ। वह ऐसी कौन सी वह घटना थी? कोई खास नहीं है। एक छोटी सी बात पर, गुरु-शिष्य के बीच हुआ एक छोटा सा संवाद है।

तोतापुरी रोज ध्यानमग्न होकर बैठते थे। इससे पहले उनका एक कार्यक्रम होता था। अपने पीतल के बरतन, दो चिमटे तथा लोटा तोता रोज चकाचक साफ करते थे। एक दिन रामकृष्ण ने उनसे पूछा, "आपको जब निर्विकल्प समाधि सिद्ध हो चुकी है तो आप रोज ध्यान क्यों लगाते हैं?"

अपने चकाचक साफ बरतन दिखाते हुए गुरुजी बोले, "यह पीतल जैसे रोज गंदा होता है, वैसे ही मन की धूल झाड़ने के लिए ध्यान करना पड़ता है।"

रामकृष्ण ने पूछा, "मान लीजिए, यदि आपके बरतन सोने के हों तो?"

तोतापुरी निरुत्तर हो गए। मन में किसी के भी प्रति राग-द्वेष न रखनेवाला, एकदम असली सोने जैसा, पूर्णत्व को प्राप्त हुआ परमहंस उनका शिष्य हुआ है, तोता को यह अनुभूति हुई। रामकृष्ण के प्रति निस्सीम भक्ति तोता के मन में पैदा हुई। कहीं भी तीन दिनों से अधिक न रहनेवाले तोतापुरी दक्षिणेश्वर में ग्यारह महीने रह गए। रामकृष्ण का संग वे छोड़ नहीं पा रहे थे। आखिर में वे बड़े ही दुःखी मन से गए। पर हाँ, काली माता को साष्टांग दंडवत् करके ही गए।

रामकृष्ण कहते हैं, "तोता गुरुजी के जाने के बाद मैंने छह महीने निर्विकल्प समाधि में जाना तय किया। इक्कीस दिनों से अधिक वह संभव नहीं होता। मृत शरीर के नथुनों में जिस प्रकार मक्खियाँ तथा चींटियाँ जाने लगती हैं, वैसे ही होता है। शरीर निर्जीव-सा होकर गिर जाता है। पर संयोग से एक सिद्ध पुरुष दक्षिणेश्वर में आया था। वह मक्खियाँ हाँकता। हाथ में एक छोटा-सा डंडा लेकर बैठता, हर ४-५ दिनों के बाद वह मेरी पीठ पर डंडा मारता। थोड़ा-सा होश आता देख दो-चार कौर खिलाता। निर्विकल्प समाधि में इतनी लंबी अवधि में जाने का मेरा संकल्प मैं उस सिद्ध पुरुष के कारण पूरा कर सका।

"पर तुरंत माँ का दर्शन हुआ। माँ ने डाँटा। अब इसके बाद निर्विकल्प समाधि का शौक बंद। मानवमात्र के कल्याण के लिए तुम व्रतस्थ हो, समझे! बेहोशी में समय बरबाद करने का तुमको अधिकार नहीं है, बेटा! निर्विकल्प समाधि के स्थान पर मैं तुम्हें एक दूसरी शक्ति देती हूँ। उसका नाम है 'भावसुख'। यानी मन 'स्व' को भूल जाता है। अहंकार पंगु हो जाता है। अहंकार के अष्टभुज और अष्टपाद को लकवा मारने का नाम है 'भावसुख'। इस शक्ति से तुम्हें अहंकार के बिना भी बाह्य जगत् का ज्ञान रहेगा।

तुम्हारी अमूर्त जैसी मैं यानी तुम्हारी माँ और मूर्त मृत्युलोक, इन दोनों का ही तुम आनंद प्राप्त करते रहोगे।''

गोविंद राय

निर्विकल्प समाधि का विशुद्ध आनंद प्राप्त होने के कारण रामकृष्ण की धर्म-पंथ-विषयक दृष्टि अधिक विशाल हो गई। ईश्वर की ओर ले जानेवाला प्रत्येक धर्ममत उपकारी होने का दृढ़ विश्वास उनमें पैदा हुआ। 'जतो मत, ततो पथ' के तत्त्वज्ञान को निर्विकल्प समाधि की प्राप्ति के बाद ही रामकृष्ण ने घोषित किया। संयोग की बात थी कि अन्य दो महत्त्वपूर्ण धर्मों का अध्ययन करने का उन्हें तुरंत अवसर मिला। रामकृष्ण के अनुसार, अध्ययन का अर्थ ग्रंथ का केवल पठन नहीं, अपितु पूर्णतः निष्ठापूर्वक आचरण करना है।

तोतापुरी १८६५ के आखिर में दक्षिणेश्वर आए थे। वहाँ वे ग्यारह माह रहे। फिर छह माह तक रामकृष्ण ने निर्विकल्प समाधि लगाई, यानी लगभग १८६७ के मध्य गोविंद राय दक्षिणेश्वर आए होंगे।

गोविंद राय क्षत्रिय थे। सत्य-शोधन की जिज्ञासा होने के कारण उन्होंने लगभग सभी प्रमुख धर्मों का गहरा अध्ययन किया था। जिस प्रकार नारायण वामन तिलक नामक महाराष्ट्र के एक प्रसिद्ध कवि ने तर्क बुद्धि से क्रिश्चियन धर्म स्वीकार किया था, उसी प्रकार गोविंद बाबू ने इसलाम धर्म स्वीकार किया था।

रानी रासमणी ने सभी धर्मों के संन्यस्त वृत्ति के साधकों के लिए दक्षिणेश्वर के कपाट खुले रखे थे। मुसलमान साधक गोविंद बाबू पंचवटी में बैठकर दिन में पाँच बार नमाज पढ़ते और ध्यान लगाते। रामकृष्ण ने इसलामी इबादत का अनुभव प्राप्त करने का निश्चय किया। उन्होंने गोविंद बाबू से तुरंत दीक्षा ली।

रामकृष्ण कहते हैं, ''मैंने पाँच बार नमाज और अल्ला का नामस्मरण शुरू किया। वेशभूषा और खानपान बदल दिया। मैं अरबों—जैसा पैरों तक झूलनेवाला लंबा कुरता पहनने लगा। मैंने मुसलिम खानसामे द्वारा तैयार किया हुआ भोजन लेने का ऐलान किया।

मथुराबाबू ने पैरों पर पड़कर अजिजी से कहा, 'पिताजी, गोमांस-भक्षण मत करिए। मुसलमान रसोइया भी यहाँ नहीं आता हो तो वह आए, पर हिंदू रसोइयों को मुसलिम पद्धति से मांसाहार बनाने की विधि बताकर वह चला जाए।'

मैंने स्वीकार किया। साधना प्रारंभ करते ही मैंने मंदिर में जाना बंद कर दिया। काली माँ से मेरा संवाद तो समाप्त हुआ ही, मैं उनका दर्शन भी करने नहीं गया। पंचवटी की कुटिया में बैठकर पूर्णतः मुसलमान बनकर मैंने कठोर तप प्रारंभ किया। केवल तीन

दिनों की अखंड साधना के फलस्वरूप मुझे साक्षात्कार हुआ। एक दाढ़ीधारी दिव्य पुरुष ने मुझे दर्शन दिए, फिर वह ईश्वर में प्रवेश कर रहा है तथा खुदा और बंदा ब्रह्म में विलीन हो रहे हैं। ऐसे दृश्य मुझे दिखाई पड़े।''

रामकृष्ण हमेशा कहते थे—''इसलाम धर्म वेदांत के काफी नजदीक है।''

शंभूचरण मलिक

रानी रासमणी के ज्येष्ठ जामाता और दक्षिणेश्वर के कुशल व्यवस्थापक मथुराबाबू का जुलाई १८७१ में टाइफाइड से निधन हो गया। उनका स्थान लिया शंभूचरण मलिक ने। शंभूबाबू उदारवादी धार्मिक तथा समालोचक वृत्ति के थे। वे क्रिश्चियन धर्म की ओर आकृष्ट हुए थे। उन्होंने ही सर्वप्रथम रामकृष्ण को बाइबिल पढ़कर सुनाया था। उनके बँगले में बाल यीशू को गोद में लिए मदर मैरी की तसवीर थी। उस तसवीर से एक किरण निकलकर उनके हृदय में प्रवेश कर रही है, ऐसा आभास परमहंस को हुआ था।

''माँ! ये कौन से नित नए अनुभव करा रही हो? मुझमें ऐसे परिवर्तन क्यों करा रही हो?''

काली माँ ने भक्त के इन प्रश्नों पर कोई प्रतिक्रिया व्यक्त नहीं की। इसलाम धर्मी की तरह ही तीन दिन तक रामकृष्ण क्रिश्चियनधर्मी भी हो गए। मंदिर में प्रवेश तक नहीं किया। तीसरे दिन बगीचे में ऊँचा तथा छरहरे बदन का एक व्यक्ति दिखाई पड़ा। वह विदेशी ही था। विशाल, चमकीले नेत्र, गोरा रंग, थोड़ी चिपटी नाक। यहाँ यह पथिक कौन है? मन में सवाल पैदा हुआ और तुरंत उत्तर भी मिल गया। यही यीशू है। ईश्वरपुत्र और ईश्वर नामक पिता से तदाकार हुआ महायोगी। मानवजाति के कल्याण के लिए जिसने अपार यातनाएँ सहीं, अपना रक्त बहाया, वही है यह यीशू।

वह तेजस्वी व्यक्ति रामकृष्ण के निकट आया, उसने रामकृष्ण को अपने बाहुपाश में भर लिया और उनमें समा गया।

ऐसे महासाधक रामकृष्ण परमहंस ने नरेंद्र से कहा था, ''हाँ, मैंने ईश्वर देखा है।''

नरेंद्र नास्तिक से आस्तिक कैसे हुआ इसे अब देखते हैं।

क्या नरेंद्र नास्तिक था

अंग्रेज इस देश में आए। यहाँ राज्य किया। उन्होंने नए-नए उपहार अपने काले गुलामों को भेंट में दिए। चाय तथा सोडावाटर से लेकर अंग्रेजी शिक्षा तथा रेलगाड़ी तक, पर यह सब नौकरी-धंधा और सुविधाओं से संबंधित था। वह शरीर से संबंधित था, पर दो बातें ऐसी थीं, जिनके द्वारा भारतीयों का काया-परिवर्तन नहीं, अपितु मन-परिवर्तन करने का षड्यंत्र रचा गया। वे थीं—विज्ञानमूलक नास्तिकता तथा क्रिश्चियन धर्म का प्रचार।

ये दोनों बातें एक-दूसरे की पूरक नहीं थीं, बल्कि परस्पर-विरोधी थीं। सारे संसार को नचानेवाले परमेश्वर को विज्ञानाभिमुख व्यक्ति द्वारा नकारकर 'एकमात्र यीशू ही पापमुक्त कर सकता है', ऐसी उद्घोषणा कर गरीब लोगों को धर्मांतरण का शिकार बनाने की वह एक भयावह षड्यंत्रकारी योजना थी।

भारतीयों को वे आकर्षक व आश्चर्यकारक प्रतीत हुई। इन षड्यंत्रों की विष-बेल संपूर्ण भारत में तेजी से फैली। सारी शिक्षा संस्थाएँ मिशनरियों के कब्जे में थीं। उन्होंने ऐसी विषैली सुई लगाई कि हरेक पीढ़ी के कुशाग्रबुद्धि विद्यार्थी नास्तिक बन गए। नास्तिक होना उस समय किसी कमी का द्योतक नहीं था। भारतवर्ष में प्राचीन समय से दोनों तरह के नास्तिकों-वेदधर्म को न मानने वालों को तथा शुद्ध निरीश्वरवादियों को समाज ने अमान्य नहीं किया था। चार्वाक, गौतम, महावीर और कुछ सांख्य विचारकों को महामानव माननेवालों की संख्या कुछ कम नहीं थी। पर पादरी लोग कॉलेज जाने वाले नवयुवकों को केवल नास्तिक बनाने पर नहीं तुले थे, अपितु उन्हें हिंदू धर्म के घोर विरोधी बनाकर क्रिश्चियन धर्म के सम्मोहन में लाते थे। अंग्रेजों के आने से भारतीय आध्यात्मिक और सांस्कृतिक मूल्यों का सत्यानाश हो रहा था। बंदूकधारी गोरी फौज भारतीयों को राजनीतिक गुलाम बना रही थी और यीशू के तथाकथित मिशनरी प्रतिनिधियों की फौज भारतवर्ष की मिट्टी में सैकडों वर्षों से बोये हुए, उर्वरित, सर्वआत्मसात् करने वाली संस्कृति की लहलहाती खेती पर हल चलाने के लिए क्रॉस का उपयोग कर रही थी।

अध्यात्मविनाशक तथा संस्कृति-विध्वंसकों की उस फौज को रोकने का काम किया एक कृशकाय, भोलेभाले से दिखनेवाले परंतु परमहंस कहलाने वाले एक पुजारी ने। उन्होंने एक ऐसा शिष्य तैयार किया, जिसने सात समुद्र पार जाकर विज्ञान, भोगवाद तथा धर्म का अनर्थ करनेवालों को उनका सही अर्थ बताया।

वह शिष्य किशोरावस्था में जब पहली बार अपने सद्गुरु से मिला तो वह परम नास्तिक था। नरेंद्र और रामकृष्ण की पहली मुलाकात के एक महीने बाद नरेंद्र अकेले ही पैदल चलकर दक्षिणेश्वर गया। लगभग सन् १८८२ का जनवरी माह रहा होगा वह।

गुरु-शिष्य की दूसरी मुलाकात दक्षिणेश्वर में हुई। उस दूसरी मुलाकात का वर्णन विवेकानंद ने बड़ा विस्तारपूर्वक किया है। उसके कुछ अंश देखें—

"मैं सीधा उनके कमरे में गया। वे वहाँ अकेले ही थे, एक तख्त पर बैठे हुए। मुझे देखकर बहुत प्रसन्न हुए। अपने पास बैठा लिया। मैं उनके पास जमीन पर बैठ गया। भावमग्न अवस्था में आत्मविभोर, अपने से ही कुछ बुदबुदाते हुए वे मेरी ओर खिसक रहे थे, यह मैंने देखा। यह पगला फिर कुछ पागलपन करेगा, ऐसा विचार मेरे मन में आते ही उन्होंने अपना दाहिना पैर मुझ पर रख दिया। उस स्पर्श से एक क्षण के

लिए मुझे कुछ विचित्र-सी अनुभूति हुई। दीवारों के साथ ही कमरे में रखी सारी वस्तुएँ और मेरा मन, अहंकार, सबकुछ पिघलकर कहीं विलीन होने लगा। अहंकार का नष्ट होना यानी मौत, और वह निकट आती देख मैं चिल्लाया, 'यह क्या कर रहे हैं आप? मेरे माँ-बाप है न।'

"वह पगला जोर-जोर से हँसने लगा। उसने मेरा हाथ पकड़कर मेरी छाती को स्पर्श करते हुए कहा, 'ठीक है, अभी रहने दो। सबकुछ एक साथ ही होना जरूरी नहीं है। समय आने पर तो होगा ही।'

"उनके स्पर्श से मेरी आँखों के सामने का अद्‌भुत दृश्य लुप्त हो गया।"

विवेकानंद आगे कहते हैं, "यह सब कहने में तो काफी समय लगा है, पर यह घटित हुआ केवल एक क्षण में। मैं चुपचाप बैठकर सोचने लगा, यह सब क्या माजरा है। कौन है यह अद्‌भुत पुरुष! मुझ पर उसका ऐसा क्या प्रभाव हुआ कि एक 'भाव' एकाएक मुझमें पैदा होता है और अदृश्य भी होता है। ग्रंथों में मोहिनी इच्छाशक्ति, संचरण और सम्मोहन विद्या के बारे में मैंने पढ़ा था। मैंने यह भी पढ़ा था कि यह कमजोर और निकृष्ट मन के व्यक्तियों को ही प्रभावित करता है, पर मैं तो एक दृढ़ इच्छाशक्तिवाला युवक हूँ। खुद को मैं असाधारण बुद्धिमान् और दृढ़ मानसिक शक्तिसंपन्न मानता आया हूँ। असाधारण गुणी व्यक्ति पर साधारण जीव मोहित होते हैं, उनके हाथों का खिलौना बनते हैं, पर मैं? पर मैं? मैंने तो पहली ही नजर में इसे अर्धपागल समझ लिया था, तो फिर इसने मेरे जैसे दृढ़ मानसिकता वाले व्यक्ति को इतनी सहजता से कैसे सम्मोहित कर लिया? क्या इसे पागल कहा जा सकता है? इससे सतर्क रहने की आवश्यकता है। इसकी वशीकरण विद्या के प्रभाव में न आने का मैंने दृढ़ संकल्प किया।' "

भूत का उदाहरण

तीसरी मुलाकात में नरेंद्र अपने संकल्प पर कितना दृढ़ था, यह देखने से पहले रामकृष्ण परमहंस से एक एकाकी भूत की कहानी सुनें—

तीन-चार वर्षों के बाद नरेंद्र के सारे संभ्रम समाप्त हो गए। मनाकाश साफ हो गया। मनसा, वाचा, कर्मणा वह गुरुचरणों की शरण में हो गया। उसके बाद वह उनसे बार-बार प्रार्थना करता, 'कृपया मुझे एक बार निर्विकल्प समाधि के आनंद का आस्वादन कराइए।

रामकृष्ण चिढ़ाने के लिए अन्य शिष्यों के सामने उससे कहते, "अब क्या हो गया, बेटा! उस दिन मैं तुम्हें जब ज्ञान दे रहा था तो तुम कितनी जोर से चिल्लाए थे, 'यह क्या कर रहे हैं? मेरे माँ-बाप हैं। उनकी सेवा करनी है।' क्यों? सुनो, तो एक कहानी

सुनो। 'एक आदमी मर गया और भूत बन गया। बहुत दिनों तक अकेले ही रहा, फिर वह बेचारा अकेलेपन से परेशान हो गया और किसी दोस्त की खोज में निकला। किसी मृत की जानकारी होते ही वह दौड़कर जाता। मरा हुआ व्यक्ति भूत बनेगा और वह उसका दोस्त बनेगा, ऐसी उसे उम्मीद रहती, पर कोई भी मृत भूत नहीं बनता था। किसी को गंगाजल का स्पर्श होता तो किसी का मंत्र के प्रभाव से उद्धार हो जाता। वह बेचारा दुःखी हो जाता। अकेले ही किसी तरह दिन काटता।' मेरी स्थिति भी उसी अकेले भूत की तरह सालोसाल रही। तुम्हारे मिलते ही लगा कि चलो, एक साथीदार मिल गया, पर तुम्हें अपने माता-पिता याद आए। इसीलिए मैं आज भी बिना किसी मित्र के अकेला ही हूँ।''

यह अजब सी बात सुनकर भी नरेंद्र शिकायत के स्वर में पुनः-पुनः कहता, ''फिर मेरे गुरुबंधुओं को आप भावसमाधि का रस्वास्वादन क्यों कराते हैं?''

रामकृष्ण कहते, ''बेटा, जब एक छोटे से तालाब में एक बड़ा हाथी प्रवेश करता है तो पानी तेजी से हिलोरें मारता है। पर वही हाथी जब गंगा में प्रवेश करता है तो कोई फरक नहीं पड़ता। अन्य भक्तगण छोटे तालाब जैसे हैं, जरा से भाव में अभिभूत हो जाते हैं, पर तुम एक महानद हो।''

तीसरी मुलाकात

दूसरी मुलाकात के बाद नरेंद्र पुनः कितने दिनों के बाद दक्षिणेश्वर आया, इसकी कोई जानकारी उपलब्ध नहीं है। पर जल्दी ही आया होगा, ऐसा अनुमान इसलिए लगाया जा सकता है कि रामकृष्ण नामक दीवाने की चुनौती स्वीकार करने की उसे निश्चित ही जल्दी होगी। अपने संकल्प पर दृढ़ रहने की परीक्षा उसे उत्तीर्ण जो करनी थी।

इस मुलाकात का वर्णन विवेकानंद के गुरुबंधु व रामकृष्ण के प्यारे शिष्य श्री शारदानंद ने बंगाली भाषा में लिखित 'रामकृष्ण लीला प्रसंग' के पाँच खंडों में प्रकाशित ग्रंथ के तीसरे खंड में बड़ी ही रसमयी भाषा में किया है।

शारदानंद लिखते हैं—''श्रीरामकृष्णदेव नरेंद्रनाथ को लेकर पड़ोस में रहने वाले यदुनाथ मलिक के बगीचे में गए। दोनों आराम से घूम रहे थे, फिर बगीचे में बैठ गए। एकाएक रामकृष्णदेव समाधिस्थ हो गए। नरेंद्रनाथ बड़ी सावधानी से स्थिर दृष्टि रखकर उन्हें निहार रहे थे। वे बड़ी होशियारी से अपने 'स्व' पर केंद्रित होकर बैठे थे। एकाएक रामकृष्णदेव ने उन्हें स्पर्श किया। नरेंद्रनाथ का बाहरी ज्ञान एक ही क्षण में लुप्त हो गया। इससे पूर्व में हुई मुलाकात में धीरे-धीरे 'स्व' का विस्मरण होने के कारण वे चिल्लाकर कुछ शब्द तो बोल ही सके थे। पर इस मुलाकात में नरेंद्र को एक क्षण भी होश में रहने का अवसर प्राप्त नहीं हुआ था। कुछ समय बाद पुनः पूर्ववत् चेतना प्राप्त हुई। नरेंद्रनाथ ने देखा कि रामकृष्णदेव

मंद-मंद मुसकराकर उनकी छाती पर अपनी हथेली घुमा रहे हैं। बाह्य ज्ञान लुप्त होने पर नरेंद्रनाथ को कौन-सी आंतरिक अनुभूति हुई—यह उन्होंने हम लोगों को कभी भी नहीं बताया। पर ठाकुरजी ने उस प्रसंग को एक बार गपशप के दौरान हम लोगों को बताया। उन्होंने कहा, मैंने उससे अनेक प्रश्न पूछे, 'तुम कौन हो? कहाँ से आए हो? यहाँ पृथ्वी पर तुम कितने दिन रहोगे?' उसने उस अचेतन अवस्था में भी सारे सही-सही उत्तर दिए। यह देख मुझे बड़ा आनंद हुआ। नरेंद्र के बारे में मेरा अंदाज सही साबित हुआ था। इन बातों की चर्चा करना निषिद्ध है। मैं तुम लोगों को इतना ही बताता हूँ कि 'मैं कौन हूँ'—यह आत्मज्ञान उसे जब होगा, तब वह मृत्युलोक छोड़ देगा। दृढ़ संकल्प के आधार पर समाधियोग के माध्यम से वह देहत्याग करेगा। नरेंद्र ध्यानसिद्ध महापुरुष है।''

अब ठाकुर नरेंद्र से खेलने लगे। उसके जीवन का खिलौना अभंग बनाने का खेल था वह। खिलौना वे उस पर कभी प्रेम की वर्षा करते, उसका आलिंगन करते, गोद में बैठाकर भोजन कराते, एक ही चिलम से दोनों दम लगाते।

कभी परमहंस अपने ज्येष्ठ शिष्य की खूब प्रशंसा करते। भाट बनकर गीत गाते। सुननेवाले आश्चर्यचकित हो जाते। वे जिन्हें ईश्वर मानते, उन ठाकुर को, एक बचकाने अल्हड़ से युवक को महायोगी आदि विशेषणों से विभूषित करते देख उनके शिष्यों को आश्चर्य होता था। नरेंद्र से दूर होने पर ही ठाकुर व्यथित होते, ऐसा नहीं था, अपितु उसके मिलन पर भी उनकी आर्तता शिखर पर होती। नरेंद्र वह प्रशंसा सुनकर शरमा जाता, उसे गुस्सा भी आता।

एक बार कुछ लोग ठाकुरजी के समीप बैठे थे। ब्राह्म समाज के केशवचंद्र सेन और विजयकृष्ण गोस्वामी आदि दिग्गज भी उनमें थे। नरेंद्र भी था। भावविभोर होकर परमहंस उन तीनों को बारी-बारी से निहार रहे थे। बैठक समाप्त होते ही वे सहसा बोल उठे, ''मैं तीनों की तुलना कर रहा था। मुझे दिखाई पड़ा कि जिस एक शक्ति के विकसित होने के कारण केशव विश्वविख्यात हुआ, ऐसी अठारह शक्तियाँ नोरेन में विद्यमान हैं। केशव और विजय के हृदय में ज्ञान की दीपशिखा प्रज्वलित हुई है, तो नोरेन के अंत:करण में साक्षात् ज्ञान-सूर्य उदित हुआ है।'' नोरेन ब्राह्म समाज का सदस्य था। केशवचंद्र और विजयकृष्ण उसे वंदनीय एवं आचरणीय आदर्श प्रतीत होते थे। उनकी तुलना में उसे ज्येष्ठ माननेवाले रामकृष्ण पर उसे बहुत गुस्सा आया था। उनके बड़े तीखे अंदाज में उसे व्यक्त करते ही रामकृष्ण ने अपना सधा-सधाया उत्तर दिया, ''मैंने स्वयं से कुछ नहीं देखा। माँ ने दिखाया और मुझे कहने के लिए बाध्य किया, इसलिए मैंने कहा।''

इस पर नरेंद्र ने मनोविज्ञान पर उन्हें एक लंबा-चौड़ा भाषण दे डाला—''कौन जाने, माँ दिखाती है या आपके मन से कल्पना के पंछी उड़ान भरने लगते हैं। मैं अगर आपकी जगह होता तो मुझे ऐसे सारे अनुभव दिमागी फितूर मालूम होते हैं। कान, आँख आदि

इंद्रियाँ मनुष्य को कई बार संभ्रम की स्थिति में डाल देती हैं, ऐसा पश्चिमी वैज्ञानिकों तथा मनोवैज्ञानिकों ने सिद्ध कर दिखाया है। उसमें भी यदि किसी एक चीज में मन रमा हो तो कुछ अन्य भी आभास होते रहते हैं, फिर पंचेंद्रियाँ कदम-कदम पर ठगती रहती हैं। आप मुझसे अत्यंत स्नेह करते हैं, इसलिए हरेक क्षेत्र में मैं श्रेष्ठ बनूँ—ऐसी आपकी प्रबल इच्छा होने के कारण ही आपको ऐसे साक्षात्कार होते रहते हैं।''

एक दिन रामकृष्ण ने नरेंद्र से पूछा, ''यदि तुम मेरी काली माता को मानते ही नहीं हो, तो तुम यहाँ आते ही क्यों हो?''

नरेंद्र ने कहा, ''क्या यह जरूरी है कि यहाँ आनेवाले हरेक को काली माता को मानना ही चाहिए? मैं आपसे प्रेम करता हूँ, इसलिए यहाँ आता हूँ।''

''अच्छा, ठीक है। पर वह दिन जल्दी ही आएगा जब तुम मेरी जगदंबा का केवल पूजन ही नहीं करोगे, अपितु उसका नाम लेकर आँसू भी बहाओगे। (अन्य शिष्यों को संबोधित करते हुए) यह लड़का ईश्वर के विभिन्न स्वरूपों को नहीं मानता। 'मेरा दर्शन कल्पनाओं का जाल है'—ऐसा मेरे मुँह पर कहता है। फिर भी यह मुझे अच्छा लगता है। गुरु को उकसाकर उसकी महत्ता का ठोस सबूत पाना शिष्य का अधिकार होता है। यह वही कर रहा है। आप लोग भी मेरी ऐसी ही परीक्षा लीजिए। जिस प्रकार व्यापारी सिक्कों को परखकर लेता है, उसी प्रकार शिष्यों को भी गुरु की परख करनी चाहिए।''

नरेंद्र के विवेकानंद बनने पर उन्हें सर्वज्ञाता, सद्गुरु के वचनों की परख हुई। काली माँ के लिए स्वामीजी ने जिंदगी भर आक्रोश किया, पर न दुनिया के सामने और न गुरुबंधुओं के सामने। केवल एकाकी होने पर। उन्होंने एक अमेरिकी महिला को लिखे अपने पत्र में कहा है, ''काली माँ को लेकर मेरा अतिविशिष्ट पर व्यक्तिगत पागलपन है।''

अपने को विवेकानंद के समान माननेवाली अथवा अपने को उनका अवतार माननेवाली अनेक विभूतियाँ आज भी भारतवर्ष में विद्यमान हैं। धर्म नामक व्यापार करने के लिए उन्होंने आश्रम खड़े किए हैं। गणेश दत्त अथवा अन्य किसी देवता के वे अनन्य भक्त हैं, पर काली माँ के बारे में विवेकानंद ने क्या कहा है—शायद उन्हें यह मालूम नहीं है। अन्यथा उन्होंने अपनी इस तरह दुकानें न सजाई होतीं।

विवेकानंद की धार्मिक सोच तथा अन्य धर्मों पर टीका-टिप्पणी न करने की उनकी इच्छा कितनी दूरदर्शी थी, यह उनके निम्नलिखित कथन से स्पष्ट होता है—

''काली माता के बारे में अपने मन के भक्ति-भाव को मैंने कभी भी श्रोताओं के समक्ष व्यक्त नहीं किया। साधारण जनों में मैंने कभी भी काली माता के प्रचारार्थ एक शब्द भी नहीं कहा। इसका कारण यह है कि चरम सुख की खोज में लिप्त साधकों से लेकर साधारण मानव समाज तक, सबके कल्याण का मार्गदर्शन उपनिषदों से हो सकता है। दूसरा कारण यह है कि अन्य धर्मावलंबियों या शेष सपूर्ण मानव-समाज को यह

धारणा पचा पाना संभव नहीं होगा कि काली आदिशक्ति का प्रतीक हैं।''

एकेश्वरवाद तथा सगुण ब्रह्म पर ब्राह्म समाज की निष्ठा थी। नरेंद्र उस समाज का निष्ठावान् सदस्य था। अद्वैतवाद आत्मा के अखंड अस्तित्व तथा उसके परमात्मा के साथ मिलन के सिद्धांत को प्रतिपादित करता है। इसीलिए नरेंद्र को अद्वैतवाद पर गुस्सा आता था। ईश्वर इतना महान्, उसके साथ जन्मजात पापी मानव का मिलन हो ही कैसे सकता है? जीव-शिव का अभेदत्व अनंत भावमय ईश्वर को मानवीय जीवन के साथ संबद्ध करने का अर्थ है, ईश्वर को सीमाबद्ध करना— नरेंद्र का यह दृढ़ मत था।

एक दिन उसने अद्वैत का विषय जान-बूझकर निकाल रामकृष्ण को लपेटने की ठानी। अपने ब्राह्ममित्र से नरेंद्र कहने लगा, ''वाह-वाह, क्या पागलपन है! देखो, थाली ईश्वर, कटोरी ईश्वर, गिलास ईश्वर और हम सब लोग भी ईश्वर!'' और दोनों खिल-खिलाकर हँसने लगे।

रामकृष्ण ने कुछ भी न बोलते हुए नरेंद्र को केवल स्पर्श किया, मानो जादू की छड़ी घूम गई। नरेंद्र को चारों ओर ब्रह्ममय दिखाई पड़ने लगा। ऐसी ही अवस्था में वह घर गया। रास्ते के घर, घोड़े, भीड़ आदि सभी में वह स्वयं को देखने लगा। घर में भोजन करते समय सभी पदार्थों में उसे ब्रह्मानुभूति होने लगी। अद्वैत की वह झलक मात्र ही थी। उसी में वह घबरा गया। सारी दुनिया उसे सचमुच स्वप्नवत् प्रतीत होने लगी। कुछ दिनों तक यह अनुभव काफी तीव्र था। इतना तीव्र कि कलकत्ते के सार्वजनिक बगीचे की रेलिंग पर सिर पटककर उसे इस नतीजे पर आना पड़ता कि वह वास्तव में रेलिंग ही है।

अद्वैत की खिल्ली उड़ानेवाले नरेंद्र पर उस अनुभव का गहरा प्रभाव हुआ। पंद्रह साल बाद अमेरिका में अद्वैत के महत्त्व को दृढ़तापूर्वक बताते हुए स्वामी विवेकानंद ने गर्जना की थी—

"See no difference between an ant and an angel. Remember that every worm is brother of Nazarene."

नरेंद्र की नास्तिकता का किला ढह गया। क्या वह सचमुच नास्तिक था? अपनी बाल्यावस्था में वह नास्तिक नहीं था, यह उसके चरित्र से स्पष्ट होता है। कॉलेज में जाने के बाद पश्चिमी संस्कृति के प्रभाव में उसने मूर्तिपूजा से विद्रोह किया। धर्म की कल्पना से ही वह घृणा करने लगा, पर उस समय भी वह मन एकाग्र करता था, लेकिन किस पर? उसके मन:चक्षु के सामने कौन-सा देवता था? यह एक अबूझ पहेली है।

नरेंद्र ब्राह्म समाज में प्रार्थना करने के लिए नियमित जाता था। वह समाज पूर्ण रूप से आस्तिक था। उस समाज का मूर्तिपूजा पर विश्वास नहीं था, पर वहाँ नास्तिकता जरा भी नहीं थी। तो क्या नरेंद्र नास्तिक हो गया था? रामकृष्ण के कारण वह नास्तिक से

आस्तिक बना—क्या ऐसा कहा जा सकता है? इस पर रामकृष्ण का कथन देखें।

ठाकुर कहते हैं, "नास्तिकता नरेंद्र का बाह्य आवरण था। मन से वह पूरी तरह आस्तिक था। उसकी आँखों में कोमलता है, करुणा है। ऐसी दृष्टि भक्तों को ही मिलती है। ज्ञानी कहलानेवालों की दृष्टि शुष्क होती है। नरेंद्र की वैसी नहीं है।"

रामकृष्ण का यहाँ ज्ञानी से तात्पर्य केवल किताबी ज्ञान का भार ढोनेवाले तोता-रटंत पंडितों से है, यह सहज ही मालूम होता है।

नरेंद्र आस्तिक था, पर उसकी आस्तिकता सीमित थी। मूर्तिपूजा से लेकर अद्वैत सिद्धांत तक वह नास्तिक ही था, क्योंकि विज्ञान के ढाँचे में काली माता और 'अहं ब्रह्मास्मि' की अमूर्तता बैठ नहीं पा रही थी।

'जतो मत ततो पथ' धर्म के ऐसे विशाल तत्त्वज्ञान पर जीवन जीनेवाले परमहंस ने अनेक तरह से परीक्षा लेकर नरेंद्र को अपने में समाहित कर लिया था। नरेंद्र ने भी स्वयं को गुरुचरणों में पूर्णतः समर्पित कर दिया था। वह संपूर्ण रूप से आस्तिक हो गया।

पर सच्ची परीक्षा कठिन समय में ही होती है। ऐसा संकट नरेंद्र पर सन् १८८४ में आया। रामकृष्ण ने वह क्षण व्यर्थ नहीं जाने दिया। क्या नरेंद्र उस कसौटी पर खरा उतरा? परीक्षा में उत्तीर्ण हुआ?

'जो चाहो, सो माँगो, जो माँगोगे वह मिलेगा'

सन् १८८४ के मई का महीना—कलकत्ते की भीषण गरमी! नरेंद्र की बी.ए. की परीक्षा समाप्त हो चुकी थी। वह परीक्षाफल की प्रतीक्षा कर रहा था। एक दिन उसके पिता विश्वनाथबाबू का हृदयाघात से एकाएक निधन हो गया।

पर उससे भी बड़ा आघात दूसरा था। अमीर, संपन्न माने जानेवाले विश्वनाथ बाबू कर्ज में डूबे हुए थे। साहूकारों के तगादे शुरू हो गए। नरेंद्र के चाचा ने भी इसका लाभ उठाया। पुश्तैनी संपत्ति हड़प करने के लिए उन्होंने न्यायालय की शरण ली।

उस समय नरेंद्र केवल इक्कीस वर्ष का था, पर परिवार का सबसे बड़ा लड़का था। परिवार में विधवा हुई माँ और शिक्षा ग्रहण कर रहे दो छोटे भाई। पिता तो कर्ज में डूबे हुए थे, इसलिए समाज से भी कोई सहानुभूति नहीं मिल पा रही थी। दोनों समय के भोजन के लाले पड़ने लगे। इस भयानक अनुभव का वर्णन करते हुए विवेकानंद लिखते हैं—

"अशौच की अवधि समाप्त होने से पूर्व ही नौकरी पाने के लिए मैं दर-दर भटकने लगा। पैरों में चप्पल नहीं, पेट में अन्न नहीं और सर पर अंगारे बरसानेवाला सूर्य। ऐसी हालत में अर्जियों के पुलिंदे लेकर मैं कार्यालयों के चक्कर लगाता और वापस हो जाता। 'नौकरी नहीं है' के बोर्ड मुझे जगह-जगह मुँह चिढ़ा रहे थे। जो मेरे घनिष्ठ मित्र मुझे मानते थे, मेरे संगीत की प्रशंसा करते थे, वे भी मुझे टालने लगे, मुझसे पहचान

तक नहीं दिखाते थे। जीवन के एक कटु सत्य से मेरा वह पहला परिचय था। एकाएक मेरी समझ में आया कि इस दुनिया में गरीब, अनाथ और बेघर लोगों के लिए कोई स्थान नहीं है।''

उदार एवं संवेदनशील मन के उस महामानव को जीवन के एक निराले रहस्य का ज्ञान हुआ था। उसे अनेक अच्छे-बुरे अनुभव प्राप्त हो रहे थे। नौकरी नहीं थी, मित्र नहीं थे, पर नरेंद्र निराश नहीं हुआ।

पेट की आग प्रज्वलित होते ही वह अपने लाखों धनहीन, बुभुक्षित, वस्त्रविहीन देश-बांधवों की वेदना से द्रवित हुआ। यम-नियम, जप-तप आदि मोक्ष के मार्गों का सहारा छोड़कर उसने दरिद्रनारायणों के गहरे गर्त में उतरकर उन्हें उससे उबारने का व्रत स्वीकार किया।

आज तक साधु-महात्मा गृहस्थ लोगों को माया से परावृत्त होकर मोक्ष के लिए प्रवृत्त होने की सीख देते आए हैं; पर सामान्य लोगों को दयनीय आर्थिक परिस्थिति से बाहर निकालने के लिए संघर्ष करनेवाले हिंदू धर्म के इतिहास में पहले संन्यासी थे—स्वामी विवेकानंद।

रूस में भारत के राजदूत बनकर गए डॉ. राधाकृष्णन का मास्को में स्वागत करते हुए स्टालिन ने उनसे बड़े ही निश्छल मन से कहा था, ''आप बहुत बड़े दार्शनिक हैं। मैं नास्तिक हूँ। हिंदू-धर्मग्रंथों का मैंने जरा भी अध्ययन नहीं किया है, पर हिंदू धर्म के एक यथार्थवादी महामानव के लिए मेरे मन में अपार आदर है। मुझे उसका नाम नहीं मालूम, पर उसका एक वाक्य मैं कभी भी भूल नहीं सकता। उसने कहा था, 'रोटी, यही ईश्वर की सच्ची शक्ति! इस जन्म में रोटी दिलाने के बजाय मनुष्य को उसकी मृत्यु के पश्चात् मोक्ष दिलाने का प्रलोभन देनेवाला ईश्वर मुझे जरा भी पसंद नहीं'—इस महामानव का नाम बता सकेंगे?''

राधाकृष्ण की आँखें डबडबा आईं। उन्होंने भावविभोर होकर कहा था, ''उस महामानव का नाम है, स्वामी विवेकानंद।'' स्टालिन का उक्त संवाद नरेंद्र के महामानव बनने के बाद का है।

उस समय युवा नरेंद्र को आधार था तो केवल परमहंस का; पर उनसे भी उसकी चुगली कर नरेंद्र को अनाथ बनाने का शत्रुओं का अहितकारी प्रयत्न जारी था। परमहंस के बारे में उन बेचारों को जानकारी नहीं थी। नरेंद्र की चुगली करने वे दक्षिणेश्वर गए। रामकृष्ण को उन्होंने साष्टांग दंडवत किया और उनमें से एक दबी जुबान में उनसे कहने लगा, ''नौकरी नहीं है, इसलिए घोर निराशा में है आपका नरेंद्र। विफलता के कारण वह अपना संतुलन खो चुका है। वह खराब संगत में रहता है, व्यसन करता है। यहाँ तक कि उसने गोमांस भी खाना प्रारंभ कर दिया है।''

रामकृष्ण धीरे से मुसकराए और बोले, ''धुआँ केवल दीवाल काली कर सकता है, आकाश नहीं। मेरा नरेंद्र आकाश जैसा ऊँचा है। वह जो खाएगा, वह पवित्र अन्न ही होगा।''

नरेंद्र को बदनाम करने के लिए आए उन लोगों को उससे पूर्व दक्षिणेश्वर में घटित दो घटनाएँ मालूम नहीं थीं।

सकामदाता

श्री शारदानंद लिखते हैं : ''एक बार कुछ मारवाड़ी भक्त रामकृष्णदेव का दर्शन प्राप्त करने के लिए आए। उन्होंने सूखा मेवा और चीनी उन्हें भेंट में दी। ठाकुर ने स्वयं उसमें से कुछ भी नहीं खाया और हम लोगों को भी नहीं दिया, कहा, ''ये लोग निष्काम भाव से दान नहीं देते। खाने का एक पान देते समय भी सोलह कामनाएँ उसमें जुड़ी होती हैं। ऐसे सकामदाताओं का अन्न ग्रहण करने से भक्ति की हानि होती है।''

अब हम लोगों के सामने सवाल था कि यदि इसे किसी ने नहीं खाया तो इन चीजों का क्या होगा? ठाकुरजी से पूछने पर उन्होंने कहा, ''इसे नरेंद्र को दे दीजिए। इसके खाने से उसका कुछ भी नुकसान नहीं होगा।''

मांस भक्षण

एक बार दक्षिणेश्वर में आकर नरेंद्र ने सद्गुरु से कहा, ''आज होटल में खाना खाकर आया हूँ। ऐसी चीजें खाकर आया हूँ, जिसे जनसाधारण निषिद्ध मानता है।''

रामकृष्ण तुरंत समझ गए कि नरेंद्र अपनी बहादुरी दिखाने के लिए अपना कृत्य स्वीकार नहीं कर रहा है, अपितु निषिद्ध भोजन करने से उसके स्पर्श से वहाँ की चीजें अपवित्र होंगी, इसलिए उसे वहाँ की चीजों को स्पर्श करने से मना किया जाए, इसलिए ऐसा कह रहा है। उन्होंने कहा, ''तुम्हें दोष-पाप नहीं लगेगा। ईश्वर में जिसका मन रमा है, ऐसे भक्त के लिए गाय और सूअर भी पवित्र अन्न हैं और दाल-सब्जी खाकर भी जो विषयवासना में लिप्त है, वह अभक्ष्य भक्षण करनेवालों से जरा भी बेहतर नहीं है। तुमने निषिद्ध अन्न ग्रहण किया है, इसका मुझे जरा भी दुःख नहीं हुआ, पर इनमें से (वहाँ बैठे अन्य शिष्य) किसी ने आकर ऐसा कहा होता तो मैंने उसे स्पर्श भी नहीं किया होता।''

महानुभाव शिष्य की आंतरिक शक्ति के बारे में इतना आदर भाव व्यक्त करनेवाला दूसरा सद्गुरु आज तक हुआ होगा, इसकी संभावना कम ही प्रतीत होती है।

विवेकानंद मांसाहार के शौकीन थे। दोनों तरह के खाद्य पदार्थ उपलब्ध होने पर वे शाकाहार को स्पर्श भी नहीं करते थे। उन्हें बड़े आग्रह से निमंत्रण देनेवाला यजमान यदि मांसाहारी होता तो उन्हें बड़ा आनंद होता। यदि यजमान शाकाहारी होता और उससे

दोस्ती हो जाती तो वे उसे अन्यत्र कहीं सामिष भोजन की व्यवस्था करने के लिए नि:संकोच कहते।

उनके विरोधियों ने परमहंस को नरेंद्र के सिर्फ गोमांस भक्षण के बारे में ही नहीं कहा था, बल्कि कुछ झूठी शिकायतें भी की थीं।

विवेकानंद ने लिखा है—"मैं फटेहाल हो गया था। नौकरी नहीं थी, फिर माताजी की नाराजगी और मित्रों की बेरुखी, ठाकुर मेरी कड़ी परीक्षा ले रहे थे। एक अमीर स्त्री की मुझ पर पहले से ही वासनामयी दृष्टि थी। मुझे निर्धन हुआ देख उसने मुझसे अपने नौकर से कहलवाया कि मैं उसे उसकी संपत्ति के साथ स्वीकार करूँ और चैन से रहूँ। मैं कठोर शब्दों में उसकी भर्त्सना करते हुए दूर हो गया। दूसरी एक स्त्री बीभत्स हाव-भाव कर मुझे लालच दिखाने लगी। मैंने उसे सुनाया, 'मूर्ख लड़की! मिट्टी के इस शरीर को सुखी करने के लिए आजतक न जाने तुमने क्या-क्या किया। अब मृत्यु सामने आ खड़ी हुई है, परलोक में जाने के लिए क्या तुमने पुण्यसंग्रह किया है? हीनबुद्धि त्यागकर ईश्वर का नाम जप।'

"मैं मदिरापान करता हूँ और वेश्यालय में भी जाता हूँ, ऐसी भी अफवाहें फैलीं। दक्षिणेश्वर में तो ये अफवाहें अधिक विकृत रूप में फैलीं, पर मैं अपने को भाग्यवान् समझता हूँ कि मेरे सद्गुरु ने उन पर कभी विश्वास नहीं किया।

"उस समय मेरे मन में एक विचार घर कर गया। नौकरी, विवाह और परिवार का भरण-पोषण, मैं इस परंपरागत मार्ग का राही नहीं हूँ। एकाएक विरक्ति पैदा हुई। प्रशंसा और निंदा के बारे में मैं निर्लिप्त हो गया। दादाजी की तरह गृहत्याग कर संन्यास ग्रहण करने का मैंने निश्चय किया। जाने का दिन तय हुआ। उसी दिन ठाकुर कलकत्ते में किसी भक्त के यहाँ आनेवाले हैं—ऐसा मालूम हुआ। अनायास ही उनका दर्शन होगा, इसलिए मुझे बड़ा आनंद हुआ। उनसे मिलने गया। मुझे देखते ही उन्होंने दक्षिणेश्वर में आने का बहुत आग्रह किया। मैंने बहुत बहाने बनाए, पर उन्होंने एक न सुनी। गाड़ी में बैठकर मैं दक्षिणेश्वर गया। वहाँ बहुतेरे भक्त इकट्ठा थे। ठाकुर सहसा भावाभिभूत हुए। मेरे पास आए, मुझे पास में बैठाया और रोते हुए गाने लगे—

'कथा कहिते डराई,
ना कहिते ओ डराई,
(आमार) मने सन्द हंय
बुझि तोमाय हाराई हा-राई।'

(कहने में डर लगता है, न कहने में भी डर लगता है, मैं तुमसे वंचित तो नहीं हूँगा, ऐसी शंका मेरे मन में हो रही है।)

आज तक मैं अपने आँसू रोक पाया था। अब सब्र का बाँध टूटा और अश्रुधाराएँ बहने लगीं। मेरे द्वारा लिया गया पलायन का निर्णय उन्हें मालूम हो गया, यह देख मैंने उनकी शरणागति स्वीकार की।

फिर उन्होंने मुझे एकांत में कहा, 'मुझे मालूम है कि संसार-बंधन में तुम कभी बँधकर नहीं रहोगे, माँ का कार्य करने के लिए ही तुम पृथ्वी पर आए हो। जब तक मैं जीवित हूँ, तब तक रहो।'

एक अटॉर्नी के यहाँ थोड़ा सा काम मिल गया। एक किताब के अनुवाद का भी एक छोटा सा काम हाथ में आ गया। कुछ पैसे मिलने लगे, पर माँ और दो भाइयों की उदरपूर्ति के लिए वे पैसे पर्याप्त नहीं थे। कोई स्थायी नौकरी मिल नहीं रही थी। एकाएक मन में विचार आया कि ठाकुरजी से कहकर देखा जाए, वे नौकरी दिला सकते हैं। तुरंत दक्षिणेश्वर गया और उनके चरण पकड़कर मैंने कहा, 'आप काली माँ के साथ सभी विषयों पर संवाद करते हैं। है न? उन्हें कहकर मेरे कुटुंबियों के पेट को भरने की कोई व्यवस्था कीजिए न। मेरे लिए इतना तो काम आपको करना ही होगा।'

उन्होंने कहा, 'मैं ऐसी बातें माँ के सामने नहीं निकाल सकता। तुम ही उनसे प्रार्थना क्यों नहीं करते हो?'

मैंने स्पष्ट रूप से कहा, 'मैं माँ को नहीं पहचानता। आप ही कहिए। आप ही मेरे लिए उनसे दो शब्द कहिए।'

उन्होंने स्नेहपूर्वक मुझसे कहा, 'अरे, मैंने माँ से कितनी ही बार कहा, माँ, मेरे नरेंद्र के कष्ट दूर कर, पर तुम उसे मानते नहीं हो, इसलिए वह मेरी सुनती नहीं है। इसी कारण कह रहा हूँ, तुम स्वयं जाओ, आज मंगलवार है। माँ का भी शुभ दिन है यह। मेरी माँ चिन्मयी ब्रह्मशक्ति हैं। अपनी इच्छा से ही उन्होंने इस चराचर को उत्पन्न किया है। वे तो जो चाहें कर सकती हैं। आज रात तुम मंदिर में जाओ, हाथ जोड़ो और माँगो। जो चाहो सो माँगो, जो माँगोगे वह मिलेगा।'

ठाकुरजी कह रहे हैं तो मेरा काम अवश्य ही होगा, ऐसा मुझे विश्वास था। बड़े उत्साह के साथ रात होने की प्रतीक्षा करने लगा। आखिर में अँधेरा हुआ। एक प्रहर के बाद मंदिर में जाने के लिए मुझे ठाकुरजी ने कहा। मैं निकला तो सही, पर किसी नशेड़ी की तरह मेरे पैर लड़खड़ाने लगे। माँ को साक्षात् जीवंत देख सकूँगा और उसके मुख से निकले शब्द सुनूँगा, इसके लिए कितने ही घंटों से मैं उतावला हो रहा था, इसलिए मैं अर्धचेतनावस्था में था। मंदिर में मैंने प्रवेश किया। माँ, एक जीवंत प्रतिमा! अनंत प्रेम और सौंदर्य की आधाररूपिणी प्रतिमा, भक्ति और प्रेम से मेरा हृदय भर गया। बार-बार प्रणाम कर मैं कहने लगा, 'माँ! मुझे विवेक दो, वैराग्य दो, भक्ति दो। तुम्हारा अखंड दर्शन मुझे प्राप्त होता रहे, ऐसा मुझे बना दो माँ।'

शांत रस से मेरा हृदय पूर्णतः भर गया। संसार-प्रपंच लुप्त हो गया और माँ मेरे अंतःकरण में विराजमान हो गईं।

ठाकुरजी के पास वापस आते ही उन्होंने पूछा, 'क्यों रे, पारिवारिक विपन्नता नष्ट होने के लिए तूने प्रार्थना की न?' उनके प्रश्न से मैं सहसा चौंक गया। मैंने कहा, 'नहीं, भूल गया। अब क्या करूँ?'

उन्होंने कहा, 'फिर से जाओ और प्रार्थना करके आओ।'

"मैं फिर गया और पहले जैसी ही बातें कहकर वापस आ गया।

"हँसते हुए ठाकुरजी ने पूछा, 'इस बार तो अपनी आर्थिक स्थिति सुधारने की विनती की न?'

"मैं पुनः चौंका और बोला, 'नहीं महाराज! माँ को देखते ही मैं किसी दैवी शक्ति से प्रभावित हो जाता हूँ। ज्ञान और भक्ति की बातें छोड़कर अन्य सभी बातें विस्मृत हो जाती हैं।'

ठाकुरजी कहने लगे, 'क्या है, सावधान रहो और माँगो न! जाओ, वापस जाओ।'

मंदिर में तीसरी बार प्रवेश कर काली माता की मूर्ति को देखते ही परमहंस के द्वारा पहले कभी कही हुई बात एकाएक याद आ गई। उन्होंने कहा था—'एक व्यक्ति ने राजा को प्रसन्न किया और माँगा क्या, लौकी।' मैं बहुत शरमा गया। जगज्जननी के सामने मुट्ठी भर अनाज के लिए हाथ फैलाने का मतलब है, अपने पुरुषार्थ का खुल्लम-खुल्ला अपमान। अपनी बेइज्जती। नहीं-नहीं, यह संभव नहीं है। माँ का वंदन कर मैंने विनती की, 'माँ, मुझे केवल ज्ञान और भक्ति दो। मुझे और कुछ नहीं चाहिए।'

मंदिर के बाहर आने पर मेरी समझ में आया कि यह सारी लीला रामकृष्णजी की ही थी। उनके पैर पकड़कर मैंने उनसे विनती की, 'आप ही ने मुझे माँ से कुछ माँगने के लिए विस्मृत किया। अब आप ही माँ के सामने मेरी बात रखिए।'

उन्होंने कहा, 'अरे, मैं माँ के पास किसी के लिए भी ऐसी माँगें नहीं रखता। मैंने कहा था, 'तुम जो माँगोगे वह मिलेगा। तुमने माँगा ही नहीं था। संसार-सुख तुम्हारे भाग्य में ही नहीं है, तो मैं क्या कर सकता हूँ।'

लेकिन मैं अपनी जिद पर अड़ा था। उन्होंने कहा, 'अच्छा, तुम्हारे कुटुंबियों को अन्न-वस्त्र की कभी भी कमी महसूस नहीं होगी।' "

यह घटना स्वयं विवेकानंद ने विस्तारपूर्वक कही है। यही अंतिम परीक्षा थी। नरेंद्र इसमें उत्तीर्ण हुआ। उसकी पीठ पर ममतापूर्वक हाथ फेरते हुए गुरुदेव ने गर्व से कहा था, "मुझे मालूम था कि तुम स्वयं के लिए मनुष्य से ही नहीं, ईश्वर से भी कुछ नहीं माँगोगे।"

मंदिर में हुई उस रात्रि की घटना के बाद रामकृष्ण ने अपने पट्टशिष्य के बारे में

जो उद्गार व्यक्त किए थे, उसका वर्णन वैकुंठनाथ सान्याल ने लिखकर रखा है, वे कहते हैं—

''दूसरे दिन मैं दक्षिणेश्वर गया था। रामकृष्ण का मुख-कमल प्रफुल्लित दिखाई पड़ रहा था। कमरे में वे अकेले ही बैठे थे। कमरे के बाहर एक कोने में एक युवक गहरी नींद सो रहा था। मैंने ठाकुरजी का वंदन किया। वे बड़े ही उत्साह से कहने लगे, 'देखो, यह लड़का बहुत ही अच्छा है। इसका नाम है नरेंद्र। वह पहले मेरी माँ को मानता नहीं था, पर कल रात में उसे माँ की महती महिमा समझ में आई। मंदिर से आकर उसने मुझे माँ की महिमावाला भजन सिखाने के लिए कहा। मैंने उसे 'त्वं ही तारा' गीत सिखाया। पूरी रात वह यही गुनगुना रहा था। इसलिए अब सो रहा है। नरेंद्र ने माँ को वंदनीय माना है, अच्छा हुआ न।'

चार बजे नरेंद्र जागा। कमरे में आया। ठाकुरजी को बहुत आनंद हुआ। वे उसके पास जाकर बैठ गए। चिलम से दो कश लगाकर उन्होंने नरेंद्र को चिलम दी। उसके संकोच करते ही उन्होंने झूठ-मूठ डाँटते हुए उससे कहा, 'अरे तुम्हारी बुद्धि इतनी छोटी है? 'तुम' और 'मैं' में भेद करते हो। 'मैं' भी मैं हूँ और 'तुम' भी 'मैं' ही हूँ। लो हुक्का खींचो।'

नरेंद्र मजबूर हो गया। किसी तरह उसने दो कश लगाए। ठाकुरजी वह नली अपने मुँह के पास ले जाते, उसी समय नरेंद्र ने घबराकर कहा, 'महाराज, आप हाथ धो लीजिए। वह जूठे हो गए हैं।'

ठाकुरजी कभी भी किसी का जूठा नहीं खाते थे। उनकी जूठे की परिभाषा बड़ी ही कठोर थी। किसी खाद्य पदार्थ के बनने के बाद यदि वह उनके अलावा किसी और को दिया जाता, तो वह उसे जूठा मानते थे और उसे खाते नहीं थे। जब उन्होंने अपने हाथों से नरेंद्र को चिलम दी तो उसका मुँह उनके हाथों को तो लगा ही था। इसलिए नरेंद्र ने उनसे उनका हाथ धोने की विनती की थी। पर उन्होंने हँसते-हँसते कहा, 'हट मूर्ख! हममें और तुममें भेद करते हो।' और चिलम पीने लगे।

रात के आठ बजे मैं और नरेंद्रनाथ पैदल ही कलकत्ते के लिए चल दिए। नरेंद्र ने उस समय जो कुछ मुझसे कहा, वह बाद में उसने अनेक लोगों से कहा है। उसने मुझसे कहा, 'पहली भेंट से ही मुझ पर निरंतर विश्वास करने वाले एकमात्र ठाकुरजी ही हैं। मेरी माँ तथा भाई भी ऐसे नहीं हैं, तो और की बात ही क्या! ठाकुरजी जैसा निस्स्वार्थ प्रेम करनेवाला व्यक्ति मैंने देखा ही नहीं है। बाकी लोग अपनी स्वार्थी वृत्ति पर परदा डालने के लिए प्रेम का बहाना बनाते हैं।'

थोड़े ही दिनों में गुरुवाणी सच साबित हुई। नरेंद्र को नौकरी मिल गई। ईश्वरचंद्र विद्यासागरजी के मेट्रोपॉलिटन स्कूल में उसकी प्रधानाध्यापक के पद पर नियुक्ति हुई।

वेतन घर पर देकर वह दक्षिणेश्वर में ही रहने लगा। गुरुसेवा ही उसका एकमात्र ध्येय था, मानो सद्गुरु एक मंदिर था और मनसा-वाचा-कर्मणा समर्पित वह एकमात्र शिष्य।''

काली मंदिर में घटित वह घटना सन् १८८५ के फरवरी मास की थी। नरेंद्र प्रधानाध्यापक बना १८८५ के मई माह में, पर चार महीने में ही उसने नौकरी छोड़ दी। इसका मुख्य कारण था, गुरुदेव को हुआ कैंसर रोग। गुरुदेव उसे ज्ञान-विज्ञान के अनेक रहस्य खोलकर बता रहे थे। सरल शब्दों में रोजमर्रा के उदाहरणों के माध्यम से मानव-कल्याण के लिए धर्मतत्त्व का उपयोग किस प्रकार किया जा सकता है, यह बताते-बताते ही उन्हें कैंसर हो गया और वह भी गले का, फिर भी परमहंस अस्पष्ट आवाज में नरेंद्र तथा अन्य शिष्यों को दीक्षा देते ही रहे। आगे चलकर नरेंद्र ने विवेकानंद बनकर दुनिया को जो अभूतपूर्व शिक्षा दी, वह ज्ञान श्रीरामकृष्ण ने उसे अपनी मृत्यु से पूर्व केवल डेढ़ वर्ष में दिया था।

रोग बढ़ने लगा। श्रीमती सारदा देवी तथा नरेंद्र अहर्निश उनकी सेवा में लगे रहते थे। अन्य शिष्य और भक्त भी नरेंद्र के नेतृत्व में उनकी आज्ञा से गुरुसेवा करते थे। ''नरेंद्र मेरा सर्वोत्तम शिष्य है और मेरे पश्चात् तुम लोगों को अध्यात्म व मानव-सेवा के विषय में वही मार्गदर्शन करेगा।'' ऐसा रामकृष्ण अपने सभी शिष्यों को दृढ़तापूर्वक कहते थे।

रामकृष्ण ने अनेक उपमाओं के द्वारा नरेंद्र की महानता अपने शिष्यों को बताई थी। उनमें से एक उपमा इस प्रकार है—''नरेंद्र पर कोई भी अधिकार नहीं जमा सकता। आसक्ति और इंद्रियसुख, उसे अपने अधीन नहीं रख सकते। वह नर कबूतर है। नर कबूतर की चोंच पकड़ते ही वह उसे खींचकर छुड़ा लेता है। मादा कबूतर चुप हो जाती है।''

गुरुदेव के असाध्य रोग में नरेंद्र का कुशल नेतृत्व, तीक्ष्ण अंतर्दृष्टि और परिपक्व निर्णयशक्ति का उसके गुरुबंधुओं को बारंबार अनुभव हुआ था। जो लोग रामकृष्णजी को अवतार मानते थे, वे उनकी बीमारी को विशेष महत्त्व नहीं देते थे। उनका सिद्धांत था कि किसी गूढ़ उद्देश्य की पूर्ति के लिए ही जगदंबा ने अथवा ठाकुरजी ने स्वयं यह बीमारी ओढ़ ली है। उस उद्देश्य की पूर्ति होते ही ठाकुरजी बिना किसी चिकित्सा के ठीक हो जाएँगे।

ऐसे अंधविश्वास नरेंद्र को जरा भी मान्य नहीं थे। तर्क की तलवार से वह ऐसी बातों के तुरंत टुकड़े-टुकड़े कर देता। वह उन भोले-भाले भक्तों को डाँटता—''गुरुदेव में देवत्व हैं, यह आपकी बात सही है, पर उनमें देहत्व भी तो है। देहत्व को जन्म, वृद्धि, क्षय और विनाश, ये प्राकृतिक नियम तो सताते ही हैं। गुरुदेव इसीलिए बीमार हैं, इसमें कोई खास बात नहीं है।''

श्रीरामकृष्ण का रोग अब चरम पर था।

गले का कैंसर

अवतार का अर्थ क्या है ?

परमहंस ने अवतार के दो उत्कृष्ट उदाहरण दिए हैं—

- एक तो है नदी का। नदी यानी ईश्वर, बहती नदी में इच्छित जगह पानी नहीं पीया जा सकता, स्नान-ध्यान नहीं किया जा सकता। उसके लिए घाट पर जाना पड़ता है। व्यवस्थित ढंग से बनाया गया सीढ़ियोंवाला घाट। वह घाट यानी अवतारी पुरुष!
- दूसरा उदाहरण है गाय का। गाय यानी ईश्वर। गाय में दूध होता है, पर उसकी पूँछ अथवा सींग को दबाने से दूध नहीं निकलेगा। वह उसके आँचलों से ही निकलता है। वे आँचल हैं—अवतारी लोग।

बंगाली भाषा में केवल चार शब्दों में वे ईश्वर और अवतार समझाते हुए कहते—

'नदी उ घाट, गरु उ बाँट—'

जो महापुरुष अवतार-योनि में गिने जाते हैं, उनमें दो समानताएँ दिखाई पड़ती हैं। पहली, ये लोकोत्तर व्यक्ति जनसामान्य में कभी भी लोकप्रिय नहीं हुए। श्रीरामकृष्ण के बारे में प्रख्यात विचारक अर्नोल्ड टायनबी लिखते हैं—"उनके जीवनकाल में उनका नामोल्लेख कहीं भी नहीं दिखाई पड़ता। पचास वर्षों के बाद उनके बारे में आदर से लिखा जाने लगा।"

दूसरी समानता है कि अवतारी विभूतियों की मृत्यु वृद्धावस्था के कारण नहीं हुई। दुर्घटना (श्रीकृष्ण), क्रूरता (यीशू), क्षुद्रकारण (गौतम) और भयानक रोग (रामकृष्ण), ऐसे अप्राकृतिक कारणों से इन अवतारी महापुरुषों की जीवन-यात्रा समाप्त हुई है।

रामकृष्ण को गले का कैंसर हुआ। निमित्त बनी बर्फ। १८८५ की गरमी उन्हें बरदाश्त नहीं हो रही थी। भक्तों ने उन्हें बर्फ खाने की सलाह दी तो पैदा हुआ कैंसर का फोड़ा। डॉक्टरों ने मौन रहने की सलाह दी, लेकिन ठाकुर पानिहाटी नामक गाँव में वैष्णव लोगों के वार्षिकोत्सव में गए। वहाँ वे बरसात के पानी-कीचड़ में खूब नाचे। रोग बढ़ गया, फिर भी चुप नहीं रहे। शिष्यों को उपदेश देना उनके जीवन का लक्ष्य था। सतत मार्गदर्शन चल रहा था।

उपचार ठीक से हो, इस उद्देश्य से उन्हें कलकत्ते लाया गया। गंगाप्रसाद, द्वारकानाथ, गोपीमोहन, नवगोपाल आदि विख्यात वैद्यों ने परीक्षा कर कैंसर होने की पुष्टि की। डॉक्टरी चिकित्सा प्रारंभ हुई। डॉ. महेंद्रलाल सरकार की दवा प्रारंभ हुई। श्याम पुकुर स्ट्रीट पर गोकुलचंद्र भट्टाचार्य का मकान किराये पर लिया गया। १८८५ के सितंबर माह के आसपास परमहंस इस मकान में आए। तीन महीने बाद उनका डेरा काशीपुर के उद्यानभवन में लगा।

काशीपुर के उद्यानभवन में रामकृष्ण आठ महीने रहे। नरेंद्र और सारदामाता उनकी

सेवा में सतत लगे रहे। अन्य शिष्यों में से बहुत से कॉलेज में पढ़ रहे थे। उन्हें अपने घर पर रहना पड़ता था, इसलिए वे छुट्टी के दिन ही सद्गुरु की सेवा को उपलब्ध रहते थे। नरेंद्र भी एल-एल.बी. कर रहा था, पर कॉलेज, परीक्षा और घर, सबकुछ छोड़कर गुरुसेवा में रत था। रामकृष्णजी का स्वास्थ्य शनैः-शनैः गिर रहा था। शरीर क्षीण हो रहा था। असहनीय वेदना और बार-बार समाधिस्थ होने के कारण उन्हें अनिद्रा रोग ने ग्रस लिया। डॉ. सरकार उनके भक्त हो गए थे। मुफ्त में सेवा-चिकित्सा करते थे, पर कोई लाभ नहीं हो रहा था।

उस समय गुरुदेव द्वारा नरेंद्र का किया गया आध्यात्मिक विकास अनमोल था। ईश्वर-दर्शन के लिए नरेंद्र उस समय इतना व्याकुल हो गया था कि गहन अध्ययन किए हुए पश्चिम के शास्त्रों को विस्मृत करने के लिए उसे कोई दवा मिल जाए—वह ऐसा सद्गुरु से कहता था।

गुरुदेव जल्दी ही शरीर त्याग करेंगे, यह नरेंद्र की समझ में आ गया था। उसने अपनी तपश्चर्या और अधिक तीव्र कर दी। एक रात काशीपुर के उद्यान में केवल राम-मंत्र का जोर से उच्चारण करते हुए वह रात भर टहलता रहा। भोर में उसका मंत्रोच्चारण गुरुजी के कानों में पड़ा।

रामकृष्ण ने नरेंद्र को बुलाकर क्षीण आवाज में कहा, "क्यों रे! तू ऐसा क्यों कर रहा है? ऐसी अधीरता से क्या हासिल होगा? देखो, तुम्हारी जो आज भाव-स्थिति है, उसे मैंने बारह सालों तक भोगा है। एक रात में तुम क्या करके दिखानेवाले हो?"

नरेंद्र का स्वरूप विवेकानंद में कैसे परिवर्तित हुआ, उसकी दो-चार घटनाएँ देखें।

क्या कैंसर संक्रामक रोग है?

एक दिन नरेंद्र को उसके गुरु-बंधुओं के व्यवहार में कुछ परिवर्तन दिखाई पड़ा। वे ठाकुरजी के कमरे में जाने से हिचकिचाते थे। नरेंद्र के बार-बार पूछने पर उन्होंने कहा, मालूम हुआ है कि कैंसर संक्रामक रोग है। नरेंद्र उन्हें जबरन गुरुजी के शयनकक्ष में ले गया। गुरुजी द्वारा चखी हुए थोड़ी सी माड़ एक गिलास में पड़ी हुई थी। गिलास के किनारे पर गुरुजी की लार भी लगी थी। नरेंद्र ने एक क्षण में वह माड़ पी ली। गुरुबंधुओं के बीच पैदा हुआ भय समाप्त हो गया।

समाधि का मिला स्वाद

एक बार जब नरेंद्र ध्यान में बैठा था तो उसे उसके मस्तक के पिछले हिस्से में एक दीप प्रज्वलित होने का बोध हुआ। वह आलोकपुंज धीरे-धीरे बढ़ता गया और सहसा समाप्त हो गया। नरेंद्र उस ज्योतिसागर में डूब गया और उसकी बाह्य चेतना समाप्त हो

गई। धीरे-धीरे उसे ज्ञान होने लगा। प्रथम उसे केवल सिर होने की अनुभूति हुई। उसने घबराकर गुरुबंधु गोपाल से पूछा, "मेरा शरीर कहाँ है?"

"यहीं तो है। क्या तुम्हारी समझ में नहीं आ रहा है?"

गोपाल को लगा, नरेंद्र मरणासन्न स्थिति में है। वह दौड़ते हुए ठाकुरजी के पास गया। उन्होंने कहा, "अच्छा हुआ। उसे कुछ समय के लिए उसी अवस्था में रहने दो। इस अनुभव के लिए उसने कितने दिनों से मेरी नाक में दम कर रखा था।"

नरेंद्र बाह्य-संज्ञाशून्य अवस्था में कुछ देर तक चुपचाप बैठा रहा। जब उसे होश आया तब उसे एक अनिर्वचनीय शांति के आनंद-सरोवर में डूबने की अनुभूति हुई। वह गुरुदेव के पास आया। उन्होंने मंद हास्य करते हुए कहा, "अब तो मेरी माँ ने तुम्हें सबकुछ दिखा दिया न? पर तुम्हारी इस अनुभूति की चाभी मेरे पास रहेगी। इस दुनिया में तुम्हें जिस कार्य के लिए चिह्नित किया गया है, उसके समाप्त होने तक ताला बंद ही रहेगा।"

आज मैं फकीर हो गया

एक बार रामकृष्णजी ने नरेंद्र को अपने पास बुलाया। वात्सल्यपूर्ण दृष्टि से उसकी ओर सतत निहारते हुए वे समाधिस्थ हो गए। नरेंद्र को अनुभव हुआ कि विद्युतप्रवाह की तरह कोई शक्ति उसके शरीर में प्रवेश कर रही है। उसका बाह्य ज्ञान समाप्त हो गया और वह बेहोश हो गया। उसे जब होश आया तो उसने देखा कि ठाकुरजी सिसककर रो रहे हैं। यह कौन सी अजीब लीला हो रही है? यह प्रश्न वह ठाकुरजी से पूछने ही वाला था कि वह स्वयं पहले ही बोल पड़े, "नोरेन! आज तुम्हें अपना सर्वस्व देकर मैं फकीर हो गया। इस शक्ति से तुम संसार में अद्‌भुत काम कर सकोगे।"

संशयात्मा का विनाश

विवेकानंद कहते हैं, "गुरुदेव ने अपनी गूढ़ विद्या की झोली मेरे सामने खाली कर दी। मुझे सव्यसाचित्व प्रदान किया, फिर भी मेरे संशय के बादल पूरी तरह छँटे नहीं थे। पाश्चिमात्य विज्ञान तथा शास्त्रों की मन में बैठी पकड़ थोड़ी ढीली तो हुई थी, पर पूरी तरह समाप्त नहीं हुई थी। अज्ञेयवाद तथा नास्तिकता के कीटाणु अभी भी बीच-बीच में मेरी श्रद्धा-बेल को कुरेदते थे। महासमाधि लेने से केवल दो दिन पहले गुरुदेव ने उन कीटाणुओं को पूर्णरूप से नष्ट कर दिया और मुझे सभी प्रकार के पूर्वग्रहों के जाल से मुक्त कर दिया।

मैं उनकी शैया के पास खड़ा प्राणांतक वेदना से हो रही उनकी तड़फड़ाहट देख रहा था। एकाएक मेरे अंदर के शंकासुर का स्वगत प्रारंभ हुआ। कैंसर से अस्थिपंजर हुआ यह व्यक्ति क्या वास्तव में ईश्वर का अवतार है? यदि है तो मृत्यु के समय यदि इसने कहा,

'हाँ, मैं अवतार हूँ,' तो मैं मान जाऊँगा। धीरे-धीरे गुरुदेव के अधर विलग हुए। साफ आवाज में उन्होंने मुझसे कहा, "बेटा, नोरेन! अभी भी तुम मुझ पर विश्वास नहीं कर रहे हो? जो शक्ति रामरूप में पैदा हुई, कृष्णरूप में पैदा हुई, वही शक्ति रामकृष्ण बनकर आई है।"

उनके इस वचन से मुझमें स्थित संशयात्मा दफन हो गई, उसका विनाश हो गया।

कितने मुखों से खाओगे?

एक पंडितजी रामकृष्णजी से मिलने आए। उन्होंने सुझाया, यदि आप अपना मन गले पर एकाग्र करें तो फोड़ा एक क्षण में फूट जाएगा और आप रोगमुक्त हो जाएँगे। रामकृष्ण ने पंडितजी के प्रस्ताव को ठुकराकर कहा, "पर मैं एक क्षण के लिए भी माँ को नहीं भूल सकता।"

नरेंद्र ने इस पर एक उपाय ढूँढ़ निकाला। गुरुजी इस प्रस्ताव पर माँ का मत जानें, ऐसा उसने आग्रह किया। रामकृष्ण तैयार हो गए। थोड़ी देर वे ध्यान लगाकर बैठ गए और निराश होकर नरेंद्र से बोले, "बेटा, तुम्हारे आग्रह के कारण मैंने माँ से विनती की और उसने मेरे कान उमेठे। फोड़ा समाप्त करो, यह माँग मैंने नहीं की। मैंने इतना ही कहा कि गले के घाव के कारण मैं कुछ भी निगल नहीं पा रहा हूँ। माँ, ऐसा कुछ करो कि मैं थोड़ा-बहुत अन्न ग्रहण कर सकूँ। माँ ने तुम शिष्यों की ओर इशारा करते हुए कहा, 'तुम इतने मुखों से निगल रहे हो, फिर भी तुम्हें खाना चाहिए।' मैं स्वयं पर लज्जित हो गया रे नरेंद्र!"

क्या सूर्य का कभी अस्त होता है?

१५ अगस्त, १८८६, रविवार। परमहंस की क्षीणता प्रत्येक क्षण बढ़ रही थी। नाड़ी का स्पंदन अनियमित था। शाम के बाद उन्हें साँस लेने में भी कठिनाई हो रही थी। उन्होंने सारदा माता को अपने पास बुलाया। उनकी आँखों से अविरल अश्रुधारा बह रही थी। रामकृष्ण ने अपनी पत्नी से कहा, "सुनो, ऐसा लग रहा है कि मैं पानी में से रास्ता बनाते हुए कहीं जानेवाला हूँ...बहुत जल्दी जानेवाला हूँ। बहुत दूर, पर तुम विलाप मत करना। आज तक तुमने व्रतस्थ रहकर जैसा जीवन जीया है, वैसा ही जीना। नरेंद्र तथा अन्य शिष्य तुम्हारा खयाल रखेंगे। वे लोग मेरे साथ जिस प्रकार अच्छा व्यवहार करते थे, तुम्हारे साथ भी वैसा ही व्यवहार करेंगे।"

शिष्यों ने उन्हें तरल पदार्थ दिया, पर वे उसे निगल नहीं पाए। शिष्यगण उन्हें हवा करने लगे, पर वे समाधिस्थ हो गए। शिष्य समझे कि यही महासमाधि है और वे लोग घबरा गए, पर मध्य रात्रि को उन्होंने आँखें खोलीं और कहा कि भूख लगी है। शिष्यों ने उन्हें कटोरी भर दलिया दिया। गुरुदेव के द्वारा पूरा दलिया खा लेने पर शिष्यगण हर्षचकित

हो गए। नरेंद्र ने उनसे आराम करने के लिए कहा। रामकृष्ण ने तीन बार 'काली' का नामघोष किया, बहुत ही स्पष्ट और मधुर। गले में कैंसर के बावजूद वह नामघोष एकदम सहज आवाज में था, फिर विश्राम करने के लिए उन्होंने आँखें मूँद लीं। नरेंद्र भी आराम करने के लिए दूसरे कमरे में गया।

१५ तथा १६ अगस्त के बीच की रात! रात के एक बजकर दो मिनट हुए थे कि रामकृष्ण ने देहत्याग किया। दृष्टि नासिकाग्र पर और चेहरे पर शिशुवत् स्मित!

सूर्य अपने स्थान पर स्थिर रहता है, यह जानते हुए भी दिन के अंत को हम लोग सूर्यास्त कहते हैं। वैसी मृत्यु थी रामकृष्णजी की।

एक कमरे से दूसरे कमरे में

१६ अगस्त को शाम ६ बजे रामकृष्णजी के पार्थिव शरीर को अग्नि दी गई। शिष्यों ने दुःख व्यक्त किया। वे भजन गा रहे थे तथा 'जय श्रीरामकृष्ण' का घोष कर रहे थे।

गंगा किनारे वराहनगर नामक घाट पर उनका अंतिम संस्कार किया गया। उस समय नरेंद्र क्या कर रहा था? क्या वह नदी के पार का विशाल मैदान देख रहा था? संभव है, क्योंकि आगे चलकर उसने उसी मैदान पर बेलूर मठ की स्थापना कर गुरुपरंपरा का निर्वाह किया।

काशीपुर उद्यान से रामकृष्ण का पार्थिव देह हटाए जाने के बाद सारदा माता ने परंपरानुसार वैधव्य की तैयारी प्रारंभ कर दी। उन्नसवीं सदी में बंगाली विधवाओं पर बहुत कड़े नियम थोपे गए थे। मांसाहार, पान खाना बंद। आभूषण पहनने पर प्रतिबंध, केवल सफेद वस्त्रों का परिधान आदि-आदि।

सारदा माता ने चूड़ियों को तोड़ने के लिए जैसे ही हाथ ऊपर उठाए, रामकृष्णजी ने उनकी कलाई पकड़ ली और बोले, "क्या मैं सचमुच मर गया हूँ, ऐसा लगा तुम्हें? पगली, मैं तो केवल एक कमरे से दूसरे कमरे में गया हूँ।"

"जिसके पैरों में चक्र होते हैं, वह 'घुमक्कड़' बनता है—ऐसी हमारे यहाँ धारणा है। मुझे लगता है कि मेरे पैरों के तलुओं में भी चक्र ही हैं। लगता है क्यों कहूँ, होंगे ही। मैंने सूक्ष्म निरीक्षण करके उन्हें देखने की कोशिश की, पर वह व्यर्थ हो गई। अत्यधिक ठंड के कारण मेरे पैरों में इतनी बिवाइयाँ फटी हुई हैं कि कैसे चक्र और कैसा क्या? पर चूँकि हमारे यहाँ ऐसी मान्यता है, इसलिए मैं भी मानकर चल रहा हूँ कि मेरे तलुवों में भी चक्र-ही-चक्र हैं।"

—स्वामी विवेकानंद

□

अस्सी प्रतिशत भक्त ठग होते हैं

ईश्वर-श्रेणी और जीव-श्रेणी

हमारा अध्यात्म कहता है कि मनुष्य दो तरह के होते हैं : एक ईश्वर-श्रेणी के तथा दूसरे जीव-श्रेणी के। ईश्वर श्रेणी के लोग बहुत कम होते हैं। बाकी सारे मनुष्य जीव-श्रेणी के होते हैं। दोनों में मौलिक अंतर यह है कि ईश्वर-श्रेणी के उपासक अपने उच्च स्थान से नीचे उतरते हैं और सामान्य लोगों की तरह रहते हैं। जीव-श्रेणी के लोग बाह्य और आंतरिक विकास के लिए प्रयत्न करते हैं तथा ऊपर उठने की कोशिश करते हैं; यानी ईश्वर-श्रेणी के लोगों का अवतरण होता है और जीव-श्रेणी के लोगों का आरोहण होता है।

दोनों ही तरह के जीवों में एक समानता भी होती है। अपूर्णता को मात देनेवाली जीवन की चुनौतियों को दोनों को ही स्वीकार करना पड़ता है। ईश्वर-श्रेणी के जीव जन्मजात ही अपूर्ण होते हैं और पूर्णत्व को प्राप्त करने के लिए उन्हें कठिन तपाचरण करना पड़ता है।

रामकृष्ण-विवेकानंद ईश्वर-श्रेणी के नररत्न थे। रामकृष्ण ने कितनी अपार यातनाएँ भोगीं। उनकी मृत्यु के समय नरेंद्र केवल तेईस साल का था। शहरी जीवन में पला-बढ़ा, एक उच्चवर्गीय, सुदर्शन, पदवीधारी युवक था वह। दुनिया का उसे कोई अनुभव न था। उसे अपनी अपरिपक्वता तथा अपूर्णता का भी ज्ञान नहीं था। उसके होते हुए ही उसे उस पर विजय प्राप्त करनी थी। इस कठिन कार्य के लिए सद्गुरु ने नरेंद्र के लिए जो प्रयोगशाला बनाई थी, उसी का नाम है परिव्राजक-अवस्थाकाल।

श्रीरामकृष्ण अपने शिष्यों को एक बंगाली कहावत हमेशा सुनाते थे, 'जतो दिन बाँचि, ततो दिन शिखी।' (जितने दिन जीएँगे, उतने दिन सीखेंगे)। विवेकानंद भी आखिरी दम तक सीखते ही रहे। सद्गुरु ने उन्हें निर्विकल्प समाधि तक सारे अनुभव दिए थे। पर व्यावहारिक दुनिया में सफल होना उनके बस की बात नहीं थी। हिमालय की किसी कंदरा

में बैठकर योगसाधना करने में यदि उन्होंने सारा जीवन बिता दिया होता, तो उन्हें दुनियादारी सीखने की जरूरत ही नहीं पड़ती। पर रामकृष्ण उन्हें संसार-सागर में फेंकने का निश्चय कर चुके थे। उनका शिष्य उत्कृष्ट तैराक बना भी, पर उससे पहले उसके नाक-मुँह में पानी भी खूब गया।

बिवेयर ऑफ रिलीजन

परिव्राजक जीवन में जाने से पहले नरेंद्र को कलकत्ते में कुछ कर्तव्य पूर्ण करने थे। सद्गुरु की समाधि के बाद नरेंद्र पर एक बड़ी जिम्मेदारी आ गई। यह जिम्मेदारी आर्थिक नहीं, वरन् आध्यात्मिक थी। गुरु ने ही यह जिम्मेदारी उसे सौंपी थी—पंद्रह शिष्यों से व्यवस्थित तपाचरण करवाने का कठिन कार्य।

कुछ शिष्य तो नरेंद्र की तरह ही पदवीधारी थे। कुछ कॉलेज में पढ़ रहे थे। उसी समय नरेंद्र को कलकत्ते के वराहनगर नामक उपनगर में जगह मिल गई। वह एक जीर्ण-शीर्ण बँगला था। नरेंद्र गुरुबंधुओं के साथ उस बँगले में रहने के लिए गया और वहीं पर उनसे शास्त्रोक्त पद्धति से साधना करवाने लगा।

गुरुबंधुओं की साधना में उसे एक भयंकर दोष नजर आया। उस दोष का नाम था ढोंग। उसके गुरुबंधु अपने सद्गुरु की नकल करते थे, जैसे झूठ-मूठ हँसना, रोना, नाचना, आँखें बंद कर निर्विकल्प समाधि में जाने का स्वाँग करना, आदि।

कोई जब आँखें बंद करके अभिनय करता तो नरेंद्र उसके सामने खड़े होकर उसकी नकल उतारता। यह देख अन्य दोस्त हँसने लगते। उनके हँसी-मजाक से उस ढोंगी की समाधि टूट जाती। उस समय नरेंद्र ने अपने मित्रों को और आगे चलकर देशवासियों को धर्माचरण के बारे में जो चेतावनी दी थी, वह आज भी प्रासंगिक है।

"धर्माचरण करनेवाले अस्सी प्रतिशत व्यक्ति ढोंगी और धूर्त होते हैं। पंद्रह प्रतिशत व्यक्ति पागल हो जाते हैं और केवल पाँच प्रतिशत लोगों को अंतिम सत्य के साक्षात्कार की थोड़ी-सी झलक मात्र दिखाई पड़ती है। इसलिए हे धर्मपरायण लोगों! तुम लोगों को दृढ़ता से कह रहा हूँ कि धर्म की संकल्पना से खुद को बचाइए, (बिवेयर ऑफ रिलीजन)!"

'धर्म से सावधान रहिए।'—यह चेतावनी उस विवेकानंद ने दी है, जिन्हें आज अनगिनत हिंदू अपना दैवत, प्रेरणास्थान आदि-आदि मानते हैं। आज धर्मभावना का उफान आया है, भक्तगण पागलों जैसा व्यवहार कर रहे हैं। कट्टरता यानी धर्म, ऐसी नई परिभाषा सुशिक्षित लोगों की ओर से देश भर में फैलाई जा रही है। इसके पीछे एक खास अपराध-जगत् है। एक माफिया, जिसके सेनापति छोटे-बड़े पंथ-संप्रदायों के तथा उस धर्म के ठेकेदार हैं, उन्हें 'धर्मगुरु' के आदरयुक्त संबोधन से नवाजा जाता है। विवेकानंद का हिंदू धर्म से जो अभिप्राय था, खुद को 'हिंदू' कहलाने में उन्हें जो अभिमान था, उसका जो

तार्किक विश्लेषण स्वामीजी ने किया है, उस पर एक स्वतंत्र अध्याय ही होगा।

हिंदू धर्म पर उन्होंने जो टीका-टिप्पणी की है और जिसे पढ़कर तथाकथित हिंदुत्ववादियों की आँखें फटी रहनेवाली हैं, उसका यथासमय विश्लेषण किया ही जाएगा। विवेकानंद ने अपने ललित लेखन के माध्यम से हिंदू धर्म के ठगों के गिरोह पर जो प्रहार किए हैं, उनमें से तीन लघु कथाएँ देखिए, पर उससे पूर्व उनके गुरु हिंदू धर्म के ढोंग पर जो उदाहरण देते थे, उसे कहने के मोह का संवरण नहीं हो पा रहा है—

सुनार की कहानी

रामकृष्णजी के एक परम भक्त थे। उनका नाम था—अधरचंद्र सेन। एक दिन उनके घर पर परमहंस की महान् उपन्यासकार बंकिमचंद्र चट्टोपाध्याय से मुलाकात हुई। बंकिमचंद्र ने अज्ञेयवादियों एवं संशयवादियों की तरफदारी करते हुए रामकृष्ण से अनेक कूट प्रश्न पूछे। परमहंस ने सहजता से देहाती बंगाली बोली में उत्तर देकर बंकिमबाबू का शंका-समाधान किया। उनका समाधान हुआ देखकर रामकृष्ण ने थोड़ा सा मजाक किया, "तुम्हारा केवल नाम ही बंकिम नहीं, अपितु तुम स्वभाव से भी बंकिम (वक्र) हो। है न?"

बंकिमबाबू बहुत ही प्रसन्न हुए। उन्होंने कहा, "महाशय, आप एक बार मेरे काँटालपारा के मकान पर जरूर पधारिए। वहाँ एक सुंदर मंदिर है। पूजा-अर्चना की अच्छी व्यवस्था है। उस मंदिर में हम लोग रोज हरिनाम का कीर्तन करते हैं।"

"कैसा हरिनाम, बंकिम?"

"क्या मतलब?"

"सुनार की तरह तो नहीं?"

"सुनार की तरह, कृपा कर पहेली न बुझाइए। जरा साफ-साफ बताइए।"

"एक आदमी अपने मित्रों के साथ एक सुनार की दुकान में गया। उसे एक आभूषण दिखाकर उसका मूल्य वे उससे जानना चाहते थे। उनको कोई धोखा न दे पाए, इसका भी उन्हें ध्यान रखना था, पर दुकानदार और उसके सहयोगियों को देख उनका डर समाप्त हो गया।

दुकान का मालिक वृद्ध था। तिलक-माला के साथ वह हरिनाम का जप कर रहा था। इतना धर्मनिष्ठ दुकानदार ठगेगा नहीं, ऐसा विश्वास उन ग्राहकों को हो गया। आभूषण दिखाकर उसकी सही कीमत क्या है? उस व्यक्ति ने पूछा। वृद्ध दुकानदार ने उस ग्राहक को तथा उसके मित्रों को बैठने की स्नेहपूर्वक विनती की, फिर वह आभूषण उनके सामने ही कसौटी पर कसा, उस आभूषण की कीमत बताई और उसे गलाने की आज्ञा माँगी।

ग्राहक ने निःसंकोच स्वीकृति दी। मालिक ने अपने एक सहयोगी को वह आभूषण दिया। वह दुकान के अंदर के एक स्थान में आभूषण लेकर गया, क्योंकि सोना गलाने की

छोटी भट्ठी अंदर ही थी। अंदर कारीगर ने वह आभूषण भट्ठी में डाल दिया और 'केशव-केशव' का जप करने लगा। कर्मचारी के 'केशव' जाप से बाहर बैठे मालिक का भी भक्तिभाव जाग्रत् हुआ तथा वह 'गोपाल-गोपाल' की गर्जना करने लगा। यह सुनकर अंदर बैठा तीसरा सहयोगी एकाएक नाम-स्मरण करने लगा। हरि, हरि, हरि। चौथा नौकर ग्राहकों को गुड़गुड़ी दे रहा था। उसने 'हर, हर, हर' का जाप प्रारंभ कर दिया। उसे सुनते ही सोना गलानेवाले कर्मचारी ने सोने का एक टुकड़ा झट से पानी में डालकर गायब कर दिया।

ग्राहक खुश थे। गुड़गुड़ी देनेवाला और हर-हर का जाप करनेवाला मालिक और उसके नौकर, चंदन का लेप लगाकर, माला पहनकर बैठे होने के कारण उनके उच्च कोटि के धार्मिक व्यक्ति होने का उन्हें विश्वास हो गया था।

किंतु वह धर्म का लबादा ओढ़े ठगों की टोली थी। उनकी शब्दावली द्विअर्थी थी। 'केशव' का अर्थ था 'ये व्यक्ति कैसे हैं?' उत्तर 'गोपाल' होने का मतलब था 'गाए चराने के लिए ले जानेवाले देहाती बच्चों की तरह बेवकूफ हैं।' फिर पूछा 'हरि, हरि—सोने का हरण करूँ?' उत्तर होता है, 'हर-हर, यानी आराम से हरण करो।''

बंकिमचंद्र पेट पकड़कर हँसने लगे।

विवेकानंद ने भाषणों में, व्यक्तिगत बातचीत में, लेखों तथा पत्रों में हिंदू धर्म के ढोंगीपन पर करारा कटाक्ष किया है, पर ललित लेखन के माध्यम से विडंबना को प्रधानता देकर उन्होंने बकध्यानस्थ लोगों का मखौल उड़ाया है। गंभीर और ललित लेखन में भिन्न-भिन्न शैलियों का सहारा लेनेवाले शब्दपटु स्वामीजी का एक ललित लेख है—'गंभीर चिंतन के लिए मसाला'। इस लेख के तीन मजेदार उदाहरण, कुछ अलग सोचने के लिए सचमुच बाध्य करते हैं।

एक

मंदिर के सभागार के एक कोने में खंभे से टिककर चौबेजी ऊँघ रहे थे। वह मंदिर के पुजारी थे, मृदंगवादक थे, पहलवान थे, दो गिलास भाँग एक साँस में पी सकते थे और इसके अलावा कई गुण उनके व्यक्तित्व में विराजमान थे। कानों के परदे फाड़नेवाली एक भयानक आवाज आई। उनकी बयालीस इंच चौड़ी छाती के अंदर झंकृत हो रही भाँग की तरंग एक क्षण के लिए टूट गई। चौबेजी के रक्तिम नेत्र उस कानफाड़ू आवाज के स्रोत का पता लगाने के लिए सभागार में घूमने लगे। मूर्ति के सामने खड़ा होकर एक भक्त गा रहा था। भक्तिभाव से वह ओत-प्रोत था। दावतवाले घर में बड़ी-बड़ी कड़ाहियों के माँजने की जो आवाज होती है, वैसी ही आवाज उस ईश्वरभक्त की थी। अपनी गायकी से वह नारद, भरत, हनुमान आदि अन्य महान् दैवगुणी गायकों की आत्मा को

संतप्त कर रहा था। नशे की तंद्रा को तोड़नेवाले, मस्ती के महान् आनंद को भंग करने वाले उस व्यक्ति को अपनी जोरदार आवाज में चौबेजी ने हड़काया, "अबे ओ, लय और ताल को छोड़कर तेरी आवाज ऐसी बेसुरी क्यों हो गई है?"

उधर से तुरंत उत्तर आया, "लय-ताल की फिकर मैं क्यों करूँ? मैं तो भगवान् का दिल जीतने तथा उसका कृपाप्रसाद पाने के लिए उसे रिझा रहा हूँ।"

चौबेजी उखड़कर बोले, "तुम ईश्वर को बहरा, मूर्ख समझते हो? क्यों? तुम मूर्ख दिखाई पड़ते हो। अपनी गायकी से तुम मेरा दिल तो जीत नहीं पाए? ईश्वर क्या तुम्हें मुझसे भी ज्यादा बेवकूफ लगता है?"

आजकल देश भर में भीड़-भाड़वाले स्थानों पर ढोल-मजीरा बजाकर बेसुरी आवाज में, कर्कश तारस्वर में सुबह-शाम छोटे मंदिरों में भक्तगण भगवन्नाम का हुड़दंग मचाते रहते हैं। ऐसे सभी मंदिरों में विवेकानंद की यह लघुकथा चस्पाँ कर देनी चाहिए।

कबीर के एक दोहे से विवेकानंद को यह कथा सूझी होगी। कबीरजी लिखते हैं, "अरे मौलवी, नाभि से जोर लगाकर बेसुरी आवाज में खुदा को क्यों पुकार रहे हो? तुम्हें क्या लगता है, खुदा बहरा है?"

दो

सामाजिक पद्धति, परंपरा पर हम लोग बड़ा गर्व करते हैं, 'पिताजी ऐसा करते थे, इसलिए मैं भी करता हूँ।' ऐसा कहनेवालों पर यह कथा लागू होती है।

मोहर्रम का दिन। लखनऊ शहर में जश्न है। वहाँ की प्रमुख मसजिद इमामबाड़ा को खूब सजाया गया है। रोशनी की चमक-दमक मसजिद पर बरस रही है। सभी धर्मों तथा सभी तबके के स्त्री-पुरुष और बच्चे इमामबाड़े की ओर जा रहे हैं। लखनऊ शिया-संप्रदाय के लोगों की राजधानी है। हसन और हुसैन की कुरबानी पर सभी शिया विलाप करेंगे। एक हजार साल पहले कर्बला में जो शोकांतिका घटित हुई, उसे आज शिया लोग छाती पीटकर, चिल्लाकर पुनरुज्जीवित करेंगे। उनके दु:ख में सहभागी होकर सभी लोगों के हृदय विदीर्ण होंगे।

भीड़ में दो राजपूत हैं। वे छोटे-मोटे जमींदार हैं। देहातों में किसानों के साथ जीवन बिताने के कारण वे सिर्फ अशिक्षित ही नहीं, अबोध भी हैं। शरीर से हृष्टपुष्ट हैं, अच्छे शिकारी हैं, पर खेतों और जंगलों में जीवन गुजारने के कारण वे शहरी सभ्यता से अनभिज्ञ है। (लखनवी भाषा में कहा जाए तो उनमें माकूल अदब और तमीज नहीं थी।)

मसजिद के महाद्वार से होकर वे दोनों जैसे ही मुख्य मसजिद में प्रवेश करने वाले थे, इसी बीच पहरेदारों ने उन्हें टोका, "देखो, यह जो राक्षस यहाँ दिखाई पड़ रहा है, उसे हरेक व्यक्ति बिना पाँच लात मारे अंदर नहीं जा सकता।"

"यह किसका पुतला है?"

"हसन और हुसैन नामक महानायकों का, जिस बदमाश ने वध किया, उस येजिद का पुतला है यह।"

बेचारे दरबान ने देखा कि इन दोनों ने पुतले के चरणों को पकड़ा और येजिद से कहा, "अब मसजिद में जाने से क्या फायदा? अन्य देवताओं का दर्शन करने से क्या लाभ? तुमने उन दोनों को ऐसी यातना दी कि उनके वंशज बीते एक हजार सालों से आँसू बहा रहे हैं।"

तीन

तीसरी कहानी की प्रस्तावना बताने की आवश्यकता नहीं है, क्योंकि इस कहानी का नायक रामचरण आज हमारे देश में हर जगह खुलेआम घूम रहा है। रामचरण ईश्वर के बारे में क्या सोचता है, यह प्रश्न लेखक के सामने है और उसने पाठकों को रामचरण के बारे में गंभीर रूप से विचार करने का आह्वान किया है।

- रामचरण, मुझे लगता है, तुम्हें शिक्षा ग्रहण करने का अवसर नहीं मिला। है न?
- हाँ, मैं निरक्षर हूँ।
- पेट भरने के लिए कोई साधन?
- कहाँ मिला साहब!
- पसीना बहाकर पेट भरने के लायक मजबूत शरीर भी तुम्हें नहीं मिला?
- जी हाँ, मैं ऐसा दुबला-पतला हूँ!
- पर तुम व्यसन भी करते हो?
- हाँ साहब, नशे की आदत हो गई है।
- और··स्त्रियों से संपर्क?
- (हँसकर सकारात्मक गरदन हिलाता है।)
- इन सारे शौकों को पूरा करने के लिए पैसा भी पर्याप्त चाहिए, पर तुम तो कुछ भी काम-धंधा नहीं करते?
- यह तो बहुत आसान है साहब! मैं श्रद्धावान् लोगों को धर्म की शिक्षा देता हूँ।

वराहनगर मठ

विवेकानंद तथा परमहंस के सभी शिष्यों के लिए वराहनगर मठ में पाँच-छह वर्ष तक किया गया निवास सर्वाधिक अविस्मरणीय सिद्ध हुआ।

गुरुबंधुओं तथा शिष्यों के साथ गप्पें मारते हुए भारत तथा अमेरिका में भी वराहनगर मठ के विषय में बताते हुए स्वामीजी तल्लीन हो जाते थे।

"उस समय हम लोग किस वजह से जिंदा थे, इस प्रश्न का उत्तर ईश्वर और गुरुदेव, यहीं देना होगा। नमक है तो चावल नहीं और चावल है तो नमक नहीं, ऐसी स्थिति थी। वहाँ बिंबा नामक एक बेल पल्लवित थी। उसके पत्तों को उबालकर हम लोग उसका रस पीकर दिन गुजारते थे। आत्मोन्नयन का पागलपन हम लोगों पर सवार था तथा तपाचरण के ज्वार की तरंगों पर हम लोग आरूढ़ थे। हम लोगों के कठोर तप के निर्णय से आदमी तो क्या, शैतानों की टोली भी भाग गई होती। स्मरण रहे, आर्थिक स्थिति जितनी ही विपरीत होती है, उतना ही नैष्ठिक बल बढ़ता है। खाने को तो मिलता ही नहीं था, पर समाज के प्रखर विरोध का सामना जरूर करना पड़ता था। कॉलेज में पढ़नेवाले दर्जन भर होशियार लड़के नौकरी, गृहस्थी छोड़कर विद्रोह करते हैं, घर-द्वार छोड़ते हैं, इस विश्वास के साथ कि संन्यासी बनकर अंतिम सत्य की खोज करेंगे, यह कौन सा पागलपन है। पहले हमारी हँसी हुई, फिर यह गंभीर चर्चा का विषय बना। आखिर में हम लोगों पर अत्याचार प्रारंभ हुए, लेकिन हम लोग अपने व्रतस्थ जीवन से इतने समरस हो गए थे कि भूख और उत्पीड़न हमारी दृढ़ता को भंग नहीं कर पाए।"

वराहनगर मठ के स्वामी सदानंद नरेंद्र की दिनचर्या के बारे में कहते हैं, "स्वामी विवेकानंद पागलों की तरह अहर्निश कार्य करते थे। चौबीसों घंटे वे काम में व्यस्त रहते थे। सुबह तीन बजे 'उत्तिष्ठत, जाग्रत्', ऐसी गर्जना कर मधुर भजन गाते हुए वह गुरुबंधुओं को लेकर तपानुष्ठान में बैठ जाते। मध्य रात्रि के बाद तक भी उनका जप-तप चलता रहता था। बड़ा ही कठिन समय था वह। गुरु-बंधुओं के रिश्तेदार स्वामीजी के पीछे पड़ते और निराश होकर वापस जाते। प्रकांड पंडित लोग आकर संन्यास, दीक्षा, धर्म, अध्यात्म पर स्वामीजी से वाद-विवाद करते और पराजय स्वीकार कर वापस चले जाते।

वराह मठ में निवास का समय नरेंद्रनाथ के विवेकानंद बनने का गर्भकाल है। गुरुदेव ने नरेंद्रनाथ से गुरु-बंधुओं को प्रशिक्षण देने की शपथ दिलाकर ही समाधि ली थी। गुरुदेव की अस्थियाँ रखने के लिए भी खुद की कोई जगह नहीं थी। गुरुमाता की समुचित व्यवस्था करने के लिए धन नहीं था। सुरेंद्रनाथ मित्र पहले तीस और बाद में सौ रुपए प्रतिमाह देते थे; जिनमें से ग्यारह रुपए घर का किराया और छह रुपए रसोइए को देने पड़ते थे। आटा-दाल के अभाव में बीच-बीच में मिलने वाले चावलों को पकाने के लिए तपस्या छोड़कर कौन उठेगा। इसलिए रसोइया रखा गया था। सभी लोगों के पास कुल मिलाकर केवल दो जोड़ी धोती और कुरते थे। महानगर में जाने के लिए सभी लोग बारी-बारी से उनका उपयोग करते। नरेंद्र के चाचालोगों ने घर हड़पने के लिए न्यायालय में मुकदमा कर दिया था। जब तारीख होती तो उसे जाना ही पड़ता। वह एक सिरदर्द ही था, पर वह नरेंद्र की परीक्षा की घड़ी थी। यह सब बड़ा ही कठिन था, पर

इसमें से निकलने का उसका प्रयास सफल हो रहा था। भविष्य में उसे विरोध के तूफान का जो मुकाबला करना था, उसकी शिक्षा उसे वराहनगर में प्राप्त हो रही थी।

इसी मठ में नरेंद्र ने बड़ा कार्य संपन्न किया। रामकृष्ण ने अपने शिष्यों को संन्यासियों के भगवे वस्त्र काशीपुर उद्यान में रहते हुए ही दिए थे, पर उनकी बीमारी के कारण दीक्षा-समारोह संपन्न नहीं हुआ था। नरेंद्र ने वराहनगर में उसे संपन्न करने का निर्णय लिया।

सर्वप्रथम शशी ने गुरुदेव के फोटो की शास्त्रसम्मत पूजा की। (सद्गुरु की प्रतिमा की पूजा, उनकी अस्थियों की सुरक्षा, गुरुबंधुओं के अन्न-वस्त्र की व्यवस्था आदि शशी ने जिंदगी भर की थी।) फिर अग्नि प्रज्वलित कर विराज-हवन किया। नरेंद्र ने ज्येष्ठ गुरुबंधु होने के कारण गुरुजी की भूमिका में सभी को दीक्षा और संन्यासियों के नाम दिए। नरेंद्र स्वयं का 'रामकृष्णानंद' नाम धारण करने वाला था। पर वह नाम शशी ने स्वयं लेने का हठ किया। इसलिए नरेंद्र ने अपना नाम 'विविदिशानंद' रखा।

वस्तुतः वराहनगर मठ में नरेंद्र की सर्वश्रेष्ठ कमाई यह थी कि लोक-कल्याण का बीज उसके हृदय में यहीं पर पड़ा। रामकृष्ण की मृत्यु के बाद वराहनगर में उनके एक गृहस्थाश्रमी शिष्य महेंद्र ने नरेंद्र को सुझाया, "यहाँ आप ईश्वर को प्रसन्न करने के लिए तपश्चर्या करें।"

नरेंद्र ने तुरंत उत्तर दिया, "दलितों और पीड़ितों की सहायता में ही हम लोगों को ईश्वर का साक्षात्कार होगा। केवल नाक को मुट्ठी में दबाने से नहीं।"

संन्यस्त जीवन का दीक्षांत समारोह होते ही नरेंद्र को लोकसेवा का मार्ग दिखाई पड़ा। स्वार्थ तथा गृहस्थ जीवन के मोह को त्यागने वाले सोलह सुशिक्षित युवक यदि जनकल्याण के लिए खुद को झोंक दें, तो भारतीय अध्यात्म के आधुनिक इतिहास में समाजोन्मुख रहनेवाले संन्यासियों की यह अपनी पहली संघटना होगी। स्वयं असंघटित रहकर दान देनेवाले तथा उपदेश करनेवाले साधु-संन्यासी प्राचीन समय से भारतवर्ष में होते आए हैं, पर श्रीरामकृष्णदेव के शिष्य ही सचमुच संघटित होकर लोक-कल्याण के लिए संघर्ष करने वाले हैं। नवयुग की यह हमारी पहली 'यूनियन' है और हममें से किसी को भी पद, प्रतिष्ठा, पैसा नहीं चाहिए। क्योंकि हमारा ध्येय, हमारा लक्ष्य सत्य, अंतिम सत्य का शोध है, नाम और पैसा कमाना नहीं। ऐसे समाजसेवक दुनिया के किस देश में मिलेंगे!

विवेकानंद का यह वक्तव्य नहीं है, अपितु यह उनका स्वगत भाषण हो सकता है, क्योंकि कन्याकुमारी में उन्हें जो साक्षात्कार हुआ, उसका बीजमंत्र था, "जनसेवा ही ईश्वर सेवा है।" स्वामीजी ने जिंदगी भर पददलितों के उत्थान के लिए कंठशोष किया, यह भी सत्य है। पर यहाँ वराहनगर में संन्यस्त जीवन की दीक्षा के बाद तथा वाराणसी

की यात्रा कर आने के बाद नरेंद्र ने गुरु-बंधुओं से क्या कहा, यह सुना जाए—

''वेदांत की ज्ञान-प्राप्ति का प्रत्यक्ष फल दलितों और पीड़ितों की सेवा से ही होने वाला है। वराहनगर के आसपास की दलित बस्ती में सेवाकार्य करने के लिए कमर कसिए। मित्रो! मैंने तो झुग्गी-झोंपड़ी में रहनेवाले दलितों को शिक्षा देने का व्रत लिया है। उपदेश! उपदेश का क्या मतलब है? इसका अर्थ है, अपने अंतस को ईमानदारी से खोलना। हम सब लोग उसे दरिद्रनारायण की सेवा में खोल दें।''

विवेकानंद आगे चलकर जीवनपर्यंत तथा दुनिया भर में उपदेश की जो आँधी बहाने वाले थे, उसका पूर्वाभ्यास हुआ वराहनगर मठ में और उनके पहले श्रोता तथा दर्शक थे, नरेंद्र के ही गुरुबंधु और रामकृष्णजी के शिष्यगण।

बहन द्वारा आत्महत्या

वराहनगर में स्थायी निवास होने के बाद नरेंद्र दो-चार गुरु-बंधुओं को लेकर उत्तर की ओर तीर्थयात्रा करने के लिए निकला। दो-तीन यात्राओं के बाद उसके घर से एक तार आया। नरेंद्र की विवाहित बहन ने आत्महत्या कर ली। कलकत्ता वापस आने तक नरेंद्र को बहन की आत्महत्या का कोई कारण समझ में नहीं आ रहा था।

बाद में उसे माँ से मालूम हुआ कि उसका पति शराबी था। उससे मारपीट करता था। वह बेचारी परेशान हो गई और उसने आत्महत्या कर ली।

विवेकानंद का मन मानवीय भावना को जानने वाला था। अपनी बहन की मृत्यु से दुःखी होनेवाले क्या वे स्वार्थी भाई थे? नहीं, अपनी बहन की तरह ही अनगिनत हिंदू भगिनियों को उनकी ससुराल में होनेवाला उत्पीड़न, उनकी समझ में आया, वे उससे पीड़ित हुए और बेचैन हो गए।

विवेकानंद के भाषणों और लेखन में सर्वाधिक छटपटाहट दिखाई पड़ती है स्त्री के उत्थान के लिए। वे कहते हैं, ''गौतम बुद्ध के बाद सभी हिंदू पुरुषों को निर्वाण प्राप्ति का लालच उत्पन्न हो गया। सारा हिंदुस्तान मानो एक विशाल मठ है। रजोगुण समाप्त हो गया। कर्म, कर्तव्य, विज्ञाननिष्ठा आदि सारी चीजों को तिलांजलि देकर पुरुष वर्ग उदासीन हो गया। एक ही मोह के मृगजल के पीछे दौड़ने लगा। निर्वाण और मोक्षप्राप्ति के मार्ग का सबसे बड़ा यदि कोई विघ्न है, तो वह है स्त्री। वह केवल माया नहीं, तो महामाया है। इसलिए उसे शत्रु समझकर उस पर अन्याय प्रारंभ हो गया। वह अन्याय आज चरम कोटि पर जा पहुँचा है। इसमें गौतम बुद्ध का कोई दोष नहीं है। यह पाप किया है उच्च वर्णीय पुरुषप्रधान समाज ने।

आज का हिंदू धर्म वैदिक धर्म नहीं है, समझे! गलतफहमी जरा भी मत पालिए। वेदकाल में स्त्री को पुरुष के बराबर स्थान प्राप्त था। ब्रह्मवृंद थे, वैसे ही ब्रह्मवादिनियाँ

भी थीं। आज आप जिस धर्म का आचरण कर रहे हैं, उसका नाम है पौराणिक धर्म, वेद-धर्म नहीं।

मेरा सबसे अधिक विरोध है बाल विवाह के लिए। यदि मुझे कोई अधेड़ विधुर किसी कोमल कन्या से विवाह करते हुए दिखाई पड़ा, तो मैं उस पर गोलियाँ चलाऊँगा।

जिस देश या समाज में स्त्री को गौण माना जाता है, वह देश या समाज कभी भी उन्नति नहीं कर सकता। मेरे सद्‌गुरु ने आदिशक्ति को अपनी माता माना था। वही आदिशक्ति अंश रूप से हर स्त्री में होती है। ऐसा होते हुए भी हमारे देशबांधव उसके ऊपर जुल्म करें, यह मुझे कैसे सहन होगा?

विवेकानंद की पट्टशिष्या भगिनी निवेदिता (मिस मागरिट नोबल) अपने 'दि मास्टर एज आई सा हिम' नामक ग्रंथ में लिखती हैं—"मेरे गुरु को परेशान करनेवाले दो प्रमुख प्रश्न थे। एक भारतीय स्त्री और दूसरा भारतीय बहुजन समाज। अमेरिका, भारत या अन्य किसी देश में अपने शिष्यों से वार्त्ता करते समय वे इन दो प्रश्नों पर मुखर होते थे। खासकर जब-जब उन्हें मृत्यु की दस्तक सुनाई पड़ती, तब-तब वे शिष्यों तथा भक्तों को इन दो प्रश्नों को हल करने के लिए प्रयत्नशील रहने के लिए कहते।"

जब नरेंद्र ने संन्यस्त जीवन को एकाकी होकर जीना तय किया, तो उसने गुरु-बंधुओं से कहा, "मेरे साथ तुम लोगों में से कोई भी नहीं आएगा। मुझ पर नजर रखना, मेरा पीछा करना आदि कोई कुछ भी नहीं करेगा। मैं स्वयं ही तुम लोगों से मिलने आ जाया करूँगा।"

गुरुपत्नी सारदा माता से अनुमति लेकर नरेंद्र निकला। उस समय उसकी आयु केवल अट्ठाईस वर्ष थी। वर्ष था १८९१ और जिंदगी के बचे हुए साल थे केवल ग्यारह। कितना कम समय था!

'पर मैं एकदम अकेला हूँ'—यह नरेंद्र को गलतफहमी थी। उसके साथ उसकी बीमारियाँ थीं। पैरों के दर्द से वह पहले से ही परेशान था। उसमें मधुमेह, रक्तचाप, दमा, अनिद्रा—ये चार रोग भी उसके साथी थे। इन पाँचों रोगों के साथ नरेंद्र की यात्रा प्रारंभ हुई।

सद्‌गुरु के अद्वितीयत्व का बोध हुआ

अब हम लोग अपने नायक को 'स्वामी' से संबोधित करें।

वराहनगर से गुरु-बंधुओं के साथ स्वामीजी तीन बार बद्री-केदार-दर्शन के एकमात्र उद्‌देश्य से चले थे, पर वे एक बार रुद्रप्रयाग और दो बार तो केवल ऋषिकेश तक जाकर ही वापस आ गए। जीवन में तीव्र इच्छा होते हुए भी स्वामीजी बद्रीनाथ और केदारनाथ कभी भी नहीं जा सके।

'ऐसा क्यों हुआ?' उत्तुंग हिमालय की घनी हरित वनस्पतियों से मजबूत बुनी हुई

हिमाच्छादित कोख में स्थापित दो पुनीत तीर्थक्षेत्रों में विवेकानंद तीन बार प्रयत्न करने पर भी क्यों नहीं जा पाए? मेरे मन में इसका एक उत्तर बार-बार कौंध रहा है।

श्रीरामकृष्ण ने उन्हें जो कार्य करने के लिए कहा था, उनमें से एक था, भारतीय दरिद्रनारायण का उद्धार। दक्षिणेश्वर का परीक्षाकाल काशीपुर उद्यान में गुरु के पर्यवेक्षण में हुआ। साधनाकाल और वराहनगर में कठोर तपाचरण संपन्न होने तक नरेंद्र को बाहरी दुनिया की कोई कल्पना तक न थी। उत्तर भारत की तीन यात्राओं से उसकी समझ में आया कि गुरुदेव द्वारा दिए गए आह्वान का पालन कर पाना कठिन है। जगह-जगह जमींदारों द्वारा अल्पज्ञ और अभावग्रस्त समूहों का शोषण, धर्मगुरुओं द्वारा हिंदू जाति के सभी स्तरों में चलाई जा रही दादागिरी, चातुर्वर्णों के विकृत कुरूप से उपजा विषैला वातावरण, उन्हें उनकी उत्तर भारत की यात्रा के दौरान पहली बार दिखाई पड़ा। उन्हें सर्वत्र सुनाई पड़ा था, दलित और दरिद्रजनों का हाहाकार व आर्तनाद। स्वामीजी ने निचले तबके तक वेदांत पहुँचाने का स्वप्न देखा था और गुरु-बंधुओं से ऐसा कहा भी था। पीड़ितों और गरीबों की दुर्दशा देखकर स्वामीजी घबरा गए थे। हाथरस स्टेशन के स्टेशनमास्टर शरदचंद्र गुप्त (जो आगे स्वामीजी के शिष्य हुए) को स्वामीजी ने कहा था, "मातृभूमि के पुनर्जागरण के लिए जीवन अर्पण करो, ऐसा आदेश मुझे गुरुदेव ने दिया था। आज देश में भुखमरी है, आध्यात्मिकता लुप्त हो गई है। इस देश को मैं किस प्रकार क्रियाशील कर सकता हूँ? इस आदेश का पालन करने का मुझमें आत्मबल नहीं है, मित्र!"

स्वामीजी को वह आत्मबल प्राप्त करना था। स्वामीजी की लालसा अपने सुख-चैन के लिए नहीं, प्रसिद्धि के लिए नहीं, अपितु समाजोद्धार के लिए तपस्या करके सिद्धि प्राप्त करने की थी। स्वामीजी अपने गुरु-बंधुओं को उस समय बताते, "मेरा स्पर्श होते ही मनुष्य में परिवर्तन हो जाए, ऐसी शक्ति प्राप्त होने तक मैं तप करता रहूँगा।"

ऐसा तप करने के लिए हिमालय में बद्री-केदार जाने की स्वामीजी की इच्छा स्वाभाविक थी, पर रामकृष्णजी को नरेंद्र का हिमालयारोहण शायद मंजूर नहीं था। आदि शंकराचार्य केदारनाथ गए तो वापस लौटे ही नहीं। प्रकृति का विराट् दर्शन होते ही, वे वहाँ इतने तन्मय हो गए कि उन्होंने वहीं समाधि ली।

नौकरी नहीं मिल रही थी, इसलिए संन्यास लेने के लिए चले नरेंद्र का मन-परिवर्तन करते हुए रामकृष्ण ने उनसे कहा था, "माँ ने तुमको बड़ी जिम्मेदारी का काम सौंपा है और वह तुमसे वह काम करा लेगी। तुम उससे भागने की कोशिश मत करना।"

केदारनाथ-बद्रीनाथ पहुँचते ही नरेंद्र में वैराग्य की भावना उत्पन्न होने की निश्चित संभावना थी। क्या इसीलिए सद्गुरु ने उसे वहाँ पहुँचने ही नहीं दिया था?

पवहरी बाबा

एक बार रामकृष्णजी ने नरेंद्र की परीक्षा लेने के लिए उससे पूछा था, "अनेक वर्षों की योगसाधना से मुझे कुछ सिद्धियाँ प्राप्त हुई हैं। क्या तुम्हें वे चाहिए?"

नरेंद्र ने प्रश्न किया था, "क्या वे सिद्धियाँ मुझे अंतिम राह दिखला पाएँगी?"

"नहीं, पर शोहरत-प्रतिष्ठा, धन-दौलत काफी मात्रा में दिला सकती है।"

नरेंद्र ने साफ कहा था, "फिर मुझे नहीं चाहिए वह सिद्धि-विद्धि।"

उसे ऐसी मंत्रसिद्धि क्यों चाहिए थी कि उसके स्पर्शमात्र से मानवजाति सुखी, समृद्ध और ईश्वराभिमुख हो सके? इसलिए कि जनता को दारिद्र्य के गर्त से उबारने लायक आंतरिक बल तो दूर, शारीरिक बल भी उसमें नहीं है, यह सत्य उसे यात्रा करते समय समझ में आ चुका था।

हिमालय में जाकर तपश्चर्या करके अलौकिक शक्ति प्राप्त करने का मार्ग बंद हो गया था। दूसरा मार्ग था, गुरुदेव सदृश किसी अन्य महापुरुष की खोज करना और उसका अनुग्रह प्राप्त करना। वैसा एक महापुरुष स्वामीजी को गाजीपुर में मिला। उसका नाम था पवहरी बाबा। वे लगभग निराहारी थे। केवल वायुभक्षण करते थे, इसलिए उन्हें पवहारी बाबा कहते थे।

ये बाबा एक पहाड़ी पर गुफा बनाकर रहते थे। वे स्वामीजी पर प्रसन्न हुए। पर अनुग्रह करने में टाल-मटोल करते थे। आखिर एक दिन तय हुआ। उस दिन क्या हुआ? स्वयं स्वामीजी लिखते हैं—

"मेरा जैसे-जैसे पवहरी बाबा से संपर्क बढ़ा, वैसे-वैसे उनके प्रति मेरा आदरभाव बढ़ता गया। वे भी मुझसे बहुत प्रेम करने लगे। एक दिन मेरे मन में आया कि रामकृष्णजी के सान्निध्य में लंबे समय तक रहने पर भी मेरा कमजोर, व्याधिग्रस्त शरीर बलशाली किस प्रकार किया जा सकता है, यह कला मैंने नहीं प्राप्त की। मैंने सुना है कि पवहरी बाबा हठयोग शास्त्र के वेत्ता हैं। बाबा से वह शास्त्र सीखकर बलवान् होना मैंने तय किया। मैं दृढ़संकल्पी हूँ। मन में आते ही उस काम को पूरा करने का मैं पक्का निश्चय करता हूँ। हठयोग के बारे में यही हुआ। बाबा ने मुझे दीक्षा देना स्वीकार किया। अनुग्रह का दिन तय हुआ। उस दिन खटिया पर पड़े-पड़े मैं कुछ सोच रहा था। इसी समय मेरी दाहिनी ओर श्रीरामकृष्ण आकर खड़े हो गए। उनकी दृष्टि में विषाद था। मैं उनका समर्पित शिष्य होते हुए भी किसी दूसरे गुरु के पास जा रहा हूँ, यह मेरी समझ में आया और लज्जित हुआ। वे उसी अवस्था में दो-तीन घंटे खड़े रहे होंगे, पर मेरे मुख से एक शब्द भी नहीं निकला। उनके अदृश्य होते ही बाबा से दीक्षा लेने का मेरा निश्चय समाप्त हो गया। एक-दो दिनों के बाद मेरा वह निश्चय पुनः बलवान् हुआ। मैंने तय किया कि आज रात में अनुग्रह प्राप्त करना ही है तो शाम के समय श्रीरामकृष्ण मेरे कमरे में पुनः

उपस्थित थे, मैंने फिर अपनी दृढ़ प्रतिज्ञा को तिलांजलि दी। हो सकता है हठयोग सीखने पर कुछ अच्छा होने के बजाय कुछ खराब ही हो, ऐसा मेरे मन में आया।''

३ मार्च, १८९० को वाराणसी के संस्कृत पंडित प्रयददास गुप्ता को लिखे हुए पत्र में स्वामीजी कहते हैं, ''मैंने पवहरी बाबा का साथ छोड़ दिया। इसके बाद किसी भी बाबा अथवा महाराज के यहाँ न जाने का निर्णय किया। क्योंकि मेरी समझ में अच्छी तरह आ गया कि श्रीरामकृष्ण के समान कोई भी सत्पुरुष नहीं है। उनकी महानता का जो आकलन उनके जीवित रहते नहीं हुआ था, वह उनकी मृत्यु के चार वर्ष बाद गाजीपुर में हो गया। वे जैसे स्वयं कहते, वैसे एक तो वे 'अवतार' थे अथवा पूर्ण दैवी पुरुष थे। वेदांत जिसे 'मुक्त' कहता है और मानवता की भलाई के लिए जो देह के पिंजरे में स्वयं फँसता है, ऐसी दिव्य आत्मा थे मेरे गुरुदेव। इसके बाद यह मेरा दृढ़ विश्वास रहेगा। पतंजलि का एक सूत्र है, 'विशुद्ध अंत:करणवाले ऋषि पर मन को एकाग्र करने पर भी अंतिम साध्य प्राप्त हो सकता है, इसलिए इससे आगे गुरुचरणों पर दृढ़ और स्थिर दृष्टि रखकर ही मैं जीऊँगा और कामों को निबटाता रहूँगा।''

विवेकानंद ने जो कार्य किया है, वह यद्यपि आज दुनिया की दृष्टि में नहीं आया है, फिर भी सौ-पचास वर्षों के बाद उसके मीठे फल मानवजाति को चखने को मिलेंगे। उन्हें अगर कोई मंत्रसिद्धि प्राप्त हुई होती तो वे कुछ भी नहीं कर पाते और यदि थोड़ा-बहुत किया भी होता, तो दुनिया में उसकी कोई कीमत नहीं हुई होती। हवा में से राख निकालकर दिखानेवाले कितने ही जादूगर आज भारतवर्ष में हैं, पर उन्हें कौन महत्त्व देता है? उनके केवल मुट्ठी भर चेले हैं, जो धार्मिक कोमा में जी रहे हैं।

सुखप्राप्ति के लिए सुंदर, निष्कलंक और समाजोन्मुख जीवन जीने के लिए आवश्यकता होती है एक संपूर्ण तत्त्वज्ञान की, जादूगरी की नहीं। वह तत्त्वज्ञान विवेकानंद ने दुनिया को दिया है। पवहरी बाबा से हठयोग सीखकर स्वामीजी ने कटिशूल, मधुमेह, रक्तचाप आदि बीमारियों पर तो काबू पा लिया होता, बस। पर सारे भीषण रोगों को पालकर काम करते हुए मर जाने में जीवन जीने की तृप्ति की प्राप्ति होगी। बिना शॉर्टकट के, बिना शॉर्ट फॉर्म के एक ही चीज है और वह है 'आचरण'! कपड़ों में जब सुइयाँ अनेक बार छेद करती हैं, तब जाकर एक पोशाक तैयार होता है। जीवन का वस्त्र, रक्तरंजित होने तक नैष्ठिक आचरण की सुइयों से सीनेवाले व्यक्ति ही महापुरुष होते हैं। उसमें जादूगिरी की कीमत शून्य है।

अब स्वामीजी निर्भय होकर परिव्राजक का जीवन प्रारंभ करने वाले हैं। अनुभवों की विशाल प्रयोगशाला उस मुक्त और निर्भय स्वामीजी के लिए खुली है। गुरुनिष्ठा की पराकाष्ठा और प्रचंड आत्मविश्वास से भरा हुआ यह युवक एवं तेजस्वी स्वामी एकाकी होकर जब दिल्ली छोड़ता है, तो उसके होंठों पर धम्मपद का यह सूत्र होता है—

"अंतर्बाह्य निर्भय होकर
चतुर्दिक् से निर्लिप्त होकर
रास्ते का नक्शा न बनाते हुए
एकाकी गेंडे की तरह
निश्चिंत, मुक्त भ्रमण कर।
वनराज क्या किसी की दहाड़ से डरता है?
वायु क्या किसी जाल में फँसता है?
कमलपत्रों पर क्या जलबिंदु ठहरते हैं?
नहीं, नहीं, बिलकुल नहीं।
उसी तरह तू भी
एकाकी गेंडे की तरह
निश्चिंत, मुक्त भ्रमण कर।"

अब हम लोग स्वामीजी से राजस्थान के अलवर राज्य में मिलेंगे।

राजस्थान में

विविदिशानंद नाम का एक स्वरूपवान् और युवा हिंदू संन्यासी एक मुसलमान मौलवी के यहाँ भोजन करने गया, इस बात ने राजस्थान के अलवर नामक गाँव में हंगामा खड़ा कर दिया। जाति और धर्म के बंधनों को जो नहीं मानता, वही सच्चा संन्यासी होता है, यह शिक्षा तीन साल पहले ही इस संन्यासी को मिली थी।

अनेक मील पैदल चलकर स्वामीजी वृंदावन के पास आए थे। एक व्यक्ति चिलम भर रहा था। स्वामीजी ने उससे दो दम मारने की इच्छा व्यक्त की। उस व्यक्ति ने हाथ जोड़कर कहा, "महाराज, आप उच्च वर्ण के लगते हैं। मैं हूँ एक भंगी। आपकी जाति भ्रष्ट हो जाएगी, इसलिए मैं आपको चिलम देने की हिम्मत नहीं जुटा पा रहा हूँ।"

स्वामीजी आगे चलने लगे। चार कदम आगे जाने के बाद उन्होंने सोचा, संन्यासी का जाति-धर्म से क्या रिश्ता? सद्गुरु ने तो मुझे केवल मानव-कल्याण करने का उपदेश दिया है। स्वामीजी वापस आए। उन्होंने चिलम खींची, सिर्फ तंबाकू की।

विवेकानंद तंबाकू का सेवन करते थे। विदेश में जब तंबाकू नहीं मिली थी तो उन्होंने धूम्रपान भी किया था।

सन् १८९१ के फरवरी में अलवर में एक मौलवी के यहाँ भोजन का निमंत्रण स्वामीजी ने इसीलिए बेहिचक स्वीकार किया था। अलवर के डॉ. गुरुचरण लास्कर ने स्वामीजी के रहने की व्यवस्था की थी। वहाँ हिंदू और मुसलमान, दोनों धर्मों के लोग आकर स्वामीजी से गप्पें मारते और उनसे प्रश्न पूछते।

धीरे-धीरे दर्शनार्थियों की संख्या बढ़ने लगी। स्वाभाविक कुतूहल के कारण प्रश्न भी पूछे जाने लगे।

''स्वामीजी, संन्यास ग्रहण करने से पूर्व आपकी जाति कौन सी थी?''

''इस शरीर को कायस्थ कहते थे।''

साधारणत: संन्यासी लोग इस प्रश्न को टालते रहते हैं। क्योंकि वे चाहते हैं कि उन्हें ब्राह्मण माना जाए, पर अपने बारे में किसी तरह की गलतफहमी न हो, इस पर विवेकानंद खास ध्यान देते थे।

''महाराज, आप भगवे वस्त्र क्यों धारण करते हैं?'' लोगों का दूसरा प्रश्न।

यह प्रश्न स्वामीजी से भारत भर में पूछा गया और उन्होंने उत्तर भी एक ही दिया, ''यदि कोई कुछ भी माँगे तो वह उसे देना, मैं अपना कर्तव्य समझता हूँ, पर जब मैं खुद भिक्षा पर जीवित हूँ, तो किसी को क्या दे सकता हूँ? भगवे वस्त्र धारण करने पर कोई कुछ भी नहीं माँगता। भिखारी भी। इसलिए ये वस्त्र...!''

अलवर के महाराज मंगल सिंह को स्वामीजी से भेंट करने की इच्छा हुई। मेजर रामचंद्र के निमंत्रण लेकर पहुँचते ही स्वामीजी खुशी से राजमहल में जाने के लिए निकले। वहाँ पर महाराज के सरदार लोग भी उपस्थित थे। स्वामीजी के ओजपूर्ण व्यक्तित्व और उनका अंग्रेजी भाषा पर प्रभुत्व देखकर महाराज मंगल सिंह ने अपने को थोड़ा हीन माना। उन्होंने पूछा, ''आप प्रज्ञावान् प्रतीत होते हैं। पदवीधारी तो निश्चत ही होंगे। नौकरी में गए होते तो अधिकारी बने होते। काफी वेतन होता। वह सुख छोड़कर भगवे वस्त्रों में आप दर-दर क्यों भटक रहे हैं?''

प्रश्न ऊपर से तो बड़ा सीधा था, पर स्वर में चुटीलापन था। स्वामीजी ने उत्तर देने के बजाय महाराज से ही प्रश्न किया, ''प्रजा का कल्याण आपका प्रथम कर्तव्य है, पर उसे न करके शिकार पर जाना, विदेशों में घूमना, इनमें आप अपना समय क्यों बरबाद करते हैं?''

स्वामीजी के इस प्रश्न से महाराज थोड़े आहत हुए। उन्होंने तुरंत दूसरा प्रश्न पूछा, ''मेरा मूर्तिपूजा पर जरा भी विश्वास नहीं है। लकड़ी, मिट्टी और पत्थर में क्या भगवान् हो सकते हैं?''

स्वामीजी के सामने ही दीवार पर महाराज का फोटो लगा था। स्वामीजी ने दीवान और सरदारों को उस फोटो पर थूँकने के लिए कहा। कौन कर सकता था यह साहस! बार-बार कहने पर भी कोई आगे बढ़ने की हिम्मत नहीं जुटा सका। स्वामीजी ने राजा से कहा, ''इस तसवीर में आप सदेह न होते हुए भी विराजमान हैं। धार्मिक लोग इसी तरह मूर्ति में भी ईश्वर देखते हैं। जब कोई भक्त मूर्ति के सामने खड़ा होकर कुछ माँगता है, तब—'हे पत्थर, मुझे अमुक चाहिए', ऐसी विनती नहीं करता।'' महाराज और उनके

दरबारी लोग स्वामीजी की ओर एकटक निहारते ही रहे।

अलवर में सात हफ्ते रहकर स्वामीजी आगे चले। वे जयपुर में आए। वहाँ पं. सूर्यनारायण नाम के एक पुस्तकी विद्वान् थे। राजदरबार में वे सरदार भी थे। उन्होंने व्यंग्यात्मक स्वर में स्वामीजी से पूछा, ''देखिए, कोई एक नरपुंगव अवतार लेकर पृथ्वी पर आता है, इस पर मेरा विश्वास नहीं है। मूलत: अवतारवाद का ही मैं विरोध करता हूँ, क्योंकि मैं वेद को मानता हूँ। सारा विश्व ब्रह्ममय है, यानी मैं भी ब्रह्म का अंश ही हूँ अर्थात् मैं भी अवतार नहीं हूँ क्या? मुझमें और अवतार में आप क्या फर्क कर सकते हैं, स्वामीजी?''

''आप तो प्रत्यक्ष अवतार हैं, पंडितजी।'' स्वामीजी हाथ जोड़कर बोले,''पर कौन सा? मत्स्य, कूर्म या वराह, यह तो आप हमें बताइए।''

पंडितजी इस पर चुप हो गए।

विवेकानंद जहाँ-जहाँ गए, वहाँ-वहाँ लोग उनके इर्द-गिर्द इकट्ठा होते। उनसे मिलने जिस प्रकार हिंदू आते, वैसे ही मुसलमान भी आते। स्वामीजी मुसलमान के यहाँ भी खुशी से भोजन करते थे, पर मुसलमान के यहाँ पहली बार रहने का उन्हें मौका मिला माउंट आबू में।

वहाँ स्वामीजी एक गुफा में रहते थे। एक मुसलमान वकील के अनुरोध पर वे उसके बँगले में रहने गए। उस वकील के संबंध राजस्थान के कई राजघरानों से थे। उन राजाओं से और उनके दीवानों से स्वामीजी का परिचय होने लगा।

एक बार 'क्षेत्री' राज्य के दीवान जगमोहनलाल स्वामीजी से मिलने आए। आते-आते ही उन्होंने अपना मत व्यक्त किया, ''स्वामीजी, यह क्या है? मुसलमान के यहाँ रहते हैं, वहाँ भोजन करते हैं। आपकी थाली को म्लेच्छ का हाथ भी लगा होगा। अरे, आप हिंदू संन्यासी हैं!''

स्वामीजी शीघ्रकोपी थे। उन्होंने तुरंत उत्तर दिया, ''अजी, मैं संन्यासी हूँ, केवल संन्यासी। आपकी हिंदू रूढ़ियों से सर्वथा मुक्त। मैं भंगी के साथ भी आराम से भोजन कर सकता हूँ। मुझे ईश्वर से भय नहीं है, न वेद से, न अन्य शास्त्रों से भय है। मुझे भय है, आप उच्चवर्णीय हिंदुओं से, क्योंकि आप लोगों ने न ईश्वर को पहचाना है और न वेदों को जाना है।''

दीवान जगमोहन लाल स्वामीजी के उत्तर से प्रभावित हुए। उन्होंने तुरंत क्षेत्री के राजा महाराज अजित सिंहजी से स्वामीजी की भेंट करा दी।

उस युवा राजा ने स्वामीजी से पूछा, ''स्वामीजी! जीवन का क्या मतलब है?''

स्वामीजी का उत्तर आँखें खोलनेवाला था। उन्होंने कहा, ''प्रत्येक जीव परिस्थिति से जकड़ा हुआ गुलाम है। उस गुलामी से मुक्तता, मुक्तता के बाद आंतरिक विकास

और विकास से उपजी तेजोमय किरणें—इसी का नाम है जीवन।''

स्वामीजी के इस उत्तर से अजित सिंह उनके श्रद्धावान् भक्त हुए और स्वामीजी ने भी उन्हें अपना निकटतम दोस्त माना।

गुजरात में

संपूर्ण भारतवर्ष में स्वामीजी ने पैदल ही यात्राएँ कीं। बैलगाड़ी अथवा रेलवे से यात्रा बहुत ही कम हुई और वह भी भक्तों की कृपा से। राजस्थान से स्वामीजी गुजरात में आए। अहमदाबाद तथा वाधवान देखने के बाद वे कपास-निर्माण केंद्र कहे जाने वाले लिंबड़ी शहर में आए।

लिंबड़ी के रास्तों पर भिक्षा माँगते हुए स्वामीजी का वहाँ के बच्चों से लेकर रजवाड़ों तक से परिचय हुआ। शहर के बाहर एक आश्रम के होने और वहाँ साधु लोगों के रहने की बात सुनकर स्वामीजी उस आश्रम में गए। वहाँ के साधुओं ने उनका स्वागत किया और उनसे आश्रम में रहने का आग्रह किया। स्वामीजी काफी थके हुए थे। बहुत दिनों से उन्हें भरपेट भोजन भी नहीं मिला था। उन्होंने उन साधुओं के निमंत्रण को स्वीकार किया। भरपूर भोजन और विश्राम तथा उन साधुओं द्वारा किए गए आतिथ्य से स्वामीजी बड़े सुखी हुए, पर यह सुख क्षणभंगुर साबित हुआ।

उस साधुमंडली की साधना-प्रक्रिया सुनकर स्वामीजी अपने तीस वर्ष के जीवन में पहली बार घबरा गए थे।

लिंबड़ी के वे जोगड़े यौनसाधक थे। उनके महंत ने स्वामीजी से कहा, ''संभोग से समाधि तक पहुँचना हमारे संप्रदाय का ध्येय है। हमारे यहाँ रोज औरतें आती हैं। उन्हें भोगकर हम लोग अपनी साधनापूर्ति करते हैं। आपको देखते ही मैंने भाँप लिया कि आपने अभी तक जरा भी स्त्रीसुख नहीं भोगा है। ब्रह्मचर्य ही आपकी विशेषता है। हमें एक ऐसे ही निष्ठावान् ब्रह्मचारी की आवश्यकता थी। आपके माध्यम से हम लोग अपने ध्येय की पूर्ति करेंगे। आज रात में योगिनियाँ आएँगी। आपको उन्हें भोगने के लिए हम लोग लगाएँगे। आपका जो वीर्यपतन होगा, वह हमारे दैवी साधना में हितकारक सिद्ध होगा।''

यह सुनकर स्वामीजी को पसीना छूट गया। उन्होंने वहाँ से भाग जाने के लिए दरवाजा खोलने की कोशिश की, पर दरवाजे में बाहर से ताला जड़ा था। बाहर एक दरबान भी खड़ा था, पर रामकृष्णजी के इस शिष्य की तकदीर अच्छी थी। उन्हें खिड़की से बाहर एक लड़का दिखाई पड़ा। उसे पास बुलाकर उन्होंने लिंबड़ी के महाराज को उससे संदेश भिजवाया। तुरंत ही उनके सिपाही आए और उन्होंने स्वामीजी को मुक्त कराया। महाराज ने उन यौन-साधकों को कैद करने की स्वामीजी की इच्छा भी पूरी की।

उसके बाद स्वामीजी पोरबंदर आए। शंकर पांडुरंग नामक एक महाराष्ट्रीयन विद्वान् पोरबंदर के दीवान थे। वे वेदों का अनुवाद करते थे। स्वामी विवेकानंद का संस्कृत भाषा का अगाध ज्ञान देखकर उन्होंने स्वामीजी से अनुवाद के लिए सहयोग माँगा। स्वामीजी ने वेदाध्ययन के इस अवसर को नहीं छोड़ा। उन्होंने तुरंत 'हाँ' कहा और वे कुछ दिनों तक पोरबंदर में रहे। उन्हीं दिनों स्वामीजी ने फ्रेंच भाषा भी आत्मसात् कर ली।

पोरबंदर से रवाना होते समय शंकररावजी ने स्वामीजी को सलाह दी, "इस देश में आप अधिक काम नहीं कर पाएँगे। मेरे जैसे बहुत कम ही लोग आपकी प्रतिभा की कद्र कर पाएँगे। आपको पश्चिमी देशों की ओर जाना ही होगा। वहाँ पर आपको सनातन धर्म के विषय में बताना चाहिए। वे गोरे लोग आपकी अच्छी कद्र करेंगे। आपको सिर पर बैठाएँगे। आप जो सनातन धर्म यानी मानव धर्म के बारे में कहते हैं, उसका आदर वे गोरे लोग ही करेंगे। आप जल्दी ही विदेश जाइए।"

अभी तक के संन्यासी जीवन में राजाओं तथा विद्वानों ने विवेकानंद को काफी सम्मान दिया, पर जब पोरबंदर के पंडित शंकर राव ने उन्हें विदेश जाने का खयाल दिलाया, तो विवेकानंद को उनके सद्गुरु के शब्दों का स्मरण हो आया, 'नोरेन, सारी दुनिया में आध्यात्मिक क्रांति करने की शक्ति मैंने तुम्हें दी है।'

विवेकानंद का चिंतन प्रारंभ हुआ, 'अपना देश धर्म के विषय में बड़ा ही कूपमंडूक रहा है। नए-नए संप्रदाय पैदा करके धर्म के नाम पर लूटनेवाले अनेक ठेकेदार पैदा हो गए हैं। उनका हिंदू धर्म, वेद और मानव-धर्म से कोई लेना-देना नहीं है। उन्हें चाहिए केवल नाम और पैसा। हिंदुओं को मानव धर्म सिखाने का काम कैसे सिद्ध होगा? पश्चिमी देशों में यदि नाम पैदा किया, हिंदू धर्म का डंका बजाया, तभी यहाँ का बहुसंख्य समाज मुझे महत्त्व देगा। धर्म का धंधा करनेवाले ठगों के जाल से भारतीय समाज को मुक्त करने के लिए विदेश जाना ही चाहिए।' ऐसा उन्हें लगने लगा और आश्चर्य की बात यह कि गुजरात में ही उन्हें अमेरिका में होनेवाले एक धर्मसभा के आयोजन की सूचना प्राप्त हुई।

गुजरात में स्वामीजी की उनके तीन गुरुबंधुओं से अचानक मुलाकात हुई। वे बड़े प्रेम से सबसे मिले, पर वह अकेले ही भ्रमण करते रहेंगे, यह उन्होंने गुरुबंधुओं से स्पष्ट शब्दों में कहा। उनमें से एक स्वामी अखंडानंद स्वामीजी का पीछा ही कर रहे थे। श्री सारदा माता से मिलने जब अखंडानंदजी गए तो माताजी ने उनसे कहा था, 'मेरे इस बेटे को तुम सँभालना।' उस आदेश को शिरोधार्य करके अखंडानंद ने स्वामीजी का पीछा करना प्रारंभ किया। उनके द्वारा स्वामीजी का पीछा करने की जो कथा लिखी गई है, उसे पढ़ने से समझ में आता है कि स्वामीजी कितनी तीव्र गति से चलते थे।

अखंडानंद लिखते हैं, "मुझे जयपुर में पता चला कि स्वामीजी कुछ मास खेत्री

में रहकर अजमेर गए। मैं तुरंत अजमेर गया। उनके अहमदाबाद की ओर जाने की सूचना मिली। बीवर में मुझे मालूम हुआ कि स्वामीजी वाधवान गए। वाधवान में खबर लगी कि जूनागढ़ के दीवानसाहब के यहाँ स्वामीजी ठहरे हुए हैं। जूनागढ़ गया तो ज्ञात हुआ कि वह पोरबंदर होते हुए द्वारका गए हैं। जब मालूम हुआ कि वे द्वारका से बेटद्वारका गए हैं, तो मैंने उनका पीछा किया, पर वे वहाँ से भी खिसक गए थे। कच्छ महाराज के निमंत्रण पर उनके मांडवी जाने की खबर लगी। मांडवी में तो उनसे अवश्य ही मुलाकात होगी—ऐसी आशा थी, पर उनके वहाँ से नारायण सरोवर जाने की बात मालूम हुई। नारायण सरोवर के रास्ते में डाकुओं के होने की भी बात बताई गई, लेकिन मैंने उनसे मिलने का दृढ़ निश्चय किया था, इसलिए मैं निकल पड़ा। स्वामीजी से मिलने से पूर्व डाकुओं ने मुझे पकड़ा, मारपीट की और जो भी दो-चार चीजें मेरे पास थीं, उन्हें लेकर वे चलते बने। नारायण सरोवर पहुँचते ही मैं बीमार पड़ गया। वहाँ के महंतजी ने मेरी सेवा-शुश्रूषा की। स्वामीजी का कोई भी अता-पता नहीं था। महंतजी ने बताया कि वे आशापुरी नामक तीर्थस्थान गए हैं। आशापुरी जाने के लिए मुझे महंतजी ने घोड़ा दिया और एक साथी भी। रास्ता बड़ा ही ऊबड़-खाबड़ था। घोड़ा घिसटकर, चोट खाते हुए चल रहा था। किसी तरह मैं आशापुरी जा पहुँचा, पर केवल यह सुनने के लिए कि स्वामीजी मांडवी के लिए निकल पड़े हैं। दूसरे ही दिन मांडवी गया। समझ में आया कि भाटिया नामक एक सज्जन के यहाँ स्वामीजी रुके हुए हैं। मैं उनके यहाँ गया और आखिरकार स्वामीजी से मुलाकात हो ही गई।''

स्वामी अखंडानंद के वर्णन से यह तो स्पष्ट होता है कि स्वामीजी किस प्रकार का परिव्राजक जीवन जी रहे थे; पर एक बात और भी समझ में आती है—स्वामीजी जिन-जिन शहरों और गाँवों से गुजरे, वहाँ के निवासियों पर वे अपनी अमिट छाप छोड़ते गए। सच तो यह है कि वे एकदम अकिंचन थे, उनका तब तक कोई नाम भी तय नहीं हुआ था, फिर भी उनके जाने से उन-उन स्थानों पर अध्यात्म की बिजली जरूर कौंधी होगी, अन्यथा अखंडानंदजी को उनके गुरुबंधु के निश्चित ठिकाने का पता ही न चला होता। उस समय भारत भर में भ्रमण करनेवाले अनेक साधु ठग थे, यह भी ध्यान देने की बात है।

स्वामीजी के बारे में अखंडानंदजी द्वारा लिखा गया एक और वाक्य बड़ा ही महत्त्वपूर्ण है। स्वामीजी को बहुत समय के बाद देखनेवाले अखंडानंदजी लिखते हैं—''स्वामीजी के चेहरे पर पहले कभी भी न दीखनेवाली एक उदात्त चमक दिखाई पड़ रही थी।''

स्वामीजी का चेहरा यद्यपि तप:पूत दिखाई पड़ता था, तथापि गुजरात में रहने के दौरान उनके मन में एक विचार-चक्र प्रारंभ हुआ था और उसका केंद्रबिंदु था, अपना

भारतदेश। उसका पुनर्जागरण उन्हें अत्यावश्यक लगता था। यदि भारत जाग्रत् हुआ तो वह पूरी दुनिया को जाग्रत् करेगा, ऐसा उनका विश्वास था। उन्हें यात्रा के दौरान स्पष्ट आभास हुआ था कि हिंदू जाति को संकुचितता, गरीबी, ईर्ष्या, कलह और अज्ञानता की दीमक ने पूरी तरह से खोखला कर दिया है। उस पर जो उपाय किया जा रहा था, उससे स्वामीजी संतुष्ट नहीं थे। उपाय के तौर पर खड़े थे, कुछ समाज-सुधारक। ये लोग पश्चिम के ज्ञान से प्रभावित थे। इसलिए राष्ट्रीय अस्मिता से इन लोगों के अलग-थलग पड़े होने के कारण, उनके सारे युक्तिवाद के दिशाहीन होने की कसक स्वामीजी के मन में होती थी। इसलिए भारतवर्ष का आमूलाग्र पुनर्जागरण कैसे होगा, इसके लिए वे हमेशा चिंतित रहते थे। कन्याकुमारी में उन्हें जिस सत्य का साक्षात्कार होनेवाला था, उसकी दस्तक गुजरात में हो चुकी थी।

गुजरात-यात्रा की समाप्ति हुई बड़ौदा में। जहाँ अवसर मिलता, निमंत्रण मिलता, स्वामीजी राजे-रजवाड़ों से अवश्य मिलते। भारत की बीस प्रतिशत जनता राजे-रजवाड़ों के अधीन थी। वे राजे-रजवाड़ों को प्रजा की भलाई करने की प्रेरणा देते थे। कुछ रियासतों में तो विज्ञान के प्रयोग सिखाकर, उस विषय को स्कूलों में प्रारंभ करने का वे राजाओं से आग्रह भी करते थे।

सयाजीराव की राजधानी बड़ौदा में रहते हुए उन्हें मालूम हुआ कि लिंबड़ी रियासत के राजपुत्र जसवंत सिंह ठाकौर महाबलेश्वर में रह रहे हैं। स्वामीजी यौन-राक्षसों की ठगटोली के चंगुल से मुक्ति दिलानेवाले ठाकौर साहब से मुलाकात करने महाबलेश्वर गए। सन् १८९२ के अप्रैल के आखिर में या मई के प्रथम सप्ताह में स्वामीजी के महाबलेश्वर में जाने के बारे में ठाकौर साहब के सचिव वी.आर. जोशी ने लिखकर रखा है।

स्वामीजी से कभी भी न मिलने के बावजूद मराठी साहित्य के सम्राट् नरसिंह चिंतामणि केलकर ने लिखा है—"सन् १८९२ में स्वामीजी बंबई-पूना की ओर आए थे, पर उस समय उनका कोई विशेष काम नहीं था। मैं उस समय कानून की परीक्षा की तैयारी कर रहा था। गरमी के दिनों में कुछ वकील लोग सतारा से महाबलेश्वर गए हुए थे। सतारा वापस आने पर उन लोगों ने मुझसे कहा कि हमने एक विलक्षण, प्रज्ञावान् बंगाली संन्यासी को महाबलेश्वर में देखा। उनका अंग्रेजी भाषा का प्रभुत्व श्रोताओं को मंत्रमुग्ध कर रहा था। उनसे वेदों-उपनिषदों का अर्थ सुनकर हम लोगों को विश्वास हो गया कि वह स्वामी जीनियस हैं। हम लोगों ने उन्हें सतारा आने का साग्रह निमंत्रण दिया, पर स्वामीजी सतारा नहीं आए और मैं उनके सत्संग से वंचित रहा।"

महाबलेश्वर में स्वामीजी ढाई महीने रहकर ठाकौर साहब के साथ पूना गए। वहाँ वे मल्लप्पा के घर न्यूटरल लाइन में ठहरे थे। वहाँ से वे खंडवा गए। इंदौर भी देख आए। खंडवा से स्वामीजी बंबई के लिए रवाना हुए।

महाराष्ट्र में

खंडवा के वकील हरिदास चटर्जी ने स्वामीजी को एक परिचय-पत्र दिया था। उस पत्र के कारण स्वामीजी प्रसिद्ध बैरिस्टर सेठ रामदास छबीलदासजी के बंबई में अतिथि हुए। (अगले साल छबीलदासजी ने यजमान बनकर स्वामीजी के साथ याकोहामा से शिकागो तक की जहाज से यात्रा की।)

सन् १८९२ की जुलाई के अंतिम सप्ताह में स्वामीजी बंबई में पहुँचे। पुस्तकालयों में जाकर स्वामीजी ने वेदाध्ययन प्रारंभ किया। स्वामीजी एक बार एक बड़े नेता से भी मिलने गए। उन्होंने कलकत्ते का एक समाचार-पत्र स्वामीजी को पढ़ने के लिए दिया। उसमें 'एज ऑफ कॉन्सेंट बिल' पर हुई बहस का समाचार प्रकाशित हुआ था। शिक्षित बंगाली समाज द्वारा उस प्रस्ताव का विरोध हुआ था। यह पढ़कर स्वामीजी ने शर्म से गरदन झुका ली। बंगाल की बाल-विवाह कुप्रथा पर गुस्से में उन्होंने बहुत कुछ कह डाला।

कान्हेरी गुफाएँ

परिव्राजक जीवन में स्वामीजी केवल अध्यात्म तक ही सीमित नहीं थे। शौकीन पर्यटकों से भी अधिक उत्साह से उन्होंने सर्वत्र प्रेक्षणीय स्थानों को देखा था। उन्होंने ताजमहल से लेकर गिरनार तक सभी दर्शनीय वास्तुशिल्पों तथा पहाड़ों की अपने पत्रों में प्रशंसा की थी। हिंदू, मुसलिम, जैन, बौद्ध और क्रिश्चियन सभी के प्रार्थना-स्थलों को उन्होंने बड़ी बारीकी से देखा था।

बंबई से उत्तर में बीस मील पर स्थित कान्हेरी गुफाओं से विवेकानंद का गहरा लगाव हो गया था, इसलिए उसका विस्तृत वर्णन यहाँ किया जा रहा है।

स्वामीजी की अमेरिकन शिष्या भगिनी ख्रिस्टीन अपने गुरुदेव के संस्मरण लिखते समय कान्हेरी की प्राचीन गुफाओं के संदर्भ में लिखती हैं—"सालसेर नामक टापू पर ये प्राचीन गुफाएँ स्थित हैं। तीनों ओर से यह टापू समुद्र से घिरा हुआ है। यहाँ कुल १० गुफाएँ हैं। बुद्धकाल में इन गुफाओं में भिक्षु रहते थे। किंवदंती के अनुसार यहाँ बुद्धदेव स्वयं भी रहते थे। मेरे गुरुदेव के वहाँ जाने का वर्णन मेरे गुरुबंधु स्वामी सदानंद ने मेरे सामने इस प्रकार किया, 'अमेरिका जाने से पूर्व के परिव्राजक जीवन में गुरुजी को कान्हेरी की गुफाओं के बारे में पता चला था। कान्हेरी को देखकर स्वामीजी अभिभूत हो गए थे। पहले के किसी जन्म में वे मानो इन गुफाओं में रहे होंगे, ऐसा उन्हें स्मरण हुआ। उस समय ये गुफाएँ अज्ञात थीं, समाज उन्हें भूल गया था। भविष्य में यह टापू मेरे कार्य का केंद्र बनेगा, ऐसी योजना स्वामीजी ने मन ही मन बनाई थी।"

भगिनी ख्रिस्टीन आगे लिखती हैं—"न्यूयॉर्क में स्थित सहस्र द्वीप समूह (थाउजेंड

आइलैंड पार्क) पर हम कुछ अनुयायियों सहित गुरुदेव के साथ कुछ दिनों तक रहे थे। एक दिन उन्होंने कहा, 'भविष्य की मेरी योजनाएँ तैयार हैं। केवल भारतीय शिष्यों के लिए ही नहीं, अपितु आप जैसे अमेरिकी अनुयायियों में से जो भी हिंदुस्तान में आकर कार्य को आगे बढ़ाने के लिए उत्सुक हों, उनके लिए भी। हम लोग ऐसा करें, हिंदुस्तान में एक रम्य स्थान खोजें। एक ऐसा स्थान, जो तीनों दिशाओं से समुद्र से घिरा हो। जहाँ छोटी-छोटी अनेक गुफाएँ हों। एक गुफा में दो लोग रह सकें। दो गुफाओं के बीच एक स्नानकुंड हो। गुफा में पीने का पानी पाइप से पहुँचाने की व्यवस्था हो। नक्काशीयुक्त खंभों के सहारे खड़ा एक सभागृह हो तथा एक प्रार्थना-स्थल भी हो।

आगे मुझे मालूम हुआ कि उक्त वर्णन करते समय गुरुदेव की आँखों के सामने कान्हेरी गुफाएँ थीं।''

पूना में तिलकजी के घर

विक्टोरिया रेलवे स्टेशन पर स्वामीजी की तिलकजी से भेंट हुई। तिलकजी लिखते हैं, ''सन् १८९२ में एक बार मैं बंबई से पूना जा रहा था। एक संन्यासी मेरे ही डिब्बे में चढ़ा। उसे पहुँचाने आए कुछ गुजराती सज्जनों ने उसकी मुझसे मुलाकात करवा दी। उसे मैं अपने ही घर में टिकाऊँ, ऐसी उन्होंने मुझसे विनती की। संन्यासी मेरे घर में ८-१० दिन ठहरे। उन्होंने मुझे अपना नाम नहीं बताया। अद्वैत दर्शन और वेदांत पर वे चर्चा करते रहते। लोगों से मिलना वे टालते थे। उनके पास एक पाई भी नहीं थी। एक मृगासन, एक या दो कपड़े और एक कमंडलु, बस इतना ही सामान उनके पास था। उन्हें कोई व्यक्ति गंतव्य स्थान का टिकट खरीद देता, इस प्रकार उनकी यात्रा होती थी।

हीराबाग में एक डेक्कन क्लब था। मैं उसका सदस्य था। सप्ताह में एक बार सभी सदस्य इकट्ठा होते। ऐसी ही एक सभा में एक बार स्वामीजी मेरे साथ क्लब में आए। श्री काशीनाथ गोविंद नातूजी का दर्शन के एक विषय पर व्याख्यान था। वे बहुत प्रभावित हुए। वक्ता से सभी लोग सहमत होने के कारण कोई भी सदस्य भाषण देने के लिए खड़ा नहीं हुआ, पर स्वामीजी खड़े हुए। अच्छी अंग्रेजी और रसमयी शैली में उन्होंने उस विषय के दूसरे पहलू को स्पष्ट किया। स्वामीजी की विलक्षण प्रतिभा से श्रोतागण अत्यधिक प्रभावित हुए।

इस घटना के बाद वे सभी लोग स्वामीजी के इर्द-गिर्द इकट्ठा होने लगे। स्वामीजी उन लोगों से गीता और उपनिषदों पर चर्चा करते, पर अपना नाम किसी को भी न बताते। जब लोगों की भीड़ बढ़ने लगी, तब एक दिन उन्होंने मुझसे कहा, 'कल मैं यहाँ से निकल जाऊँगा।' दूसरे दिन काफी भोर में, घर में किसी के जागने के पहले ही स्वामीजी निकल गए।''

तिलकजी स्वामीजी के स्वभाव, खान-पान, जप-तप, विनोद-बुद्धि आदि पर बहुत कुछ लिख सकते थे। आठ-दस दिन तक घर में ही रहनेवाले संन्यासी से राजनीति पर भी चर्चा कर सकते थे। उसी समय पेश हुए 'एज ऑफ कॉन्सेंट बिल' के तिलकजी प्रबल विरोधी थे और स्वामीजी उस बिल के समर्थक थे। बिल पर उन दोनों के बीच अच्छी खासी चर्चा होने की संभावना थी, पर तिलकजी ने इसके बारे में कुछ भी नहीं लिखा है।

पूना से स्वामीजी कोल्हापुर गए। भावनगर के राजा साहब ने शाहू महाराज के लिए एक परिचय-पत्र दिया था। शाहू महाराज ने स्वामीजी की अच्छी मेहमाननवाजी की। वे स्वामीजी के भक्त ही बन गए। एक जोड़ी भगवा वस्त्र स्वीकार करने के लिए स्वामीजी को तैयार करने में वे सफल हो गए।

शाहूजी के निजी सचिव लक्ष्मण राव गोलवलकर ने स्वामीजी के भोजन तथा आवास की व्यवस्था खास बाग में की थी। गोलवलकरजी ने बेलगाँव में भाटेजी को पत्र लिखकर स्वामीजी की व्यवस्था करने के लिए कहा था। स्वामीजी बेलगाँव में भाटे साहब के यहाँ ठहरे थे।

बेलगाँव के भाटेजी के सुपुत्र प्राध्यापक जी.एस. भाटे तथा वन विभाग के एक अधिकारी हरिपद मित्रा की डायरी में से स्वामीजी की उस समय की वेशभूषा तथा उनके पास के सामान का पता चलता है—''भगवे रंग की लुंगी, बंडी और साफा—यह उनकी पोशाक थी। प्राध्यापक भाटेजी को बंडी पहना हुआ संन्यासी प्रथमत: अच्छा नहीं लगा था। उनकी जाति का ज्ञान होते ही कायस्थ के संन्यास लेने की बात भी उन्हें नागवार गुजरी थी, पर बाद में भाटेजी ही नहीं अपितु सारा बेलगाँव स्वामीजी के प्रेम में पागल हो गया।''

हरिपद मित्रा कहते हैं, ''स्वामीजी के पैरों में कोल्हापुर की चप्पलें भी थीं। उनके सामान में फ्रेंच संगीत पर एक किताब भी थी।''

मित्रा और उनकी पत्नी ने स्वामीजी से दीक्षा देने के लिए आग्रह किया। स्वामीजी ने उन्हें शिष्य के रूप में स्वीकार किया।

गोवा में

स्वामीजी के समस्त परिव्राजक जीवन में उनका गोवा का निवास मुझे अद्‌भुत लगता है। प्रत्येक गाँव में उनका एक अलग रूप दिखाई पड़ता था। पूना में वे एकदम चुपचाप थे। वे किसी से भी मिलने के लिए तैयार नहीं थे। जब पूना के लोग उनके इर्द-गिर्द इकट्‌ठा होने लगे, तब वे कोल्हापुर चले गए। कोल्हापुर तथा बेलगाँव में वे गृहस्थ लोगों के बीच रहे, उनसे बातें कीं, चर्चाएँ कीं और शिक्षा भी देते रहे; पर गोवा में वे

एक खास मिशन पर गए थे। बेलगाँव में अभी-अभी बने हरिपद मित्रा नामक शिष्य को मडगाँव से लिखे पत्र में स्वामीजी ने उस मिशन के बारे में कुछ भी नहीं लिखा है।

स्वामीजी हरिपद बाबू को लिखते हैं—"आज यात्रा से आने के बाद तुम्हारा पत्र मिला। कुछ मंदिर और पणजी देखने गया था। पणजी एकदम साफ-सुथरा तथा सुव्यवस्थित गाँव है। अधिकांश क्रिश्चियन लोग शिक्षित हैं। शायद सभी हिंदू अशिक्षित हैं। श्री भाटे तथा सभी परिचितों को मेरा प्रणाम कहना। चलने के लिए आधार मिले, इसलिए मैंने एक छड़ी खरीदी है। कल सुबह मैं धारवाड के लिए निकलूँगा। तुम्हारा हितचिंतक—सच्चिदानंद।"

स्वामीजी के मिशन की जानकारी एक लेख के द्वारा प्राप्त होना प्रमाणित है। श्री वी.एस. सुखठणकरजी का यह लेख मद्रास से प्रकाशित होनेवाले 'हिंदू' दैनिक के १९ जनवरी, १९६४ के अंक में प्रकाशित हुआ था। इस लेख के एक वाक्य से स्वामीजी के चरित्र लेखक भी ऊहापोह की स्थिति में हैं। क्या स्वामीजी को लैटिन भाषा आती थी? इसकी जानकारी किसी को कभी भी नहीं हुई। श्री सुखठणकरजी लिखते हैं, "बेलगाँव के प्रतिष्ठित व्यक्ति, डॉ. वि.वि. शिरगावकरजी से विवेकानंदजी की प्रगाढ़ मित्रता हुई थी। गोवा जाकर क्रिश्चियन धर्म के बारे में ज्ञान प्राप्त करने की स्वामीजी ने इच्छा व्यक्त की थी और यह काम कैसे होगा, इसके बारे में डॉक्टर साहब से पूछा था। डॉ. शिरगावकरजी ने मडगाँव के उनके विद्वान् मित्र श्री सुब्राय नाइक को पत्र लिखकर उनसे स्वामीजी की व्यवस्था करने के लिए कहा था।"

आगे के वर्णन से ऐसा लगता है कि डॉ. शिरगावकरजी ने श्री सुब्राय नाइक को स्वामीजी के अलौकिक व्यक्तित्व के बारे में सूचित किया होगा। मडगाँव स्टेशन पर स्वामीजी का स्वागत करने के लिए सैकड़ों लोग उपस्थित थे। उन्हें बग्घी में बैठाकर एक बड़े जुलूस के साथ सुब्राय नाइकजी के घर लाया गया था।

सुब्राय नाइक संस्कृत के पंडित तथा हिंदू धर्मशास्त्र के ज्ञाता थे। स्वामीजी की प्रखर प्रज्ञा तथा गहन धर्मज्ञान देखकर वे अचंभित थे। स्वामीजी ने सुब्रायजी से कहा, "मूल लैटिन में क्रिश्चियन धर्म की किताबें तथा पांडुलिपि हैं। भारत में वे कहीं भी उपलब्ध नहीं हैं। उनका यहाँ पता लगने के कारण मैं यहाँ आया हूँ। आपकी जान-पहचान से अगर मैं उन तक पहुँच पाया तो मेरा बड़ा काम हो जाएगा।"

सुब्रायजी ने तुरंत अपने एक क्रिश्चियन मित्र को बुलवाया। उनका नाम था, मिस्टर जे.पी. अलवारिस। वे क्रिश्चियन धर्म के अच्छे ज्ञाता थे। लैटिन भाषा में अलवारिस तथा स्वामीजी की उस विषय पर काफी समय तक चर्चा हुई। स्वामीजी के बहुश्रुत होने की बात समझ में आते ही अलवारिस महोदय ने तुरंत स्वामीजी से सहयोग करने की बात कही। उन्होंने राशील सेमिनरी में स्वामीजी के निवास की समुचित व्यवस्था करवा दी।

मडगाँव से चार मील की दूरी पर स्थित वह सेमिनरी गोवा के सबसे प्राचीन क्रिश्चियन धर्मशास्त्र का अध्ययन केंद्र था। लैटिन भाषा के दुर्लभ ग्रंथों तथा पांडुलिपियों को वहाँ बहुत अच्छी तरह सहेजकर रखा गया था। स्वामीजी बड़ी तीव्र गति से पढ़ते, फिर भी वे एकपाठी थे। उद्यमी और श्रमशील स्वामीजी ने तीन दिन अहोरात्र जगकर सेमिनरी में लैटिन भाषा में उपलब्ध सभी ग्रंथों तथा पांडुलिपियों को पढ़ डाला। क्रिश्चियन धर्म के उनके गहन अध्ययन से उस अध्ययन-केंद्र के सभी विद्यार्थी, पादरी, शिक्षक तथा फादर सुपीरियर बड़े प्रभावित हुए।

स्वामीजी के मडगाँव वापस आने पर पादरी लोग उनसे मिलने आने लगे। सिर्फ सेमिनरी के ही नहीं, अपितु गोवा के सभी चर्चों के पादरी सुब्राय नाइकजी के घर आने लगे। गोवा से प्रस्थान करने से पूर्व वहाँ के हिंदू समाज ने उनके लिए एक शानदार विदाई-समारोह आयोजित किया। उसमें क्रिश्चियन धर्म-गुरुओं ने बड़े उत्साह से भाग लिया।

सुब्राय नाइकजी के कुलदेवता थे—दामोदरजी। उनके ठाकुरद्वारे में दामोदरजी विराजमान थे। ठाकुरद्वारे के पास का कमरा स्वामीजी को दिया गया था। सुब्रायजी के वंशजों ने उस कमरे को आज भी स्वामीजी के स्मृति-चिह्न के रूप में सुरक्षित रखा है।

गोवा छोड़ने के पहले दिन, शाम को सुब्रायजी ने स्वामीजी से उनके फोटो की माँग की। स्वामीजी के दिए हुए फोटो को सुब्रायजी के परिवारवालों ने आज भी सहेजकर रखा है।

आगे सुब्राय नाइकजी ने संन्यास ग्रहण किया। उन्होंने स्वामी 'सुब्रह्मण्यानंदतीर्थ' नाम धारण किया। स्वामीजी जिस कमरे में ठहरे हुए थे, उसी कमरे में सुब्रायजी ने अपना शरीर त्याग दिया।

सन् १९६४ में सुखठणकरजी के लिखे हुए लेख से स्वामीजी के व्यक्तित्त्व के कुछ नए पहलू उजागर हुए। उनमें से एक है, लैटिन भाषा में क्रिश्चियन धर्मशास्त्र के उनके अध्ययन का पहलू। अमेरिका के शिकागो शहर में हुए धर्म महासम्मेलन में तथा क्रिश्चियन धर्मोपदेशकों के विरोध का मुँहतोड़ जवाब देकर स्वामीजी विजयी हुए। इसकी पार्श्वभूमि गोवा में बनी थी। वहाँ उन्होंने क्रिश्चियन धर्म के आचार-विचार से लेकर उसके दर्शन तथा विज्ञान तक की जड़ों को समझा था, आजमाया था और शायद उनका अनुभव भी किया था।

कन्याकुमारी में

कुछ महीनों के बाद अमेरिका के धर्म-महासम्मेलन में जो लोमहर्षक नाटक होनेवाला था, उसका पूर्वाभ्यास गोवा में प्रारंभ हो गया था। रामेश्वरम पहुँचने तक तो मानो उसमें

योजनाबद्ध तरीके से उफान आ गया था। स्वामीजी का व्यक्तित्व प्रतिदिन निखर रहा था, वक्तृत्व में पैनापन आ रहा था तथा स्पष्टवादिता बढ़ रही थी।

मैसूर दरबार! युवा राजा चामरेंद्र वादियार, उनके दीवान शेषाद्रि अय्यर और सारे दरबारी लोग स्वामीजी का सुदर्शन चेहरा, विशाल और भावुक नेत्र, मधुर आवाज, अंग्रेजी भाषा के ऊपर प्रभुत्व, प्रभावी वक्तृत्व और हिंदू धर्म का गहन ज्ञान देखकर स्तंभित हो गए।

दीवान शेषाद्रि लिखते हैं, "हममें से बहुतों ने धर्मग्रंथों का अध्ययन किया था, पर उससे हम लोगों को कोई लाभ नहीं हुआ, ऐसा स्वामीजी को सुनने के बाद हम लोगों को लगा, मानो वे गर्भावस्था में ही धर्मज्ञान प्राप्त कर पैदा हुए थे।

"एक दिन दरबार में ही महाराज ने पूछा, 'मेरे सरदारों के बारे में आपका क्या खयाल है, स्वामीजी?'

"स्वामीजी बोले, 'आपका मन बड़ा निर्मल है, महाराज! पर दुर्भाग्य से आपके चारों ओर अक्षम सरदारों का घेरा है।'

" 'मेरे दीवान लोग ऐसे नहीं हैं। वे होशियार हैं और वफादार भी। हैं न?'

" 'महाराज को वस्त्रहीन कर अंग्रेज पॉलिटिकल एजेंट की जो झोली भरता है, उसे दीवान कहते हैं।' स्वामीजी ने स्पष्ट कहा।

"राजा ने अकेले में अपने संन्यासी अतिथि से कहा, 'महाराज, इतना स्पष्ट बोलना ठीक नहीं है। सरदारों में से कोई आपके ऊपर विष प्रयोग भी कर सकता हैं।'

"स्वामीजी ने कहा, 'तो क्या ईमानदार संन्यासी को सत्य का दामन छोड़ देना चाहिए? प्राणों की परवाह किए बिना साधु को सत्य का दामन नहीं छोड़ना चाहिए। कल अगर आपके लड़के ने मुझसे आपके बारे में मेरा मत पूछा, तो मैं क्या करूँ? जो गुण आपमें नहीं हैं, क्या मैं उन्हें आपके नाम के साथ जोड़ दूँ? असंभव!'

"उस समय राजमहल में बिजली के तारों को लगाने का काम चल रहा था। इलेक्ट्रिकल इंजीनियर से उस समय स्वामीजी से जो बातें हुईं, उन्हें सुननेवालों की समझ में आ गया कि बिजली-विज्ञान के बारे में स्वामीजी का ज्ञान इंजीनियर से अधिक था।"

एक बार राजा वादियार ने स्वामीजी से पूछा, 'स्वामीजी, मैं आपके लिए कुछ भी कर सकता हूँ। बताइए, क्या करूँ?'

स्वामीजी ने अपने बारे में न बताकर अपने मिशन के बारे में राजा से कहा, 'भारतवर्ष का आमूलाग्र परिवर्तन ही आज की आवश्यकता है। भारत की अनमोल संपत्ति है—उसकी आत्मिक और आध्यात्मिक संस्कृति। आज वह भूगर्भ में समा गई है। उसे पुनरुज्जीवित कर आधुनिक विज्ञान की सहायता से उस संस्कृति की एक सुडौल जीवंत आकृति तैयार करने की आवश्यकता है। प्राचीन भारतीय संस्कृति की महत्ता के

बारे में पश्चिमी देशों को बताना हम लोगों का कर्तव्य है। भारतीय दर्शन का ज्ञान गोरे लोगों को देने के लिए मैं अमेरिका जाने की सोच रहा हूँ। वहाँ के वैज्ञानिकों को भारतीय कृषि, उद्योग तथा तकनीकी क्षेत्र में भारत को ज्ञान तथा साधन देने चाहिए, मेरे मन में ऐसी अपील करने का विचार है।'

महाराज वादियार तथा दीवान अय्यर स्वामीजी की व्याकुलता देख बहुत प्रभावित हुए। यह स्वामी भारत का पुनरुज्जीवन करने लिए ही पैदा हुआ है—ऐसा उन्होंने मन-ही-मन समझ लिया। राजा ने उनकी अमेरिका यात्रा का सारा व्यय वहन करने का आश्वासन दिया। (ऐसा ही आश्वासन निजाम से लेकर खेत्री के राजा तक सभी ने दिया था, पर स्वामीजी ने विनम्रतापूर्वक अस्वीकार कर दिया।)

स्वामीजी ने जब रामेश्वरम् जाने की अपनी इच्छा व्यक्त की, तब राजा ने उनसे प्रार्थना की, 'आपके सत्संग के स्मृति-चिह्न के रूप में अपनी आवाज रिकॉर्ड करने की अनुमति प्रदान करने की कृपा करें।'

स्वामीजी ने अनुमति दे दी। ध्वनि-मुद्रिका तैयार हो गई। विवेकानंद की मधुर, पर बुलंद आवाज को सुरक्षित रखनेवाली वह ध्वनि-मुद्रिका अस्पष्ट आवाज में ही सही, मैसूर के राजमहल में अभी भी सुरक्षित रखी गई है।

दीवान साहब ने स्वामीजी को राजबग्घी से बंगलोर की सबसे बड़ी दुकान में भिजवाया और साथ में अपना सचिव भी भेजा। उसे हस्ताक्षरयुक्त सादा चेकबुक दी। दुकान में जाने पर सचिव ने स्वामीजी से कितनी ही और कोई भी वस्तु खरीदने की विनती की।

"मैं किसी भी चीज का संचय नहीं करता। इसलिए भेंट-स्वरूप कुछ भी नहीं लूँगा।"

स्वामीजी का यह उत्तर सुनकर सचिव ने हाथ जोड़कर कहा, "कृपया कुछ तो अवश्य ले लीजिए। नहीं तो दीवान साहब मुझ पर नाराज होंगे।"

स्वामीजी को एक विदेशी ऊँचे दामवाला सिगार लेते देख दुकानदार तथा सचिव अचंभित हो गए। स्वामीजी ने दीयासलाई मँगाई। भगवे वस्त्र धारण कर राजबग्घी से जाते समय राजपथ पर धूम्रपान करनेवाला विवेकानंद भारतीय संन्यास परंपरा में क्रांति करनेवाला पहला संन्यासी है।

स्वामीजी को धूम्रपान का व्यसन नहीं था। दीवानजी को उन्होंने मजेदार तर्क दिया, "आपकी बात रखनी थी, पर संन्यासी को संग्रह करना शोभा नहीं देता, इसलिए सिगार लिया। आपकी बात भी रख ली और मेरे पास भी कुछ शेष नहीं बचा।"

राजा साहब ने उन्हें कोई उपहार स्वीकार करने का आग्रह किया। स्वामीजी ने लकड़ी का एक हुक्का माँगा, तो राजा ने सुंदर नक्काशी वाला एक हुक्का स्वामीजी को भेंट किया। राजमहल छोड़ते समय राजा ने स्वामीजी का चरणस्पर्श किया। दीवानजी ने उनकी झोली में नोटों का एक बंडल डालने का असफल प्रयत्न किया।

स्वामीजी बंगलौर से सीधे कन्याकुमारी जा सकते थे, पर वे घूमकर मालाबार के रास्ते गए। उसका कारण था, एक डॉ. पल्पू। वे बंगलौर की नगरपालिका में चिकित्सा-अधिकारी थे। स्वामीजी के बंगलौर में आने पर डॉ. पल्पू ही उनके प्रथम मेजबान थे। बातों के दौरान उन्होंने स्वामीजी से कहा, निम्न जाति में पैदा होने के कारण ब्राह्मणों के वर्चस्व वाले उनके शहर, त्रावणकोर में डॉक्टरी परीक्षा उत्तीर्ण होने के बावजूद उन्हें सरकारी नौकरी नहीं मिली। ब्राह्मणों की यातनाओं से परेशान बेघर होकर वे यहाँ मैसूर राज्य में आ गए हैं। ब्राह्मणों को किस तरह प्रसन्न किया जाए, इसकी सलाह उन्होंने स्वामीजी से माँगी।

स्वामीजी ने कहा, ''आप ब्राह्मणों के चक्कर में क्यों पड़े हैं? उनकी शरण में जाने की अपेक्षा अपनी ही जाति के किसी साधु पुरुष को नेता बनाइए और उसी के मार्गदर्शन में आगे बढ़िए।''

डॉ. पल्पू ने स्वामीजी की सलाह मान ली। श्री नारायण गुरु नामक व्यक्ति में उन्हें नेतृत्व के गुण दिखाई पड़े। डॉक्टर साहब ने निष्ठापूर्वक श्री नारायण गुरु को गुरु के पद पर आसीन किया। उनका समाज गुरुजी का आदेश मानने लगा। उन नारायण गुरु के गुरुदेव केरल के एक महान् सत्पुरुष श्री चट्टंबी स्वामी से मिलने गए, स्वामीजी घूमकर मालाबार के रास्ते कन्याकुमारी गए।

त्रिचूर में कुछ दिन रहकर स्वामीजी क्रांगानोर गए। उन्हें वहाँ एक ऐसा सुखद अनुभव प्राप्त हुआ, जो पूरे भारतवर्ष में कहीं नहीं हुआ था। क्रांगानोर के निवासी सही अर्थ में 'सुसंस्कृत' थे। पुरुष ही नहीं, अपितु स्त्रियाँ भी उन्हें वहाँ संस्कृत भाषा में चर्चा करते हुए दिखाई पड़ीं।

आगे हम स्वामीजी को कोचीन राज्य के एर्नाकुलम में देखते हैं। वह सन् १८९२ का दिसंबर माह था। चट्टंबी स्वामी तपाचरण के एक अधिकारी साधक थे। उनका एक पत्र उपलब्ध है। वे उसमें अत्यंत विनम्र भाव से लिखते हैं, ''स्वामी कहते हैं कि उन्हें मुझमें एक तप:पूत साधु दिखाई पड़ा, पर तुलना करनी ही हो तो वे गरुड़ और मैं मच्छर, इतना ही अंतर मैं करूँगा।''

एर्नाकुलम से स्वामीजी त्रिवेंद्रम् आए। वे प्रो. सुंदररामा अय्यर के यहाँ ठहरे थे। अय्यर साहब ने स्वामीजी के विचार तथा उनके विद्वानों से मिलने का संपूर्ण विवरण लिखकर रखा है। अय्यर साहब त्रावणकोर महाराज के भतीजे के शिक्षक थे। वे स्वामीजी को राजमहल में ले गए। राजपुत्र मार्तंड वर्मा से स्वामीजी की मुलाकात करवाई। अय्यर लिखते हैं, ''पूरे भारतवर्ष के राजा-महाराजाओं में सर्वश्रेष्ठ महाराजा आपको कौन लगे?'' ऐसा राजपुत्र के द्वारा पूछे जाने पर स्वामीजी ने श्रीमान् सयाजीराव गायकवाड़ का नाम लिया। कार्यकुशलता, अथक परिश्रम, देशभक्ति तथा दूरदर्शिता में बड़ौदा-महाराज बेमिसाल हैं,

यह स्वामीजी ने बड़े गर्व से कहा। छोटे से खेत्री राज्य के अजित सिंह भी गुणसंपन्न हैं, ऐसा बताकर स्वामीजी ने कहा, "दक्षिण के राजाओं का कोई खास प्रभाव मुझ पर नहीं हुआ। इन राजाओं में मुझे चरित्र और क्षमता की कमी दिखाई पड़ी।"

त्रिवेंद्रम् में रहते स्वामीजी ने बोलचाल के लायक तमिल भाषा भी सीख ली थी, यह अय्यर साहब विशेष रूप से लिखते हैं।

२२ दिसंबर, १८९२ को स्वामीजी ने त्रिवेंद्रम् छोड़ दिया तथा नागेर-कॉइला होते हुए वे कन्याकुमारी पहुँचे। उनकी स्थिति माँ के विरह में तड़पते हुए बालक जैसी हो गई। दक्षिणेश्वर की काली माता उस मंदिर में कुमारी स्वरूप में खड़ी थी। स्वामीजी दौड़ते हुए मंदिर में गए। उन्होंने माता के उस कुमारी रूप के सामने दंडवत् किया।

साक्षात्कार

समुद्र में दो फर्लांग की दूरी पर दो शिलाखंड दिखाई पड़ते हैं। उनमें से जो अधिक दूरी पर स्थित है तथा आकार में बड़ा दिखाई पड़ता है, उस पर खड़ी होकर देवकन्या ने शिवशंकर को पति रूप में पाने के लिए तपश्चर्या की थी, ऐसा पुराण में कहा गया है। शाक्त संप्रदाय के लोग इस शिलाखंड को तपश्चर्या का पुण्य स्थल मानते हैं।

स्वामीजी ने उस शिलाखंड पर जाने का निश्चय किया, पर वहाँ जाया कैसे जाए? नाविक को देने के लिए उनके पास एक फूटी कौड़ी भी न थी। समुद्र में शार्क मछलियाँ उछाल भर रही थीं। अधिक सोच-विचार न कर स्वामीजी ने समुद्र में छलाँग लगाई और देखते-देखते उस शिलाखंड पर जा पहुँचे।

भारत की दक्षिण दिशा के अंतिम छोर पर स्वामी विवेकानंद को साक्षात्कार हुआ, यह सर्वविदित है, पर साक्षात्कार यानी यथार्थ में क्या हुआ? क्या समुद्र से कोई देवता प्रकट हुए? काली माता प्रसन्न हुईं या और कोई चमत्कार हुआ? नहीं, ऐसा कुछ भी नहीं हुआ। स्वामीजी को जो हुआ, वह था वैचारिक साक्षात्कार। उस शिलाखंड पर उन्हें उनके जीवन का उद्देश्य प्राप्त हुआ।

सागर रौद्र-रूप धारण कर आंदोलित हो रहा था। उससे भी अधिक वेगवान वैचारिक बादल स्वामीजी के मन-मस्तिष्क को झकझोर रहे थे। हिमालय के हिमाच्छादित शिखरों से प्रारंभ की हुई महायात्रा भारतीय भूमि के अंतिम बिंदु पर स्वामीजी ने आकर पूरी की। स्वामीजी ने आसन लगाकर नेत्र बंद किए और गहन चिंतन प्रारंभ किया।

भारतवर्ष का समग्र इतिहास उनके मन:चक्षु के सामने से किसी चलचित्र की भाँति चलने लगा। सम्राट् चंद्रगुप्त की महानता, छत्रपति शिवाजी की रणनीति और उस तेजस्वी भूमि पर वर्तमान भारत की अवनति उन्हें दिखाई पड़ी; उस अवनति का कारण भी उनकी समझ में आ गया—"क्रूर शासक, शोषक जमींदार और ढपोरशंख धर्ममार्तंड, इस कुटिल-

त्रयी ने भारतवासियों को लूटा-खसोटा और नग्न कर दिया। जातिवाद के रक्तपिपासु शैतान ने जनता का अंतिम रक्तबिंदु तक शोषण किया।

"इस पर क्या उपाय है? इसका उपाय है केवल धर्म। धर्म का वर्तमान विकृत स्वरूप नहीं, अपितु विशुद्ध सत्य-सनातन धर्म। सदियों से उस सत्यधर्म में दंतकथाओं और रूढ़ियों की घालमेल होती आई है। उन्हें उखाड़ फेंकना ही होगा। भारत की सर्वोच्च आध्यात्मिक चेतना के कारण ही एक समय यह विश्व की सभ्यता तथा संस्कृति का केंद्रबिंदु था। भारतीय संस्कृति त्याग तथा सेवा—इन द्विविध आदर्शों से उत्पन्न और पल्लवित हुई। हिंदू धर्म की आत्मा इन्हीं दोनों मूल्यों में समाहित है। एक समय में भारत सभी धर्मों तथा सभ्यता, संस्कृति का प्रसवस्थान था। इसी भूमि में से विविध धर्म उत्पन्न हुए, उनका पालन-पोषण हुआ। स्वार्थी साधु-महंतों की जकड़ से धर्मांध जनता को छुड़ाना आवश्यक है। पश्चिम के विद्वान् भारत की अवनति का कारण 'धर्म' को मानते हैं, पर यह असत्य है। धर्म का सही अर्थ में पालन नहीं होता, इसलिए उन लोगों की ऐसी गलत धारणा बनी है। अगर सत्यधर्म का पालन किया जाए, तो वह असीम ऊर्जा प्रदान करता है। कर्मकांड में जकड़ा हुआ, परंपराओं के पिंजरे में बंद धर्म धर्म नहीं, अपितु अधर्म है। धर्म फलीभूत होने के लिए नहीं होता, अपितु वह जीवन जीने के लिए होता है। उस सत्यधर्म की पहली शिक्षा नर में नारायण के दर्शन प्राप्त करने की होती है। मानव-सेवा ही ईश्वर-सेवा है, यह धर्मपालन का आद्य व्रत है। इस व्रत को बतानेवाले मूल धर्म का पुनरुज्जीवन होना चाहिए, पुनर्जागरण का घोष करना ही चाहिए।

"मुझे क्या करना चाहिए? यही करना चाहिए मुझे। इस जीव-जगत् को स्वप्नवत् मानकर निर्जन वन में बैठकर ईश्वर के ध्यान में मग्न होने की मेरी तीव्र अभिलाषा थी, पर उसके लिए किए गए मेरे सारे प्रयास असफल सिद्ध हुए। सद्गुरु के कुछ वाक्यों का स्मरण होकर उनका सही अर्थ पहली बार मेरी समझ में आया, "मैं तुम्हें पुनः निर्विकल्प समाधि की अनुभूति नहीं दूँगा। तुम्हें महान् कार्य करना है। सिद्ध पुरुष होना स्वार्थ है, बेटा! परमार्थ है देशवासियों की अज्ञानता से मुक्ति। माया के सागर को मैं तुम्हें अकेले पार नहीं करने दूँगा, पर मैं तुम्हें इसे दुनिया को पार कराने में सहायता देने का सामर्थ्य दूँगा। तुम्हारे जीवन का ध्येय व्यक्तिगत महानता नहीं, अपितु सामाजिक उत्थान है।'''

सद्गुरु के इन उपदेशों के साथ ही उस ऋषि ने जिस कार्य के लिए स्वयं का बलिदान देने की प्रतिज्ञा की थी, उसका भी उन्हें स्मरण हुआ—"संन्यास धर्म स्वीकार कर मैंने स्वयं को ईश्वर-सेवा के लिए समर्पित किया है। ईश्वर सर्वप्रथम मानव रूप में अभिव्यक्त होता है। इसलिए प्रथम, भारतवासियों की और आगे दुनिया के मानवों की सेवा करनी है। अनेक जन्म लेकर असीम कष्टों को सहकर भी मैं समस्त आत्माओं का समष्टि रूप जो ईश्वरतत्त्व है, उसकी पूजा-आराधना करूँगा, करता रहूँगा। भारत के पुनर्जागरण के लिए

एक चरित्रसंपन्न सेना खड़ी करनी होगी। स्वार्थ, लोभ तथा पदलोलुपता को तिलांजलि देकर निर्धन, अशिक्षित, रोगी तथा भूखे लोगों की सेवा करने के लिए समर्पित कार्यकर्ताओं का निर्माण करना होगा। जनता का जीवन-स्तर उन्नत करने के लिए, उसे भोजन, शिक्षा, आरोग्य, विज्ञान तथा तकनीकी ज्ञान देनेवाले सेवकों का निर्माण करना होगा। भूखे लोगों को तत्त्वज्ञान के पाठ पढ़ाने से क्या लाभ?'' (ऐसे हजारों समर्पित कार्यकर्ताओं का निर्माण करने के लिए ही स्वामी विवेकानंद ने रामकृष्ण मठ तथा मिशन की स्थापना की।)

ध्यानस्थ स्वामीजी का विचार-चक्र निरंतर घूम रहा था, 'यह कार्य असीम है। इसके लिए बहुत धन चाहिए। वह कहाँ से आएगा? भारतीय धनिक लंबी-चौड़ी बातें करनेवाले हैं, उदार नहीं हैं। वे स्वयं एक अकिंचन भिक्षु हैं। उनके प्रिय मित्र पूरे भारत में झोंपड़ी में रहनेवाले बहुजन और इसी तरह के निर्धन लोग। फिर उनके मन:पटल पर अमेरिका का नक्शा आ गया। आशा, समृद्धि और असीम उदारता से परिपूर्ण राष्ट्र अमेरिका! जाति तथा वर्ग के जंजाल से मुक्त अमेरिका! पर उस राष्ट्र से कर्ज लेने का क्षुद्र विचार उनके मन में नहीं आया। काली माता से नौकरी माँगने के लिए जिसने याचना नहीं की, वह किसी मानव के सामने कैसे हाथ फैला सकता था? तो अमेरिका से कौन-सी सहायता माँगनी होगी। पहले अमेरिका को भारतीय संस्कृति का प्राचीन ज्ञान देना होगा, फिर उसके बदले में वहाँ का विज्ञान तथा विज्ञानमूलक ज्ञान भारत में लाना होगा। यदि अमेरिका में यह मिशन सफल हुआ, तो दो भरपूर लाभ प्राप्त होंगे। पहला यह कि समस्त पश्चिमी राष्ट्रों में भारत की प्रतिष्ठा बढ़ेगी और दूसरा यह कि भारतवासियों का मनोबल और विश्वास बढ़ेगा। सर्वधर्म-महासम्मेलन में भाग लेने के लिए अमेरिका जाना ही होगा।'

यह अंतिम निर्णय लेकर स्वामीजी शिलाखंड से उठ खड़े हुए और तैरकर किनारे पर आ गए।

उस साक्षात्कार के बारे में एक बार स्वामीजी ने एक वाक्य में अपनी अनुभूति बताई थी, ''उस विशाल शिलाखंड पर ध्यानस्थ होने के बाद मैं स्वयं ही एक Condensed भारत बन गया था।''

नया नामकरण

स्वामीजी उस शिलाखंड पर कितने समय तक रहे? दो प्रत्यक्षदर्शियों के अनुसार स्वामीजी वहाँ तीन दिन रहे। एक प्रत्यक्षदर्शी रामसुब्बा अय्यर तथा दूसरे सदाशिवम पिल्लै थे। पिल्लै कहते हैं, ''उस संन्यासी के व्यक्तित्व से अभिभूत होकर मैं उनके पीछे ही घूम रहा था। उन्होंने समुद्र में छलाँग लगाई। मैं उनके वापस आने के इंतजार में वहीं किनारे पर रुका रहा। दिन ढलने के बाद भी वे वापस नहीं आए, इसलिए मुझे चिंता होने लगी। दूसरे दिन खाद्य-सामग्री लेकर मैं नाव से शिला पर गया। स्वामीजी से वापस

चलने की प्रार्थना की। उन्होंने मना कर दिया। कुछ खाने के लिए देना ही है, तो सिर्फ दूध और फल दिए जाएँ, वह भी मुझे न देकर शिला की एक गहराई में रख दिए जाएँ, ऐसा उन्होंने मुझे बताया। अर्थात् उनसे कोई न मिले, उन्हें एकांत में रहने दिया जाए, ऐसा उन्होंने मुझे सुझाया।''

यीशू के जन्मदिन पर स्वामीजी को कहीं एकांत में चिंतन करना था। २५ दिसंबर, १८९२ को वे शिला पर थे, यह पहले ही मालूम हो गया था। पिल्लैजी के कथनानुसार स्वामीजी २४ से २६ दिसंबर तक वहाँ थे, यह स्पष्ट होता है।

कन्याकुमारी से स्वामीजी पैदल ही रामेश्वरम् के लिए चल पड़े। रास्ते में मदुरै में रुके। वहाँ रामनाद के राजा से उनकी मुलाकात हुई। रामेश्वरम् में स्वामीजी के परिव्राजक जीवन की एक लंबी यात्रा समाप्त हुई।

सन् १८९३ की जनवरी में स्वामीजी रामेश्वरम् से पांडेचेरी (अब, पुदुचेरी) के रास्ते मद्रास आए। १२ जनवरी को वे तीस वर्ष के होनेवाले थे। यह उनके जीवन का सबसे महत्त्वपूर्ण वर्ष था। अपने जन्मदिन पर स्वामीजी जिस मद्रास शहर में थे, उसके नागरिक ही सर्वप्रथम स्वामीजी के मिशन का झंडा उठाने वाले थे।

जब किसी ऋषितुल्य व्यक्ति को जीवन जीने का प्रयोजन प्राप्त होता है, तब उसके चेहरे पर एक अलग ही चमक दिखाई पड़ती है। एक अदृश्य आभा उसके चारों ओर निर्मित होती है। स्वामीजी के पास सुशिक्षित युवकों की एक फौज इकट्ठा हो गई। ट्रिप्लिकेन में 'लिटरेरी सोसाइटी' में प्रबुद्ध नागरिकों से बातचीत का एक कार्यक्रम आयोजित किया गया। वहाँ लोगों ने स्वामीजी की देदीप्यमान प्रतिभा देखी। उस संस्था के कार्यकर्ता एम.सी. अलसिंगा पेरूमल (पचैयप्पा कॉलेज के छात्र), जी वेंकटरंगा राव, डी.आर. बालाजी राव आदि मेधावी तथा परिश्रमी युवकों ने मद्रास में अपने गुरुदेव का डंका बजाया।

स्वामीजी का एक शिष्य लिखता है—''स्वामीजी का बौद्धिक स्तर बहुत ऊँचा था। ऋग्वेद से लेकर रघुवंश, वेदांत के जटिल रहस्यों से लेकर इम्न्युएल कांट तथा हीगेल के आधुनिक दर्शन तक, प्राचीन उदात्त राजयोग से लेकर वैज्ञानिक प्रयोगशालाओं तक और प्राचीन व अर्वाचीन साहित्य, संगीत, काव्य, सब कुछ उन्होंने आत्मसात् कर लिया था। उनके बहुआयामी व्यक्तित्व से प्रभावित होकर ही मैं उनका सेवक बन गया।''

मद्रास का दूसरा अनुयायी लिखता है—''स्वामीजी के चिंतन का स्तर बहुत ऊँचा था, पर प्रश्नकर्ताओं का समाधान करने के लिए वे उन्हीं के स्तर पर सहजता से उतर आते थे। कई बार अगले प्रश्न का बिना पूछे ही उन्हें अंदाजा हो जाता और उसका उत्तर वे पहले ही दे देते थे।

''उन्हें उनके अंतर्ज्ञान के बारे में पूछने पर वे मुसकराते हुए कहते कि ऐसा ज्ञान वगैरह उनके पास नहीं है। संन्यासी गृहस्थ लोगों का डॉक्टर होता है। सटीक निदान कर

रोगों का निवारण करना संन्यासियों का कर्तव्य है।

"एक ही समय में अनेक लोगों के मन में उठे प्रश्नों के उत्तर देकर उन्हें शांत करने की क्षमता स्वामीजी में थी। जिनके ऊपर उनकी कृपादृष्टि होती, उनसे वे मधुर बोलते तथा क्षमाशील रहते थे, फिर भी उनके सान्निध्य में रहते समय कभी-कभी किसी विस्फोटक पदार्थ के निकट रहने का भी आभास होता था। किसी के मन में आए गंदे विचारों का उन्हें तुरंत अंदाज हो जाता था, फिर उनके चेहरे पर एक विचित्र-सा हास्य दिखाई पड़ता था और बोलते-बोलते उन गंदे विचारों का सहज ही संदर्भ देते थे।"

एक दिन अपने सारे अनुयायियों के समक्ष स्वामीजी ने कहा, "मैंने अमेरिका जाने का तो निश्चय किया ही है। इसका उद्देश्य है, हिंदू धर्म के चिरंतन मूल्यों का प्रसार। ऋषि-मुनियों द्वारा निर्मित हिंदू धर्म में नवचेतना निर्माण करने की घड़ी आ गई है। विदेशी सत्ताधीशों को अपने प्राचीन धर्म के किले में बारूदी सुरंग लगाते देख क्या हम लोगों को अपने धर्म का विध्वंस तमाशबीन बनकर चुपचाप देखते रहना चाहिए या हम लोगों को आक्रामक होना चाहिए? क्या अपनी-अपनी जाति की बावड़ियों में डूबते रहना चाहिए? प्रांतवाद के दमघोंटू विचारों में जीते रहना चाहिए था? भारत की भलाई के लिए उदार अंत:करण से सभी देशवासियों को गले लगाना चाहिए या भारतवर्ष में हिंदू धर्म को पुन: जाग्रत् करना हो तो हम लोगों में एकता होनी चाहिए, हमारी विविध जीवनशैलियों के झरने इकट्ठा होकर तेजी से बहने चाहिए।"

सभी शिष्यों ने एक स्वर से कहा, "काफी मजबूत एकता होनी चाहिए, महाराज! आप ही वह एकता ला सकते हैं, आप ही वह कमाल कर सकते हैं।"

शिष्य-मंडली अमेरिका यात्रा के लिए निधि इकट्ठा करने निकल पड़ी और जल्दी ही धन लेकर आ गई। वह धन-संग्रह देखकर स्वामीजी का जो स्वगत भाषण था, वह बहुत ही सुंदर था, 'शिकागो के धर्म-सम्मेलन में शामिल होना यह कहीं मेरी महत्त्वाकांक्षा तो नहीं? कहीं स्वयं को प्रचारित करने के उद्देश्य से प्रेरित होकर मेरा विदेशयात्रा का उत्साह तो द्विगुणित नहीं हुआ है? जब तक काली माता से संकेत नहीं मिलता, तब तक क्या विदेशयात्रा करना उचित होगा? हिंदू धर्म का प्रतिनिधित्व मैं करूँ, क्या माँ को यह मुझसे नहीं कहना चाहिए?"

आगे रखी धनराशि देख स्वामीजी बेचैन हो गए। उन्होंने शिष्यों को उस धन को गरीबों में बाँट देने का आदेश दिया। अनुयायियों ने बिना कुछ कहे आदेश का पालन भी किया। शिष्यों के वापस आने पर स्वामीजी ने उनसे कहा, "मेरी विदेश यात्रा के लिए जब तक जगदंबा से हरी झंडी नहीं मिलेगी, तब तक मैं अमेरिका नहीं जाऊँगा। उनकी सहमति मिलने पर ही जाऊँगा; पर अमीरों के दान पर निर्भर होकर नहीं जाऊँगा। साधारण लोगों से एक-एक पाई इकट्ठा करके ले आइए, तभी जाऊँगा।"

एक रात में स्वामीजी को प्रतीकात्मक स्वप्न आया। श्रीरामकृष्ण सागर की लहरों पर से जा रहे हैं और अपने नोरेन को पीछे आने का इशारा कर रहे हैं। 'जाओ' ऐसा आदेशात्मक शब्द भी सुनाई पड़ा। स्वामीजी प्रसन्न हो गए। इशारा मिला, रास्ता खुल गया।

अब तक स्वामीजी की ख्याति हैदराबाद में भी पहुँच चुकी थी। वहाँ से साग्रह निमंत्रण आने लगे। इसके पीछे भी कोई ईश्वरीय संकेत मानकर उन्होंने निमंत्रण स्वीकार किए। मद्रास में उनके मिशन का झंडा गड़ने के बाद, उनकी हैदराबाद की यात्रा पूर्णत: योजनाबद्ध थी।

१० फरवरी, १८९२ को स्वामीजी हैदराबाद पहुँचे। सरदार, नवाब, व्यापारी तथा कुछ गुणीजन मिलकर लगभग पाँच सौ लोग स्वामीजी के स्वागत के लिए स्टेशन पर इकट्ठा हुए थे। हाथ में कमंडलु लिये तेज:पुंज स्वामीजी प्रथम श्रेणी के डिब्बे से उतरे और फूलों के बड़े-बड़े हार उनके गले में पहनाए गए। स्वामीजी कलकत्ते के अपने पूर्व परिचित बाबू कालीचरण चटर्जी के यहाँ ठहरे। ११ फरवरी को स्वामीजी गोलकुंडा का किला देख आए। १२ फरवरी को निजाम का निमंत्रण स्वीकार कर राजमहल में गए। निजाम के साले और राज्य के पहले नंबर के दरकदार नवाब बहादुर सर खुर्शीद पहले ऐसे मुसलमान थे, जिन्होंने हिमालय से लेकर कन्याकुमारी तक के सभी प्रमुख हिंदू तीर्थस्थानों तथा मंदिरों को देखा था। खुर्शीद साहब ने स्वामीजी और निजाम की भेंट कराई। स्वामीजी ने हिंदू, इसलाम तथा क्रिश्चियन धर्मों पर दो घंटे से अधिक समय तक वार्त्तालाप किया और शंकाओं का समाधान किया। निजाम ने बहुत ही प्रभावित होकर स्वामीजी को विदेश-यात्रा के लिए एक हजार रुपए दान देने की इच्छा व्यक्त की। स्वामीजी ने कहा, "अभी ऊपर से आदेश प्राप्त नहीं हुआ है। आने पर सूचित करूँगा।"

१३ फरवरी को स्वागत समिति ने महबूब कॉलेज में स्वामीजी का भाषण आयोजित किया। भाषण अंग्रेजी में था। विषय था—'माई मिशन टू दि वेस्ट'।

१५ फरवरी को एक टेलीग्राम मिला। पूना की समस्त हिंदू संस्थाओं ने उन्हें वहाँ आने के लिए साग्रह निमंत्रण दिया था। टेलीग्राम में पूना के कुछ नेताओं के नाम भी निमंत्रक के रूप में दिए हुए थे। स्वामीजी ने तार द्वारा ही वहाँ न आने की बात सूचित कर दी थी और बाद में कभी आने की बात भी कह दी; परंतु वे कभी पूना नहीं जा सके।

हैदराबाद के महबूब कॉलेज में अंग्रेजी में भाषण देकर स्वामीजी ने सर्वधर्म-सम्मेलन में दिए जाने वाले भाषण का पहला पूर्वाभ्यास किया था। मद्रास वापस आने पर उन्होंने थियोसॉफिकल सोसाइटी में भाषण देकर पूर्वाभ्यास जारी रखा था। अलसिंगा पेरूमल तथा अन्य शिष्य गुरुदेव के आदेशानुसार घर-घर जाकर जन-साधारण से चंदा इकट्ठा कर रहे थे। उन्होंने चार हजार रुपए इकट्ठा किए। गुरुजी के अमेरिका प्रयाण

के लिए शिष्य अधीर हो रहे थे, पर स्वामीजी का मन अभी भी अस्थिर था। उन्हें अनुमति का पक्का प्रमाण चाहिए था। उन्होंने सारदा माँ को पत्र लिखकर विदेश गमन की अनुमति माँगी। यात्रा की खबर गुप्त रखने की विनती की। माताजी का नरेंद्र पर बड़ा स्नेह था। परमहंस की समाधि के बाद माताजी को हुए एक दृष्टांत में परमहंस नरेंद्र के देह में प्रवेश कर एकरूप हो रहे हैं, ऐसा दृश्य उन्हें स्पष्ट दिखाई पड़ा था। नरेंद्र के माध्यम से परमहंस स्वयं ही कार्य करने वाले हैं, ऐसा उन्हें विश्वास हो गया था। अमेरिका जाना उसी कार्य का एक भाग है, यह समझकर उन्होंने तुरंत अपना अनुमति-पत्र हैदराबाद रवाना कर दिया।

पत्र मिलते ही स्वामीजी किसी बच्चे की तरह उत्साहित हो उठे। अत्यंत आनंद से नाचने लगे, रोने लगे। शिष्यगण आश्चर्य से अपने गुरु का भावावेश देख रहे थे। स्वामीजी हर्षातिरेक से कहने लगे, "गुरुमाता का आशीर्वाद प्राप्त हो गया। अब यात्रा निर्विघ्न होगी। चलिए, तैयारी प्रारंभ कीजिए।"

स्वामीजी स्वयं भी तैयारी में जुट गए, पर पहले ही काम में उन्हें असफलता प्राप्त हुई। मद्रास के थियोसॉफिकल सोसाइटी में उनके भाषण हुए थे। सभासद लोग उनके भक्त हो गए थे। सोसाइटी के अध्यक्ष अमेरिकन थे—कर्नल ऑलकोट। अमेरिका शाखा के प्रमुख के नाम परिचय-पत्र देने का अनुरोध करने के लिए स्वामीजी उनके पास गए। वहाँ जो कुछ हुआ, उसका वर्णन चार वर्ष बाद स्वामीजी ने एक पत्र में इस प्रकार किया है, "चार वर्ष पहले मैं गरीब, भीड़ में सहज ही खो जाने वाला एक साधारण आदमी था। एक मित्रविहीन संन्यासी, जो सात समुद्र पार एकदम अज्ञात भूमि पर जानेवाला था। मेरे मन में सहज ही आया कि कर्नल ऑलकोट से कुछ परिचय-पत्र प्राप्त करने चाहिए। वे उदार चरित्र अमेरिकन थे। इसके अलावा भारतवर्ष से प्रेम करने वाले थे। उन्होंने पूछा, 'आप हमारी संस्था के सदस्य बनेंगे?'

"मैंने कहा, 'यह कैसे संभव है? आपके अनेक सिद्धांतों पर मेरा विश्वास नहीं है।'

" 'तब मैं आपके लिए कुछ भी नहीं कर सकता। उन्होंने कहा।"

भारत में भी विरोध के ऐसे चिह्न दिखाई देने लगे, पर स्वामीजी का इरादा मजबूत था। शिष्य भी यात्रा की तैयारी को अंतिम रूप देने में जुटे हुए थे, इसी बीच अचानक राजा अजित सिंह के दीवान जगमोहन लाल अप्रैल १८९२ या १८९३ के दूसरे सप्ताह में मद्रास आए। राजा को पुत्र प्राप्ति हुई थी। खेत्री के उस भावी राजा को आशीर्वाद देने के लिए स्वामीजी को बुलाने हेतु दीवान साहब को भेजा था।

बड़े भारी मन से मद्रास के शिष्यों ने अपने गुरुजी को विदाई दी। बंबई तथा जयपुर में ठहरकर स्वामीजी खेत्री पहुँचे। वह तीन सप्ताह तक खेत्री राज्य में रहे। शिष्य तथा मित्र

अजित सिंह को विविध ज्ञान देने में ही स्वामीजी का काफी समय बीत गया। १० मई को स्वामीजी ने बंबई (अब, मुंबई) जाना तय किया। राजा ने अपने गुरु की विदाई के लिए राजदरबार में एक भव्य समारोह आयोजित किया। स्वामीजी ने उत्तर भारत में विविदिशानंद नाम धारण किया था। आगे उसका पता ही नहीं चला। दक्षिण भारत में आने पर वे 'सच्चिदानंद' नाम से घूमने लगे।

खेत्री के राजदरबार में राजा ने उन्हें नाम दिया—विवेकानंद, स्वामी विवेकानंद।

प्रयाण

राजा अजित सिंह गुरुदेव को विदा करने जयपुर तक गए। वहाँ एक गणिका की मधुर आवाज सुनकर उन्होंने संगीत-प्रेमी गुरुजी को उसका गायन सुनने के लिए बुलाया गया, पर ब्रह्मचारी का तवायफ की कला से क्या संबंध कहकर स्वामीजी ने वह निमंत्रण ठुकरा दिया। यह घटना विवेकानंद के जीवन के बारे में विशेषकर बताई जाती है। घटना है तो हृदयस्पर्शी, पर खेत्री दरबार के वाकियात रजिस्टर में यह दर्ज नहीं है। राजा अजित सिंह स्वामीजी को विदा करने जयपुर तक जाने वाले थे, पर गए नहीं, ऐसा वाकियात रजिस्टर में दर्ज है। राजा गए ही नहीं तो रात की महफिल की भी संभावना नहीं है।

दीवान जगमोहन लाल को काफी धन देकर स्वामीजी के साथ बंबई भेजा गया था। उन्होंने स्वामीजी की मोटे, खुरदरे भगवा वस्त्रों की इच्छा पूर्ण नहीं की। रेशम के कीमती कपड़े खरीद दिए। जहाज का प्रथम श्रेणी का टिकट भी खरीद दिया। जहाज जापान तक जाने वाला था। वहाँ दूसरा जहाज बदलना था। उसके टिकट आदि की व्यवस्था दीवानजी ने थामस कुक कंपनी के माध्यम से करवा दी थी। अमेरिका पहुँचने के बाद कुछ दिनों तक स्वामीजी की चिट्ठियाँ अमेरिका में इसी कंपनी के पते पर आती थीं।

मद्रास का पट्टशिष्य अलसिंगा पेरूमल गुरुदेव को विदा करने बंबई आया था। रेशमी वस्त्रों और साफे में स्वामीजी किसी राजपुत्र-से दिखाई पड़ रहे थे। जहाज के सभी यात्रियों की नजरें खूबसूरत स्वामीजी के कांतिमय चेहरे पर टिकी थीं।

३१ मई, १८९३ को पेनिन्शुलर स्टीमर से स्वामीजी ने अमेरिका के लिए प्रयाण किया। जहाज का भोंपू बजा। जहाज हिला। किनारे के पास की खारे पानी की लहरें जब जहाज से टकरा रही थीं, तब स्वामीजी की स्मृति में कितनी ही खट्टी-मीठी यादें दस्तक दे रही होंगी।

सद्गुरु श्री सारदा माँ, गुरुबंधु, वराहनगर का समय—उन्हें याद आया होगा। अपने कुलीन पूर्वजों की देन, हिंदू-शास्त्र का ज्ञान, पश्चिम का ज्ञान-विज्ञान, खुद के आध्यात्मिक अनुभव, भूख के कारण कई बार हुई बेहोशी, अतीत का गौरवमय भारतवर्ष, उसकी वर्तमान में अवनति, उसके पुनः उज्ज्वल भविष्य की कल्पना, चिलचिलाती धूप में काम करने

वाले भारतीय बंधु और मजदूर, ऐसे कितने ही दृश्य उनके मानसपटल पर उभरने लगे।

सर्वधर्म-सम्मेलन में भारत का प्रतिनिधित्व करने निकले विवेकानंद। उनके मुकाबले का कोई दूसरा प्रतिनिधि होना संभव है क्या? उनके पास क्या नहीं था? वेद, उपनिषदों का गहरा ज्ञान, बौद्ध, जैन, शैव, वैष्णव, क्रिस्टी, इसलामादि धर्म संप्रदायों की संपूर्ण जानकारी, गुरु नानक, मीराबाई तथा तानसेन भी जबान पर, महाराष्ट्र के संत कवि तथा दक्षिण के अलवार और नयनार भी स्मृति में विराजमान और सबसे बढ़कर सत्य यह कि विवेकानंद एक ऐसे महान् साधक के शिष्य थे, जिनका जीवन ही एक जीवंत धर्म-सम्मेलन था।

> *''बुद्धदेव ने जिस प्रकार पूर्व के लोगों के लिए संदेश दिया, उसी प्रकार मैं पश्चिम के लोगों के लिए संदेश लाया हूँ।''*
>
> **—स्वामी विवेकानंद**

□

धर्म-सम्मेलन में प्रवेश नहीं

आधुनिक भारत के इतिहास में विवेकानंद जैसा दूसरा घुमक्कड़ नहीं हुआ। उनमें एक शौकीन पर्यटक का कुतूहल था, पर वे दर्शनीय स्थानों को देखने तक ही सीमित नहीं थे। वे दु:ख व दरिद्रता को नजदीक से देखते थे। वास्तु और मनुष्यों को देखकर उनके ऐतिहासिक तथा सांस्कृतिक मूल्यों का अर्थ लगाकर स्वामीजी बहुत कुछ सीखते थे।

जहाज पर पहले दो-तीन दिन कष्ट से गुजरे। सामान तथा पैसों को सँभालने में उनको बहुत परेशानी हुई। चारों ओर जल-ही-जल। पैरों को घूमने की आदत होने के कारण उन्हें जहाज पर का जीवन किसी कैदी जैसा लगने लगा। इसलिए जहाज जब किसी बंदरगाह पर लगता, तो वह घुमक्कड खुद घूम लेता। वे केवल ऐतिहासिक तथा धार्मिक स्थानों को ही नहीं देखते थे, अपितु आदमी, उनकी वेशभूषा, खानपान, रीति-रिवाज आदि की बारीकियाँ भी निहारते थे। बड़ी ही सुंदर शैली में उन्होंने परिव्राजक जीवन में हुए अनुभवों को लिखकर रखा है।

कोलंबो, हांगकांग, कॅंटन, याकोहामा, ओसाका, क्योटो तथा टोकियो शहरों को देखते हुए स्वामीजी व्हेंकुवर बंदरगाह पर पहुँचे। वहाँ से वे रेलगाड़ी से शिकागो रवाना हुए।

सन् १८९३ के जुलाई महीने के दूसरे सप्ताह में स्वामीजी अमेरिका पहुँचे। धर्मसभा ग्यारह सितंबर को प्रारंभ होनेवाली थी। उस महँगे देश में दो महीने तक भोजन करने लायक भी पैसे स्वामीजी के पास नहीं थे। भारत में परिव्राजक जीवन में उन्हें पैसा खर्च नहीं करना पड़ता था। अमेरिका-यात्रा पर प्रस्थान करते समय उन्होंने कुछ डॉलर अपने पास अवश्य रखे थे, पर उस विदेशी मुद्रा का उपयोग किस तरह किया जाए, यह उन्हें मालूम नहीं था। इसलिए लोगों ने उन्हें खूब ठगा।

शिकागो में एक माह रहने के बाद उन्हें किसी ने बताया कि रहने की दृष्टि से

बॉस्टन शहर सस्ता है। इसलिए १५ अगस्त, १८९३ को स्वामीजी बॉस्टन जानेवाली रेलगाड़ी में सवार हुए। गाड़ी में उनकी पहचान मिस कैथरीन सेनबोर्न नामक एक वृद्ध महिला से हुई। उसका 'ब्रिडी मिडोज' नामक एक छोटा सा सुंदर बँगला था। वह स्वामीजी को अपने घर ले गई। वे दोनों जब बग्घी से घर जा रहे थे तो 'फैमिंगहम ट्रिब्यून' नामक साप्ताहिक के संवाददाता ने उन्हें देख लिया; उसने २३ अगस्त के अंक में समाचार प्रकाशित किया। अपने गाँव में एक भारतीय राजा आया है। मिस कैथरिन सेनबोर्न के बँगले पर उन्हीं की बग्घी से दोनों को जाते हुए मैंने उसे देखा। अमेरिका के समाचार-पत्रों में विवेकानंद के बारे प्रकाशित समाचारों में यह प्रथम समाचार था।

कैथरीन सेनबोर्न के मिलने से स्वामीजी को काफी फायदा हुआ, क्योंकि शिकागो आने पर स्वामीजी को मालूम हुआ कि 'धर्म-महासम्मेलन' में वक्ता के रूप में उन्हें प्रवेश नहीं मिलेगा। वक्ताओं की सूची साल भर पूर्व ही बनना प्रारंभ हो गई थी। दुनिया भर के धर्म-संप्रदायों के आधिकारिक महात्माओं को कब का निमंत्रण जा चुका था। विवेकानंद नामक कोई युवा संन्यासी अस्तित्व में है, यह भी संयोजकों के संज्ञान में नहीं था।

स्वामीजी चिंतित हुए। जनता के पैसे से इतनी दूर अमेरिका आकर अपने विचारों को व्यक्त न कर पाने की विवशता के कारण उन्हें शर्मिंदगी महसूस होने लगी। बाद में उन्हें ज्ञात हुआ कि अमेरिका में 'ब्राह्म समाज' के पैर जमे हैं और यहाँ उनका कार्यालय है। स्वामीजी ने उन्हें एक पत्र भेजा, "मेरे किसी भी संप्रदाय या संस्था का प्रतिनिधि न होने के कारण मुझे धर्म-सम्मेलन में प्रवेश से रोका गया है, पर आप लोगों का वहाँ प्रवेश मान्य है। यदि आप मुझे वहाँ एक दिन के लिए प्रतिनिधित्व देंगे, तो आपकी बड़ी कृपा होगी।"

ब्राह्म समाज की ओर से विवेकानंद को केवल एक पंक्ति का पत्र प्राप्त हुआ—"आपको प्रतिनिधित्व नहीं दिया जाएगा।"

विवेकानंद की अलौकिक प्रतिभा का दर्शन प्राप्त होने से पूर्व ही उनका विरोध प्रारंभ हो गया था और वह भी हिंदुओं की ओर से ही।

चौवन वर्षीय श्रीमती सेनबोर्न थोड़ी सी प्रसिद्ध वक्त्री तथा लेखिका थीं। वह स्वामीजी को आदर के साथ अपने बँगले पर तो ले गईं, पर स्वामीजी को वहाँ विकट समस्याओं का सामना करना पड़ता था। धर्म-सम्मेलन में प्रवेश तो मिल ही नहीं रहा था, ऊपर से बॉस्टन के बदमाश लड़के उनकी विचित्र पोशाक को देखकर उनकी हँसी उड़ाते थे। शीतकाल भी आनेवाला था। गृहस्वामिनी ने उन्हें विलायती पोशाक सिलवाने को कहा। पर सस्ती से सस्ती गरम पोशाक बनवाने में भी कम-से-कम सौ डॉलर का खर्चा था। यदि वे खर्च कर दिए जाते तो स्वामीजी के पास मामूली सी रकम

बचती। ऐसे में क्या किया जाए? जिसने अकिंचन जीवन का व्रत लिया था, उस संन्यासी को पैसों का अभाव खलने लगा। अमेरिका में रहने के लिए ही नहीं, स्वदेश वापसी के लिए भी पैसों की जरूरत तो थी ही।

श्रीमती कैथरीन स्वामीजी को एक प्रेक्षणीय वस्तु के रूप में दिखाने के लिए अपने दोस्तों को बड़े उत्साह से अपने घर बुलातीं। एक बार नजदीक के सेरबोर्न नामक गाँव के महिला-कारागार की अधीक्षिका स्वामीजी से मिलने आईं। उन्होंने स्वामीजी को महिला कैदियों के सामने व्याख्यान देने का निमंत्रण दिया।

इस घटना के दो वृत्तांत उपलब्ध हैं। पहला, स्वामीजी द्वारा एक शिष्य को लिखा हुआ पत्र! स्वामीजी लिखते हैं, "अमेरिका में आज तक देखी हुई सर्वोत्कृष्ट वस्तु है, यहाँ का महिला कारागार। बगैर देखे तुम्हें विश्वास नहीं होगा और तुम्हें मालूम है, यहाँ उसे कारागार नहीं, बल्कि सुधार-केंद्र, महिला सुधार-केंद्र कहते हैं। कितनी ममता के साथ उन महिला बंदियों के साथ व्यवहार किया जाता है, उन्हें सुधारा जाता है, अच्छे नागरिक बनाकर उन्हें समाज में वापस भेजा जाता है। उस सुधारगृह को देखकर भारत के दीन-हीन दरिद्रजनों की याद आकर मेरा हृदय द्रवित हो रहा था। वहाँ उन बेचारों की मुक्ति लगभग असंभव ही नहीं, बल्कि उनके उत्थान का मार्ग एकदम अवरुद्ध…।"

स्वामीजी द्वारा सुधारगृह में दिए गए भाषण के बारे में 'फॅमिंगहम ट्रिब्यून' साप्ताहिक का पत्रकार ३० अगस्त, १८९३ को लिखता है—

"हिंदू स्वामी विवेकानंद उस सुधारगृह को देखकर इतने प्रभावित हुए कि वह अपने भाषण का विषय ही भूल गए। भारतीय अनाथ महिलाओं के लिए भी ऐसा ही आरामदायक आश्रम स्थापित करने के बारे में वे सोचते हुए खड़े हो गए। वे जब ऐसे ही खड़े थे, तो एक भी स्त्री का ध्यान उनके भाषण की ओर नहीं था। वे एक दूसरी से कह रही थीं, 'इतना दर्शनीय पुरुष इससे पहले हमने कभी नहीं देखा।' "

दूसरा निमंत्रण उन्हें बॉस्टन के लेडीज क्लब से मिला था। उस संस्था की सभासद महिला क्रिश्चियन तथा भारतीय महिलाओं की उद्धारक पंडित रमाबाई को आदर्श मानती थीं। स्वामीजी अमेरिका में जब प्रसिद्धि के शिखर पर थे तो उनका तीव्र विरोध करनेवाली संस्थाओं में पंडित रमाबाई-सर्कल भी था, पर बॉस्टन में स्वामीजी का भाषण बड़ा ही प्रभावशाली रहा।

वहाँ से पैसे लेकर स्वामीजी मेसाच्युसेट्स पहुँचे। वहाँ पर श्रीमती सेनबोर्न के एक मित्र थे मिस्टर राइट। वे हार्वर्ड विश्वविद्यालय में ग्रीक भाषा के प्राध्यापक थे। स्वामीजी के ज्ञान, वक्तृत्व तथा अंग्रेजी भाषा पर उनके प्रभुत्व से मिस्टर राइट अत्यंत प्रभावित हुए। किसी बड़े व्यक्ति की सिफारिश न होने के कारण इस सीधे-सादे युवा

संन्यासी को धर्म-महासम्मेलन में अपने विचारों को व्यक्त करने का अवसर प्राप्त नहीं हो रहा है, यह देख मिस्टर राइट नाराज हो गए। वह नाराजगी उन्होंने अपने शब्दों में व्यक्त की, "स्वामीजी, आपसे योग्यता का प्रमाण-पत्र माँगने का मतलब साक्षात् सूर्य से 'तुम्हें चमकने का क्या अधिकार है', यह पूछने जैसा है।"

उस समय मिस्टर राइट को प्रोफेसर बरोज नामक अपने एक मित्र का स्मरण हो आया। वे धर्म-महासम्मेलन के एक आधारस्तंभ थे। उनके नाम से एक पत्र लिखकर मिस्टर राइट ने स्वामीजी को दिया और बरोज साहब से मिलने जाने के लिए शिकागो तक का उन्हें रेल का टिकट भी खरीदकर दिया।

प्राध्यापक जॉन हेनरी राइट ने प्रो. बरोज को लिखा था, "विवेकानंद अमेरिका-स्थित सभी विद्वान् प्राध्यापकों से अधिक प्रकांड पंडित हैं।"

अकिंचन स्वामीजी को राइट साहब ने पैसे भी दिए। उन्हें स्वीकार करते हुए स्वामीजी हताश स्वर में बोले, "आज तक जितनी भी चिंताओं को झेलते हुए मैं जीया हूँ, उनमें से सबसे बड़ी चिंता है धन-संचय, जो मुझे यहाँ विदेश में करना पड़ रहा है। पैसों को मैं कैसे सँभाल सकता हूँ?"

कई अन्य शहरों में भाषण देकर, नए-नए मित्रों को इकट्ठा कर कई परिचय पत्रों के साथ स्वामीजी ९ सितंबर को पुनः शिकागो पहुँचे। यात्रा के दौरान एक व्यवसायी ने उन्हें प्रोफेसर जॉन हेनरी बरोज के घर पहुँचाने का आश्वासन दिया; पर स्टेशन की भीड़ में वह कहीं गुम हो गया। एक दुर्भाग्य यह भी हुआ कि प्रोफेसर जॉन हेनरी बरोज का पता भी कहीं खो गया। वे गलती से स्टेशन के उत्तर-पूर्व द्वार से बाहर निकले, जहाँ अधिकांश जर्मनभाषी लोगों की बस्ती थी जिन्हें अंग्रेजी नहीं आती थी। उनमें से कोई होटल के बारे में नहीं बता सका। स्वामीजी पुनः शिकागो के रेलयार्ड में आ गए। वहाँ लकड़ी की एक खाली पेटी पड़ी थी। स्वामीजी उसमें घुस गए। ईश्वर का नाम लेकर स्वामीजी निश्चिंत होकर उसमें सो गए।

रेलवे यार्ड में एक लकड़ी की पेटी में सोया हुआ विवेकानंद नामक भारतपुत्र केवल दो दिन के बाद सारे अमेरिका को दहला देने वाला था।

दूसरे दिन सुबह शिकागो की एक अमीर बस्ती के लेकशायर ड्राइव नामक रास्ते पर खड़े होकर स्वामीजी आने-जाने वाले लोगों से प्रो. बरोज का पता पूछने लगे। सभी लोग जल्दी में थे। स्वामीजी के पूछने पर वे लोग एक क्षण के लिए रुकते, पर उत्तर देने के लिए नहीं, अपितु स्वामीजी की विचित्र पोशाक देखने के लिए।

दोपहर होते ही स्वामीजी को जोरों की भूख लगी। जेब में तो एक फूटी कौड़ी भी नहीं थी। हताशा में स्वामीजी कुपित होकर एक फुटपाथ पर बैठ गए और अपने सद्गुरु को ही दोष देने लगे, 'मैं विश्वबंधुत्व का प्रचार क्या खाक करूँगा? धर्मसभा

में प्रवेश वर्जित है। कोई ठीक से बोलता तक नहीं। खाने की समस्या है। क्यों भेजा आपने मुझे इतनी दूर?'

कविहृदय सीधे-सादे स्वामीजी जिस रास्ते पर बैठे थे, उसका नाम था 'डियरबोर्न एवेन्यू।' इसी बीच उस रास्ते के सामनेवाले एक छोटे से बँगले से एक महिला बाहर आई और स्वामीजी के पास आकर रुक गई। उसने बड़ी आस्था से उनकी पूछताछ की और वह स्वामीजी को अपने घर ले गई। उस महिला का नाम था श्रीमती जार्ज डब्ल्यू. हेल। हेल पति-पत्नी तथा उनके बच्चों ने विवेकानंद को अपने परिवार का एक सदस्य माना। इसी तरह हेल महोदय ने धर्म-महासम्मेलन में सहभागी होने के लिए विवेकानंद को अनुमति भी प्राप्त करवा दी। इसी के साथ सम्मेलन के आयोजकों ने तुरंत स्वामीजी के लिए प्रतिनिधि-निवास में पूर्वी धर्मगुरुओं के विभाग में रहने की व्यवस्था भी करवा दी।

धर्म-महासभा

धर्म-महासभा! सभ्य समाज के इतिहास का प्रथम सर्वधर्म-महासम्मेलन था। सारे क्रिश्चियन समाज, विशेषकर अमेरिका को दुनिया में अन्य भी धर्म अधिक उदात्त, तर्कयुक्त तथा शास्त्रार्थ में पारंगत हैं—यह पाठ पढ़ानेवाली पाठशाला थी वह धर्मसभा।

सोमवार, ११ सितंबर, १८९३। शिकागो के आर्ट इंस्टीट्यूट का सभागृह। दुनिया के सारे धर्मों के प्रतिनिधियों का सम्मेलन-स्थल था यह। कैथोलिक तथा प्रोटेस्टेंट—दोनों पंथों के क्रिश्चियन, ज्यू, इसलाम, बौद्ध, जैन, हिंदू आदि अनेक धर्मगुरु वहाँ उपस्थित थे। वाद्यवृंद के सुरताल के बीच ये सारे प्रतिनिधि मंच पर विराजे।

बीचोबीच बैठे थे कार्डिनल गिंस। उनके दाहिनी ओर बैठे थे भारतीय धर्मगुरु वी.वी.एस. अय्यर और मणिलाल द्विवेदी, जो पारंपरिक हिंदू धर्म की ध्वजा लहराने आए थे। ब्राह्म समाज की ओर से नगरकर और मजूमदार, थियोसॉफिकल सोसाइटी की ओर से एनी बेसेंट और चक्रवर्ती। जैन धर्म की ओर से गांधी, महाबोधि समाज की ओर से धर्मपंडित और पारसियों के प्रतिनिधि थे सर जे.जे. मोदी।

सभी वक्ताओं ने अपने भाषणों के नोट्स बनाए थे, जिनको उन्होंने अपने-अपने हाथों में पकड़ रखा था। उन लोगों के बीच में लगभग ३० वर्ष का एक संन्यासी बैठा था। उसके हाथ में कुछ भी नहीं था। भाषण क्या देना है, यह तक उसने तय नहीं किया था तो उसके नोट्स कहाँ से बनते?

बाकी सभी लोग अपने-अपने संकीर्ण संप्रदाय का प्रचार करने आए थे अपनी वक्पटुता के बल पर, पर विवेकानंद नामक यह तूफान केवल हिंदू धर्म यानी मानव धर्म की महत्ता बताने वाला था।

सुबह के दस बज चुके थे। दस धर्मों के नामों पर दस बार घंटानाद होने के बाद धर्मकार्य प्रारंभ हुआ। हर प्रतिनिधि ने अपने-अपने संप्रदाय के बारे में कहा। बीच-बीच में कार्डिनल गिंस हाथ के इशारे से स्वामीजी को बुला रहे थे, पर स्वामीजी उठने को तैयार न थे। हजारों चर्चित, बुद्धिजीवी अमेरिकन श्रोताओं के सामने खड़े होना ही कठिन था। खड़े होने पर भी मुँह से वाणी का निकलना कठिन है, ऐसा स्वामीजी को लग रहा था।

भोजनावकाश तक तो स्वामीजी ने धर्मसभा के संयोजकों को किसी तरह टाला, पर उसके बाद संयोजकों ने सीधे-सीधे उनके नाम की घोषणा कर दी।

स्वामीजी मजबूर हो गए। वे उठे और मंच पर आ गए। सुदृढ़ शरीर, मनोहर रूप, आँखों में चमक। भगवा परिधान में उस पुरुष-सौंदर्य को लोग देखते ही रह गए।

स्वामीजी ने संबोधनस्वरूप केवल पाँच शब्दों का उच्चारण किया और श्रोताओं की अकल्पनीय प्रतिक्रिया देखकर स्वयं ही आश्चर्यचकित रह गए। संबोधन था, 'सिस्टर्स ऐंड ब्रदर्स ऑफ अमेरिका'। हमेशा 'लेडीज ऐंड जेंटलमैन' सुनने के आदी अमेरिकन लोगों के लिए यह संबोधन एकदम नया था। केवल नया ही नहीं था, बल्कि उसमें सत्यता थी। सभा को वश में करने की कोई तिकड़म नहीं थी, अपितु सारी मानव-जाति पर निस्स्वार्थ स्नेह करनेवाले एक निष्ठावान् ब्रह्मचारी के सहजोद्‌गार थे।

श्रोता लोग खड़े हो गए और अमेरिकी शिष्टाचार से परे सतत पाँच मिनट तक सभास्थल पर तालियों की गड़गड़ाहट होती रही। केवल संबोधन से एकदम अपरिचित समाज को वश में करने वाले विवेकानंद प्रथम वक्ता थे और शायद अंतिम वक्ता भी।

विवेकानंद ने आगे जो कहा, उसके कुछ अंश इस प्रकार हैं—

"It fills my hearts with joy unspeakable to rise in response to the warm and cordeal welcome that you have given us.

I am deles proud to belong to a religion which has taught the world both, tolerance and universal acceptance. We do not only believe, but accept all relegions as true.

I am proud to belong to a nation which has given shelter to the persecuted and refugees from all over the world.

The present convention, which is one of the most august assemblies ever met, is in itself a vidication, a declaration to the world of the most wonderful docrine preached in Shri Bhagwat Geeta.

ये यथा मां प्रपद्यन्ते तां तथैव भजाम्यहम्।
मम वर्त्मानुवर्तन्ते मनुष्याः पार्थ सर्वशः॥

It means, whosoever comes to me, through whatsoever path I reach him. All men struggling through paths which in the end lead to me.

Sectarianism, bigotry and their horrible descendant fanaticism have long possessed this beautiful earth. They have filled this earth with violence, drenched it often and often with human blood, destroyed civilizations and sent all the nations to dispair.

Had it not been for there horrible demons, the human society would be far more advanced than it is now. But I fervently hope that the bell that tolled this morning in the honour of this convention, may be the death-knell of all fanaticism, of all persecutions with the sword or with the pen and of all uncharitable feelings between men wending their way to the same goal."

(अमेरिकी बहनो तथा भाइयो! आपकी अतुलनीय प्रतिक्रिया देखकर मुझे बड़ा आनंद हुआ है। सभी को समाहित करनेवाले अपने धर्म तथा देश के बारे में मुझे गर्व है। मेरे पास कोई भी, किसी भी मार्ग से आए, मैं उसके पास पहुँचूँगा, इस अर्थ का गीता में एक श्लोक है। मेरा मानना है कि आज की परिषद् इसीलिए है।

आज सांप्रदायिकता तथा धर्मांधता के कारण हिंसाचार बढ़ा है। इस परिषद् के फलस्वरूप धार्मिक पागलपन, हिंसाचार तथा उत्पीड़न का अंत होगा।)

उस अमर भाषण का एक हिस्सा ऊपर दिया गया है। वैसे भाषण छोटा ही था, फिर भी वह आकाश के समान विशालता, मानवता के मूल तत्त्व और वैश्विक एकता के सच्चे संदेश से पूर्णरूपेण ओतप्रोत था।

रेवरेंड बरोज तथा श्रीमती एस.के. लॉजेड लिखते हैं—"बहनो और भाइयो के संबोधन से ही सात हजार श्रोता मंत्रमुग्ध होकर उठ खड़े हुए तथा कुछ मिनटों तक तालियाँ बजाते रहे।"

दूसरा भाषण

सर्वधर्म-सम्मेलन के पाँचवें दिन, १५ सितंबर को स्वामीजी का दूसरा भाषण हुआ। विषय था—'हम लोगों के बीच मतभेद क्यों हैं?' विभिन्न धर्मों के प्रतिनिधियों ने अपने-अपने धर्म की श्रेष्ठता सिद्ध करने के लिए तर्क-वितर्क प्रस्तुत किए। आखिर में स्वामीजी ने अपने भाषण में कुएँ के मेढक और समुद्र के मेढक के बीच हुए संवाद की कथा सुनाकर सबकी जबान बंद कर दी। समापन करते हुए स्वामीजी ने कहा, "बंधुओ! यह कूपमंडूक-प्रवृत्ति ही हमारे बीच कलह का कारण है। मैं हिंदू हूँ, मैं अपने छोटे से कुएँ में बैठा हूँ और उसे सारा विश्व मान रहा हूँ। क्रिश्चियन, मुसलमान

तथा अन्य धर्मावलंबी भी इसी तरह अपनी-अपनी छोटी सी कुटिया को दुनिया मानकर जी रहे हैं। अपनी इस छोटी-छोटी दुनिया की सरहदों को समाप्त करने के लिए आप अमेरिकावासियों ने बड़ा प्रयत्न किया है। आपके इस महान् परिश्रम के लिए मैं आप सबको हार्दिक धन्यवाद देता हूँ। मुझे विश्वास है कि इस धर्मसभा का उद्देश्य सफल करने के लिए ईश्वर निश्चय ही मदद करेगा।''

तीसरा भाषण

स्वामीजी को प्राय: प्रतिदिन ही थोड़ा-बहुत बोलना पडता था, पर उनका पहला विस्तारपूर्वक भाषण हुआ १९ सितंबर को। विषय था—'हिंदुत्व'। वैसे देखा जाए तो उस धर्मसभा में विवेकानंद कोई अकेले हिंदू नहीं थे और भी थे, पर वे सब हिंदुत्व के विशाल हाथी के एक-एक अंग का गुणगान करने के लिए ही शिकागो पहुँचे थे। सार्वकालिक, सार्वजनिक तथा सार्वभौमिक हिंदू धर्म का प्रतिपादन करने तो केवल विवेकानंद ही धर्मसभा में गए थे। भाषण प्रारंभ करने से पूर्व स्वामीजी ने बड़ी नम्रता से श्रोताओं से पूछा, ''आप में से जिन लोगों ने हिंदू-धर्मग्रंथों को पढ़ा है, वे कृपया हाथ उठाएँ।''

मुश्किल से पाँच-सात हाथ ऊपर उठे। स्वामीजी तुरंत चिल्लाए—''And yet' you dare judge us?''
(''और फिर भी आप लोग हम लोगों को परखने की हिमाकत कर रहे हैं?'') उस लंबे भाषण के केवल दो अनुच्छेद ही उद्धृत कर रहा हूँ—

''...अमृत के पुत्र, कितना मधुर और उत्साहवर्धक नाम है! बंधुओं! इसी मधुर नाम से मुझे आपको संबोधित करने दीजिए। हाँ, आप लोग अमृत के हकदार हैं। हिंदू आप लोगों को पापी कहकर नकारता नहीं है। ईश्वर के पुत्र हैं आप, आप अमृत के हकदार, पवित्र, पूर्ण। आप इस मृत्युलोक के देवता हैं। आप पापी? असंभव! मानव को पापी कहना ही महापाप है। विशुद्ध मानव आत्मा पर यह मिथ्या और कलंकपूर्ण आरोप है। बंधुओ! आप लोग सिंह-स्वरूप होकर भी अपने को भेड़ के समान क्यों समझ रहे हैं? उठिए, मृगराजो, उठिए और हम भेड़ हैं, यह भ्रम दूर कीजिए। आप लोग जरामरण-रहित, मुक्त और नित्यानंदस्वरूप आत्मा हैं। आप जड़ नहीं, आप देह नहीं। जड़ आपका दास, आप जड़ के दास नहीं।''

''जिस समय इस अखिल विश्व के बारे में मुझे अहंबोध होने लगेगा अर्थात् आदमी चाहे किसी भी धर्म का हो, वह मुझे आत्मस्वरूप लगने लगेगा, उसी समय मेरे आनंद की पराकाष्ठा होगी। इसलिए उस विश्वदेह को पाने के लिए इस क्षुद्र देह के पिंजरे को मुझे हटाना ही होगा। मैं जब जीवनस्वरूप हो जाऊँगा, तभी मृत्यु के

पाश से मुक्त हो सकूँगा। मैं जब आनंदस्वरूप हो जाऊँगा, तभी दु:ख की समाप्ति हो सकेगी। मैं जब ज्ञानमय हो जाऊँगा, तभी अज्ञानरूपी मगरमच्छ के पाश से मुक्त हो सकूँगा। आधुनिक विज्ञान भी अंत में इसी सिद्धांत पर आकर टिका है। विज्ञान ने सिद्ध किया है कि हम इस देह को इंद्रियगोचर तथा एकरूप समझते अवश्य हैं, पर वास्तव में यह वैसा नहीं है। हम लोगों का ऐसा समझना केवल भ्रम है। क्योंकि इस खंडहीन जड़ समुद्र में तरंगों की तरह वह अनवरत परिवर्तित हो रहा है, यानी वह हर क्षण नूतन हो रहा है। इसके विपरीत मेरा चैतन्यांश परिवर्तनशील भी नहीं है तथा भ्रमात्मक भी नहीं है। इसीलिए वह सदैव सत्य है और इसी कारण 'मैं एकमेव, अद्वितीय आत्मा हूँ', केवल यह अद्वैत बोध ही तर्कसंगत सिद्धांत है।''

विवेकानंद के इस अमर भाषण का उनकी पट्टशिष्या भगिनी निवेदिता ने वर्णन किया है—"When he began to speak, it was at the religious ideas of Hindus, but when he ended, a new Hinduism had been created."

चौथा भाषण

दसवें दिन २० सितंबर को एक छोटे से स्वयंस्फूर्त भाषण में स्वामीजी ने 'भारत को धर्म नहीं, अन्न चाहिए' यह विचार प्रस्तुत किया। 'दरिद्री धर्मपूजक' शीर्षकवाले भाषण में स्वामीजी ने कहा, ''क्रिश्चियन बंधुओ! मूर्तिपूजकों की आत्मा बचाने के लिए उनके देश में धर्मप्रचारकों को भेजने की हवस पालनेवाले आप लोग, भुखमरी से उन्हें बचाने के लिए थोड़ा-सा भी प्रयत्न क्यों नहीं करते? भारत में भयंकर सूखे के कारण हजारों लोग अन्न के लिए तड़पते हुए मृत्यु के मुँह में चले जाते हैं, परंतु उनकी ओर ध्यान देने की आप लोगों को जरूरत महसूस नहीं होती। पूरे भारत में चर्चों के निर्माण में आप लोग व्यस्त रहते हैं, पर आप लोग भूलते हैं कि भारत की जरूरत धर्म नहीं है, धर्म उनके पास बहुत है। भारत की दीन-हीन जनता अगर किसी चीज के लिए आर्तनाद कर रही है, तो वह है अन्न। वे लोग अन्न के लिए आपके सामने हाथ फैला रहे हैं, आप उन्हें पत्थर दे रहे हैं! क्षुधार्त लोगों को धर्म की बातें बताना अथवा उन्हें दर्शनशास्त्र समझाने की कोशिश करना, उनकी विडंबना करना ही है।''

२२ सितंबर को स्वामीजी के दो भाषण हुए। सुबह वे 'परंपरागत हिंदू धर्म तथा वेदांत का तत्त्वज्ञान' विषय पर बोले। श्रोताओं को प्रश्न पूछने की इजाजत थी। 'शिकागो इंटरओशन' नामक अखबार लिखता है—''सैकडों श्रोताओं ने प्रश्न पूछे और विवेकानंदजी ने बड़ी ही कुशलतापूर्वक सरल भाषा में श्रोताओं की जिज्ञासा शांत की।'' दोपहर में धर्मसभा की महिला शाखा द्वारा सातवें नंबर के सभागृह में 'पूर्वी देशों के धर्म में महिलाएँ' विषय पर स्वामीजी ने भाषण किया।

२३ तथा २४ तारीखों को भी स्वामीजी ने विभिन्न विषयों पर अपने विचार रखे। २६ सितंबर को सभागार में स्वामीजी 'बौद्धधर्म का हिंदू धर्म से संबंध' विषय पर बोले। उस समय इस विषय का उतना महत्त्व नहीं था, जितना आज है। इसलिए उनमें से दो महत्त्वपूर्ण अनुच्छेद यहाँ उद्धृत कर रहा हूँ—

"बुद्ध भगवान् के बारे में मेरा मानना है कि उनके शिष्य उन्हें भली-भाँति समझ ही नहीं पाए। ईसाई धर्म का यहूदी धर्म से जो संबंध है, लगभग वही संबंध आजकल जिसे बौद्ध धर्म कहते हैं, उसका हिंदू धर्म यानी वेदप्रणीत धर्म से है। ईसा मसीह यहूदी थे तथा शाक्यमुनि (बुद्धदेव) हिंदू थे, परंतु अंतर यह है कि यहूदी लोगों ने ईसा मसीह का त्याग ही नहीं किया, अपितु उन्हें क्रूस पर कीलें ठोककर मार डाला, लेकिन हिंदुओं ने शाक्यमुनि को ईश्वर का दर्जा दिया और वे आज भी उनकी पूजा करते हैं। आज के प्रचलित बौद्ध धर्म में और स्वयं बुद्धदेव द्वारा दिए गए उपदेशों में जो एक मुख्य भेद है, वह यह है कि शाक्यमुनि किसी नए मत का प्रचार करने के लिए अवतरित नहीं हुए। ईसा मसीह की तरह वे भी प्रतिपूर्ति के लिए ही आए थे, न कि ध्वंस करने के लिए। अंतर यह है कि ईसा मसीह को पुराने यहूदी समझ नहीं पाए, तो बुद्ध के अनुयायियों को भी उनके उपदेश का मर्म समझ में नहीं आया। यहूदी लोगों को देश के धर्म में प्राचीन धर्ममतों (ओल्ड टेस्टामेंट) की प्रतिपूर्ति दिखाई नहीं पड़ी, तो बुद्ध धर्म यानी यह हिंदू धर्मांतर्गत सत्य की ही परिणति है, यह बात बुद्ध भगवान् के अनुयायियों की समझ में नहीं आई। मैं आपसे पुनः निवेदन करना चाहता हूँ कि बुद्ध भगवान् प्रतिपूर्ति करने के लिए आए थे, न कि विध्वंस करने। इसीलिए उनका धर्म हिंदू धर्म की ही स्वाभाविक परिणति यानी हिंदू धर्म का ही स्वाभाविक विकास है।"

मंच पर बैठे बौद्धों की तरफ मुड़कर स्वामीजी ने कहा, "हे बौद्ध बंधुओं! आप लोगों को छोड़कर हम लोग उन्नत नहीं हो सकते और हम लोगों को छोड़कर आप लोगों की उन्नति की भी कोई आशा नहीं है। हम लोगों के बीच हुए विभाजन के परिणामों से हमें यही सीख लेनी चाहिए कि ब्राह्मणों की बुद्धि तथा तत्त्वज्ञान की सहायता के बिना आप लोग टिक नहीं सकते और हम लोग भी बौद्धों के विशाल हृदय के बिना जी नहीं सकते। बौद्ध और ब्राह्मणों के बीच हुआ विभाजन ही भारत की अवनति का कारण है। इसी कारण भारतवर्ष आज तीस करोड़ भिखारियों का निवास-स्थान बना हुआ है, इसीलिए सदियों से भारतवर्ष विदेशी विजेताओं की गुलामी के नीचे दबा हुआ है। आप लोग ब्राह्मणों की अपूर्व बुद्धिमत्ता तथा बुद्ध भगवान् के विशाल हृदय तथा उनकी असाधारण लोककल्याणकारी शक्ति का मिलाप कराएँ।"

२७ सितंबर को सम्मेलन का समापन था। विवेकानंद के उस दिन के धर्मसमन्वय के संदेश को यदि ठीक से स्वीकार किया जाए तो भारत तथा सारी दुनिया में सांप्रदायिक

दंगों की समाप्ति हो जाएगी। आत्मिक शक्ति के चरम पर पहुँचकर स्वामीजी ने यह संदेश दिया था। ये केवल शब्द नहीं, अपितु मंत्र हैं। इसलिए उन्हें मूलरूप से अंग्रेजी में उद्धृत कर फिर उनका हिंदी रूपांतर प्रस्तुत करूँगा अर्थात् उसके महत्त्वपूर्ण अंशों को ही।

"A christian is not to become a Hindu or a Buddhist to become a christian. But each must assimilate the spirit of others and yet preserve his individuality and grow according to the law of growth.

If the parliament of Religions has shown anything to the world, it is this, It has proved to the world that holiness, charity and purity are not the exclusive possessions of any church in the world and that every system has produced man and woman of the most exhalted characters. In the face of this evidence if anybody dreams of exclusive survival of his own religion and the destruction of the others, I pity him from the bottom of my beart and point out to him that upon the banner of every religion will soon be written, in spite of his resistance, "Help and not fight." "Assimilation, and not destruction." "Harmony and peace and not dissension."

(ईसाई व्यक्ति को हिंदू या बौद्ध होने की आवश्यकता नहीं है; हिंदू या बौद्धों को ईसाई बनना जरूरी नहीं है। प्रत्येक व्यक्ति को अपनी विशेषता कायम रखते हुए अन्य धर्म के मूल तत्त्व को ग्रहण करना **चाहिए** तथा **इससे** समृद्ध होकर अपनी प्रकृति के अनुसार बढ़ना चाहिए।

इस सर्वधर्म-सम्मेलन ने दुनिया के सामने यदि कोई बात रखी है तो वह यही है। उसने बड़े अच्छे तरीके से यह सिद्ध कर दिया है कि पवित्रता, चित्तशुद्धि, दयादाक्षिण्य आदि गुणों का ठेका दुनिया के किसी भी एक धर्म ने नहीं लिया है। प्रत्येक धर्म में उदात्त चरित्रवाले नर-नारियों का जन्म हुआ है। इतना पुख्ता सबूत सामने होने पर भी यदि कोई कहे कि केवल उसका धर्म ही रहेगा, अन्य धर्म नष्ट हो जाएँगे, तो ऐसे अभागे के ऊपर दया ही करनी चाहिए। ऐसे व्यक्ति को मैं स्पष्ट शब्दों में बताना चाहता हूँ कि उसके जैसे व्यक्तियों के द्वारा कितने ही अवरोध उत्पन्न किए जाने पर भी, उनकी जरा भी परवाह न करते हुए, प्रत्येक धर्म की ध्वजा पर जल्द ही लिखा जाएगा— संघर्ष नहीं, एक-दूसरे की सहायता कीजिए, विचारों को आत्मसात् कीजिए। विनाश नहीं, कलह नहीं, मैत्री चाहिए, शांति चाहिए।)

सत्रह दिनों तक चले इस अभूतपूर्व सर्वधर्म सम्मेलन में स्वामी विवेकानंद के अपौरुषेय कर्तृत्व का यह संक्षिप्त आलेख है। इसके साथ ही संक्षेप में स्वामीजी सहित

कुछ अधिकारी व्यक्तियों तथा समाचार-पत्रों की प्रतिक्रिया भी देखना सुसंगत होगा।

सर्वप्रथम ऐसा अनोखा सर्वधर्म-सम्मेलन क्यों आयोजित किया गया, उसमें प्रवेश पाने हेतु विवेकानंद को क्यों कष्ट हुआ, विवेकानंद के भाषणों का दुनिया पर क्या प्रभाव पड़ा तथा भविष्य में सैकडों वर्षों तक यह कितना प्रभावी रहेगा, इस पर भगिनी निवेदिता क्या कहती हैं, इसे देखा जाए—"सन् १८९३ में अमेरिका के शिकागो शहर में विराट् धर्मसम्मेलन आयोजित करना अमेरिका के स्वभावसिद्ध साहस तथा जन्मसिद्ध कल्पनाशीलता के अनुरूप ही था। तदनुसार प्रत्येक धर्म के प्रतिनिधि को स्वमत का प्रतिपादन तथा स्वयं के धर्ममत के समर्थन का अवसर देकर, सभी की बातों को गंभीरता से तथा सहानुभूतिपूर्वक सुनने का उन उदारबुद्धि के लोगों ने निर्णय लिया।"

"प्रतिनिधि भेजने के बारे में प्रचलित औपचारिकताओं के बारे में पूर्णत: अनभिज्ञ दक्षिण के कुछ शिष्यों ने प्रस्तावित सर्वधर्म-सम्मेलन में उपस्थित होकर हिंदू धर्म के प्रतिनिधि के रूप में भाषण देने की आवश्यकता को स्वामी विवेकानंद के मानसपटल पर साग्रह अंकित किया। अपने गुरुदेव पर अपार श्रद्धा के कारण उन बेचारों के दिमाग में भी नहीं आया कि उनकी यह इच्छा पूर्ण होना असंभव की कोटि में है। विवेकानंद के वहाँ जाने मात्र की देरी है, उन्हें वहाँ अवसर मिलेगा ही, यह उनका अभिप्राय था। दुनियादारी के व्यवहार में स्वामीजी भी अपने शिष्यों के समान ही सीधे-सरल थे, यह प्रयत्न करने का उन्हें दैवी आदेश है, यह मानकर स्वामीजी ने इस बारे में किसी प्रकार आगे-पीछे नहीं देखा। दुनिया के अतिसंपन्न तथा सामर्थ्यवान् राष्ट्र के सुसंरक्षित द्वार में प्रवेशार्थ जाते समय हिंदू धर्म के प्रतिनिधि ने इस प्रकार अज्ञात रूप से तथा परिचय-पत्र के बिना जाना, हिंदू धर्म के असंगठनात्मकता (अनऑर्गेनाइज्डनेस ऑफ हिंदुइज्म) का इससे दूसरा उत्कृष्ट उदाहरण ढूँढ़ने पर भी नहीं मिलेगा। आखिर में स्वामीजी का मार्ग प्रशस्त हुआ। अस्तु!

"दक्षिणेश्वर में गुरुदेव के जीवन तथा परिव्राजक अवस्था में आसेतु-हिमालय भ्रमण के दौरान जिस भारतीय धर्म का उन्हें दर्शन हुआ, उसी का उच्चारण उस समय उनके मुख से हुआ। जिस धर्ममत के बारे में संपूर्ण भारतवर्ष एकमत है, उसी का उन्होंने वहाँ हमेशा उल्लेख किया। सच तो यह है कि 'अमेरिका के मेरी बहनो तथा भाइयो', इस प्रथम वाक्य से ही स्वामीजी ने धर्मसभा में विजय प्राप्त की थी। संन्यासी होकर भी नारी-जाति को प्रथम सम्मान देकर, संपूर्ण वसुधा को अपना कुटुंब संबोधित करते ही सारे श्रोताओं के हृदय में जो एक अलौकिक अनुभूति की लहर पैदा हुई, उसका वर्णन वहाँ उपस्थित अनेक व्यक्तियों ने अनेक बार मेरे सामने किया है। उनका कहना था कि उन लोगों में से किसी को भी ऐसा नहीं सूझा। स्वामीजी की भावी यशस्विता लगभग उसी समय तय हो गई थी, ऐसा कहना अनुचित न होगा, फिर तो

अति उत्सुक तथा हो-हल्ला करनेवाले श्रोताओं को शांत करने के लिए, 'यदि आप लोग शांति से बैठेंगे, तो आखिर में स्वामीजी आप लोगों को एक कहानी बताएँगे तथा भाषण देंगे,' ऐसा लालच देना धर्मसभा के कार्यकर्ताओं की आदत सी बन गई थी।''

(ऊपर उल्लिखित वाक्य स्वामीजी के अद्भुत यश का प्रमाणपत्र है। यह दिया था 'बोस्टन ईवनिंग ट्रांस्क्रिप्ट' नामक समाचार-पत्र में। ५ अप्रैल, १८९४ को भगिनी निवेदिता ने उसी समाचार-पत्र का संदर्भ दिया है।)

स्वामीजी के ११ सितंबर, १८९३ के प्रथम भाषण की एक और विशेषता थी। मंच पर खड़े होने का अवसर प्राप्त होने पर भी उन्होंने अपने गुरुदेव परमहंसजी के गुणगान करने के मोह का पूर्णतः सँवरण किया।

२७ सितंबर के अपने अंतिम भाषण में स्वामीजी ने कहा था, ''इस सुसंवादी समन्वय-संगीत को किरकिरा करनेवाले कुछ बेसुरे स्वर भी सुनाई पड़े। इन बेसुरे स्वरों को छेड़ने वाले भाइयों का मैं विशेष रूप से आभारी हूँ, क्योंकि उनकी विरोध की विशिष्ट शैली के कारण यहाँ की एकरसता में अधिक ही मिठास पैदा हुई।''

स्वामीजी के कथनानुसार वहाँ वास्तव में कुछ बेसुरे स्वर उभरे थे, पर दुनिया के उद्धत, अनुदार तथा अत्यंत असहिष्णु धर्ममतवाले लोग भी वहाँ समता, एक-दूसरे के प्रति आदर तथा सौजन्य के सिद्धांतों से प्रेरित होकर इकट्ठा हुए थे। ऐसा पहली बार ही हुआ था। इतने विशाल स्तर पर वे लोग पुनः ऐसा धर्मसम्मेलन करने के लिए तैयार होंगे, ऐसा लगता नहीं है। इसीलिए शिकागो धर्म-महासम्मेलन बहुत समय तक इतिहास की एक अभूतपूर्व घटना बनी रहने की संभावना है। कुछ भी हो, हिंदू धर्म ने जब पहली बार पश्चिमी दुनिया को अपनाः परिचय कराया, उस समय ऐसी स्थिति थी तथा ऐसा दृश्य था।

थियोसोफिकल सोसाइटी की प्रतिनिधि की हैसियत से धर्म-महासभा में उपस्थित डॉ. एनी बेसेंट लिखती हैं—''सभागृह के एक कमरे में मैंने जब स्वामीजी को पहली बार देखा, तो मुझे ऐसा लगा कि भारत के मध्याह्न का सूरज शिकागो की धरती पर चमक रहा है। पीली तथा केसरिया पोशाक, सिंह जैसा उन्नत मस्तक, श्रोताओं की अंतरात्मा को भेदनेवाली तीखी नजर, सतत हँसने वाले ओठ और अकस्मात् होनेवाली तेज क्रियाएँ, प्रथम दर्शन में ऐसे लगे स्वामीजी मुझे। लोग उन्हें संन्यासी कहते हैं, यह ठीक है, पर उनका सही वर्णन होगा 'योद्धा संन्यासी।''

इन शब्दों में और प्रथम दृष्टि में तो उनका 'योद्धा' होना अधिक प्रतीत होता है। ऐसे योद्धा सपूत के रहते, हमेशा दौड़-धूप करनेवाले उद्दंड पाश्चिमात्य लोगों के सामने भारत को हीन महसूस होने की क्या जरूरत है। श्रोतागण तन्मयता से उनको सुनते थे। उनके मुख से निकला प्रत्येक शब्द मानो पारे के समान होता और वह फिसल

न जाए, इसका श्रोतागण ध्यान रखते थे। उनके पहले भाषण के बाद एक अमेरिकी अपने मित्र से कह रहा था, "हम लोग भारतीयों को काफिर कहते हैं और उन्हें सुधारने के लिए यहाँ से मिशनरी भेजते हैं। सच तो यह है कि हम लोगों को सुधारने के लिए उन्हें ही यहाँ मिशनरी भेजने चाहिए।"

शिकागो में संपन्न हुए सर्वधर्म महासभा में विवेकानंद सर्वश्रेष्ठ ओजस्वी वक्ता सिद्ध हुए। अमेरिका में जनता तथा समाचार-पत्रों ने स्वामीजी को अक्षरशः सर पर बैठा लिया। अन्य धर्मगुरुओं ने उनके व्यक्तित्व और वक्तृत्व के गुणों का तो सम्मान किया ही, साथ ही उन्होंने स्वामीजी के संन्यासी आचरण तथा उनके ब्रह्मचर्य की कठोर उपासना का भी आदर किया।

हर कार्यक्रम और व्यक्ति का गहन अध्ययन करने के बाद ही अपने मत व्यक्त करनेवाले अमेरिकी समाचार-पत्रों को भी स्वामीजी में कोई भी दोष नहीं दिखाई पड़ा। धर्म-महासभा में विवेकानंद के कृतित्व की सभी समाचार-पत्रों ने भरपूर प्रशंसा की। उनमें से तीन समाचार-पत्रों में प्रकाशित समाचार निम्न प्रकार हैं—

१९ सितंबर, १८९३ को स्वामीजी का 'हिंदुत्व' पर पहला विस्तृत भाषण हुआ। उसके दूसरे दिन 'शिकागो ट्रिब्यून' समाचार-पत्र ने स्वामीजी की काफी प्रशंसा की। डॉ. नोबल द्वारा स्वामीजी के नाम का उद्घोष होते ही श्रोताओं ने जोरों से तालियों की गड़गड़ाहट की। स्वामीजी जब खड़े हुए तो मुखमंडल पर बालसुलभ हँसी थी और आँखों में तेज था।

स्वामीजी ने कहा, "पूर्व के देशों से धर्म-महासभा में आए हुए हम लोग पश्चिमी धर्मगुरुओं से प्रतिदिन सतत एक ही बात सुन रहे हैं कि क्रिश्चियन धर्म आर्थिक दृष्टि से काफी मजबूत है। इसलिए पूर्व के धार्मिक संप्रदायों को तुरंत क्रिश्चियन धर्म स्वीकार कर लेना चाहिए; पर हम जब चारों ओर देखते हैं, तो हमें दिखाई पड़ता है, क्रिश्चियन धर्मवाला सबसे अमीर देश इंग्लैंड पच्चीस कोटि एशियाई लोगों की गरदन पर पैर रखकर ही अमीर हुआ है। इसी तरह आर्थिक उन्नति का प्रारंभ स्पेन ने किया, पर कैसे? मेक्सिको पर आक्रमण करके। ईसा के अनुयायियों ने अपने ही बंधु-बांधवों के गले रेतकर आर्थिक उन्नति पाई है। क्रिश्चियन धर्म का आज तक का इतिहास भी यही है।

ऐसी गलाकाटू दुष्प्रवृत्ति से आर्थिक उन्नति करना हमारे सहिष्णु हिंदू धर्म को स्वीकार नहीं है। इस धर्मसभा में हमारे विरुद्ध जो कुछ भी बोला जा रहा है, वह हमारी सहनशक्ति से बाहर है। विगत आठ दिनों से सतत 'रक्त', 'शस्त्र' ये ही शब्द सुनाई पड़ रहे हैं। यह रक्तपात हम हिंदुओं को मान्य नहीं है, क्योंकि हिंदू धर्म 'प्रेम' के मधुर मूल्यों पर अधिष्ठित है।"

२८ सितंबर को शिकागो के 'एडवोकेट' नामक समाचार-पत्र ने लिखा—''विवेकानंद नामक यह हिंदू ब्राह्मण धर्मसभा में कई मायनों में सभा का नायक सिद्ध हुआ। इस ब्राह्मण का व्यक्तित्व आकर्षक होने के साथ-साथ इसकी आँखों में एक विशेष चमक थी। यह हिंदू होकर भी खुश है। अंतरात्मा के शाश्वत सुख के कारण वह किसी भी स्थिति तथा प्रसंग पर प्रभुत्व प्राप्त करने में समर्थ है। वह अंग्रेजी इतनी अच्छी बोलता है, मानो यह उसकी मातृभाषा हो।''

'बोस्टन इवनिंग ट्रांसस्क्रिप्ट' नामक सायंकालीन दैनिक में प्रकाशित समाचार इस प्रकार है—"He (Vivekanand) is a great favourite at the parliament from the grandeur of his sentiments and his appearance as well, If he merely crosses the stage, he is applauded and this marked approval of thousands, he accepts in a child-like spirit of gratification without a trace of conceit.

At the parliament of Religions they used to keep him until the end of programme to make people stay till the end of the session."

इस प्रकार जिस अपरिचित संन्यासी को धर्मसभा के संयोजकों ने सभा में प्रवेश करने के लिए मना किया था, वे ही लोग कहने लगे, ''स्वामीजी, कृपा करके प्रतिदिन सबसे अंत में थोड़ा-सा जरूर बोलिए, ताकि आपका भाषण सुनने के बहाने श्रोतागण अन्य धर्मगुरुओं के भाषण तो सुनेंगे।''

प्रोफेसर हेनरी राइट ने जिस डॉ. बरोज के लिए स्वामीजी को पत्र दिया था, वे ही बरोज इस सर्वधर्म-परिषद् के अध्यक्ष थे। १९ सितंबर को 'हिंदुत्व' विषयक अपने भाषण में स्वामीजी ने क्रिश्चियन धर्म पर करारा प्रहार किया, पर किसी भी परिपक्व विचारों वाले पश्चिम के विचारकों ने स्वामीजी के बारे में दुराग्रह नहीं किया, ऐसा डॉ. बरोज ने अपने अध्यक्षीय भाषण में कहा है।

डॉ. बरोज ने लिखा, ''हिंदू धर्म का सही ज्ञान पश्चिमी देशों को विवेकानंद के कारण ही प्राप्त हुआ। उनका दृष्टिकोण सर्वधर्म-समावेशक होने के साथ ही हिंदू धर्म दया, प्रेम तथा सहिष्णुता पर आधारित है। ये मूल्य महत्त्वपूर्ण हैं। कूपमंडूक प्रवृत्ति के धर्म और संप्रदायों पर उन्होंने जो कटाक्ष किए, वे इतने तर्कपूर्ण थे कि उनका विरोध करने का किसी को साहस ही नहीं हुआ।''

अमेरिका में सितंबर, १८९३ में विवेकानंद के बारे जो वृत्तांत प्रकाशित हुए, वे भारत में फरवरी, १८९४ तक समाचार-पत्रों में प्रकाशित होते रहे। विवेकानंद कलकत्ते का उपाधिप्राप्त और परमहंस का शिष्य नरेंद्रनाथ दत्त है, यह बात समाचार-पत्रों में बहुत बाद में प्रकाशित हुई, फिर भी विवेकानंद नाम धारण करने वाला युवा संन्यासी अपना गुरुबंधु ही होगा, यह बात परमहंस के शिष्यों ने तुरंत समझ ली। गुरुबंधु की कीर्ति के कारण उन्हें बड़ा ही आनंद हुआ।

पर ऐसे समय विवेकानंद को स्वयं के विषय में क्या लग रहा था? अमेरिका जैसे विज्ञाननिष्ठ समाज ने उनकी आध्यात्मिक शक्ति को बिना शर्त, संशयरहित होकर स्वीकार किया था। छोटे-बड़े, गरीब-अमीर सभी अमेरिकावासी उनके भक्त बन गए थे। समाचार-पत्र उन पर प्रशंसा के फूल बरसा रहे थे। विश्वपटल पर उनकी एक महानायक की छवि उभरकर सामने आई थी।

धर्मसभा में उन्हें प्राप्त हुए यश के बारे में बोलते हुए उन्होंने कहा, "मैं लोकप्रिय हुआ। मेरे फोटो छपे। इस कारण मैं सर्वत्र पहचाना जाने लगा, पर मुझे चाहिए था एक अनामिक संन्यस्त जीवन। मैं, मेरे भीषण रोग, तथा दरिद्रता से पीड़ित मेरे भारतीय बंधु-बांधव, इतना ही जीवन मुझे चाहिए था। वही मेरा व्यक्तिगत जीवन था, पर मेरी प्रसिद्धि होने के बाद मुझे अनेक अमीर लोगों से निमंत्रण प्राप्त होने लगे। जिस दिन मैं धर्मसभा में पहली बार बोला, उसी रात एक काफी धनवान व्यक्ति मुझे जबरदस्ती अपने घर ले गया। उसने मेरे सोने की व्यवस्था एक विशाल शयनकक्ष में की। मुझे उस मुलायम गद्दे पर नींद नहीं आ रही थी। आखिर मैं उठा और खिड़की के पास गया। बाहर घना अँधेरा था। सहसा मैं सिसकने लगा और फिर जोर-जोर से रोने लगा। मैं रोते-रोते बेहोश होकर गिर जाऊँगा, ऐसा मुझे लगने लगा। मैं जमीन पर लेट गया। पर नींद आई ही नहीं। मेरी आँखों के सामने दिखाई पड़ रही थी, भारत की दरिद्रता और गरीब समाज की व्यथा। मेरे संन्यासी जीवन में उन गरीब-गुरबों की झोंपडियों में ही मुझे आश्रय प्राप्त हुआ था। मुझे उनके पास जाने की तीव्र इच्छा हो रही थी।"

वाग्यज्ञ

११ सितंबर, १८९३ की रात में विवेकानंद का भाषण समाप्त होते ही शिकागो के नागरिक उनके दीवाने हो गए। उसी रात स्थान-स्थान पर विवेकानंद की तसवीरों को फ्रेम में मढ़कर लगाया गया और लोग उन्हें नम्रतापूर्वक अभिवादन करने लगे।

धर्म-महासभा की समाप्ति के बाद भी स्वामीजी कई दिनों तक शिकागो में रहे। ७ अक्तूबर, १८९३ को 'इन्व्हेस्टन इंडेक्स' नामक पत्रिका में लिखा गया, "शिकागो में रहते विवेकानंदजी पर प्रतिदिन अभिनंदनों की वर्षा हो रही थी।"

विभिन्न क्षेत्रों के तत्त्वज्ञ लोग स्वामीजी को अपने घर पर दावत के लिए निमंत्रण दे रहे थे। महासभा के बाद निमंत्रण देनेवालों में प्रथम थे, प्रसिद्ध विद्युत-वैज्ञानिक 'प्रोफेसर एलिशा ग्रे।' हायलैंड पार्क में स्थित अपने शानदार बँगले में विद्युत्-साधनों की खोज करनेवाले ग्रे महोदय ने कुछ प्रसिद्ध वैज्ञानिकों को भी निमंत्रण दिया था। इनमें प्रमुख थे—ऍरिटॉन हॉपिटालिया, प्रोफेसर हेस्मन फान हेल्थ हॉल्ट्झ तथा सर विलियम थॉमसन उर्फ लार्ड केल्विन। स्वामीजी के विद्युत्-ऊर्जा के बारे में विचार

सुनकर मैसूर राज्य के दरबारी दंग रह गए थे। इस दावत में उपस्थित वैज्ञानिकों को भी वैसा ही अनुभव हुआ।

शिकागो में प्रसिद्ध अज्ञेयवादी तथा शीर्षस्थ वक्ता रॉबर्ट इंगरसॉल से स्वामीजी की कई बार मुलाकातें हुई थीं। दोनों के विचार एक-दूसरे के एकदम विपरीत थे। इंगरसॉल समस्त धर्ममूल्यों के कटु आलोचक थे। स्वामी विवेकानंदजी दुनिया को धर्म के विषय में एक नया संदेश दे रहे थे, फिर भी उन्हें सभी स्थापित धर्मों के प्रति सहानुभूति थी। एक बैठक में इन दो दिग्गजों के बीच हुआ संवाद उनके जीवनविषयक दर्शन को ही प्रकाशित करता है।

इंगरसॉल—"मैं समझता हूँ, यह संसार एक संतरा है। मृत्यु से पहले इस संतरे को निचोड़कर आनंद का रस निकालना, उसकी आखिरी बूँद निकलने तक भींचकर संतरे का गूदा निकालना, यही है सही अर्थों में जीवन जीना! क्यों?"

विवेकानंद—"नहीं, संतरे के रस को निकालने की मेरी प्रक्रिया एकदम अलग है, पर वह सरस है। इसलिए उस संतरे से आपकी अपेक्षा मुझे कई गुना अधिक आनंदरस मिलता है। मैं अच्छी तरह जानता हूँ, मैं अमर्त्य हूँ। इसलिए मुझे कोई जल्दी नहीं है। मैं निर्भय हूँ, इसलिए मुझे रस निकालने में अत्यधिक आनंद प्राप्त होता है। मुझे परिवार, संपत्ति आदि का बंधन नहीं है, इसलिए मैं सभी से प्रेम कर सकता हूँ। प्रत्येक व्यक्ति को मैं ईश्वर-स्वरूप मानता हूँ। इस दृष्टिकोण से संतरे को निचोड़कर देखिए! आपको हजार गुना अधिक रस प्राप्त होगा।"

हिंदू मानवधर्म का दर्शन स्वामीजी के रोम-रोम में किस प्रकार समाया हुआ था, यह इसका प्रमाण है।

स्वामीजी शिकागो में हेल परिवार अथवा लिऑन परिवार में रहते थे। वृद्धा महिला श्रीमती लिऑन को देखकर स्वामीजी को अपनी माताजी का स्मरण होता था, इसलिए वे उस परिवार में हिल-मिल गए थे। सन् १८९४ में उनकी नतिनी कार्नोलिया कांगर केवल छह वर्ष की थी। आगे उसने युवावस्था में स्वामीजी के संस्मरण लिखे हैं—"स्वामीजी मेरे पक्के दोस्त थे। वे मुझे रोज भारतीय बच्चों तथा पशु-पक्षियों की नई-नई कहानियाँ सुनाते थे। एकदम मेरे समवयस्क-जैसे होकर मुझसे गप्पें मारते थे। हम लोगों की इतनी प्रगाढ़ दोस्ती थी। उनकी वृत्ति भी बालसुलभ थी। उनके पास पर्स नहीं था। भाषण में मिला धन वे एक रूमाल में रखकर घर लाते थे। वे अपना रूमाल जब नानी के सामने खोलते, तो उनके चेहरे के भावों से ऐसा स्पष्ट होता था, मानो वे कहते थे कि 'हमने कितनी कमाई की है, देखो।' फिर मेरी नानी उनको हरेक सिक्के की कीमत बतातीं और वे उसे ध्यान से समझ लेते।

अमेरिकी लड़कियों को जो सुविधाएँ उपलब्ध हैं, वे भारतीय लड़कियों को नहीं

हैं, इसका उन्हें बड़ा दु:ख था, जो वे मुझे बताते थे। मेरी नानी एक महिला चिकित्सालय की अध्यक्षा थीं। वह उनसे अमेरिकन बच्चों की मृत्युदर आदि के बारे में हमेशा पूछते रहते।''

लेखिका ने स्वामीजी के भाषण और उनसे प्राप्त आमदनी का भी उल्लेख किया है। जी हाँ, स्वामीजी ने व्यावसायिक भाषण देना भी प्रारंभ कर दिया था।

स्वामीजी के पूरे अमेरिका में दौरा करने के पीछे एक कारण था। उनके सद्‍गुरु की समाधि के पश्चात् उनका अस्थि-कलश रखने के लिए कोई स्थान नहीं था, यह उनकी समझ में आया, तब स्वामीजी ने पूरे अमेरिका में भाषण देकर धन इकट्‍ठा करने तथा उस धन से बंगाल में सद्‍गुरु की समाधि बनाने का निश्चय किया।

स्वामीजी ने अपनी यह इच्छा प्रोफेसर राइट को बताई। प्रोफेसर राइट को इसमें सफलता मिली तथा 'स्लेटन लिक्कम लेक्चर ब्यूरो' नामक संस्था ने स्वामीजी से संपर्क किया। शिकागो समेत सोलह शहरों में स्वामीजी के भाषणों का आयोजन किया गया। प्रत्येक भाषण का तीस से अस्सी डॉलर मानदेय तय हुआ। पैरों का दर्द, दमा, रक्तचाप, मधुमेह तथा अनिद्रा इन पाँच बीमारियों से मुकाबला करते हुए आखिर स्वामीजी निकल पड़े।

अपनी इस यात्रा का वर्णन करते हुए स्वामीजी श्रीमती हेल को लिखे अपने पत्र में कहते हैं—''इस समय मैं 'मेनासोटा' नामक शहर में रह रहा हूँ। यहाँ जैसा जाड़ा मैं जीवन में पहली बार अनुभव कर रहा हूँ। तापमान माइनस इक्कीस डिग्री है। इसी तरह निरंतर हलके-हलके बर्फ की बारिश देखने का कुछ और ही मजा है। यहाँ से करीब में ही स्थित मिनिहाहा नामक प्रपात का पता चला, तब ठंड की परवाह किए बिना ही मैं वहाँ गया। अत्यधिक ठंड के कारण जमे हुए प्रपात के एक अनूठे दृश्य को देखने का मुझे सौभाग्य प्राप्त हुआ।''

यात्रा पर रहते हुए स्वामीजी की परीक्षा लेने वाली एक घटना हुई। एक छोटे से गाँव में कुछ स्नातक युवक निशानेबाजी की शिक्षा देते थे। 'जिसकी लय ईश्वर के साथ हो गई हो, वह किसी भी स्थिति में अविचल तथा खुश रहता है', यह विवेकानंद का कथन उन्होंने समाचार-पत्रों में पढ़ा था।

इस बात की परीक्षा लेनी चाहिए, ऐसा विचार उन युवकों के मन में आया। उन्होंने स्वामीजी को अपने 'चाँदमारी' नामक प्रशिक्षण केंद्र में आमंत्रित किया। गाँव के बीचोबीच उन्होंने एक मंच तैयार किया। मंच क्या था, पानी भरे जानेवाले लकड़ी के एक ड्रम को ही उल्टा करके रखा गया था। स्वामीजी उस मंच पर खड़े हो गए। उन्होंने भाषण प्रारंभ किया और तुरंत ही चारों ओर से गोलियों की बौछार शुरू हो गई। कुछ गोलियाँ तो उनके कान के बिलकुल नजदीक से जा रही थीं, पर फिर भी

स्वामीजी की एकाग्रता भंग नहीं हुई। भाषण समाप्त कर स्वामीजी मंच से आराम से नीचे उतर आए। युवकों की टोली लज्जित हुई।

स्वामीजी से क्षमा माँगते हुए उन्होंने कहा, "हम लोगों ने सुना था कि पूरब के लोग बड़े डरपोक होते हैं। इसलिए आपको डराने के लिए हम लोगों ने आपके कान के पास से गोलियाँ चलाई थीं, इससे पूरब का तो क्या, पश्चिम का सैनिक भी घबरा गया होता।"

२० नवंबर, १८९३ से फरवरी, १८९४ के बीच चार महीनों में संस्था ने स्वामीजी के कुल ६६ भाषण आयोजित किए थे। कभी-कभी तो दो-दो घंटों के भाषण एक ही दिन में देने पड़ते थे और परिस्थिति भी प्रतिकूल थी। कड़कड़ाती ठंड, यात्रा का श्रम, छोटे शहरों की गंदगी, अँधेरे होटलों में निवास करना, फिर भी स्वामीजी के भाषण आवेशपूर्ण होते थे। सत्य-सनातन धर्म के माध्यम से स्वामीजी दुनिया भर के धर्मों तथा संप्रदायों के समन्वय के उदात्त विचारों का प्रतिपादन करते थे।

बीच-बीच में वे अमेरिकी श्रोताओं को खरी-खोटी भी सुना देते थे। क्रिश्चियन धर्म के दोषों पर भी वे प्रहार करते थे। इसी यात्रा में डेट्राइट नामक शहर में दिए अपने भाषण में उन्होंने क्रिश्चियन धर्म पर इतनी तीखी टिप्पणी की थी कि आज भी उसका असर क्रिश्चियन लोगों के मानसपटल पर दिखाई पड़ता है। इसी भाषण में विवेकानंद की स्पष्टवादिता, प्रखर देशभक्ति तथा हिंदुत्व पर अटूट निष्ठा दिखाई पड़ती है। अमोघ शब्द-बाणों का प्रयोग तथा प्रभावी वक्तृत्व का दर्शन देनेवाले उस डेट्राइट के भाषण में स्वामीजी ने कहा था—

"हम सभी भारतीय लोग उठकर यदि हिंद महासागर के नीचे जमे हुए कचरे को निकालकर आप लोगों के ऊपर डालें, तो भी आप लोग हम लोगों के साथ जो क्रूर व्यवहार कर रहे हैं, इसकी तुलना में वह कम ही रहेगा।

"आप लोग गर्भ से ही यह गलतफहमी लेकर पैदा होते हैं कि आप देवदूत हैं और हम लोग जंगली जानवर। शिक्षा, कपड़े तथा धन देकर आप लोग धर्मोपदेशकों की फौज खड़ी करते हैं। किसलिए? इसलिए कि यह फौज मेरे भारत देश पर आक्रमण करे, मेरे देवताओं, पूर्वजों को गालियाँ दे। मंदिर के पास जाकर ये धर्मोपदेशक चिल्लाते हैं, 'मूर्तिपूजको! तुम लोग नरक में जाओगे।' पर हिंदू जन्मजात नम्र होता है। वह हँसकर मन-ही-मन यह कहकर निकल जाता है, 'ये मूर्ख हैं। इनको बकने दो।'

"आप लोग हम लोगों पर गालियों की बौछार करें और मैं यदि आपके बारे में थोड़े से भी कठोर शब्दों का प्रयोग करूँ तो आप आहत होकर मुझसे कहें, 'नहीं-नहीं। आप हम लोगों के बारे में ऐसे कटु शब्दों का प्रयोग न करें। हम लोग अमेरिकन हैं, हम लोग सभी धर्मानुयायियों पर टीका-टिप्पणी करेंगे, गालियों की बौछार करेंगे,

पर हमारे बारे में कृपया कुछ न बोलें, हम लोग बड़े भावुक हैं।' वाह, यह अच्छा न्याय है!

''स्कूल जाने वाले अबोध बालकों से तथा मिलों में काम करने वाले अनपढ़ मजदूरों से अन्य लोग यह बताकर चंदा लेते हैं कि भारतवर्ष में सतीप्रथा बंद करानी है, भारतीय बालिकाओं को मगर के जबड़े से बचाना है, लेकिन वह चंदा सिर्फ एक काम में खर्च होता है और वह है धर्मांतरण। धर्मांतरण! क्या क्षुद्र कल्पना है। कल तक जिस आदमी को पापी कहा जाता था, उसके द्वारा आज जब क्रिश्चियन धर्म स्वीकार कर लिया जाता है, तो उसे पुण्यात्मा कहा जाए।

''याद रहे! दुनिया का जो पहला मिशनरी था, उसने आधी दुनिया को अपनी वैचारिक शक्ति से प्रेरित किया, खून की एक बूँद गिराए बिना भी मत-परिवर्तन कर दिया। उसका नाम था गौतम बुद्ध और आप लोग! आप तलवार की ताकत से, संगीनों के बल पर धर्मांतरण करना चाहते हैं—पर यह असंभव है। आप लोग मुझे एक ऐसा उदाहरण दीजिए, जहाँ बिना रक्तपात के आप लोगों ने क्रिश्चियन धर्म का प्रचार किया हो और फिर भी आप कितने लोगों का धर्मांतरण कर पाए? दुनिया का हर छठा व्यक्ति चीनी है, यानी बौद्ध है। चीन के अलावा जापान, तिब्बत, रूस, साइबेरिया, सयाम तथा बर्मा ये भी हैं, इन्हें मत भूलिए। धर्म के नाम पर शस्त्र लेकर परधर्मी लोगों पर जुल्म ढहाने वाले संप्रदाय काल के प्रवाह में समाहित हो गए हैं। आप लोगों जैसी शेखी कभी अरबों ने भी बघारी थी। आज कहाँ हैं अरबी लोग? उसी तरह का घमंड रोमन लोगों ने भी दिखाया था। आज कहाँ हैं रोमन लोग?

''ध्यान रहे, स्वार्थ पर आधारित प्रत्येक वस्तु का विनाश अवश्यंभावी है। 'मैं' ही जिसका मुख्य लक्ष्य होता है, 'भोग' ही जिसका अंतिम उद्देश्य होता है, ऐसे मूल्य नष्ट हो जाते हैं। ये कभी भी शाश्वत नहीं होते।

''यदि आपको जीवित रहना है तो भोग-विलास का त्याग करना होगा। ईश्वर तथा कुबेर की पूजा-सेवा एक साथ कभी नहीं हो सकती। यदि आप इस असीमित धन-समृद्धि के साथ ईसा के सिद्धांतों का गठजोड़ कर सकते हो, तो बहुत अच्छा, पर यदि ऐसा संभव न हो तो ऐहिक सुख के लिए की जाने वाली निरर्थक उठापटक से दूर हो जाइए और ईसा की शरण में जाइए। ईसा को छोड़कर महलों में रहने की अपेक्षा चीथड़ों में ईसा के साथ रहना अधिक श्रेयस्कर है। ईसा कहते थे, 'मुझे तकिया की जगह पत्थर भी चलेगा।' आज ऐशोआराम में आप लोग इतने मग्न हैं कि उसे सिर के नीचे रखने को देने के लिए आपके पास पत्थर भी नहीं है, फिर वह कैसे आएगा आपके पास? कैसे बसेगा आपके मानस में?''

विवेकानंद के इस तीखे वक्तव्य को समाचारों में पढ़कर अमेरिका के पादरियों

का भड़कना स्वाभाविक ही था, पर बॉस्टन में दिए गए उनके भाषण से श्रोता भी कुपित हो गए और उठकर चले गए। कविमन के स्वामीजी को बाद में पश्चात्ताप भी हुआ, पर वह यह सब इतनी सहजता से तथा तेजी से बोले कि उन्हें विषयांतर होने की बात ध्यान में नहीं आई। श्रोताओं ने उनसे गुरुदेव परमहंस पर व्याख्यान देने का अनुरोध किया था। परमहंस का प्रथम बार अमेरिकावासियों को परिचय कराने का सौभाग्य उन्हें प्राप्त हुआ था, इसलिए उन्होंने बड़े उत्साह के साथ अपने भाषण की तैयारी की थी, पर मंच पर जाते ही श्रोताओं को देखकर उनके मन में विचार आया, 'ये कृत्रिम, संसारी तथा भोगी लोग, धनलोलुप तथा मौज-मस्ती करने वाले, इन्हें मैं ऐसे युगपुरुष के बारे में क्यों बताऊँ, जिसे सिक्के का स्पर्श भी सहन नहीं होता था। कीमती पोशाकें पहननेवाले इन लोगों को ऐसी लोकोत्तर विभूति के बारे में क्यों बताऊँ, जिन्हें अपने पहने हुए अँगोछे का भी होश नहीं होता था। नहीं-नहीं।'

मुख्य विषय तो धरा रहा एक ओर, स्वामीजी ने अमेरिकी भोगप्रवृत्ति पर करारा प्रहार किया। लोग उठकर चले गए। गलती तो हो ही गई थी और धर्म-महासभा में दहाड़नेवाले नरश्रेष्ठ से गलती भी हो सकती है, यह सारे लोगों की समझ में आ गया था। घर जाकर स्वामीजी रोने लगे। सद्गुरु का स्मरण हो आया। वह करुणामूर्ति, अहिंसा के निष्ठावान् उपासक, किसी का भी मन दुःखी करने की हिंसा उनसे कभी भी नहीं हुई और मैं कभी-कभी ऐसा आक्रामक क्यों होता हूँ? एक-एक पुरानी बात का स्मरण हुआ। एक बार शाक्त पंथ के एक आसुरी मार्ग का अवलंबन करनेवाले कुछ व्यक्तियों को खूब खरी-खोटी सुनाई थी, तब गुरुदेव ने कहा था, 'बेटा नोरेन, तुम उस मार्ग पर मत जाओ, उन पर क्रोध मत करो।

व्याख्यानमाला खंडित नहीं हुई। वाग्यज्ञ जारी था।

इस सारे भाषण-व्यवहार में संस्था स्वामीजी को धोखा दे रही थी। पर्याप्त टिकट-बिक्री होने के बावजूद उन्हें कम रकम दी जाती थी, पर जब स्वामीजी के संज्ञान में यह बात आई, तब तक चार महीने हो चुके थे। २० फरवरी, १८९४ को श्रीमती हेल को लिखे अपने पत्र में स्वामीजी ने लिखा—''परसों हुए व्याख्यान में पाँच हजार दो सौ डॉलर के टिकट बिके, पर मुझे सिर्फ दो सौ डॉलर ही दिए गए। आज तक इस संस्था के व्यवस्थापक ने मेरे पाँच हजार डॉलर मार लिये है। 'डेस्टाइट' के थॉमस पामर मेरे अच्छे मित्र हैं। वे 'विश्व मेला' समिति के अध्यक्ष भी हैं। वे शिकागो जाकर लिक्कम संस्था के साथ हुआ मेरा अनुबंध समाप्त करेंगे। जैसे ही यह अनुबंध समाप्त होगा, मैं तुरंत भारतवर्ष वापस चला जाऊँगा।''

पामर शिकागो गए तथा अनुबंध समाप्त कराने में सफल हुए, फिर भी विवेकानंद भारत वापस नहीं आए। धर्म-महासभा के बाद छह महीने में अमेरिका के अपने मित्रों

को लिखे पत्र में स्वामीजी ने लिखा था, "परमात्मा ने हिमालय के बर्फ से, दक्षिण भारत की तेज गरमी में से घुमाते हुए मुझे अब अमेरिका लाया है। मैं उसके हाथ का एक खिलौना हूँ। वह मुझे जहाँ ले जाएगा, आखिर मैं वहीं जाऊँगा। मैं स्वयं कोई निर्णय नहीं ले सकता।"

संस्था के साथ संबंध-विच्छेद होने के बाद स्वामीजी ने स्वयं ही भाषणों का आयोजन प्रारंभ किया। इसमें वे सफल भी हुए। इस दौरान विवेकानंद अमेरिका की संगठनशक्ति तथा शास्त्रों की प्रगति को बड़ी सूक्ष्मता से परखते रहे। विज्ञान की सभी शाखाओं के तत्त्वज्ञ वैज्ञानिकों से वे मिलते तथा संवाद करते। भारतवर्ष जैसे पिछड़े देश से आया हुआ एक धर्मगुरु विज्ञान जैसे विषय पर भी गहन चर्चा कर सकता है, यह देख अमेरिकी वैज्ञानिक हतप्रभ हो गए।

स्वामीजी विज्ञान के साथ चित्रकला-प्रदर्शनियों में भी रुचि रखते थे। हर शहर की आर्ट गैलरी वे बड़े चाव के साथ देखते। इसी प्रकार वह पश्चिम के संगीत कॉन्सट्र्स में भी उपस्थित रहते थे। विज्ञान, कला, संगीत आदि विषयों में रुचि रखनेवाला तथा उस विषय में अधिकारवाणी में अपना मत व्यक्त करनेवाला कोई संन्यासी आज तक नहीं हुआ।

सन् १८९३ समाप्त हो गया। स्वामीजी स्वदेश लौटने के लिए आतुर थे, पर अभी पूरे तीन वर्ष तक विदेश में कार्य करना था। वाग्यज्ञ तेजी पकड़ने वाला था। उनके व्याख्यान ग्रंथबद्ध होने वाले थे। गोरे स्त्री-पुरुष उनके शिष्य बनकर संन्यास लेने वाले थे, पर सही मायने में अभी अच्छे दिन प्रारंभ नहीं हुए थे। सन् १८९४ में स्वामीजी को विरोधियों के चौतरफा प्रहारों का मुकाबला करना था।

विरोधियों का चौतरफा प्रहार

१८९४ की फरवरी में 'स्लेटन लिक्कम लेक्चर ब्यूरो' के साथ स्वामीजी का अनुबंध समाप्त हो गया। अब वे स्वयं ही व्याख्यान तय करने लगे। विलियम जेम्स जैसे मनोविज्ञानी स्वामीजी को गुरुतुल्य मानने लगे, पर इस पर वक्रदृष्टि रखनेवाली एक चौकड़ी भी नजर आने लगी। जून में ग्रीष्म प्रारंभ हो गया और दिन-रात परिश्रम करने वाले लोगों के लिए छुट्टी का मौसम प्रारंभ हुआ। हर तरह की धार्मिक संस्थाओं के कार्य-कलाप भी शांत हो गए। सूर्य-किरणों में स्नान करने के लिए मानो पूरा देश ही बाहर निकल पड़ा।

अनेक महीनों तक जाड़े में ठिठुरे हुए विवेकानंद के भाग्य में सूर्य-किरणों की ऊष्मा नहीं थी। इसके विपरीत उन्हें विरोधियों की आलोचना की लू लगनेवाली थी। शत्रुओं की चांडाल ने चौकड़ी अमेरिका से स्वामीजी को उखाड़ फेंकने के लिए तैयार

थी। गरमी की छुट्टियों का 'सदुपयोग' स्वामी विवेकानंद को नेस्तनाबूद करने के लिए होनेवाला था। १८९४ के प्रारंभ से ही उन्होंने व्यूह-रचना कर ली थी। स्वामीजी द्वारा डेट्राइट में दिए गए भाषण के बाद से ही मिशनरियों ने कुछ सुंदर युवतियों को स्वामीजी का ब्रह्मचर्य भंग करने के लिए भेजा था। उन्हें काफी धन देने का भी लालच दिया गया था, पर स्वामीजी को मुग्ध करने के लिए प्रेयसी के रूप में भेजी गईं वे युवतियाँ उनकी 'माता' बनकर वापस आईं तो मिशनरियों को पराजय स्वीकार करनी पड़ी। थोड़ा रुककर पादरियों ने फिर तैयारी के साथ तोपों को दागने की ठानी।

इस विरोध-प्रकरण में विवेकानंद के मनोहारी व्यक्तित्व के दर्शन होते हैं। आक्रामक योद्धा तथा चिंतातुर बालक—इन दोनों में ही उनके रूप दिखाई पड़ते हैं। उनकी जब आलोचना होने लगी तो स्वामीजी बेफिक्र थे। गुरुकृपा, ब्रह्मचर्य तथा निर्धनता के कवच में वे सुरक्षित हैं, ऐसी उनकी धारणा थी। जब आलोचनाओं का जोर बढ़ा और अमेरिका की तरह ही भारतीय समाचार-पत्रों में भी मिथ्या कुप्रचार का विष प्रकाशित होने लगा तो किसी भूत को देखने पर जैसे कोई बालक डर जाता है, वैसे ही वे भी डर गए। उन्होंने अपने अमेरिकी हितचिंतकों को पत्र लिखकर गिड़गिड़ाकर कहा कि यह सब मिथ्या है। उनके ध्यान में एक और बात आई—१८९३ के सितंबर में संपन्न हुई धर्म-महासभा में हिंदू-धर्म की महानता का गगनभेदी पांचजन्य फूँकने को अब नौ महीने होने पर भी वे एकाकी ही थे। किसी भी मान्यता प्राप्त हिंदू संगठन ने 'विवेकानंद हमारा प्रवक्ता है' ऐसी आधिकारिक घोषणा नहीं की थी। यह वस्तुस्थिति समझ में आने के बाद कविमन के उस नरश्रेष्ठ को कितनी मानसिक पीड़ा हुई होगी। भारतीय समाचार-पत्रों में उनकी यशोगाथा प्रकाशित होने के बाद भी हिंदुत्व की डींग हाँकनेवाले कोटि-कोटि हिंदू बांधवों द्वारा विवेकानंद को अपने नेता के रूप में उद्घोषित करने की सामान्य-सी औपचारिकता न करने के कारण स्वामीजी कितने दुःखी हुए होंगे?

विरोधियों के प्रहारों के कुछ नमूने

विवेकानंदजी की बढ़ती हुई प्रसिद्धि का दुष्परिणाम सर्वप्रथम 'अमेरिकन क्रिश्चियन मिशन' पर हुआ। १८९४ में प्रकाशित हुई एक रिपोर्ट में इस मिशन ने कहा, "विवेकानंद की अभिनव शिक्षा तथा उनकी विपुल कीर्ति के कारण अमेरिकी जनता ने हमें आर्थिक सहायता देना कम कर दिया है। इसके कारण एक साल में मिशन को दस लाख पौंड का नुकसान हुआ है।"

दस लाख पौंड का नुकसान यानी बहुत बड़ी रकम का नुकसान। इतना बड़ा नुकसान होने पर कोई भी संस्था नाराज तो होगी ही। उसमें भी धार्मिक संस्थाएँ तो अधिक नाराज होंगी, क्योंकि अत्यधिक धार्मिकता में कट्टरपन अधिक होता है। इस

पर उपाय के तौर पर क्रिश्चियन मिशन ने विवेकानंद को पूरी तरह से समाप्त करने का मिशन प्रारंभ कर दिया।

किसी भी मठ, मिशन, समाज अथवा संप्रदाय का प्रतिनिधि न होते हुए भी एक साधारण से संन्यासी का अमेरिका में आना और धर्मसभा में अपने सहज सौंदर्य से, अमोघ वक्तृत्व से अमेरिकी स्त्री-पुरुषों को सम्मोहित करना स्तब्धकारी था। स्वामीजी की इस लोकप्रियता से विषमता का अनुभव करनेवालों में से पहली आवाज उठाई क्रिश्चियन मिशनरियों ने, पर स्वामीजी का सौंदर्य, उनका वक्तृत्व और स्त्रियों को सम्मोहित करने की उनकी ताकत, ये सारी बातें मिशनरियों की ईर्ष्या के गौण कारण थे। उनके विरोध का मुख्य कारण था, स्वामीजी की धर्म की व्याख्या। 'जतो मत, ततो पथ' (सारे धर्म-मत ईश्वर के पास पहुँचते हैं) ऐसी धर्म की व्याख्या चार शब्दों में रामकृष्ण परमहंस ने की थी। इसी व्याख्या की स्वामीजी केवल विस्तृत व्याख्या करते थे।

यदि सभी धर्म एक समान हैं और स्वामीजी के कथनानुसार हरेक धर्म में महापुरुष हुए और होंगे, यह बात यदि सच है तो हमारे क्रिश्चियन धर्म की महानता समाप्त हो जाएगी, ऐसा डर शिकागो के धर्मप्रचारकों को होने लगा। सच तो यह है कि उन लोगों ने स्वामीजी के इस मत को चुनौती के रूप में स्वीकार कर भारत में मिशनरी-कार्य को सुधारने और बढ़ाने की ओर ध्यान देना चाहिए था। पर ऐसा न कर पादरी लोगों ने विवेकानंद के बारे में बेबुनियाद तथा व्यर्थ ही में विषवमन प्रारंभ कर दिया।

''विवेकानंद किसी भी हिंदू संप्रदाय का प्रतिनिधि नहीं है। उसे कोई धार्मिक नेता नाम से भी नहीं पहचानता। वह जो कहता है, वे मत हिंदू धर्म में कहीं भी नहीं कहे गए हैं। वह खुद के ही उल्टे-सीधे मत अमेरिका में व्यक्त कर रहा है। वह एक विक्षिप्त और कपटी आदमी है।'' ऐसा कुप्रचार मिशनरियों ने समाचार-पत्रों में प्रारंभ किया।

मिशनरियों द्वारा ऐसा कुप्रचार प्रारंभ करने पर तुरंत विरोधी भारतीय भी उसमें सम्मिलित हो गए। इन भारतीय विरोधियों में महत्त्वपूर्ण व्यक्ति थे, अमेरिका में लोकप्रिय हुए 'ब्रह्म समाज' के नव विधानपंथ के अग्रणी प्रतापचंद्र मजूमदार। मजूमदार अमेरिका में क्रिश्चियन धर्म पर भारतीय मुलम्मा चढ़ाकर प्रवचन देते थे। उनका 'दि ओरियंटल क्राइस्ट' ग्रंथ भी अमेरिका में मशहूर था। धर्म-महासभा में उनका झंडा गाड़ने का निश्चय था, पर विवेकानंदजी के कारण यह संभव नहीं हो सका, इसलिए वे नाराज थे।

सन् १८९४ के जनवरी माह में गुरुबंधु रामकृष्णानंद को लिखे पत्र में अपनी व्यथा

व्यक्त करते हुए स्वामीजी लिखते हैं—"मैं मजूमदार साहब से जब यहाँ पहली बार मिला था, तो वे बड़े प्रेम से बोले तथा उन्होंने अच्छा व्यवहार भी किया। पर जब सारे शिकागो ने मुझे सिर पर बैठाया तो उनका मन विकृत हुआ और वे मेरे विरुद्ध घातक प्रचार करने लगे।"

मजूमदारजी ने रामकृष्ण परमहंस तथा विवेकानंद को बदनाम करनेवाला एक भाषण भी ठोक दिया। उनके भाषण के बाद एक श्रोता ने उन्हें कुछ छपे हुए कागज दिए और उस पर उनका मत पूछा। उस कागज पर पंद्रह साल पूर्व मजूमदारजी द्वारा परमहंस की महानता पर लिखा हुआ लेख था। बेचारे मजूमदारजी क्या कहते! चुप हो गए।

इसके बाद भी मजूमदारजी ने कलकत्ते में उन्हीं की बस्ती में रहनेवाले युवा नरेंद्र पर अमेरिका में तथा उसके भारत लौटने के बाद भी कुत्सित प्रहार जारी रखा था।

इन विरोधियों के साथ ही थियोसॉफिकल सोसाइटी भी स्वामीजी पर टीका-टिप्पणी करने लगी। 'शिकागो हेराल्ड', 'इंटर ओशन', 'न्यूयॉर्क सन', 'बॉस्टन डेली' आदि विभिन्न पत्र-पत्रिकाओं के माध्यम से सोसाइटी ने स्वामीजी के विरुद्ध प्रचार प्रारंभ किया। "स्वामीजी का नाम विवेकानंद न होकर उसका नाम बाबू नरेंद्रनाथ दत्त है। वह शूद्र है। इसी प्रकार वह संन्यासी तो दूर, ब्रह्मचारी भी नहीं है। वह मांसाहार, धूम्रपान करता है। वह रूढ़ि और परंपराओं को न माननेवाला एक आवारा गायक और नट है।" ऐसे समाचार इन पत्र-पत्रिकाओं में प्रकाशित होने लगे।

ये थे स्वामीजी के तीन शत्रु। चौथा शत्रुदल था महिलाओं का। 'पंडिता रमाबाई सर्कल' नामक संस्था में अनेक अमेरिकी महिलाएँ काम करती थीं। पंडिता रमाबाई विवेकानंद से पहले अमेरिका गई थीं। भारतीय स्त्रियों, विशेषकर बाल विधवाओं की शोचनीय स्थिति का उन्होंने बड़े प्रभावी ढंग से अपने भाषणों के माध्यम से वर्णन किया था, पर विवेकानंद इस स्थिति का वर्णन और अधिक प्रभावी ढंग से करते हैं, इसका ज्ञान उन महिलाओं को नहीं था। उन्होंने स्वामीजी का चरित्र-हनन करने वाली अफवाहें फैलाईं। उनमें से एक बहुत ही गंदी अफवाह स्वामीजी ने स्वयं अपने २१ मार्च, १८९४ को श्रीमती बुल को लिखे पत्र में बताई। उन्होंने कहा "I am astonished to hear the scandals the Ramabai circles are indulging in about me. Among others, one item is that Mrs. Bagley at Detroit had to dismiss servant girl on account of my bad charactor."

विवेकानंद को बदनाम करने का सिलसिला चारों ओर से प्रारंभ हो गया। पर विवेकानंद ने इस पर कोई प्रतिक्रिया व्यक्त नहीं की। 'विवेकानंद हिंदू धर्म के सच्चे प्रतिनिधि हैं,' ऐसा एक भी पत्र किसी भी भारतीय मठाधीश ने, किसी शंकराचार्य ने

अथवा किसी भी धर्मगुरु ने अमेरिका के किसी एक भी पत्र-पत्रिका को नहीं भेजा। इस पर स्वामीजी ने सोचा कि हजार सालों की गुलामी के कारण भारतीयों की संगठनात्मक शक्ति समाप्त हो चुकी है। इसलिए उनमें ऐसा पत्र लिखने की सोच पैदा नहीं हुई।

उनके विरोध का स्वर अधिक तेज होने पर स्वामीजी थोड़ा घबरा गए। जैसे कोई छोटा बच्चा अपने बचाव में यह कहते हुए सुनाई पड़ता है कि मैंने कुछ भी नहीं किया और अपनी बात समझाता है। उसी प्रकार स्वामीजी ने भी अपने मित्रों को पत्र लिखने प्रारंभ किए। उनके ब्रह्मचर्य का उपहास तथा सज्जन व्यक्तियों को इस आवारा व्यक्ति को घर में प्रवेश नहीं देना चाहिए, जैसे कुप्रचार से वे अत्यधिक आहत हुए।

जिस हेल परिवार ने शिकागो में स्वामीजी को पहली बार आश्रय दिया था तथा धर्मसभा में प्रवेश दिलाने में सहायता की थी, उस जी.डब्ल्यू. हेल को एक गुमनाम पत्र आया। उसमें लिखा था, ''आपके घर में चार सुंदर युवतियाँ हैं। उन्हें विवेकानंद नामक नरपिशाच से बचाइए।'' हेल ने यह पत्र पढ़ा और जला दिया।

उसके बाद श्रीमती बागले ने उनकी दोस्त को पत्र द्वारा सूचित किया कि उनकी कोई भी नौकरानी घर छोड़कर नहीं गई है, पर इस कुप्रचार से स्वामीजी को बहुत बड़ा मानसिक आघात हुआ। उन्होंने कलकत्ते में गुरुबंधुओं तथा मद्रास में शिष्यों को पत्र भेजकर विशाल जनसभाएँ आयोजित करने के लिए विनती की।

इन सभाओं में आप लोग एक प्रस्ताव पारित करें, जिसमें कहा जाए कि विवेकानंद एक सच्चा संन्यासी है तथा वह ब्रह्मचर्य तथा भिक्षावृत्ति की प्रतिज्ञा लेनेवाला हिंदू धर्म का एक प्रतिनिधि है। ऐसा प्रस्ताव अमेरिका के समाचार-पत्रों को भेज दें। ऐसी प्रार्थना स्वामीजी ने अपने पत्रों में की थी।

स्वामीजी के कथनानुसार सभाएँ आयोजित की गईं। प्रस्ताव पारित कर अमेरिका भेजे गए, पर इसमें तीन महीने लग गए। इन तीन महीनों में स्वामीजी का मन कितना विचलित रहा, इस बात का पता उनके द्वारा २८ जून, १८९४ को मद्रास के एक शिष्य को लिखे गए उनके पत्र से चलता है। उसमें उन्होंने लिखा है—"Every moment I expect something from India. No, it never came. Last two months especially I was in torture at every moment."

उन मानसिक यातनाओं से स्वामीजी के विचलित होनेवाला चित्र मई, १८९४ को स्वामीजी द्वारा प्रो. राइट को लिखे पत्र के इन वाक्यों से स्पष्ट होता है—''संन्यासी द्वारा कोई सफाई नहीं देनी चाहिए। मैं भी दुनिया के सामने कोई सफाई नहीं देना चाहता, पर आप लोगों की शंकाओं का समाधान करना मैं अपना कर्तव्य मानता हूँ। सच तो यह है कि मैं न कभी मिशनरी था और न कभी हो सकता हूँ। मेरा स्थान

एकांत हिमालय में ही है। अपने देशबांधवों के अपार कष्टों को देखकर उनकी मुक्ति के लिए मैंने सामाजिक जीवन में प्रवेश किया। उनकी मुक्ति का उपाय ढूँढ़ा। काफी परिश्रम किया, पर अंत में असफल ही साबित हुआ। भगवान् की जैसी इच्छा होगी, वैसा ही होगा।''

ऐसी ही हताशा व्यक्त करते हुए मासूम स्वामीजी २० जून, १८९४ को अपने वरिष्ठ मित्र जूनागढ़ के दीवानजी को लिखते हैं, 'कलकत्ते के मजूमदार, मुंबई के नगरकर तथा पुणे की सोराबजी नामक एक क्रिश्चियन लड़की यहाँ अमेरिकी जनता को बता रही है कि मैंने यहाँ आकर ही संन्यासी के वस्त्र पहने, मैं भारत में संन्यासी था ही नहीं, मैं एक लुच्चा तथा बेईमान आदमी था।' पर दीवान साहब! इस कुप्रचार को रोकने लिए किसी भी भारतीय ने एक पत्र तो क्या, एक पंक्ति भी लिखना उचित नहीं समझा?

(''Even this much, the expenditure of few words, they could not do. Brevo, my countrymen.'')

मन को झकझोरने वाले ऐसे कितने ही पत्र उस विकट समय में स्वामीजी ने अपने मित्रों को लिखे। सत्ता, व्यापार, खेल आदि क्षेत्रों में प्रतिस्पर्धा होना तो समझ में आता है, पर धर्म के क्षेत्र में भी प्रतिस्पर्धा? एक-दूसरे को नीचा दिखाने की कोशिश? इसमें उनके जैसे निस्स्वार्थ ईश्वरभक्त का टिकना कठिन है, इसका ज्ञान उन्हें हो गया था। इस कारण उन्हें घोर निराशा हो चुकी थी। बालसुलभ, अधीर स्वभाव के कारण वे ऐसी चिट्ठियाँ सतत लिखते रहते थे। भारत से पत्र आने में दो महीने लगते थे, पर स्वामीजी के पास इतना धैर्य नहीं था। क्या आश्चर्य है? माया से दूर रहनेवाले महान् वेदांती विवेकानंद निराश हो चुके थे। ईश्वरभक्त को कोई भी वक्र दृष्टि से देख नहीं सकता, ऐसा दृढ़ विश्वास रखनेवाला परमहंस का पट्टशिष्य हताश हो चुका था। इसलिए विवेकानंद हम लोगों को निकट के लगते हैं। शत-प्रतिशत मानवीय वृत्ति का यह व्यक्ति अन्य सिद्ध पुरुषों की भाँति दूर का नहीं लगता।

भारत ने विगत हजार वर्षों के इतिहास से यह सिद्ध कर दिया है कि वह देरी से तथा किसी के द्वारा उकसाने पर जाग्रत् होता है। यह जागृति स्वामीजी द्वारा लिखे गए पत्रों द्वारा उकसाने पर ही प्राप्त हुई।

इसकी अगुवाई की मद्रास के शिष्यों ने। २८ अप्रैल, १८९४ को पचय्यप्पा सभागार में दीवान बहादुर एस. सुब्रह्मण्यम अय्यर की अध्यक्षता में आयोजित सभा में विवेकानंद हिंदू धर्म के अधिकृत प्रतिनिधि होने के साथ ही, वे एक चरित्रवान् संन्यासी हैं, ऐसा प्रस्ताव सर्वसम्मति से पारित हुआ तथा समाचार-पत्रों ने उसे प्रमुखता से प्रकाशित किया। उधर कलकत्ते की धर्मसभा में उपस्थित बौद्ध प्रतिनिधि धर्मपाल

जापान से आए थे। उन्होंने स्पष्ट किया कि प्रतापचंद्र मजूमदार के सारे आरोप मिथ्या हैं। विवेकानंद ने धर्मसभा में तहलका कचा दिया था इसका सचित्र वर्णन समाचार-पत्रों को भेजा गया। पूरे भारतवर्ष में सभाएँ हुईं तथा उनकी प्रकाशित रिपोर्टें अमेरिकी प्रेस को भेजी गईं। वहाँ भी उन्हें अक्षरश: प्रकाशित किया जाने लगा।

अब स्वामीजी का आनंद चरम पर था। सगी बहनों से भी प्रिय हेल भगिनियों को स्वामीजी लिखते हैं—

"मेरी प्यारी बहनो! जगदंबा की जय हो! मुझ पर आई बला से ईश्वर ने मुझे मुक्त किया। ईश्वर पिता है, माता भी है और माता-पिता अपनी संतानों को अपने से कभी दूर रखते हैं क्या? पत्र के साथ कुछ रिपोर्ट भेज रहा हूँ। अधिक नहीं लिख रहा हूँ। किसी महिला की तरह मैं इस कमरे में अकेले रोते हुए बैठा हूँ।"

३० अगस्त, १८९४ के 'बॉस्टन ईवनिंग ट्रांसस्क्रिप्ट' में मद्रास में आयोजित सभा का वर्णन प्रकाशित हुआ। दूसरे ही दिन स्वामीजी ने अपने पट्टशिष्य अलसिंगा पेरूमल को जो लिखा, उसमें उनकी ईमानदारी देखिए—

"वाह! बच्चे! तूने कमाल कर दिया। मैं तुम्हारे ऊपर भड़क गया था, इसे भूल जाओ। मेरे साथी, मैंने वह पत्र बड़ी ही खराब मनोदशा में लिखा था। घर से १५ हजार मील दूर रहते हुए आदमी कभी-कभी हताश होगा ही। अरे, रूढ़िवादी क्रिश्चियन शत्रुओं के साथ मुझे लड़ाई लड़नी पड़ती थी। अब चिंता की कोई बात नहीं है। मिशनरीज हों, मजूमदार हो या मूर्ख धार्मिक नेता हों, कोई भी प्रामाणिकता, सत्यप्रियता तथा प्रेम पर आधारित मानवमंदिर में दरार नहीं डाल सकते। बस अब कमर कसकर खड़े रहो, श्रद्धा रखो और काम पर लग जाओ। सारी दुनिया अँधेरे में है, हमें उसे प्रकाश देना है।"

शत्रु का सफाया हो गया। विवेकानंद नामक सच्चरित्र के मन पर किए गए प्रहार से उनके ही शस्त्र बोथरे और बेकार हो गए। अंत में विरोध के बादल साल भर के बाद छँट गए। विवेकानंद के विरोधियों की पराजय हुई। स्वामीजी के चरित्र-हनन के कारण उनके असंख्य चाहने वाले उद्वेलित हुए थे। उन्होंने समाचार-पत्रों के माध्यम से विरोधियों को खूब खरी-खोटी सुनाई। अंत में विरोधियों को भी डर लगा कि अगर वे चुप न हुए तो अमेरिका जैसे संपन्न देश में उनकी रही-सही हस्ती भी मिट जाएगी। इसलिए मिशनरी, ब्राह्म समाज, थियोसॉफिस्ट तथा रमाबाई सर्कल ने मौन रखना ही श्रेयस्कर समझा।

अमेरिका में किए गए कार्य

रामकृष्ण परमहंस ने विवेकानंद को एक बात कई बार बताई थी, वह थी सुविचार

यानी अच्छे विचार। इसका महत्त्व बताते हुए रामकृष्ण कहते थे, 'यदि कोई व्यक्ति मनन-चिंतन के लिए गुफा में जाकर बैठता है और उसके मन में एक अच्छा विचार आते ही यदि वह मर जाता है, फिर भी उसका वह विचार चारों ओर फैलकर समस्त मानवजाति के मन को प्रभावित कर सकता है।'

इस प्रकार के अच्छे विचारों को लोगों तक पहुँचाने के लिए विवेकानंद पश्चिम में गए थे। उन सुविचारों के सेतु को स्वामीजी पूर्व तथा पश्चिम देशों को जोड़ने के लिए बनाना चाहते थे। अद्वैत सिद्धांत के अनुसार, सारे मानव भाई हैं। सर्वधर्म-समन्वय आवश्यक है। व्यक्तिगत स्वार्थ के लिए देशों के आपसी वैमनस्य मृगतृष्णा हैं। वेदांत के ये सिद्धांत स्वामीजी लोगों के सामने रखना चाहते थे, पर राजनीतिक, सामाजिक, आर्थिक तथा धार्मिक नई-नई समस्याएँ मानवजाति के सामने मुँह बाए खड़ी थीं। उन समस्याओं का समाधान करनेवाला कोई नया दर्शन सरल एवं प्रभावी अंग्रेजी के माध्यम से बताना—स्वामीजी की परदेश-यात्रा का मुख्य उद्देश्य था।

सभी समस्याओं की गुत्थी आत्मबल से सुलझाई जा सकती है—इस नवीन सुविचार का स्वामीजी उपयोग करने वाले थे। महत्त्वाकांक्षी राजनेता, महान् उद्योगपति होने का स्वप्न देखनेवाला छोटा व्यापारी, समाज की सेवा करनेवाला समाजसेवक तथा कर्मकांड में कोई भी गलती न करनेवाला पुरोहित, इन सभी लोगों को यश और सुख देनेवाला उनका आत्मबल ही है—ऐसा यह सरल मार्ग था।

जिस आत्मशक्ति के कारण स्वामीजी ने पाँच असाध्य रोगों तथा विरोधियों के प्रखर विरोध को मात देते हुए उस आत्मशक्ति का सुविचार दुनिया भर में फैलाया, ऐसा विचार उनके सद्गुरु ने उनके प्रति व्यक्त किया था। यह सुविचार बताते समय किसी पर उपकार करने की भावना नहीं होनी चाहिए, अपितु हरेक को शिव समझकर सेवाभाव से यह सुविचार बताना चाहिए, ऐसा भी उन्होंने कहा था।

गुरु थे करुणामूर्ति, तो शिष्य था किसी योद्धा की तरह आक्रामक! बीच-बीच में वह दूसरों के तार्किक विचारों पर भड़कता था, पर उसके मन में किसी के भी प्रति द्वेष या घृणाभाव नहीं था।

ऐसी ही स्थिति में १८९४ का पूरा वर्ष असीमित यश तथा मानसिक यातना के बीच बीत गया। अंत में १८९५ की जनवरी में स्वामीजी न्यूयॉर्क आए। एक छोटे से घर में रहकर उन्होंने कार्य प्रारंभ किया।

२९ जनवरी, १८९५ को विवेकानंद ने वेदांत कक्षाएँ प्रारंभ कर ज्ञानयोग तथा राजयोग पर व्याख्यान प्रारंभ किए। ५४ वेस्ट, ३३वें रास्ते पर एक साधारण से मकान की दूसरी मंजिल पर एक कमरे में कक्षाएँ प्रारंभ हुईं। उन्होंने समाचार-पत्रों को भी यह समाचार नहीं दिया। कमरे में कुरसियाँ-बेंच भी नहीं थे। स्वामीजी स्वयं जमीन

पर बैठते थे तथा विद्यार्थी भी जमीन पर बैठते। इसमें कोई शुल्क नहीं था। विद्यार्थियों के कक्षा में प्रवेश के लिए कोई योग्यता निर्धारित नहीं थी। सभी स्तर के स्त्री-पुरुष इसमें सम्मिलित होते थे। कमरा खचाखच भरा रहता था।

इस प्रकार अमेरिका में यह कार्य बड़े ही साधारण वातावरण में हिंदू-गुरुकुल-पद्धति से प्रारंभ हुआ। ऐसा होने के लिए कितना समय लगा, इस ओर जब ध्यान जाता है तो लगता है, महापुरुषों को भी पग-पग पर कितना संघर्ष करना पड़ता है।

सन् १८८६ में महासमाधिस्थ होने से पूर्व परमहंस ने नरेंद्र को स्पष्ट शब्दों में कहा था, 'तुम्हें काली माता का काम करना है। आज मुझमें स्थित साधनाप्राप्त समस्त सिद्धियों को तुम्हें देकर मैं फकीर हो गया रे।' साधारण व्यक्तियों के मन में यह प्रश्न उठ सकता है कि जब सद्‌गुरु ने अपने पट्‌टशिष्य को सारी आवश्यक सिद्धि, शक्ति और साधन उपलब्ध करा दिए थे तो उसे यह कार्य अमेरिका में ही सही, प्रारंभ करने में नौ वर्ष का लंबा समय क्यों लगा?

चुटकी बजाकर अथवा कोई मंत्र बुदबुदाकर विवेकानंद ने दुनिया को अपने चरणों में क्यों नहीं झुकाया?

लॉटरी केवल इस दुनिया में लग सकती है। आध्यात्मिक दुनिया में उसका कोई स्थान नहीं है। चमत्कार और जादू-टोना करनेवाले फकीरों-बाबाओं का अध्यात्म से दूर-दूर का रिश्ता नहीं होता।

सद्‌गुरु के महासमाधिस्थ होने के बाद के नौ वर्षों के बीच के समय में विवेकानंद की प्रगति के सोपान को देखकर क्या प्रतीत होता है? दुनिया को सुविचार देने के लिए अगर कोई गुफा में बैठकर मर भी जाए, तो भी वह सुविचार अपना काम करता है, ऐसा गुरुदेव द्वारा बताए जाने के कारण परिव्राजक जीवन में नरेंद्र कितनी ही बार गुफा में बैठा, पर उसे शायद सुविचार देने की क्षमता प्राप्त नहीं हुई। इसीलिए उसे गुफा से बाहर निकलकर भटकना पड़ा। परिव्राजक जीवन की भुखमरी से लेकर राजमहल तक के विविध अनुभव और व्यक्ति, प्रदेश तथा वास्तु को देखकर और अध्ययन कर अर्जित की गई बहुश्रुतता ही दूसरी सीढ़ी थी। कन्याकुमारी में हुआ आत्मबोध तीसरी; धर्मपरिषद् का फड़ जीतना चौथी और विरोधियों के विषवमन से अस्वस्थ होकर मिशन छोड़ने का विचार मन में आना पाँचवीं सीढ़ी थी। फिर सुविचार देने की क्षमता पैदा हुई। उनका जन्म कलकत्ते में और दुनिया को अभिभूत करने वाले सुविचारों का जन्म न्यूयॉर्क में किराए के घर की दूसरी मंजिल के साधारण कमरे में हुआ। उस समय आयु सिर्फ ३२ साल और मृत्यु थी सिर्फ सात साल आगे। अध्यात्म मार्ग एक घोर रहस्यमय मार्ग है।

वह था गुरुकुल यानी कार्य का प्रारंभ। इंग्लैंड में एक यात्रा के बाद गुडविन

मिलता है और कार्य को स्थूल आकार प्राप्त होता है। कुछ ऐसे भी शिष्य मिलते हैं, जो संन्यास ग्रहण करते हैं। इसलिए उस कक्षा के व्याख्यान बड़े ही महत्त्व के थे। उसमें ज्ञात हुआ कि विवेकानंद केवल रहस्यवादी (मिस्टिक) नहीं थे, वैज्ञानिक भी थे। स्वत:प्राप्त अनुभव का तर्कयुक्त शास्त्रीय ढंग से विश्लेषण भी वे शिष्यों के समक्ष करते थे। इसलिए डॉक्टर, मनोविज्ञानी और वैज्ञानिक भी उनके भाषणों को सुनने आते थे। इसी के साथ पत्रकारों की भी भीड़ इसमें होने लगी।

भक्तियोग पर व्याख्यान देते समय विवेकानंद, जीव तथा शिव के मिलन की व्याख्या इतनी समरसता से करते थे कि नास्तिक भी प्रभावित हो जाते थे।

इस कारण अनेक युवक तथा युवतियाँ स्वामीजी के शिष्य हो गए। उनमें से एक महत्त्वपूर्ण शिष्य था, मिस्टर गुडविन। उसने स्वामीजी के प्रत्येक भाषण को शॉर्टहैंड में लिपिबद्ध किया। इस कारण अमेरिका में तुरंत विवेकानंद लिखित 'ज्ञानयोग', 'राजयोग' तथा 'भक्तियोग' नामक ग्रंथ प्रकाशित हुए। उसके बाद भी पूरे दिन व्याख्यान, चर्चा-सत्र, श्रोताओं की व्यक्तिगत समस्याओं का समाधान करते हुए भी स्वामीजी का लेखन कार्य चलता रहता था। उक्त तीनों ग्रंथों के बाजार में आने के बाद स्वामीजी ने गुडविन की सहायता से 'कर्मयोग' तथा 'पतंजलि योगसूत्र' नामक दो और पुस्तकें लिखीं। गुडविन इंग्लैंड के किसी न्यायालय में नौ वर्षों तक स्टेनो का काम कर चुका था। वह तीन पत्रिकाओं का संपादक भी था। उसने स्वामीजी के केवल भाषण ही नहीं लिखे, अपितु उनके सचिव का काम भी वह दक्षता के साथ करने लगा था। पूरे यूरोप में स्वामीजी के साथ घूमने के बाद वह उनके साथ भारत आया तथा दुर्भाग्य से स्वामीजी की मृत्यु से पूर्व ही उसकी मृत्यु हो गई। स्वामीजी उसे हमेशा 'माई फेथफुल गुडविन' कहते थे।

गुडविन के अलावा स्वामीजी के दो और प्रमुख शिष्य थे। उनके बारे में १८९५ में 'न्यूयॉर्क हेराल्ड' नामक समाचार-पत्र ने लिखा, "विवेकानंद ने अमेरिकन युवक-युवतियों को काफी आकर्षित किया है। इन युवक-युवतियों ने आध्यात्मिक साधना में काफी प्रगति की है—ऐसा हमें प्रतीत हो रहा है। उनमें से स्वामीजी के दो मुख्य शिष्य हैं, मेरी लुई तथा लिऑन लैंड्सबर्ग। मेरी लुई की मातृभाषा फ्रेंच है। प्रगतिशील, निर्भीक तथा सारी कुरीतियों से लोहा लेनेवाली सशक्त महिला के रूप में उसकी प्रसिद्धि है। एक वर्ष पूर्व वह 'मैनहटन लिबरल क्लब' की सर्वमान्य नेता थी। आज वह विवेकानंदजी की एक विवेकी तथा वैराग्यशील शिष्या है। स्वामीजी ने उसका नाम संन्यासिनी 'अभयानंद' रखा है।

इसी प्रकार 'लिऑन लैंड्सबर्ग' रशियन ज्यू था। वह भी स्वभाव से मेरी लुई की तरह ही था। उसका स्वामीजी ने नामकरण किया था 'कृपानंद'।"

कृपानंद स्वामीजी के साथ ही रहता था। वराहनगर मठ में स्वामीजी ने गुरुबंधुओं को अध्यात्म के गूढ़ रहस्यों को समझाया था। बाद में भी वे सर्वत्र भक्तों तथा श्रोताओं का समाधान करते थे। अमेरिका में तो संवाद के माध्यम से शिक्षा के साथ व्याख्यानमाला भी चलती थी, पर औपचारिक रूप से कक्षा लगाकर शिक्षा देना स्वामीजी ने पहली बार प्रारंभ किया था। वह भी ऐसे विद्यार्थियों के लिए, जिन्हें भारतीय दर्शन का कोई ज्ञान न था। महाविद्यालयों में राजयोग, भक्तियोग आदि सिखानेवाले प्राध्यापकों के पास केवल बुद्धि रहती है, पर अनुभव की कमी होती है। वे बी.ए., एम.ए. के विद्यार्थियों को विषय का ज्ञान तो अच्छा देते हैं, पर साक्षात्कारी गुरु को शिष्यों के मन में विषय का अनुभव कराना होता है। इसके लिए गुरु को स्वयं अनुशासित रहना पड़ता है। स्वामीजी ने स्वयं ऐसा किया था, इसका प्रमाण स्वामीजी द्वारा श्रीमती हेल को १८ फरवरी, १८९५ को लिखे पत्र में मिलता है, "रात्रिभोज में मैंने जाना बंद किया है। स्नेल, डेलमांनिको, वॉल्डार्फ जैसे होटलों में लजीज मांसाहारी भोजन तथा रात के दो-दो बजे तक जागरण करने के कारण मेरे स्वास्थ्य पर बुरा प्रभाव होगा तथा मेरे लिए कक्षा में ठीक से पढ़ाना संभव नहीं होगा। 'मैंने शाकाहार प्रारंभ किया है' ऐसा स्पष्ट कर मैंने मांसाहारी भोजन से अपने को मुक्त कर लिया है। मैं और कृपानंद शाकाहारी सूप, मसूर की दाल तथा चावल बनाकर बड़े ही स्वाद से खाते हैं। अमेरिका में आने के बाद पहली बार संन्यासी का सादा जीवन जीने का आनंद ले रहा हूँ।"

पर राजयोग सिखाते समय एक मजेदार बात होती थी। इस पर स्वामीजी को स्वयं पर ही गुस्सा आता था। मन को एकाग्र करने की आदत स्वामीजी को छोटेपन से ही थी। गुरुदेव से मार्गदर्शन प्राप्त होने के बाद मन को एक क्षण में नियंत्रित करने की शक्ति उन्हें प्राप्त हो गई थी। स्वामीजी ध्यानमग्न बैठे हैं और मच्छरों के झुंडों ने उनका पूरा चेहरा ढक दिया है, इस प्रकार का वर्णन अनेक लोगों ने किया है। न्यूयॉर्क की कक्षा में स्वामीजी को क्या परेशानी होती थी, इसकी कल्पना सहज ही की जा सकती है। कल्पना कीजिए, स्वामीजी शिष्यों को बता रहे हैं कि मन को एकाग्र कैसे किया जाए। ध्यान के लिए किस तरह बैठा जाए। ऐसा करके भी उन्होंने दिखाया। हाथ आगे करने के लिए कहा। नासिकाग्र पर दृष्टि और भ्रू-मध्य में मन को किस प्रकार एकाग्र किया जाए, इतना बताते ही स्वामीजी स्वयं ही समाधिस्थ हो जाते थे, फिर गुरु को कोई कष्ट न हो, इसलिए शिष्य भी धीरे-धीरे एक-एक कर अपना आसन छोड़कर चुपचाप उठ जाते और ध्यानमग्न अपने गुरुदेव को निहारते रहते। राजयोग का पीरियड कब का समाप्त हो जाता। चेतना आने पर स्वामीजी स्वयं पर ही नाराज होते। गुरु विवेकानंद को योगी विवेकानंद मात देता है, यह उन्हें बरदाश्त न होता। यह देखकर उन्होंने कृपानंद तथा एक-दो और शिष्यों को समाधि भंग करने की विधि

बताई। स्वामीजी के ध्यानस्थ होने के कुछ निश्चित समय के बाद वे शिष्य कोई विशिष्ट मंत्रपाठ कर स्वामीजी को जगाने लगे।

हम जैसे साधारण लोग समाधि आदि पर विश्वास नहीं रखते और एक मिनट भी मन को एकाग्र नहीं रख सकते।

राजयोग की कक्षाओं का इतना प्रचार हुआ कि न्यूयॉर्क के दार्शनिक तथा शास्त्रज्ञ उस छोटे से कमरे में भीड़ करने लगे। जून, १८९५ में 'राजयोग' नामक ग्रंथ प्रकाशित हुआ और थोड़े ही समय में उसका तीन बार प्रकाशन हुआ। स्वामीजी की अलौकिक प्रतिभा को अमेरिकी पाठकों ने अच्छी तरह सराहा।

जनवरी, १८९५ के अंत में प्रारंभ हुई कक्षाएँ जून तक चलीं। मई में श्रीमती हेल तथा श्रीमती ओलबुल को लिखे पत्रों में स्वामीजी कहते हैं, "कक्षाएँ खचाखच भरी रहती हैं। कुछ अमीर विद्यार्थी भी आते हैं, पर अधिकांश बालक-बालिकाएँ, गरीब होने के कारण मैं उन्हें मुफ्त में पढ़ाता हूँ। न्यूयॉर्क में सतत व्याख्यान हो रहे हैं, पर उनमें कोई खास धन प्राप्त नहीं होता। हॉल का किराया और अन्य खर्चे भी बहुत हैं। आर्थिक दृष्टि से यह जाड़े का मौसम साधारण ही रहा। दाल-रोटी तक की ही कमाई हुई, पर आध्यात्मिक दृष्टि से मैं बहुत ही संपन्न हुआ। अन्न ग्रहण करना तथा श्वसन प्रक्रिया का प्रशिक्षण देना मेरे जीने के अविभाज्य अंग बन गए हैं।

जून में कक्षाएँ समाप्त हुईं। तब स्वामीजी को लगा कि वे काफी थक गए हैं। छह महीने तक दिन-रात कक्षाएँ, सार्वजनिक व्याख्यान तथा स्वयं द्वारा उपदेश देने के कारण उन्हें काफी मानसिक थकावट लग रही थी, पर मन प्रफुल्लित था, क्योंकि संगठनात्मक कार्य का प्रारंभ हुआ था, उसे मजबूती भी प्राप्त हुई थी। काम तो करना ही था, पर उन्होंने न्यूयॉर्क जैसे भीड़भाड़वाले शहर से दूर किसी शांत स्थान में कुछ खास लोगों को प्रशिक्षित करने का मन बनाया।

सहस्र द्वीपोद्यान

एक शिष्या ने स्वामीजी को एक बड़े ही सुंदर स्थान पर आने का निमंत्रण दिया। सेंट लॉरेंस नदी पर वेलेस्ली नामक एक टापू है। उसमें 'थाउजेंड आइलैंड पार्क' नामक छोटे से गाँव में उसकी एक छोटी-सी कुटिया थी। स्वामीजी के वेदांत की कक्षा में नियमित आनेवाली उस छात्रा का नाम था कुमारी डचर। टापू की पहाड़ियों पर निर्मित उस घर को देखकर स्वामीजी को लगा कि वहाँ प्रशिक्षण देकर वे एक-दो योगी पैदा कर सकते हैं। शहरी जीवन के कोलाहल से काफी दूर तथा पहुँचने के लिए वह अति कठिन स्थान था। १९ जून, १८९५ से वहाँ प्रशिक्षण-कक्षाएँ प्रारंभ हुईं।

सहस्र द्वीपोद्यान में स्वामीजी के संन्यस्त जीवन को सुर प्राप्त हुआ। शहरी भागदौड़,

प्रतिस्पर्धियों से संघर्ष, सतत व्याख्यान आदि झंझटों से वे पूर्णत: मुक्त हो गए। वहाँ जाने के समय उन्हें ग्रीन एकर कॉन्फ्रेंस में भाषण देने का निमंत्रण प्राप्त हुआ था, पर उन्होंने द्वीपोद्यान में जाने का निर्णय किया। स्वामीजी वहाँ के सात हफ्तों के निवास में कैसे दिखाई पड़े, उनके दो शिष्यों ने इसका बड़ा ही मार्मिक वर्णन किया है।

मिस ई. बाल्डो लिखती हैं—"उस अभूतपूर्व वातावरण में हम लोगों ने आचार्यजी के साथ सात हफ्ते किसी अतींद्रिय राज्य के संदेशों से युक्त उनकी वाणी को श्रवण करने में बिताए थे। उस दिव्य आनंद का वर्णन कैसे किया जाए? वहाँ जिस उच्च एवं प्रगाढ़ धर्मानुभूति का लाभ हमें प्राप्त हुआ है, उसे भूलना हम लोगों के लिए असंभव है, मानो उनके गुरुदेव ही सूक्ष्म शरीर से उनके मुख से हम लोगों से बोल रहे थे। हम लोगों की सारी शंकाएँ दूर कर रहे थे। हमारे सारे प्रश्नों के उत्तर दे रहे थे तथा हमारे सारे भय नष्ट कर रहे थे। कई बार स्वामीजी हमारे अस्तित्व को ही भूल जाते तथा हम लोग भी उनके चिंतन-प्रवाह के रुक जाने के डर से चुपचाप शांत होकर बैठ जाते थे। स्वामीजी बालकों के समान क्रीड़ाशील तथा विनोदप्रिय होते हुए भी अपने जीवन के मूलमंत्र से कभी भी रंचमात्र नहीं हटे। सीखने-सिखाने तथा दृष्टांत देने लायक कुछ-न-कुछ उन्हें प्रत्येक बात में दिखाई पड़ता था। ऐसे प्रतिभावान् आचार्य के लाभ और सान्निध्य से स्वयं को धन्य समझने का सुअवसर किसी अन्य शिष्यवृंद को प्राप्त हुआ या नहीं, यह संदेह है।"

श्रीमती एस.सी. फंकी ने लिखा है—"हम लोग सैकड़ों मील का रास्ता तय कर तूफान, हवा तथा वर्षा के थपेड़ों को झेलते हुए केवल विवेकानंद के दर्शन करने के लिए सहस्र द्वीपोद्यान में पहुँचे थे। हम कुल बारह लोग थे। हम सब लोगों को लग रहा था कि अग्निमय ईश्वरीय शक्ति ने अवतरण कर प्राचीन ख्रिस्त शिष्यों की तरह आचार्य देव को भी स्पर्श किया है। एक दिन दोपहर में त्याग की महत्ता के बारे में बोलते हुए भगवा वस्त्र धारण करनेवाले भक्तगणों का आनंद तथा स्वाधीनता का वर्णन करते हुए वे सहसा वहाँ से उठ गए तथा थोड़े ही समय में उन्होंने त्याग तथा वैराग्य का चरम आदर्श अभिव्यक्त करने वाली 'संन्यास के गीत' नामक एक कविता की रचना कर डाली। पिता जिस दृष्टि से अपनी संतानों को देखता है, उसी प्रकार वे हम लोगों को देखते थे। हममें से कितने ही लोग उनसे आयु में बड़े होने पर भी उनका व्यवहार हम सभी के प्रति पिता के सामान था। प्रात:काल अध्ययन के समय उनकी बातें सुनकर बार-बार हम लोगों के मन में आता कि आचार्य देव मानो ब्रह्म को 'करतलामलकवत्' प्रत्यक्ष रूप में देख रहे हैं। ऐसे समय वे कभी-कभी कमरा छोड़कर बाहर निकल जाते और थोड़ी ही देर में वापस आकर कहते, 'अब मैं आप लोगों के लिए खाना बनाने जा रहा हूँ।' और तकलीफ झेलते हुए वे चूल्हे के सामने खड़े होकर

हम लोगों के लिए कोई भारतीय व्यंजन बनाते थे। प्रतिभाशाली, प्रकांड विद्वान्, विश्वविख्यात विवेकानंद अपने शिष्यों की छोटी-मोटी आवश्यकताओं को भी पूरा करते थे। शिष्यों के सामने यह कितना अभूतपूर्व उदाहरण था।''

सहस्र द्वीपोद्यान में तीन सप्ताह रहने के बाद राजा अजित सिंह को ९ जुलाई को लिखे पत्र में कार्य सफल होने का स्वामीजी का आत्मविश्वास प्रकट होता है, ''इस देश में कार्य का जो बीज मैंने बोया है, वह अंकुरित भी हुआ है और उसका जल्दी ही वृक्ष बनेगा, इसका मुझे विश्वास है। सौ-दो सौ अनुयायी मुझे प्राप्त हुए हैं। कुछ को मैं संन्यास दीक्षा दूँगा, तभी मैं भारत वापस आऊँगा। वे वहाँ मेरे कार्य को विस्तार देंगे।''

सहस्र द्वीपोद्यान में दिए गए व्याख्यानों का संकलन जल्दी ही 'दैवीवाणी' (Inspired Talks) नाम से प्रकाशित हुआ। इससे भी महत्त्वपूर्ण कार्य वहाँ यह हुआ कि पाँच लोगों ने ब्रह्मचर्य की तथा दो ने संन्यास की दीक्षा ली। इस सफलता से गद्‌गद स्वामीजी अगस्त में अलसिंहा पेरूमल को लिखते हैं, ''मैं मुक्त हो गया, बंधन समाप्त हो गए, शरीर रहे या न रहे, अब इसकी चिंता क्या करनी! मेरे पास दूसरों को देने के लिए एक सत्य है और जिस ईश्वर ने वह मुझे दिया है, वही पृथ्वी पर से विशिष्ट, निर्भय शिष्य मेरे पास भेजेगा।''

६ अगस्त को अंतिम समारोह में स्वामीजी ने स्वयं द्वीपोद्यान को संबोधित करते हुए कहा, ''हे सहस्र द्वीपोद्यान! मैं तुम्हें आशीर्वचन देता हूँ।''

कुमारी एलिजाबेथ डचर की वह इमारत न्यूयॉर्क के 'रामकृष्ण-विवेकानंद केंद्र' ने १९४७ में खरीद ली। विवेकानंद जिस कुटिया में रहे थे, उसे केंद्र ने आज भी यथावत् रखा है। स्वामीजी ने द्वीप को जो आशीर्वाद दिए, उन्हें उनके शिष्यों ने वह इमारत लेकर साकार किया है।

स्वामीजी ने लिखा है, अमेरिका में कार्य का प्रारंभ हुआ, पर उसे तीव्र गति प्राप्त हुई सहस्र द्वीपोद्यान में।

इंग्लैंड में हुआ कार्य

सहस्र द्वीपोद्यान से स्वामीजी ८ अगस्त, १८९५ को न्यूयॉर्क वापस आ गए। वहाँ उन्हें इंग्लैंड से आग्रहपूर्वक आए निमंत्रण-पत्र दिखाई पड़े। पत्र था धर्मसभा में थियोसॉफिकल सोसाइटी की प्रतिनिधि बनकर आई कु. हेनरी एटमूलर तथा उनके दत्तक पुत्र अक्षयकुमार घोष नामक भारतीय युवक का। दूसरा था, ई.टी. स्टर्डी का। वह भी थियोसॉफिस्ट थे, पर वेदांत के पुरोधा थे तथा संस्कृत का भी उन्हें थोड़ा ज्ञान था। यह स्वामीजी का सौभाग्य था। इंग्लैंड जाया जाए या नहीं, इस ऊहापोह में

स्वामीजी को न्यूयॉर्क के धनाढ्य व्यापारी तथा स्वामीजी के भक्त फ्रांसिस लॉगेट ने पेरिस चलने का आग्रह किया। इस संयोग को दैवी आदेश मानकर स्वामीजी यात्रा की तैयारी करने में जुट गए। नवदीक्षित अमेरिकन शिष्यों को कार्य की रूप-रेखा समझाकर १७ अगस्त को वे जहाज पर सवार हुए। २४ अगस्त को वे पेरिस पहुँचे। लॉगेट तथा उनके मित्रों ने स्वामीजी का अच्छा आतिथ्य किया। वहाँ सारे दर्शनीय स्थान तथा चित्रकला-प्रदर्शनियों को देखने के पश्चात् हफ्ते भर के बाद वे लंदन के लिए रवाना हुए।

जहाज पर उनका मन उद्विग्न था। भारत पर १४० साल से सत्तांध तथा मदांध अंग्रेज जाति उसकी काली प्रजा के बीच के एक संन्यासी के साथ कैसा बरताव करेगी, यह भय तथा प्रखर देशभक्ति के कारण उस जाति के बारे में मन में भयंकर तिरस्कार मिश्रित भावनाओं के साथ स्वामीजी ने अंग्रेजों की राजधानी लंदन में पदार्पण किया।

२४ सितंबर के पत्र में स्वामीजी श्रीमती बुल को सूचित करते हैं, "यहाँ लंदन में आकर तीन सप्ताह बीत गए हैं। किसी शौकीन पर्यटक की तरह घूमकर दर्शनीय स्थान देख रहा हूँ। अभी कार्य प्रारंभ नहीं किया है। यहाँ का मौसम प्रारंभ होने में एक महीना बाकी है, तब तक घुमक्कड़ी, वाचन तथा विश्राम करूँगा। श्री स्टर्डी का कहना है कि कार्य प्रारंभ करने की जल्दी न की जाए। अनुकूल जनमत होने की प्रतीक्षा की जाए। उनके मत का मैंने समर्थन किया। मेरा नारा है—'टालिए नहीं और खोजिए भी नहीं। ईश्वरीय आदेश की केवल प्रतीक्षा कीजिए।'"

स्टर्डी तथा कु. मूलर स्वामीजी को अंग्रेजी नागरिकों के सामने प्रस्तुत करने का मानो कोई सुअवसर ढूँढ़ रहे थे। २२ अक्तूबर को उन्हें वह अवसर प्राप्त हो गया। उस दिन योजनाबद्ध तरीके से उन्होंने स्वामीजी को अंग्रेजी जनता के सामने पेश किया। स्थान था, पिकॅडिली का प्रिंसेस सभागृह। एक हजार से अधिक श्रोताओं तथा पत्रकारों के सामने विवेकानंद ने 'आत्मज्ञान' विषय पर व्याख्यान दिया। वह कितना प्रभावी रहा, यह कुछ पत्र-पत्रिकाओं में प्रकाशित समीक्षा से स्पष्ट होता है।

'दि स्टैंडर्ड' पत्रिका लिखती है—"राजा राममोहन राय के बाद एक केशवचंद्र सेन को छोड़कर 'प्रिंसेस हॉल' के वक्ता की तरह अन्य कोई भारतीय व्यक्ति इंग्लैंड के मंच पर खड़ा नहीं हुआ। व्याख्यान के प्रवाह में उन्होंने हमारे कारखाने, हमारी मशीनें, हमारे शास्त्रीय शोध और हमारे ग्रंथ, उनके द्वारा मानवजाति का कहाँ तक कल्याण हुआ है, इसकी बुद्ध और ईसा तथा उनकी उक्तियों को तुलनार्थ उद्धृत कर, एकदम निर्भीक, कठोर तथा व्यंग्योक्तिपूर्ण चर्चा की। व्याख्यान देते समय उन्होंने किसी भी प्रकार की लिखित सामग्री का उपयोग नहीं किया। उनकी वाणी मधुर तथा सहज थी।"

'द लंडन डेली क्रॉनिकल' लिखता है—"लोकप्रिय हिंदू संन्यासी स्वामी विवेकानंद

के मुखादि अंगों की बुद्धदेव के चिरपरिचित मुखादि अंगों से समानता स्पष्ट दिखाई पड़ती है। हमारी समृद्धि, हमारे रक्तपिपासु युद्ध, अन्य धर्मों के बारे में हमारी असहिष्णुता इत्यादि पर तीखा प्रहार करते हुए उन्होंने कहा, इस सबके लिए गरीब बेचारे हिंदू लोग आपकी खोखली सभ्यता के आडंबर पर कभी भी फिदा नहीं होंगे।''

'वेस्ट मिनिस्टर गॅझट' नामक प्रख्यात पत्रिका के प्रतिनिधि ने स्वामीजी का लंबा साक्षात्कार लिया और उसे प्रकाशित किया। उनमें से दो उद्धरण देखिए। स्वामीजी कहते हैं—

''मेरे गुरुदेव श्रीरामकृष्णजी से मुझे जो संदेश प्राप्त हुआ है, उसका दुनिया में प्रचार करना ही मेरा उद्‍देश्य है। किसी नए संप्रदाय की स्थापना करने की मेरी इच्छा नहीं है। मैं किसी भी विशिष्ट धर्म का प्रचारक नहीं हूँ। मेरा ऐसा दृढ़ विश्वास है कि सभी धर्म तथा संप्रदाय अपने-अपने अस्तित्व को कायम रखते हुए भी वेदांत की उदार ज्ञाननिधि को आत्मसात् कर सकते हैं।

''सावधान! मैं दिव्य चक्षुओं से देख रहा हूँ कि सारा पाश्चात्य जगत् एक ज्वालामुखी के मुहाने पर बैठा है। वह कभी भी भड़क सकता है। आप लोग यदि अभी भी सावधान नहीं हुए तो आनेवाले पचास वर्षों में आप लोगों का विनाश अवश्यंभावी है।''

१८९५ में विवेकानंद द्वारा की गई भविष्यवाणी सच साबित हुई। दूसरा विश्वयुद्ध जीतने के बाद भी १९४५ में यानी ठीक पचास वर्षों के बाद अंग्रेजी साम्राज्यवाद का सूर्य अस्त होना प्रारंभ हो गया।

२२ अक्तूबर का व्याख्यान तथा समाचार-पत्रों में प्रकाशित उसके अनुकूल प्रतिक्रिया के कारण पूरे इंग्लैंड में विवेकानंद के कीर्ति की पताका फहराने लगी। ऊपर से नीचे तक सभी स्तर के लोग उनके पास आने लगे। व्यक्तिगत बैठकें, खुले व्याख्यान तथा कक्षाएँ प्रारंभ हो गईं और इसके साथ ही स्वामीजी की दिनचर्या विश्राम-रहित हो गई।

एक समाचार-पत्र का प्रतिनिधि लिखता है, ''स्वामी विवेकानंद की प्रशिक्षण कक्षा का विचित्र दृश्य यह था कि लंदन के फैशनेबल समाज के स्त्री-पुरुष भी कुरसियाँ न मिलने पर जमीन पर ही पालथी मारकर बैठते हैं और हिंदू चेलों की भाँति भक्तिभाव से उनके उपदेश सुनते हैं।''

यहाँ पर एक निजी बैठक का वर्णन प्रस्तुत करता हूँ, इसलिए कि उस बैठक में स्वामीजी को उनका उत्तराधिकारी मिला। रामकृष्ण-विवेकानंद की पहली मुलाकात अक्तूबर, १८८१ में हुई थी। तारीख उपलब्ध नहीं है। इसी प्रकार विवेकानंद तथा उनके उत्तराधिकारी की पहली मुलाकात १८९५ में नवंबर के एक रविवार को हुई, पर ठीक तारीख का पता नहीं है।

लेडी इसाबेल मार्गेसन नामक एक पुरोगामी महिला ने अपने घर ६३ सेंट जॉर्ज

रोड (अब जॉर्ज ड्राइव) पर स्वामीजी को आमंत्रित किया। कुल पंद्रह श्रोता थे। पंद्रहवीं यानी आखिरी श्रोता विवेकानंद की उत्तराधिकारी हुई। पहली पंक्ति में स्वामीजी के आगे की कुरसी मानो उसके लिए सुरक्षित रखी गई थी। वह एक महिला थी। वह उस पर बैठी और स्वामीजी की भक्त बन गई।

श्रीमान् सैम्युअल नोबल की इस चौथी संतति का नाम था मार्गरिट। उत्तरी आयरलैंड में १८६७ में उसका जन्म हुआ था। उसके दादाजी तथा पिता प्रोटेस्टेंट चर्च के पादरी थे। आयरलैंड के स्वतंत्रता युद्ध में भी उन्होंने जोश-खरोश के साथ काम किया था। पिताजी को शायद अपनी इस लड़की के भविष्य के बारे में अनुमान लग गया था। क्योंकि ३४ वर्ष की आयु में मृत्युशैया पर से उन्होंने अपनी पत्नी को सचेत किया था, "ईश्वर उसे बुला रहा है, इसलिए उसे जाने दो। वह महान् कार्य करेगी।"

कॉलेज का शिक्षण समाप्त करने के बाद मार्गरिट ने शिक्षिका का कार्य प्रारंभ किया। वह हाय-चर्च में जाने लगी और धर्म के बारे में उसे ज्ञान प्राप्त होने लगा। फिर वह एक न्यायालय में सिखाने लगी तथा अनाथ बालकों के साथ शारीरिक श्रम के कार्यों को भी करने लगी। २१ वर्ष की आयु में उसे एक बड़ी खदान के माध्यमिक स्कूल में नौकरी मिल गई। मार्गरिट को गरीबों की सेवा करने का एक बड़ा अवसर मिला था। दलितों के दु:खों को सुनकर वह उनको सांत्वना देने लगी। इसके बाद वह मॅनचेस्टर में नौकरी करने लगी। वहाँ वह बड़ी क्लास की लड़कियों को पढ़ाने लगी। पेस्टेलॉजी तथा फ्रोबेल की शिक्षा पद्धति का अध्ययन उसने मॅनचेस्टर में प्रारंभ किया। १८९५ की शरद ऋतु में स्वामीजी के लंदन में आने से कुछ दिन पूर्व ही उसने वहाँ रस्किन स्कूल के नाम से एक स्वयं का स्कूल प्रारंभ किया।

स्कूल के अलावा भी महानगर लंदन की कला तथा शिक्षण संस्थाओं में वह काम करने लगी। 'फ्री आयरलैंड' नामक अपनी मातृभूमि को दासता से मुक्त कराने के लिए संघर्ष करने वाले गुप्त दलों से भी उसका संपर्क था। बाल मनोविज्ञान तथा नारी-अधिकार के विषयों पर व्याख्यान देनेवाली विदुषी के रूप में वह ख्याति अर्जित कर रही थी।

कुछ वर्षों पूर्व उसका विवाह एक युवक के साथ तय हुआ था, पर क्षय रोग से उसकी मृत्यु हो गई। इस सदमे से उबरकर वह एक अन्य युवक के साथ प्रेम करने लगी। शादी की तिथि भी तय हो गई थी, पर उस युवक ने अचानक ही मार्गरिट से संबंध समाप्त कर दिए। सत्ताईस वर्षीय मार्गरिट को इससे बहुत ही सदमा पहुँचा। छोटी-सी उम्र में ही उसने बहुत अध्ययन किया था। उसका दृष्टिकोण सामाजिक था। निराश्रितों की सेवा करने का गहरा भाव उसमें था। इसीलिए प्रेम में असफल होने पर भी उसका मानसिक संतुलन बना रहा, पर उसकी प्रवृत्ति अधिक धार्मिक हो गई।

थामस ए कॉम्पिस की एक प्रार्थना उसे बहुत अच्छी लगी। मागरिट हमेशा वह प्रार्थना गुनगुनाती, 'जिसकी प्रार्थना तुम करती हो, वही तुम हो जाओ', वह प्रार्थना इस अर्थ की थी। मानो उसे विवेकानंद की पट्टशिष्या बनना था, क्योंकि इस अर्थ में उसकी प्रार्थना सफल हुई।

स्वामीजी के पहले भाषण से वह बहुत ही प्रभावित हुई, पर उसने उन्हें तुरंत गुरु नहीं माना। नरेंद्र ने भी परमहंस को गुरु पहले कहाँ माना था! मागरिट ने पहला भाषण सुना और उसका एक वाक्य उसे बहुत अच्छा लगा, 'हम न तो दुःख को ढूँढ़ रहे हैं और न सुख को। हम तो ढूँढ़ रहे हैं, मुक्ति को। हमारा सारा संघर्ष मुक्ति के लिए है।''

लेडी इसाबेल मार्गेसन के यहाँ स्वामीजी के विचार सुनने के बाद मागरिट उनकी कक्षा में नियमित जाने लगी और हर भाषण में उपस्थित रहने लगी। अंत में महीने भर के बाद उसने उन्हें गुरु के रूप में स्वीकार कर लिया। विवेकानंद ने मागरिट नोबल का नामकरण किया—भगिनी निवेदिता।

सद्‌गुरु की प्राप्ति के बारे में भगिनी निवेदिता ने लिखा है—''मानो वह उस समय लंदन आए ही न होते तो? तो मेरा जीवन एक दिशाहीन स्वप्न की भाँति होता। अंतर्मन में मुझे किसी की प्रतीक्षा तो थी ही, एक आह्वान दस्तक देगा, ऐसा मेरे मन में लग रहा था। और वह आया भी, पर उस समय यदि मैं जीवन के भोगसमुद्र में डूबी हुई होती तो उस आह्वान का स्वर मुझे सुनाई भी न पड़ता। यह मेरा अहोभाग्य है कि मैं निश्छल थी। मेरे हृदय में एक चिरंतन वाणी प्रज्वलित थी, फिर भी मुख से बोलना सूझ नहीं रहा था। कितनी ही बार मैं लिखने के लिए बैठती, पर मेरे पास लिखने लायक कुछ भी नहीं था और अब बोलने-लिखने लायक इतना है कि उसका अंत ही नहीं है। अब बाण धनुष पर जमकर बैठा है, पर गुरुदेव लंदन आए ही न होते, तो? यदि वे हिमालय की किसी कंदरा में ध्यानमग्न होकर बैठे होते तो? तो आज मैं कहाँ और क्या करती होती, इसकी कल्पना भी नहीं की जा सकती।''

नवंबर, १८९५ के अंत में कुमारी मागरिट ने विवेकानंद का शिष्यत्व स्वीकार किया और स्वामीजी तुरंत अमेरिका जाने के लिए निकल पड़े, मानो वे अपने समर्पित उत्तराधिकारी पट्टशिष्या की खोज के लिए ही लंदन आए थे।

२२ अक्तूबर को लंदन में उनका पहला व्याख्यान हुआ और नवंबर के आखिर में उन्होंने इंग्लैंड छोड़ा। इतने अनुयायी मिले कि स्वामीजी ने 'कोई गुरुबंधु कलकत्ते से जल्दी ही लंदन आए,' ऐसा पत्र लिखा। उस समय कोई आ नहीं सका, पर काम अखंड चलता रहा। स्वामीजी के शिष्य स्टर्डी लिखते हैं—''अंतःकरण में अक्षय प्रेम तथा स्मृति में सैकड़ों वर्षों के सांस्कृतिक मूल्यों को लेकर एक योगी आया। उसने

ऐसा कार्य किया कि उसकी अनुपस्थिति में भी वह निरंतर चलता रहेगा। उसके लिए न किसी विज्ञापन की, न किसी संस्था की तथा न दान के लिए किसी के सामने हाथ फैलाने जरूरत है।''

स्वयं स्वामीजी लिखते हैं—''कितने ही दोष तथा कमियाँ होने पर भी अंग्रेजी समाज की तरह भावप्रचार का साधन इससे पहले नहीं था। इस साधन के मध्य मैं अपनी विचारधारा उँड़ेल देना चाहता हूँ, फिर वह अपने आप ही दुनिया भर में फैल जाएगी।''

इंग्लैंड-यात्रा के यश के बारे में स्वामीजी एक शिष्य को पत्र में कहते हैं—''यहाँ मेरे प्रचार-कार्य को कल्पनातीत उपलब्धि प्राप्त हुई है। मैं अगले हफ्ते अमेरिका जाने वाला हूँ, यह सुनकर यहाँ बहुतों को बड़ा ही दुःख हो रहा है। उन्हें ऐसा डर लग रहा है कि मेरे जाते ही, जो कार्य यहाँ हुआ है, उसका प्रभाव बहुत हद तक समाप्त हो जाएगा, पर मुझे ऐसा नहीं लगता। मेरा विश्वास किसी व्यक्ति या वस्तु पर नहीं है। भगवान् ही एकमात्र मेरे आश्रय तथा भरोसे का स्थान है। वही मुझे निमित्तमात्र बनाकर अपना काम करवाता रहेगा।''

जिस इंग्लैंड और अंग्रेजों के बारे में स्वामीजी को बहुत गुस्सा था, उस देश तथा देशवासियों ने उनके स्वागत के लिए अपने दिल की चादर बिछा दी। इसके अलावा उन्हें पट्टशिष्या भी दी। इसलिए भारत वापस आने के बाद कलकत्ते में उनके अभिनंदन के निमित्त आयोजित विशाल सभा में प्रखर देशभक्त विवेकानंदजी ने कहा था, ''अंग्रेज जाति के प्रति मुझसे अधिक घृणा मन में लेकर किसी ने भी ब्रिटिश-भूमि पर पैर नहीं रखा होगा और आज इस सभा में ऐसा कोई भी नहीं होगा जो अंग्रेज जाति पर मुझसे अधिक प्रेम करता हो।''

पुनः अमेरिका में

६ दिसंबर, १८९५ को स्वामीजी जब न्यूयॉर्क पहुँचे, तब उनका शरीर निरोगी और मन प्रसन्न था। इंग्लैंड में अच्छा काम हुआ ही था, मद्रास के शिष्यों ने स्वामीजी के मार्गदर्शन में 'ब्रह्मवादिन' नामक एक मासिक पत्रिका सितंबर, १८९५ से शुरू की थी। सद्गुरु रामकृष्णजी का संदेश पहुँचाने के लिए विवेकानंद नामक संदेशवाहक को खुद का एक मुखपत्र प्राप्त हुआ था। 'ब्रह्मवादिन' प्रारंभ करने में लगा सारा धन स्वामीजी ने अमेरिका से भेजा था। इसलिए स्वामीजी का मन प्रफुल्लित था। उनके अमेरिकन शिष्यों—कृपानंद, अभयानंद तथा हरिदासी ने गुरु की अनुपस्थिति में संतोषजनक कार्य किया, यह देखकर स्वामीजी निश्चिंत हो गए।

अब अमेरिका में प्रारंभ किए हुए कार्य को मजबूती देने के लिए स्वामीजी ने

कमर कस ली। २२८ वेस्ट, ३९वें रास्ते पर उन्होंने दो बड़े कमरों की जगह ली तथा न्यूयॉर्क में आने के चौथे दिन, यानी ९ दिसंबर से मुफ्त कक्षाएँ प्रारंभ कीं। विषय था—'कर्मयोग'। नई जगह में १५० विद्यार्थी बैठ सकते थे। दिन में दो कक्षाएँ, ब्रह्मवादिन के लिए लेखन, विपुल पत्र-लेखन और इच्छुक व्यक्तियों का मार्गदर्शन आदि कार्यों को आकार देने में स्वामीजी व्यस्त हो गए।

१८९५ के एक ही वर्ष में इंग्लैंड तथा अमेरिका में रामकृष्णजी के उदार और विशाल दर्शन का पौधा उनके पट्टशिष्य ने रोपा था। कन्याकुमारी में साक्षात्कार होने तक एकदम अकेले भटकनेवाले अनाम संन्यासी के इर्द-गिर्द एकदम अपरिचित विदेशी वातावरण में समर्पित शिष्यों और भक्तों की एक बड़ी फौज इकट्ठी हो गई थी। वर्ष १८९५ की विशेषता यह थी कि अशिक्षित तथा निर्धन अमेरिकी जनता को विवेकानंदजी की शिक्षा का बिना मूल्य प्रसाद प्राप्त हुआ था। वेदांत तत्त्वज्ञान, किसान तथा मजदूरों तक पहुँच गया था।

जनवरी, १८९६ में नियमित कक्षाओं के अलावा हर रविवार को स्वामीजी ने हारडियन सभागार में निःशुल्क व्याख्यान देना प्रारंभ किया। वह जगह छोटी पड़ती देख फरवरी में स्वामीजी ने मेडिसन स्वेयर गार्डन के विशाल सभागृह को किराए पर लेकर मुफ्त में व्याख्यान शुरू किए। इस सभागृह में २००० श्रोतागण २ घंटे तक स्वामीजी की वाक्-गंगा में जैसे डुबकी लगाकर निकलते थे।

स्वामीजी के द्वारा धर्म की अभिनव परिभाषा से आकृष्ट होकर कितने ही स्त्री-पुरुषों ने उनका शिष्यत्व स्वीकार किया तथा खुद को वेदांती कहलाने लगे। उनमें से एक श्रेष्ठ कवयित्री तथा लेखिका श्रीमती एला व्हीलर विल कॉक्स भी थीं। डॉक्टर स्ट्रीट नामक सज्जन ने संन्यास दीक्षा देने का आग्रह किया। डॉक्टर साहब के समर्पण की भावना को परखकर स्वामीजी ने उन्हें दीक्षित कर उनका नामकरण 'योगानंद' किया।

प्रसिद्ध वैज्ञानिक निकोला टेसला, प्रसिद्ध फ्रेंच अभिनेत्री सारा लर्न हार्ड आदि कितने ही प्रसिद्ध व्यक्ति विवेकानंद के भक्त हुए। अमेरिका की सभी स्तर की जनता को आकृष्ट करना, आनंद देना तथा वेदांत का संदेश पहुँचाना, बड़ा ही कठिन काम था, पर सारी दुनिया को उस अमर संदेश से प्रभावित करना, यही उनके जीवन का कार्य है, इसे स्पष्ट कर बताते हुए १७ फरवरी, १८९६ को स्वामीजी ने एक शिष्य को जो पत्र लिखा, उसका एक-एक शब्द सारगर्भित है—

"हिंदू-भावनाओं को अंग्रेजी भाषा में अभिव्यक्त करना, अत्यंत शुष्क तत्त्वज्ञान, प्रतीकात्मक पौराणिक कथाएँ एवं अद्वितीय और आश्चर्यजनक वेदांतिक मानस शास्त्र, इस तिहरे विकट पेच से विदेशी श्रोताओं के सामने अपने महान् धर्म का सरल, सहज

तथा सभी को संतुष्ट करनेवाला प्रतिपादन करना कितना कठिन काम है। इसका वर्णन केवल वे ही लोग कर सकते हैं, जिन्होंने यह कार्य करने का प्रयत्न किया है। अद्वैत सिद्धांत की गूढ़ता में से दैनिक जीवन के लिए कविता का रस तथा आशावाद की शक्ति का निर्माण करना, जटिल पौराणिक कथाओं में से साकार नीति का नियम दिखाना, बुद्धि भ्रमित करनेवाली योगविद्या में से बड़े ही वैज्ञानिक तथा क्रियात्मक मनोविज्ञान का विकास करना और ये सारे चित्र इतने सरल ढंग से बनाना कि छोटा बच्चा भी इसे समझ सके—यही मेरे जीवन का कार्य है। यह काम मैं कहाँ तक कर पाऊँगा, यह परमेश्वर ही जाने।''

२३ फरवरी को स्वामीजी ने कक्षाएँ एवं व्याख्यान बंद किए। उसी दिन अपना अंतिम भाषण श्रीरामकृष्णजी पर देकर अमेरिका को अपने गुरुदेव की महानता का परिचय करा दिया। उसी दिन उन्होंने न्यूयॉर्क में 'वेदांत-सोसाइटी' का संविधान लिखा। धर्मांतरण किए बिना ही किसी भी पंथ-संप्रदाय का व्यक्ति वेदांती बन सकता है, यह उस संविधान का प्रमुख सूत्र था। न्यूयॉर्क के प्रतिष्ठित व्यापारी फ्रांसिस एच. लेगेट को अध्यक्ष तथा मेरी फिलिप्स को सचिव पद पर नियुक्त किया। सभी दीक्षाप्राप्त शिष्यों एवं कुछ गृहस्थाश्रमी भक्तों को स्वामीजी ने सोसाइटी का पदाधिकारी बनाया।

न्यूयॉर्क के कार्य का बीज वृक्ष में परिणत होगा, इसका आकलन होते ही स्वामीजी ने कार्य को विराम दिया तथा नियमानुसार संस्था की स्थापना की। सैकड़ों स्त्री-पुरुष स्वामीजी को 'गुरुदेव' मानने लगे थे, यह कहकर स्वामीजी का शिष्य स्वामी कृपानंद 'ब्रह्मवादिन' में लिखता है, ''स्वामी विवेकानंद भारतीय ही हैं, यह बात जल्द-से-जल्द सिद्ध करने में ही भारत की भलाई है। राष्ट्रीय इनसाइक्लोपीडिया के लेखक स्वामीजी का चरित्र लिखकर उन्हें अमेरिका का नागरिक सिद्ध करने की योजना बना रहे हैं। महाकवि होमर का जन्म उनके ही यहाँ हुआ, ऐसा दावा करनेवाले सात शहर थे। एक दिन ऐसा भी आएगा कि सात देश मेरे गुरुदेव को अपना ही नागरिक कहने का दावा करेंगे। भारत का यह महानायक उससे छिन जाएगा।''

विवेकानंदजी के भाषणों तथा पुस्तकों को काफी प्रसिद्धि प्राप्त होने पर एक समाचार-पत्र में प्रकाशित एक समाचार इस प्रकार था, ''हिंदू स्वामी विवेकानंदजी के वक्तृत्व के जादू से अमेरिकी नागरिक प्रभावित हुए हैं। पुरुष, प्रकृति, माया, ईश्वर, मोक्ष, आत्मा आदि शब्दों को मानो अमेरिकन इनइक्लोपीडिया की नागरिकता प्राप्त हो गई है—यदि ऐसा कहा जाए तो यह अतिशयोक्ति नहीं होगी। उनके ग्रंथों पर तो पाठक टूट ही पड़े हैं, पर इसके साथ ही हिंदू धर्म के बारे में जो लिखा गया है, उसको पढ़ने की अमेरिका में मानो होड़ लगी है। मैक्समूलर, कोलबुक, पॉल ड्यूसन—इनकी हिंदू धर्म पर अंग्रेजी में अनुवादित किताबें धड़ल्ले से बिक रही हैं।

स्वामीजी को अमेरिका में कितनी ख्याति प्राप्त हुई थी, इसकी इस रिपोर्ट से कल्पना की जा सकती है। इसलिए बुद्धिमानों का भंडार माने जाने वाले हार्वर्ड विश्वविद्यालय ने स्वामीजी को आमंत्रित किया। पहले छात्रों तथा प्राध्यापकों के सामने कुछ व्याख्यान होने पर विश्वविद्यालय के सभी श्रेष्ठ बुद्धिजीवियों की संस्था ने स्वामीजी को आमंत्रित किया। 'हार्वर्ड ग्रेजुएट फिलोसॉफिकल क्लब' नामक यह संस्था विश्व के बुद्धिजीवियों के लिए विद्या का महान् मंदिर मानी जाती है। उस संस्था के मान्यवर सभासदों के प्रमुख थे, जॉर्ज एच. पामर, विलियम जेम्स जोशुआ रॉयस तथा ह्युगो मास्टरबर्ग।

२५ मार्च, १८९६ को स्वामीजी का व्याख्यान तय हुआ, विषय था, 'वेदांत दर्शन'। सनातन वेदधर्म तथा आधुनिक विज्ञान में जड़ तथा चेतन दोनों का विचार बड़े ही बारीकी से किया गया है। यदि विज्ञान ने वेदांत की सहायता ली तो केवल वैज्ञानिक विकास ही नहीं, अपितु लोगों में वैज्ञानिक सोच विकसित होगी—ऐसा स्वामीजी ने इस भाषण में कहा।

व्याख्यान देते समय स्वामीजी ने श्रोताओं से प्रश्न पूछने के लिए भी कहा, उनमें से एक प्रश्न यह था कि सम्मोहन-शक्ति के बारे में हिंदू दर्शन क्या कहता है?

इसका उत्तर देते समय स्वामीजी ने कहा, "वेदांत का मनोविज्ञान पश्चिम के देशों से काफी आगे था और आज भी है। वेदांत के अनुसार, आदमी जन्म से ही सम्मोहित रहता है। राजयोग के द्वारा वह सम्मोहन दूर करना आवश्यक है और वह कैसे दूर किया जाए, इसे भी वेदांत स्थित मनोविज्ञान ने अच्छी तरह बताया है।"

इस व्याख्यान से मनोविज्ञानी विलियम जोंस स्वामीजी के भक्त बन गए। स्वामीजी को अपने घर ले जाकर उन्होंने राजयोग के पाठ सीखे। उन्होंने अपने 'प्रेग्मेटिज्म' तथा 'वेराइटीज ऑफ रिलीजंस एक्सपीरियंस' नामक ग्रंथों में विवेकानंद को 'वेदांत तत्त्वज्ञान का मूर्तिमान् आदर्श' आदि शब्दों में गौरवान्वित किया है।

विवेकानंदजी के विरोधियों का एक नया ताकतवर समूह पैदा हो गया था। वह था, मुफ्त विचारकों (फ्री थिंकर्स) का। उसमें नास्तिक, भौतिकवादी, अज्ञेयवादी, युमिवादी आदि थे। वे हमेशा स्वामीजी से वाक्विवाद करते तथा हारकर चले जाते। क्योंकि स्वामीजी का विज्ञान का ज्ञान दर्शनशास्त्र की तरह ही अगाध था। हार्वर्ड विश्वविद्यालय में प्रश्नोत्तर के समय स्वामीजी ने उनके सारे तर्क समाप्त कर बोलती बंद कर दी थी।

दिसंबर में इंग्लैंड से तरोताजा होकर आए स्वामीजी अत्यधिक श्रम के कारण चार महीनों में ही थक गए। अप्रैल में उनका स्वास्थ भी खराब हो गया। श्रीमती फंक ने एक पत्र में 'स्वामीजी बहुत समय तक जी नहीं सकेंगे।' ऐसी आशंका मार्च, १८९६ में ही व्यक्त की थी। स्वामीजी ने स्वयं २३ मार्च को बॉस्टन से पेरूमल को लिखा

था, ''अगले महीने मैं इंग्लैंड जाऊँगा। अत्यधिक परिश्रम के कारण मेरा शरीर कमजोर हुआ लग रहा है। तुम्हारी सहानुभूति प्राप्त करने के लिए यह नहीं लिख रहा हूँ, बल्कि इसलिए सूचित कर रहा हूँ कि आप लोग मुझसे और अधिक मिलने की अपेक्षा न करें। संतोष की बात यह है कि गुडविन जैसा आशुलिपिक प्राप्त होने के कारण मेरे हाथ से थोड़ा-बहुत लेखन कार्य हुआ। चार ग्रंथ प्रकाशित हुए हैं। यथासंभव मैंने अधिक-से अधिक काम निबटाने की कोशिश की, इस संतोष के साथ कार्यमुक्त होकर अब मैं चिंतन के लिए किसी गुफा में बैठने का निर्णय कर रहा हूँ।''

गुरुबंधु शारदानंद के लंदन में आने की सूचना प्राप्त होते ही स्वामीजी इंग्लैंड जाने के लिए उतावले हो उठे। गुडविन को साथ लेकर १५ अप्रैल, १८९६ को व्हाइट स्टार लाइन की एस.एस. जर्मेटिक बोट से स्वामीजी न्यूयॉर्क से लिवरपूल के लिए रवाना हो गए।

पुनः इंग्लैंड

निकट के आत्मीय व्यक्ति से जब काफी अंतराल के बाद मुलाकात् होती है, तब बड़ा ही आनंद, तीव्र उत्तेजना और काफी बातें जानने की उत्कंठा आदि भाव उभरकर आते हैं। १८९० में वराहनगर मठ छोड़ने के बाद विवेकानंदजी परदेश में एकदम एकाकी हो गए थे। मानवता के मिशन का कँटीला क्रूस अकेले ढोते हुए वे दुनिया भर में भटक रहे थे। लंदन में उन्हें छह वर्षों के बाद दो सुहृद, एकदम कलेजे के टुकड़े के समान, मिलने पर असीमित आनंद हुआ होगा। दोनों ही स्वामीजी के भाई ही थे। गुरुबंधु शारदानंद तथा सगा छोटा भाई महेंद्रनाथ।

१८९६ में अप्रैल के तीसरे हफ्ते स्वामीजी लंदन पहुँचे और तुरंत कार्य प्रारंभ हुआ। पहला काम था, गुरुबंधु शरद (शारदानंद) को पश्चिम की चमचमाती तथा विकासशील संस्कृति का मुकाबला करने के लिए तैयार करना। कलकत्ते के पास आलमबाजार मठ में तपस्यामग्न, बाह्य जगत् से एकदम अनभिज्ञ होते हुए भी शारदानंद श्रीरामकृष्णजी के शिष्य थे। इसलिए ज्ञानानुभव में उनमें कोई कमी नहीं थी। प्रश्न था, फैशनेबल तथा प्रगतिशील वातावरण से समरस होने का। इसलिए स्वामीजी पितृतुल्य स्नेह से शिकागो की मैरी हेल नामक बहन को सूचित करते हैं, ''सीधा, सरल, संन्यासी मेरा शरद सभ्य, स्वप्नद्रष्टा, मधुर व्यक्ति है। एकदम टिपिकल हिंदू। मेरे जैसी हिम्मत उसमें नहीं है। उसे साहसी संन्यासी बनाने का काम शुरू किया है। इतना सीधापन यहाँ नहीं चलेगा, चतुराई होनी ही चाहिए।''

विवेकानंदजी को चारों ओर की व्यावहारिक जानकारी होने की बात इस पत्र में दिखाई देती है।

स्वामीजी ने मई के शुरुआत में ही कक्षाएँ, व्याख्यान तथा प्रश्नोत्तरों के खुले चर्चा-सत्र प्रारंभ किए। उसी में से शारदानंदजी को सही प्रशिक्षण प्राप्त होने लगा। २८ मई को विख्यात विद्वान् प्राध्यापक मैक्समूलर ने स्वामीजी को अपने बँगले पर आमंत्रित किया। इस यात्रा में लंदन में दिए गए अनेक व्याख्यानों में से दो का उल्लेख करना आवश्यक है।

श्रीमती मॉर्टिन नामक अमीर महिला के यहाँ व्याख्यान हुआ। उसका विषय था 'आत्मा के संबंध में हिंदुओं की धारणा'। 'दि लंदन अमेरिकन' पत्रिका में एक लंबा आलेख लिखा गया था। उसमें से एक परिच्छेद ऐसा है—"स्वामी विवेकानंदजी ने हिंदू धर्म को केवल जड़ तथा अंध मूर्तिपूजा के दोषारोपों से ही मुक्त नहीं किया, अपितु उसे ऐसे उन्नत और शीर्ष आधार पर प्रतिष्ठित किया कि मानवजाति उनके प्रति श्रद्धावान् हुए बिना रह ही नहीं सकती। बुधवार का दिन वर्षा के कारण बहुत ही कष्टकारक हो गया था, फिर भी कितने ही पुरुष तथा महिलाएँ श्रीमती मॉर्टिन के घर उपस्थित हुए थे। और तो और राजघराने के भी अनेक व्यक्ति गुप्त रूप से उक्त सभा में उपस्थित थे।"

'आत्मा-वात्मा झूठ है।' ऐसा अंग्रेजी विचार अनेक बुद्धिजीवी भारतीयों ने उधार लेकर, वह उनका खुद का ही है, ऐसा दिखाने का प्रयत्न प्रारंभ किया। चार्वाक सचमुच बड़ा विचारक था, पर उसके इन तथाकथित बातों को विवेकानंदजी के भाषण के साथ मूल रूप में पढ़ना चाहिए।

विवेकानंद का स्वभाव क्रोधी था। व्यक्तिगत जीवन में दंभी लोगों से मारपीट करने की' उनके द्वारा धमकी दिए जाने के उदाहरण उनके जीवन में प्रायः दिखाई पड़ते हैं, पर मिशन चलाने के लिए वे कितने विवेक एवं संयम का पालन करते थे, यह आगे की घटना से स्पष्ट होगा। महेंद्रनाथ दत्त 'लंड़ने विवेकानंद' नामक अपनी बंगाली पुस्तक में लिखते हैं—"स्वामीजी ने राजयोग के गूढ़ रहस्यों पर भाषण प्रारंभ किया ही था कि खचाखच भरे सभागार में से एक श्रोता चिल्लाया, 'महाराज आभारी हैं।' मेरे साथ अनेक श्रोताओं ने घबराकर उसकी ओर देखा। वह एक एंग्लो इंडियन व्यक्ति था। हर दो-चार मिनट में गंदे रिमार्क कसकर व्याख्यान में विघ्न डालने लगा। श्रोतागण विचलित हुए। विषय कठिन था। एकाग्रमन से वे सुन रहे थे, पर वह व्यक्ति सभा में विघ्न डालने पर तुला हुआ था। स्वामीजी की एकाग्रता जरा भी भंग नहीं हुई। उसकी ओर जरा भी दृष्टिपात न करते हुए वे जोश में बोल रहे थे। इसलिए वह चिढ़ गया और चिल्लाया, 'सिपाहियों के विद्रोह में बंगालियों को अंग्रेजों ने ही तो बचाया था।'

"इस पर स्वामीजी उखड़ गए और अंग्रेजों ने भारतवर्ष तथा अन्य देशों को गुलाम बनाकर उन पर कितने जुल्म ढाए, इसके उन्होंने अनेक उदाहरण दिए। सारे श्रोता अंग्रेज

थे, पर स्वामीजी का आवेश, धाराप्रवाह वक्तृत्व तथा इतिहास के बारे में उनका अध्ययन देखकर वे हतप्रभ हो गए। बदतमीजी करनेवाला वह अर्धांग्ल तो सिसककर रोने लगा। उसका पश्चात्ताप देखकर स्वामीजी तेवर बदलकर बड़ी सहजता से मूल विषय पर बोलने लगे, 'हाँ, अब मैं प्रत्याहार तथा धारणा के बारे में बताऊँगा।' "

ऐसी घटनाओं से स्वामीजी का प्रभाव बढ़ गया। उनको देखने तथा सुनने के लिए अंग्रेज स्त्री-पुरुषों की भीड़ बढ़ने लगी। उसमें उन्हें दो रत्न प्राप्त हुए। लंदन की पहली यात्रा में उन्हें मार्गरिट नोबल, हेनरी एटा मूलर तथा स्टर्डी नामक शिष्य प्राप्त हुए थे। गुडविन अमेरिका में मिले, पर वे भी अंग्रेज ही थे। अब जून, १८९६ को सेवियर नामक दंपती स्वामीजी के दैवी दरबार में उपस्थित हुए। जेम्स हेनरी सेवियर की उम्र ४९ वर्ष थी। वह फौज में कैप्टन के पद से सेवानिवृत्त हुए थे। कैप्टन साहब तथा उनकी पत्नी शॅलेट ने जून मास में पहली बार स्वामीजी को देखा, उनके प्रवचन सुने और उनके परम भक्त बन गए; फिर अन्य शिष्य भी। श्रीमती सेवियर को स्वामीजी 'माताजी' कहने लगे। सेवियर दंपती ने भी अपने सद्गुरु पुत्रवत् मानते हुए दिन-रात उनकी सेवा करने का संकल्प लिया।

उधर अमेरिका में स्वामीजी से दीक्षाप्राप्त शिष्य एवं हितचिंतक न्यूयॉर्क तथा बॉस्टन में वेदांत की कक्षाएँ चला रहे थे। पर उन्हें किसी आधिकारिक मार्गदर्शक की आवश्यकता थी, ऐसी चिट्ठियाँ स्वामीजी को लंदन में हमेशा प्राप्त होती रहती थीं। जुलाई में इंग्लैंड का समय समाप्त हो रहा था। पर शारदानंद को दो महीनों में ही सघन प्रशिक्षण प्राप्त हो गया था। उन्हें अब स्वतंत्र रूप से काम की जिम्मेदारी सँभालनी चाहिए, ऐसा स्वामीजी को लगता था। गुडविन जैसा विश्वासपात्र सचिव तथा एक दीक्षाप्राप्त शिष्य साथ में देकर स्वामीजी ने शारदानंद को अमेरिका भेजने का निर्णय किया तथा २५ जून को वे दोनों अमेरिका के लिए रवाना हुए।

सेवियर परिवार तथा हेनरीएटामूलर ने गुरु को विश्राम प्राप्त होने की दृष्टि से यूरोप-यात्रा की योजना बनाई। स्वामीजी हर्षित हुए। रविवार १९ जुलाई को स्वामीजी ने उन तीन शिष्यों के साथ स्विट्जरलैंड के लिए प्रस्थान किया। इसके पहले उन्होंने अमेरिका तथा भारत में पत्र भेजकर इंग्लैंड में हुई कार्य की सफलता का विवरण भेजा। गुरुबंधु अभेदानंद को तुरंत लंदन भेजा जाए—उन्होंने यह आदेश भी आलम बाजार स्थित मठ को भेजा।

जेनेवा सहित स्विट्जरलैंड के नौ शहरों की यात्रा कर इन लोगों ने आल्पस पर्वत के निकट एक छोटे से शांत गाँव में डेरा जमाया। सहसा उन्हें हिमालय का स्मरण हो आया। उस नगाधिराज की विशालता का वर्णन करते हुए स्वामीजी ने कहा, "मेरी इच्छा है कि हिमालय में एक मठ की स्थापना कर, शेष जीवन वहीं ध्यान तथा तपस्या

करने में व्यतीत किया जाए। उस मठ में मैं अपने भारतीय तथा पाश्चात्य शिष्यों को 'कर्मयोगी' के रूप में तैयार करूँगा। उनमें से भारतीय कर्मयोगी पाश्चात्य देशों में वेदांत का प्रचार करेंगे तथा पाश्चात्य शिष्य भारत की उन्नति के लिए आत्मसमर्पण करेंगे।"

कैप्टन सेवियर ने तुरंत कहा, "हाँ, स्वामीजी, भावी कार्य के लिए ऐसे एक मठ का होना जरूरी है।"

यद्यपि ये बातें बातचीत के सिलसिले में कही गई थीं, पर सेवियर दंपती ने गंभीरता से केंद्र स्थापना करने का आश्वासन दिया। विवेकानंद कहते थे कि हाथी का दाँत और पुरुष का शब्द, एक बार बाहर आ जाए तो फिर अंदर नहीं जाता। ऐसे ही शब्द का पालन किया सेवियर पति-पत्नी ने। उन्होंने स्वामीजी की दोनों इच्छाओं को शिरोधार्य मानकर पूरा किया। पहली इच्छा, हिमालय में मठ बनवाया तथा दूसरी, भारत के उत्थान के लिए आत्मसमर्पण किया।

आल्प्स पर्वत-श्रेणियों में मुक्त संचार करते हुए स्वामीजी को संस्कृत भाषा में एक पत्र मिला। पारंगत जर्मन विद्वान् प्रो. पाल डायसन ने स्वामीजी को आमंत्रित किया था। स्वामीजी ने तुरंत यात्रा समाप्त की और शिष्यों सहित स्विट्जरलैंड से जर्मनी आ गए और हाइडेलाबर्ग, काब्लेंज, कोलोन तथा बर्लिन इन शहरों को देखते हुए कोल नामक नगर में पहुँचे। सुप्रसिद्ध संस्कृतज्ञ तथा प्राच्यविद् प्रो. डायसन कोल विश्वविद्यालय में दर्शन विभाग के विभागाध्यक्ष थे। वे शॉपेनहोएद के शिष्य थे। डायसन का दृढ़ विश्वास था कि वेदांत का तत्त्वज्ञान ही मनुष्य को सत्य की खोज में सर्वाधिक सहायक होगा।

१८९३ की फरवरी में सच्चिदानंद नामक एक साधारण-सा बैरागी जब मद्रास प्रदेश में भटक रहा था, तब २५ फरवरी को पाल डायसन मुंबई में रॉयल एशियाटिक सोसाइटी की भारतीय शाखा के सभासदों के सामने वेदांत पर भाषण देने के लिए भारत आए थे। अब विवेकानंद के लंदन में हुए भाषणों का विवरण सुनकर उन्होंने स्वामीजी को साग्रह निमंत्रित किया था।

८ सितंबर को स्वामीजी शिष्यों के साथ कील शहर पहुँचे। डायसन साहब स्वामीजी से मिलने उनके होटल पहुँचे और स्वामीजी के प्रेमपाश में बँध गए। इतने कि वे उन्हें छोड़ने के लिए तैयार ही नहीं थे, पर स्वामीजी को लंदन में जाकर शीतकालीन कक्षाएँ प्रारंभ करनी थीं। स्वामीजी का और साथ मिले, इसलिए प्राध्यापक महोदय ने उनके साथ लंदन जाने की ठानी। तीन दिन हॉलैंड में रहकर १७ सितंबर को सभी लोग लंदन वापस आ गए।

दो महीनों के अवकाश और एकांत ने स्वामीजी को तरोताजा कर दिया था। भारत से स्वामी अभेदानंद लंदन आ चुके थे। शारदानंद को अमेरिका में सुव्यस्थित कर प्रिय

शिष्य गुडविन भी लंदन वापस आ गए थे। सारी मंडली जमा हो चुकी थी। स्वामीजी ने काम के लिए कमर कस ली। स्विट्‌जरलैंड में किए गए गंभीर चिंतन में उन्हें एक सत्य की प्राप्ति हुई—"One blow struck outside India is equal to hundred thousand struck within."

भारत वापस जाना भी जरूरी था। यदि वर्ष के अंत में जाना तय करते तो केवल दो महीने शेष थे। इस समय में स्वामीजी ने अद्‌भुत कार्य किया। तपस्या में भी विलक्षण वृद्धि हुई थी। इसलिए उनके मुख से निकलनेवाला हर शब्द श्रोताओं को हुए साक्षात्कार के रूप में लगने लगा। केवल श्रोताओं को ही नहीं, अपितु स्वामीजी के सर्वाधिक भाषण सुनने, उन्हें लिख लेने तथा प्रत्येक शब्द समझकर उन्हें ग्रंथ-रूप देनेवाले गुडविन भी स्वामीजी के वक्तृत्व के पीछे की आध्यात्मिक ऊँचाई देखकर चकित रह गए। २४ अक्तूबर के पत्र में गुडविन 'मैरी फिलिक्स' को सूचित करते हैं, ''माया नामक विषय पर गुरुदेव बोल रहे हैं। उनका हरेक शब्द अतींद्रिय अनुभव का स्पर्श लेकर श्रोताओं को मंत्रमुग्ध कर रहा है। सचमुच, स्विट्‌जरलैंड में किया हुआ विश्राम स्वामीजी के लिए बहुत ही लाभप्रद सिद्ध हुआ।''

महीने भर के बाद भी स्वामीजी की ऊर्जा यथावत् बनी रही। इसकी गवाही श्रीमती बुल को देते हुए नवंबर में गुडविन लिखते हैं, ''उनका हर भाषण उत्तरोत्तर अधिक सरस हो रहा है। बुधवार शाम को 'प्रैक्टिकल वेदांत' विषय पर स्वामीजी ने एकदम नया विचार प्रस्तुत किया। अप्रतिम था वह भाषण। स्वामीजी स्वयं आध्यात्मिक ऊँचाई पर पहुँच गए, साथ में श्रोताओं को भी ले गए। वह एक ऐसा दिव्य अनुभव था कि श्रोतागण अपने चारों ओर के परिसर को तो भूले ही, उन्हें अपनी स्वयं की भी विस्मृति हो गई।'' कक्षाएँ, व्याख्यान तथा व्यक्तिगत मार्गदर्शन) इन दैनिक कार्यक्रमों के अलावा स्वामीजी तीन और काम करते थे। पत्र-लेखन, खास लोगों से मुलाकातें तथा अभेदानंदजी को प्रशिक्षित करना। उन दो महीनों में अनेक लेखक, मनोवैज्ञानिक तथा ख्रिस्ती पादरी स्वामीजी से मुलाकात करने आते थे। उनमें से कुछ लोग उस समय के प्रसिद्ध व्यक्ति थे, एडवर्ड कार्पेंटर, फ्रेडेरिक मीयर्स, कॅनन बिल्वरफोर्स और मोंक्योर डी कार्व।

२७ अक्तूबर को स्वामीजी ने अपने गुरुबंधु का पहला व्याख्यान ब्ल्यूम्सवेदी स्क्वेयर के एक क्लब में आयोजित किया। अभेदानंदजी का भाषण बहुत ही अच्छा हुआ। एरिक हैमंड लिखते हैं, ''श्रोता विवेकानंद को सुनने आए थे। एकाएक अभेदानंदजी का नाम सुनकर वे थोड़े निराश हुए; पर नए संन्यासी ने अपने वक्तृत्व से श्रोताओं को अपने स्थान पर बाँधकर रखा। विवेकानंदजी को अपार हर्ष हुआ। उन्होंने गद्‌गद होकर कहा, 'यदि मैं मर भी जाऊँ तो भी मेरा संदेश इस गुरुबंधु के मुख से दुनिया-

भर में फैलेगा। आज मुझे इसका विश्वास हो गया।' ''

परमहंस ने नरेंद्र पर अपने गुरुबंधुओं को तैयार करने की जिम्मेदारी सौंपी थी। एक बंधु के बारे में वह सफल होने का आनंद ही उपर्युक्त शब्दों में व्यक्त होता है।

श्रीरामकृष्णजी का संदेश देने के लिए जो व्यक्ति आगे आएगा उसे प्रोत्साहन एवं आशीर्वाद देने की महान् उदारता विवेकानंदजी में थी। कुमारी वाल्डो उर्फ संन्यासिनी हरिदासी को इसी अक्तूबर में लंदन से न्यूयॉर्क भेजे गए पत्र में विवेकानंदजी का हृदयस्थ ऋषि प्रकट होकर कहता है, ''तुम व्याख्यान देने की शुरुआत क्यों नहीं करती? हिम्मत करो। 'माँ' तुझे शक्ति देगी, किसी का भी आधार मत लेना। खुद के पैरों पर हिम्मत से खड़ी रहो। श्रीरामकृष्णजी के बच्चे जब साहसी बनते हैं, तो ऐसे समय वे स्वयं उनके पास होते हैं। पश्चिम में किसी हिंदू द्वारा मिशन चलाने की अपेक्षा यदि तुममें से किसी ने उसे प्रारंभ किया, तो मुझे हजार गुना संतोष प्राप्त होगा। पूरी दुनिया में विजय प्राप्त करने पर भी, अपने बच्चों से पराभव प्राप्त करने में मनुष्य को अधिक सुख प्राप्त होता है। ठीक है, आज से मैं तुम्हें प्रेरणादायक विचार भेजता हूँ। 'चमको, तेजस्वी होकर उठो'।''

उधर मद्रास में 'ब्रह्मवादिन' नामक पत्रिका के चल निकलने पर स्वामीजी ने 'प्रबुद्ध भारत' नामक मासिक पत्रिका प्रारंभ करने की प्रेरणा दी, पैसे भी भेजे। जुलाई, १८९६ में अंग्रेजी में 'प्रबुद्ध भारत' प्रारंभ हुआ। स्वामीजी ने मद्रास के अनुयायियों को इसे सभी दक्षिण भारतीय भाषाओं में प्रकाशित करने के लिए सुझाव दिया।

इस प्रकार विवेकानंद जहाँ भी रहते, वहाँ से वे चतुर्दिक् कार्य करते। नवंबर में एक दिन व्याख्यान समाप्त होते ही स्वामीजी ने कैप्टन सेवियर को भारत वापस जाने के लिए टिकट मँगाने को कहा। कैप्टन साहब ने तुरंत व्यवस्था कर दी। चार लोग जानेवाले थे। स्वामीजी, सेवियर पति-पत्नी तथा गुडविन। पीछे-पीछे आनेवाली थी कु. मुला तथा कु. नोबल।

१६ दिसंबर को लंदन से प्रस्थान

१३ दिसंबर को पिकैडिली की एक चित्रकला-दीर्घा में स्वामीजी का विदाई समारोह आयोजित किया गया। अध्यक्ष थे ई.टी. स्टर्डी। भाषण हुए। सैकड़ों श्रोता उपस्थित थे, पर लगभग सभी उदास तथा मूक थे। कुछ लोग तो फूट-फूटकर रो रहे थे। स्वामीजी सभी से मिल रहे थे और रुँधे हुए कंठ से 'फिर मिलेंगे' कह रहे थे। अपने विदाई भाषण में स्वामीजी ने कहा, ''श्रेयस्कर समझकर मैं शायद इस देह का बंधन छिन्न कर सकूँगा। किसी जीर्ण वस्त्र की तरह इसका त्याग कर सकूँगा, पर जब तक दुनिया के प्रत्येक व्यक्ति को उस सर्वोच्च सत्य की उपलब्धि नहीं हो जाती, तब

तक मैं मानवजाति के कल्याणार्थ धर्म-प्रचार के कार्य से विरत नहीं हो सकता।''

भगिनी निवेदिता ने अपने गुरु के बारे में जो कुछ लिखा है, वह इतना संतुलित है कि ऐसा अन्य लोगों के लेखन में नहीं मिलता। वह पट्टशिष्या जो थी। स्वामीजी से वह पहली बार जब मिली थी, उस समय उसकी आयु २८ वर्ष थी। गुरु का वरदहस्त प्राप्त होते ही उस छोटी-सी उम्र में उसमें असाधारण परिपक्वता आ गई थी। इसलिए उसके द्वारा प्रकट की गई गुरु-महिमा विवेकानंदजी के कार्य का सही मूल्यांकन है।

गुरुदेव के इंग्लैंड के कार्य के बारे में भगिनी निवेदिता लिखती हैं, ''हमारे देश के अधिकांश लोगों के लिए स्वामीजी के शब्द प्यासे को शीतल जल मिलने के समान थे। धर्म के क्षेत्र में विगत पचास वर्षों से यूरोप में ऐसा वातावरण बन गया था, जिसके कारण श्रद्धा समाप्त होकर मानसिक जीवन छिन्न-भिन्न हो गया था। हम लोग उस बारे में जागरूक हो गए थे, पर कोई सही रास्ता दिखाई नहीं पड़ रहा था। क्रिश्चियन धर्म के रूढ़िवादी सिद्धांतों पर से विश्वास उठ चुका था। ऐसा कोई धर्ममत प्राप्त नहीं हो रहा था, जिसमें ठोस सत्य हो। गुरुदेव ने हमें वह रसीला फल दिया। हम लोगों की संदेहात्मक अस्थिरता को उन्होंने बौद्धिक आधार तथा तात्त्विक अभिव्यक्ति देकर स्थिरता प्रदान की। अँधेरे में भटकने वाले को वेदांत का प्रकाशपुंज दिखाया विवेकानंदजी ने।''

१६ दिसंबर, १८९६ को स्वामीजी लंदन से रवाना हुए। स्थल-मार्ग से वे तथा सेवियर पति-पत्नी नेपल्स जाएँगे, वहाँ उन्हें गुडविन मिलेगा और वे लोग इटली होते हुए जहाज से कोलंबो जाएँगे—यह कार्यक्रम तय हुआ।

जुलाई, १८९३ से दिसंबर, १८९६ के साढ़े तीन वर्षों में विवेकानंदजी ने इग्लैंड तथा अमेरिका में कितना महान् कार्य किया, इसका यह छोटा-सा विवरण है।

अमेरिका की अपेक्षा इंग्लैंड में हुए कार्य से स्वामीजी अधिक संतुष्ट थे, यह उनके कुछ पत्रों से स्पष्ट होता है। साहब लोगों के स्वभाव का विश्लेषण करते हुए स्वामीजी लिखते हैं—''अंग्रेज लोग अमेरिकी लोगों की तरह तेज-तर्रार नहीं हैं, पर उनके दिल को छूने पर वह चिरकाल तक आपके सहाध्यायी हो सकते हैं। अन्य जातियों की अपेक्षा अंग्रेजों पर ईश्वरीय कृपा होने का कारण उनकी प्रखर निष्ठा तथा उनकी दृढ़ संकल्प की प्रवृत्ति ही हो सकती है। बाहरी तौर पर अंग्रेज उदासीन लगते हैं, पर आवरण भंग करने पर उसकी हार्दिक सहानुभूति स्पष्ट होती है। अन्य जातियों की अपेक्षा अंग्रेजों में आपसी ईर्ष्या की भावना कम दिखाई पड़ती है, इसलिए वे दुनिया पर राज्य कर सकते हैं। 'चाटुकारिता' दासता का प्रतीक है। उसे पूरी तरह दूर कर आज्ञापालन करना उनको सही लगता है। मन के भावों को प्रकट न होने देना, यह उनकी विशेषता है, पर उसे परखकर उनके मस्तिष्क में यदि किसी विचार के बीज बोए गए तो वे निष्फल नहीं होंगे।''

स्वामीजी का प्रिय अंग्रेज सखा गुडविन लिखता है, ''अंग्रेजों के स्वामीजी के प्रेम में पड़ने का कारण उनका अनोखा व्यक्तित्व तथा ओजस्वी वक्तृत्व नहीं, अपितु उनका दैनिक आचरण है। अंग्रेज पक्के व्यावहारिक हैं और उसी कसौटी पर वे व्यक्ति, वस्तु तथा मूल्यों को जाँचते हैं। वेदांत ही सुख की धरोहर है, ऐसा स्वामीजी केवल कहते ही नहीं हैं, अपितु वे स्वयं वैसा आचरण भी करते हैं तथा सुखी दिखाई पड़ते हैं। इसीलिए अंग्रेज स्वामीजी की ओर आकृष्ट हुए हैं। उन्होंने सोचा कि वेदांत की जिंदगी जीकर यदि एक व्यक्ति तृप्त हो सकता है, तो अन्य लोग भी इससे लाभान्वित हो सकते हैं।''

जिस कार्य के लिए स्वामीजी विदेश गए थे, क्या वह कार्य पूरा हुआ? स्वामीजी का उद्देश्य चतुष्कोणीय था। विचारवाहक यंत्र बनकर सद्गुरु की वाणी का प्रचार विदेश में सफल होने पर भारत में सद्गुरु के नाम का प्रभाव बढ़ेगा, यह एक प्रमुख उद्देश्य था। दूसरा कोण था, विभिन्न धर्मों के बीच होनेवाली आपसी कलह को नष्ट करने के लिए सभी धर्मों का उद्गम स्थान, जो वेदांत तत्त्वज्ञान है, उसका प्रचार-प्रसार करना। तीसरा कोण था, प्राच्य तथा पाश्चात्य संस्कृति में समन्वय स्थापित करना। पहले दो उद्देश्य जितने सफल हुए, उतना तीसरा नहीं हुआ। एक बार की विदेश यात्रा में सफल होने लायक वह काम नहीं है। इसके लिए अनेक बार विदेश यात्रा करनी पड़ेगी, यह स्वामीजी जानते थे। चौथा उद्देश्य जरा भी सफल नहीं हुआ। वह काम था भारत में काम करने के लिए अमीर पश्चिमी देशों से धन इकट्ठा कर उसे यहाँ लाना। विवेकानंद के फ्रेंच चरित्र लेखक रोमाँ रोला कहते हैं, ''स्वामीजी ने विदेश से तीस करोड़ रुपए लाने का मन में निश्चय किया था।''

इतनी बड़ी निधि स्वामीजी एकत्र नहीं कर पाए। रोमाँ रोला इसका कारण नहीं बताते। इसका एक कारण यह था कि भारत की दरिद्रता की कष्टकारक स्थिति सुनाकर सहायता माँगना स्वामीजी को बिलकुल भी अच्छा नहीं लगा। दूसरा कारण यह था कि उस धन से किए जाने वाले कार्य की कोई ठोस योजना बनाने के लिए उन्हें समय नहीं मिला था। दानी लोग मुक्तहस्त से दान देने के लिए तैयार थे, पर योजना बनने पर ही वे उसे स्वीकार करेंगे—ऐसा स्पष्ट उत्तर स्वामीजी उन लोगों को देते थे।

अब यात्रा भारत की ओर

विदेश में स्वामीजी को जब भी भारत की याद आती, उन्हें परिव्राजक जीवन ही याद आता। लंबी साँस छोड़कर वे कहते—आहा! क्या दिन थे वे! वह कंबल व घुटा हुआ सर, वह वृक्ष के नीचे की निद्रा! वह भिक्षान्न! कब आएँगे फिर वे दिन!

उन्हीं दिनों को निकट लाने के लिए ही उनकी पूर्वाभिमुख यात्रा प्रारंभ हुई थी।

''श्रीरामकृष्णजी ने एक बार मुझसे कहा था, 'तुम मुझे अपने कंधे पर बैठाकर अपनी इच्छानुसार जहाँ भी ले जाकर बैठाओगे, वहाँ मैं रहूँगा, चाहे फिर वह कोई झोंपड़ी हो या पेड़ के नीचे की खुली जगह।' सद्गुरु के उस आशीर्वाद के विश्वास पर मैं उन्हें आज अपने भावी मठ में ले जा रहा हूँ। जब तक उनके नाम पर उनके अनुयायी पवित्रता, आध्यात्मिकता तथा मानवमात्र पर समान प्रीति के आदर्शों की रक्षा कर सकेंगे, तब तक रामकृष्ण इस मठ को अपने निवास से धन्य करते रहेंगे।''

—स्वामी विवेकानंद

□

किसी ने यदि तुम्हारी माँ का अपमान किया तो?

विवेकानंद जैसा दूसरा देवदूत दुनिया भर में नहीं हुआ होगा। लेखक, स्थापत्यविद्, भूगर्भशास्त्रज्ञ आदि विदेशस्थ धनवानों तथा नामचीनों ने विवेकानंदजी से कितनी ही अधिक बार यात्राएँ की होंगी, पर उसके पीछे का उनका उद्देश्य केवल व्यावसायिक ही होता है। शोधकार्य करनेवाले वैज्ञानिक, समाजशास्त्री, डॉक्टर 'डाटा' इकट्ठा करने के लिए ही दुनिया भर में घूमते हैं। विवेकानंदजी मानो सारी दुनिया का 'डाटा' इकट्ठा करने के लिए भटकते थे—ऐसा लगता है। मौज के लिए यात्रा करनेवाले लोग केवल दर्शनीय स्थानों को ही देखते हैं। स्वामीजी सबकुछ देखते थे। देखकर इतिहास तथा तत्कालीन समाज-रचना के संदर्भ में उसकी कड़ी जोड़ते थे। भारतवर्ष में तो वे अकेले, लगभग पैदल ही भटकते थे, पर विदेश में उनके साथ उनके शिष्य होते थे। उन्होंने लिखकर रखा है कि स्वामीजी के साथ भ्रमण करते समय, स्थलों को देखते हुए दुर्लभ ज्ञानप्राप्ति होती है।

स्वामीजी के व्यक्तित्व के निर्माण में देशाटन की महत्त्वपूर्ण भूमिका है। विवेकानंदजी को युगाचार्य कहा जाता है। इसके तीन कारण हैं—परमहंसजी से प्राप्त अंतर्दृष्टि, उनका अंग्रेजी तथा संस्कृत भाषा पर प्रभुत्व तथा उनके द्वारा की गई यात्राएँ, ऐसा भगिनी निवेदिता कहती हैं।

उन्हें भारत लौटने की जल्दी थी, फिर भी रास्ते में जो कुछ देखना संभव था, उन्होंने देखा। उनका उद्देश्य मौज-मस्ती करना नहीं था। वे एक ही समय में दो स्तर से स्थल देखते थे। एक स्तर था, बालसुलभ कौतूहल का, तो दूसरा था ज्ञानपिपासु एवं जिज्ञासु का।

ट्रेन से फ्रांस तथा आल्प्स पर्वतश्रेणियों को पीछे छोड़कर वे इटली पहुँचे। पहला

पड़ाव था मिलान में। लियोनार्डो डि ह्विंसी के 'द लास्ट सपर' नामक शिल्प तथा अन्य ऐतिहासिक स्थलों को देखकर स्वामीजी तथा सेवियर परिवार पीसा देखते हुए रोम की ओर बढ़े। रोम जैसे-जैसे समीप आने लगा, स्वामीजी की उत्सुकता तथा अधीरता चरम पर थी। कॉलेज में रोम का वर्णन पढ़ते हुए सपने देखनेवाला नरेंद्र कितनी ही बार मन में रोम का भ्रमण कर चुका था। अब वह शहर प्रत्यक्ष देखने को मिलेगा, इसलिए उसका मन बड़ा ही आनंदित था। पूरब में दिल्ली तथा पश्चिम में रोम ही प्राचीन संस्कृति के केंद्र थे, उसे युवावस्था में ऐसा लगता था।

२१ दिसंबर, १८९६ को वे लोग रोम पहुँचे। शायद उनकी योजना यीशू के जन्मदिन पर रोम में रहने की थी। शहर देखते हुए स्वामी सेवियर दंपती को वहाँ के इतिहास की छोटी-छोटी घटनाओं के साथ इतना विशद वर्णन कर रहे थे कि वे दोनों शिष्य अचंभित हो गए। श्रीमती सेवियर ने कहा भी, "गुरुदेव, आपको तो रोम के हर पत्थर का इतिहास मालूम है।"

रोम से ये लोग नेपल्स आए। कोलंबो जानेवाले जहाज के छूटने में अभी कुछ दिन बाकी थे। इस बीच स्वामीजी ने नेपल्स तथा पांपेई शहरों तथा प्रसिद्ध ज्वालामुखी ह्विसुवियस को देखा। साउथम्पट् से एक जहाज नेपल्स के बंदरगाह पर रुका। स्वामीजी के अधीर नेत्र अपने विश्वासपात्र गुडविन को खोज रहे थे। गुडविन के दिखते ही स्वामीजी किसी बालक के समान चिल्लाए, "गुडविन आ गया। अब भारत की ओर चला जाए, मेरे देश भारत की ओर।"

३० दिसंबर को जहाज चला। ३ जनवरी, १८९७ को जहाज से स्वामीजी ने जो पत्र लिखा, परोक्ष रूप से उससे उनके विश्वमानव होने का संकेत मिलता है। "स्वेज से एशिया प्रारंभ होगा। मैं फिर एशिया में। मैं सच में कौन हूँ? एशियाई, यूरोपियन या अमेरिकन? या सभी का एक अजब-सा मिश्रण बन गया हूँ मैं।" अदन में जहाज रुका। लोग शहर देखने उतर पड़े। रास्ते में कुछ दूर एक दृश्य देखकर स्वामीजी लगभग दौड़ते हुए उधर चल दिए। शिष्यों के बंदरगाह से निकलने तक स्वामीजी उस स्थान पर पहुँच भी गए। वह एक पान की दुकान थी। भारतीय पानवाला हुक्का पीते हुए बैठा था। भिक्षावृत्तिवाले स्वामीजी ने मधुर स्वर में उससे पूछा, "बंधु, जरा हुक्का देंगे।" उसने तुरंत दिया, तब तक शिष्यगण भी पहुँच गए थे। जगप्रसिद्ध वेदांती ऋषि ढोंग से कितने मुक्त रहते हैं, यह देख वे तीनों साहब हतप्रभ रह गए।

अदन से कोलंबो तक की यात्रा के अंतिम पड़ाव की एक घटना योद्धा विवेकानंद के स्वरूप को अधिक स्पष्ट करती है। दो क्रिश्चियन मिशनरी स्वामीजी के सहयात्री थे। उन्होंने स्वामीजी से धर्मचर्चा प्रारंभ की। उनकी चर्चा करने की शैली बड़ी आक्रामक थी। स्वामीजी ने बड़े शांत भाव से उनके सब तर्कों का खंडन किया। क्रिश्चियन धर्म

हिंदू धर्म से श्रेष्ठ है, यह बात वे लोग सिद्ध नहीं कर पा रहे थे। हार स्वीकार करने की सहज प्रवृत्ति उनमें नहीं थी। कोई नया तर्क जब उन्हें नहीं सूझा तो उन्होंने बिना कारण ही हिंदू धर्म को गाली देना प्रारंभ किया। स्वामीजी के स्वभाव में कभी झूठा शांतिदूत नहीं रहता था। वे अपने स्थान से उठे। गाली देने वाले एक पादरी के पास गए, उसका गला पकड़ा और थोड़ा हँसते हुए तथा थोड़ा गंभीर चेहरा बनाकर स्वामीजी ने कहा, ''इसके बाद अगर हिंदू धर्म के बारे में गाली के एक भी अक्षर का उच्चारण किया तो समुद्र में फेंक दूँगा। कैसा लगेगा?''

वे दोनों पादरी अपने स्थान पर ही स्थिर हो गए। एक अक्षर भी नहीं बोले। कलकत्ता में सिन्हा नामक शिष्य को यह घटना बताकर स्वामीजी ने पूछा, ''यदि किसी ने तुम्हारी माँ का अपमान किया तो तुम क्या करोगे?''

सिन्हा ने कहा, ''मैं उसकी छाती पर बैठकर उसकी पिटाई करूँगा, गुरुजी।''

विवेकानंद ने कहा ''यह उचित ही है, पर ऐसा ही श्रद्धा भाव यदि तुममें अपने समस्त हिंदू-भाइयों के बारे में होता तो उनका प्रतिदिन होनेवाला ईसाईकरण तुम सहन नहीं कर पाते? कहाँ है तुम्हारा धर्मप्रेम? कहाँ है देशभक्ति? यदि वह प्रेम, वह भक्ति तुममें होती तो मिशनरियों में तुम्हारे भाइयों का धर्मांतरण करने की हिम्मत न होती, वे पादरी स्थान-स्थान पर खड़े होकर तुम्हारे धर्म को गाली देते हैं, पर तुम्हारा खून नहीं खौलता?''

कोलंबो से कलकत्ता

हिंदू धर्म को नया अर्थ देकर पश्चिम में उस धर्म की दुंदुभि बजानेवाला श्रेष्ठ भारतपुत्र भारत की ओर आ रहा था। सनातन धर्म को पुनर्जीवित करनेवाला महान् संदेष्टा पश्चिम विजय कर लौट रहा था।

पश्चिम में भारत के प्राचीन स्वर्णयुग के बारे में गौरवमय उद्‌गार निकालते समय वर्तमान भारत का मलिन चित्र भी स्वामीजी के सामने यथावत् बना रहा था। भारत में आने के बाद वहाँ के धार्मिक जीवन में व्याप्त अंधविश्वास, चातुर्वर्ण्य-व्यवस्था आदि कलंक पर प्रहार करने की उस योद्धा ने ठान ली थी। १८९४ में डेट्राइट में कुछ खास शिष्यों को स्वामीजी ने कहा था, ''भारतवासियों पर मैं शब्दों के चाबुक चलाऊँगा। अपनी तीखी टीका-टिप्पणी सुनने के लिए उन्हें बाध्य कर दूँगा। मैं उन्हें विचलित कर दूँगा। उनके दिलों में विद्युतलहरी छोड़ूँगा।''

पर मजेदार बात यह थी कि कोलंबो का किनारा जैसे-जैसे नज़दीक आ रहा था, वैसे-वैसे स्वामीजी घबरा रहे थे। समुद्रपयर्टन, मांसभक्षण, विरोधियों द्वारा भारतीय समाचार-पत्रों में किया गया कुप्रचार! इसलिए देशबांधव उनका स्वागत किस तरह करेंगे, इसकी

उन्हें चिंता सता रही थी। वे कैबिन में चिंतित होकर घूम रहे थे। यदि भारत में उन्हें स्वीकार नहीं किया गया तो क्या किया जाएगा। इसकी योजना उन्होंने दो-तीन महीने पहले ही बना रखी थी, यह बात गुडविन के एक पत्र से ज्ञात होती है।

१४ नवंबर, १८९६ को गुडविन ने श्रीमती ओलि बूल को लिखा था, "भारतवासी उनको स्वीकार करेंगे या नहीं, इस बारे में स्वामीजी काफी सशंकित हैं। शायद एकदम रूखा स्वागत होगा, ऐसा उनका मन बोल रहा है। यदि वैसा स्वागत हुआ तो भारत में कुछ दिन आराम करने के बाद वापस अमेरिका जाना उन्होंने तय किया है।"

विवेकानंदजी का अपने बारे में किया हुआ अनुमान एकदम गलत साबित हुआ। कोलंबो नगरी स्वामी के स्वागत के लिए किसी नववधू की तरह सजी हुई थी। बंदरगाह पर सैकड़ों लोग माला-फूल लेकर स्वामीजी के भव्य स्वागत के लिए खड़े थे। उनके गुरुबंधु स्वामीजी निरंजनानंद कलकत्ते से सीधे कोलंबो आए थे। दूसरे गुरुबंधु शिवानंद मदुरई में नरेंद्र का बेसब्री से इंतज़ार कर रहे थे।

कोलंबो में हुए भव्य स्वागत का उत्तर देते हुए स्वामीजी ने कहा, "मैं कोई महाराजा अथवा लक्ष्मीपति या प्रसिद्ध राजनेता नहीं हूँ। मैं एक भिक्षाजीवी संन्यासी हूँ। स्वागत मेरा न होकर भगवा वस्त्र धारण करनेवाले संन्यस्त जीवन का है—यह मैं जानता हूँ।"

कोलंबो, कैंडी, अनुराधापुरम्, जाफना, पंबन, रामेश्वरम्, रामनाद, मदुरई, त्रिचनापल्ली तथा कुंभकोणम् में स्वागत स्वीकारते, व्याख्यान देते हुए स्वामीजी फरवरी, १८९७ को मद्रास एगमोर स्टेशन पर आ पहुँचे। इन तीन हफ्तों की यात्रा बैलगाड़ी तथा रेल से हुई। श्रीलंका में की गई बैलगाडी की यात्रा में हर गाँव में हुए स्वागत को देखकर स्वामीजी गद्गद हो गए। रेलवे यात्रा के मध्य एक छोटे से स्टेशन पर भक्तों ने पटरियों पर सोकर ट्रेन को रोका तथा स्वामीजी की चरणधूलि ली।

'विवेकानंद इन इंडियन न्यूजपेपर्स' नामक एक बहुत मोटा ग्रंथ है। १८९७ में भारत में आने पर सर्वत्र स्वामीजी पर जो प्रशंसात्मक लेखन हुआ, उनका संकलन इस ग्रंथ में है। उनमें से केवल एक विवरण यहाँ प्रस्तुत करता हूँ। मद्रास के 'हिंदू' समाचार-पत्र के संवाददाता ने एगमोर नामक स्टेशन पर हुए स्वामीजी के स्वागत का वर्णन किया है। यदि इतना ही होता तो कोई विशेष बात नहीं थी, पर देशबंधुओं पर शाब्दिक हंटर चलाने का स्वामीजी का मानस भी व्यक्त कर संवाददाता ने कमाल किया है—

"आज स्टेशन पर स्वामी विवेकानंदजी का स्वागत करने के लिए इकट्ठा जनसमूह के उत्साह और धर्मानुराग का जितना भी वर्णन किया जाए, उसमें अतिशयोक्ति नहीं होगी। कट्टरपंथ हिंदू जाति को विशेषकर आज, प्रचलित रूढ़ियों में परिवर्तन की आवश्यकता है। यदि पुरानी प्रथा दूर कर कोई नया नियम प्रारंभ करना हो तो स्वामी विवेकानंदजी जैसे व्यक्ति को ही यह जिम्मेदारी खुद लेकर वह कार्य करना उचित

होगा। जिस समय कोई हिम्मतवाला, पवित्र मन का सच्चा सुधारक निष्काम भावना से तथा व्यक्तिगत उद्‌देश्यपूर्ति की स्पृहा दूर रखकर लोक-कल्याण की इच्छा से प्रेरित होकर निर्भयता से आगे आता है उस समय अर्थहीन रूढ़ियाँ शून्य में विलीन हो जाती हैं। अर्थहीन कल्पना तथा आदर्श दूर फेंके जाते हैं। खोखले रीति-रिवाज तथा व्यर्थ के मत-मतांतर समाप्त हो जाते हैं। स्वामीजी के प्रचार-कार्य के यश का यही एकमात्र रहस्य है। हमारा ऐसा दृढ़ विश्वास है कि पश्चिमी देशों में उनके निवास से वहाँ के बंधुओं का जैसा कल्याण हुआ है, वैसा ही स्वदेश में उनके निवास से यहाँ की सर्वसाधारण जनता का भी होगा।''

उपर्युक्त विवरण में 'सच्चा सुधारक' का उल्लेख है। संयोग से मद्रास की सभा में स्वामीजी ने भारतीय सुधारकों की काफी खिल्ली उड़ाई। समाज-सुधारक के रूप में आज भी मान्यता प्राप्त नेताओं की दृष्टि कितनी कमजोर थी, सुधार किसमें करना है, इस बारे में उन लोगों के अज्ञान का स्वामीजी द्वारा किया गया विश्लेषण, बिना किसी का नाम लिये, बड़ा ही उद्‌बोधक होने के कारण, उसका कुछ भाग यहाँ दिया जा रहा है—

''आज लगभग सौ वर्षों से हमारा देश समाज-सुधारकों तथा उनके सुधार विषयक विभिन्न प्रस्तावों से पट गया है, पर उससे संपूर्ण राष्ट्र का कोई भी हित नहीं हुआ है, क्योंकि उनमें से अधिकांश सुधार केवल आडंबरमात्र थे, केवल पहले दो वर्णों के ऊपर ही लागू होते थे। अन्य वर्णों से उनका कोई संबंध नहीं था। सतीप्रथा अथवा बालविवाह पर प्रतिबंध का प्रयास नीचे के तबके से ही प्रारंभ होना चाहिए था। विषवृक्ष की जड़ को जलाने की अपेक्षा लोग उसके तने को ही जलाने की कोशिश में लगे थे। ऊपरी सतह पर तैरने की अपेक्षा सुधारकों को समाजनद के अंदर डुबकी लगाने की आवश्यकता थी। मैंने पूरे दस वर्ष भारत में भ्रमण कर देखा है, सारा देश समाज-सुधारनेवाली सभा-समितियों से भरा पड़ा है। परंतु जिनका रक्त शोषण कर 'सभ्य लोग' के नाम से पहचाने जाने वाले 'सभ्य' बने तथा बनते जा रहे हैं, उन बेचारों के लिए कहीं कोई समिति या सभा नहीं मिली।

''समाज-सुधारकों के मनोरथ असफल हो गए हैं। समाज को तोड़-मरोड़कर समाज-सुधार की जो पद्धति उन्होंने स्वीकार की थी, उसमें वे सफल नहीं हो सके। मैं उन सुधारकों को डंके की चोट पर कहना चाहता हूँ कि मैं स्वयं उनसे भी अधिक तेज तथा कट्टर सुधारक हूँ। इन लोगों को थोड़ा-थोड़ा सतही स्तर पर सुधार चाहिए, मुझे चाहिए आमूलचूल सुधार। मेरा उनका मतभेद सुधारों की पद्धति में है। उनकी पद्धति है तोड़-फोड़ की, मेरी पद्धति है निर्माण की। मेरा विश्वास सुधारों पर नहीं, स्वाभाविक उन्नति पर है।

"सुधार-संप्रदाय के एक मुस्टंडे को एक जनसभा में 'मैं हिंदू नहीं और मैं इसे स्वीकार करने लिए एक पैर पर भी खड़ा रहने को तैयार हूँ।' ऐसी बातें करने में जरा भी शर्म नहीं आई। इस सुधार-युग का मानो एक मंत्र था कि जो भी हिंदुओं का अथवा हिंदू भावना से संबंधित होगा, वह सब घृणास्पद तथा त्याज्य है।"

देशबांधवों ने केवल स्वीकार तथा स्वागत ही नहीं किया, अपितु उन्हें सर-आँखों पर बैठाया, यह देख विवेकानंदजी ने पहले से ही तय नीति के अनुसार आक्रामक तेवर अपनाने शुरू किए। मद्रास तो उनका प्यारा शहर था। उसी शहर ने एक अनाम भिखारी के वैराग्य का अंतस्तेज सर्वप्रथम देखा। मद्रास के नौ दिन के आवास में स्वामीजी ने चार भाषण दिए। हर भाषण तेजपूर्ण था। विषय थे—'मेरी समरनीति', 'भारत के महापुरुष', 'व्यावहारिक जीवन का वेदांत से संबंध' तथा 'भारत का भविष्य'।

मद्रास में वेदशास्त्रसंपन्न अनेक विद्वान् थे। वे द्वैत, विशिष्टाद्वैत, अद्वैत आदि विभिन्न मतों के विद्वान् महारथी थे। कोई शंकराचार्य का कट्टर शिष्य, तो कोई रामानुजाचार्य का समर्पित अनुयायी। स्वामीजी द्वारा वेदांत के भेदभाववाली दीवारों को तोड़कर उसके जीवनोपयोगी समग्र तत्त्वों का प्रसार-प्रचार करने के कार्य को देखकर वे धर्माचार्य चकरा गए। एक वेदशास्त्र-संपन्न पंडित ने लगभग डाँटते हुए उनसे पूछा, "स्वामीजी, वेदांतस्थित अद्वैतवाद, विशिष्ट द्वैतवाद, द्वैतवाद आदि सभी वाद व मत सत्य हैं तथा वे अंतिम सत्य की उपलब्धि के मार्ग के विभिन्न सोपान हैं—ऐसा आप बेहिचक कैसे कहते हैं? पूर्वाचार्यों में से किसी ने कभी भी ऐसा नहीं कहा।"

स्वामीजी ने सहज पर बड़े आत्मविश्वास के साथ उत्तर दिया, "हाँ, यह सच है कि उन्होंने नहीं कहा, क्योंकि उस सत्य की घोषणा करने का काम विधाता ने मेरे लिए रख छोड़ा था। मैंने इसीलिए जन्म लिया है।"

स्वामीजी का यह आत्मविश्वास उनके आगे के भारत-भ्रमण में उत्तरोत्तर बढ़ता हुआ दिखाई पड़ता है। धर्म के विषय में समस्त पारंपरिक, मूर्खतापूर्ण तथा आधारहीन कर्मकांड पर उन्होंने इतने तीखे प्रहार किए हैं कि उनके कार्य से अपरिचित पाठक को विवेकानंद पूरी तरह नास्तिक लगेंगे।

स्वामीजी के शिष्यगण उन्हें मद्रास में काफी दिनों तक रखना चाहते थे। उन्होंने विवेकानंद-प्रणीत 'वेदांत प्रचार केंद्र' को जल्दी ही शुरू करने का बीड़ा उठाया था। उसका शुभारंभ गुरुदेव करें, ऐसा उनका आग्रह था। पर कोलंबो में पैर रखने से लेकर महीने भर तक स्वामीजी अविश्रांत कार्यमग्न थे—व्याख्यान, मिलना-जुलना, यात्राएँ तथा मंदिरों को देखना। इसके अतिरिक्त थकानेवाला एक और काम उन्हें करना पड़ता था। विदेश में यह बात नहीं थी। वह काम था चरणस्पर्श करने वालों को 'नारायण' कहकर आशीर्वाद देना। असंख्य लोग उनका चरणस्पर्श करने के लिए भीड़ इकट्ठा

करते, पर किसी को भी नाराज करना भारतवर्ष में संभव नहीं था। प्रचार-केंद्र के उद्‌घाटन के लिए उन्होंने स्वामी रामकृष्णानंदजी को भेजने का आश्वासन दिया। परमहंसजी का जन्मोत्सव कुछ दिनों के बाद आनेवाला था, इसलिए दक्षिणेश्वर में उनकी उपस्थिति कितनी आवश्यक है, यह भी उन्होंने समझा दिया।

अंत में अलसिंगा पेरूमल तथा अन्य एकनिष्ठ सेवकों ने गुरुदेव को आज्ञा दी। जी हाँ, आज्ञा ही। शिष्यहठ क्या होता है, यह गुरु ही जानता है।

१५ फरवरी, १८९७ को एस.एस. मोबासा नामक जहाज से स्वामीजी अपने गुरुबंधु तथा अंग्रेज शिष्यों के साथ कलकत्ते की ओर निकल पड़े। मद्रास शहर में बंदरगाह पर ही एक भव्य विदाई समारोह आयोजित किया गया। कितने ही प्रतिष्ठित लोग स्वामीजी को विदाई देने के लिए डेक पर भी चढ़ गए।

उनमें प्रो. सुंदररामा अय्यर भी थे। १८९२ में स्वामीजी उनके अतिथि थे। उन्होंने स्वामीजी को डेक पर ही दो प्रश्न पूछे, "क्या भोगवादी पश्चिम के लोगों को सचमुच आपने ऐसी प्रेरणा दी कि उन्हें अनासक्ति का साक्षात्कार हुआ?"

स्वामीजी ने कहा, "नहीं, उतनी तीव्र प्रेरणा मैं नहीं दे सकता। एकाध बीज मैंने बोया है। ऐसा लगता है कि भविष्य में कभी तो वह वृक्षरूप धारण करेगा और कुछ मुट्‌ठी भर लोगों को उसका लाभ भी मिलेगा।"

स्वामीजी का अपनी क्षमता के बारे में वह सीमित ज्ञान प्राध्यापक महोदय को अच्छा लगा। दूसरा प्रश्न उन्होंने भारत के संदर्भ में पूछा।

"क्या हम लोग आपको पुनः देख-मिल सकते हैं? क्या दक्षिण भारत में आपका मिशन चलता रहेगा?"

स्वामीजी ने दृढ़विश्वास के स्वर में उत्तर दिया, "कुछ दिन मैं हिमालय की कोख में विश्राम करूँगा और फिर दक्षिण भारत ही क्या, पूरे भारतवर्ष पर बर्फ के बहुत बड़े शिलाखंड की तरह टूट पड़ूँगा।"

कलकत्ता में

कोलंबो से मद्रास तक विवेकानंदजी का जो भव्य स्वागत हुआ, उसी तरह पूरे भारत में हुआ, फिर भी उनकी जन्मभूमि कलकत्ते में वह सबसे अधिक तथा अलग तरह से होना स्वाभाविक ही था। कारण यह कि विरोध की आग बुझने पर भी स्वामीजी के आगमन से कुछ चिंनगारियाँ तो उठीं ही।

स्वामीजी के कोलंबो में पैर रखते ही कलकत्ते में उनके स्वागत की तैयारियाँ जोर-शोर से शुरू हो गई थीं। कोलंबो से मद्रास तक की महीने भर की यात्रा में पाँच रोगों से पीड़ित स्वामीजी पूरी तरह से थक गए थे। रेल से यात्रा करने पर हरेक स्टेशन पर

समारोह होना निश्चित था। अतः थोड़ा आराम मिलने की दृष्टि से स्वामीजी ने पानी के जहाज से जाना तय किया। शुक्रवार, १९ फरवरी को प्रातः उनका जहाज बजबज बंदरगाह पर रुका। वहाँ स्वामीजी के लिए विशेष रेलगाड़ी की व्यवस्था की गई थी। स्वामीजी, उनके दो गुरुबंधु तथा मद्रास और इंग्लैंड के शिष्य आदि सुबह ठीक ७.३० बजे सियालदह स्टेशन पर आ गए थे। वहाँ पर बीस हजार भक्त उपस्थित थे। कुछ लोगों के हाथों में शिकागो के भाषणों की प्रतियाँ थीं। स्वामीजी तथा सद्गुरु परमहंस के जय-जयकार से पूरा स्टेशन गुंजायमान हुआ। रिपन कॉलेज में अभिनंदन-पत्र देने का कार्यक्रम था। इसके बाद २८ फरवरी को भव्य स्वागत-समारोह आयोजित किया जाना था। बाद में ४ मार्च को स्टार थियेटर में स्वामीजी का व्याख्यान था। 'वेदांत के विविध आयाम' विषय पर स्वामीजी ने भाषण दिया। स्टार थियेटर में वह व्याख्यान टिकट लगाकर रखा गया था। पैसे खर्च कर भाषण सुनने के लिए हजारों लोग उपस्थित थे। भारत में टिकट लगाकर होनेवाला यह पहला व्याख्यान था और यह सम्मान प्राप्त किया स्वामी विवेकानंदजी ने। तारीख थी ४ मार्च, १८९७। इसके बाद स्वामीजी ने कलकत्ते में कभी भी भाषण नहीं दिया।

विवेकानंदजी के उन तीनों भाषणों का सारांश इस प्रकार है—

"इस कलकत्ता नगरी के रास्तों में मैं एक साधारण से बालक के रूप में खेलते हुए घूमा हूँ। ऐसा लगता है कि उसी धूल में बैठकर युवकों! तुम लोगों से एकदम खुले दिल से बात कर तुम्हें दिल खोलकर दिखाऊँ। मेरा यह कार्यभार, हे बंगाली युवको, आप लोग स्वीकार करें। इस कार्य की उन्नति और विस्तार मेरी कल्पना से भी आगे जाए। मैंने केवल इंगित किया है, आप लोग यह कार्य पूरा करें।

"किसी महान् आदर्श पुरुष के प्रति विशेष निष्ठावान् होकर उसकी ध्वजा के नीचे इकट्ठा हुए बिना कोई भी जाति, कोई भी राष्ट्र उन्नत नहीं हो सकता। रामकृष्णदेव के रूप में हम लोगों को एक धर्मवीर, आदर्श प्राप्त हुआ है। हम लोगों को अच्छा लगे न लगे, मेरे सद्गुरु का कार्य रुकेगा नहीं। वे अपने कार्य के लिए धूल में से भी हजारों कार्यकर्ताओं का निर्माण करेंगे। केवल कार्यकर्ता ही नहीं, उनके एक कृपाकटाक्षमात्र से लाखों विवेकानंद एक क्षण में निर्मित होंगे।

"मैं एक महान् समर्थ सद्गुरु का सेवक हूँ। मुझ पर कुछ दिवाभीत, दंभी लोग समाचार-पत्रों के माध्यम से टीका-टिप्पणी कर रहे हैं, पर समर्थ सेवक की ओर वक्र दृष्टि से देखनेवालों की दृष्टि कमजोर तथा उनके शस्त्र जंग खा जाएँगे। जो व्यक्ति पास में एक फूटी कौड़ी भी न रहते हुए विदेश में माइनस २० डिग्री तापमान में कड़ाके की ठंड में भी खुले आसमान के नीचे रहने में नहीं हिचकिचाया, उसे उसके अपने देश में भयभीत करना कठिन है।

"आज बंगाल तथा अन्य प्रदेशों में धर्म के नाम पर जो कुछ हो रहा है, उसका वेदों से जरा भी संबंध नहीं है। वह पूर्णतः अवैदिक तथा अशास्त्रीय है। वेदांत जरा भी कठिन तत्त्वज्ञान नहीं है। वह सनातन धर्म का सच्चा आधार तथा सुख की मूलभूत धरोहर है। वेदों के साथ जो अन्याय हुआ, उसे सुनिए। विभिन्न आचार्यों द्वारा समय-समय पर वेदांत-शास्त्र का अलग-अलग अर्थ लगाने के कारण भाँति-भाँति के परस्पर-विरोधी मत बने, फिर धीरे-धीरे अध्यात्म-साधना से उसका संबंध समाप्त होकर, वह तत्त्वज्ञान भी तथाकथित प्रकांड पंडितों के उपजाऊ दिमाग की कसरत तथा व्याख्यान देने का एक अखाड़ा मात्र बन कर रह गया। वेदों के स्थान पर पुराणों से कितने ही आधुनिक स्मृतिग्रंथों को, विशेषकर रूढ़ियों तथा रीति-रिवाजों को धर्म के रूप में आत्मसात् किया गया। चातुर्वर्ण्य नामक एक डरावना भूत पैदा हुआ। वास्तव में अपने भारत में चातुर्वर्ण्य का कोई अस्तित्व ही नहीं था। प्राचीन वर्णाश्रम-व्यवस्था बहुत वर्षों से लुप्त हो चुकी है और समय के प्रवाह में उसके स्थान पर जातिप्रथा प्रचलित हो चुकी है।

"कुलगुरु प्रथा, शास्त्रज्ञानहीन ब्राह्मणों तथा वैष्णव बाबाओं का धर्म-व्यापार, तांत्रिक साधना के नाम पर हो रही गंदी इंद्रियलोलुपता और इसके साथ में पैदा हुआ लोकभ्रम, मूर्खतापूर्ण समझ और कट्टरपन के जाले—यही है आज का हिंदू धर्म। धर्म नहीं अधर्म। यही अधर्म आज के लोकजीवन में अबाध गति से पैठ गया है। इस तथाकथित धर्म से मैं कभी भी समझौता नहीं करूँगा। अद्वैत वेदांत शास्त्र के द्वारा प्रचलित विषमताओं को समाप्त करना ही मेरा जीवनव्रत है।

"मित्रो! स्मरण रहे, प्रकृति के विरुद्ध जो भी विद्रोह कर खड़ा होता है, उसी का नाम है चेतन। वहीं विकास होता है चैतन्य का। उस विकास के लिए आवश्यक होता है रजोगुण। रोम-रोम में भरना चाहिए केवल रजोगुण, पर पूरी दुनिया में आप ही लोग अकेले तमोगुणी हैं, जड़वत् पड़े हुए हैं। आप लोगों पर मानो सम्मोहिनी विद्या का प्रयोग किया गया है। बहुत दिनों से अन्य लोग आपको कहते चले आ रहे हैं—'आप लोग दीन हैं, किसी भी तरह की ताकत नहीं है आप लोगों में। आप कमजोर हैं'—यह सुनते हुए भी हजार वर्ष बीत गए और आपकी भी निश्चित धारणा बन गई है कि आप दीन हैं, नादान हैं। मन की इस हीन भावना को उखाड़कर बाहर फेंकिए और कार्यरत होकर खुद से कहिए, 'हममें अनंत शक्ति वास कर रही है, अगाध ज्ञान संचित है, अदम्य उत्साह है हममें और फिर देखिए, आपके अंदर की हीन भावना अदृश्य हो जाएगी।"

स्वामीजी के परिव्राजक जीवन के लिए बंगाल से बाहर जाने के बाद १८९२ में उनके गुरुबंधुओं ने वराहनगर से अपना डेरा दक्षिणेश्वर के पास आलमबाजार में लगाया था। स्वामीजी आलमबाजार मठ में ही रहते थे। उनका रोग विशेषकर मधुमेह काफी बढ़ गया था। चिकित्सकों ने उन पर काफी प्रतिबंध लगाए थे। उनके मत से स्वामीजी को

पूर्ण विश्राम की आवश्यकता थी। यात्राएँ, व्याख्यान, मिलना-जुलना, सब बंद करना चाहिए। मन एकाग्र करना अर्थात् ध्यान भी बंद करना चाहिए। स्वामीजी चिकित्सकों की सलाह सिर्फ सुनते, पर करते मन की ही। विश्राम करना असंभव था। मृत्यु को सिर पर रखकर ही वे काम करते थे तथा करनेवाले भी थे। यमराज को अभी वे पाँच वर्षों तक इंतजार करवानेवाले थे। या यूँ कहिए कि यमराज स्वामीजी का पाँच वर्षों तक इंतजार करनेवाले थे। अनिद्रा का रोग उनके लिए हितकर ही हो गया था। दिन भर काफी भीड़ रहती। रात में जब एकांत मिलता, तब स्वामीजी पत्र-लेखन तथा अध्ययन करते थे। निद्रानाश की कहानी देखिए—

कलकत्ते में रहते हुए खग्रास सूर्यग्रहण पड़ा। स्वामीजी को ग्रहण के बारे में कोई उत्सुकता नहीं थी। उन्होंने निद्रा लेने की सोची, पर थोड़ी ही देर में उठकर बैठ गए और शिष्यों से बोले, 'लोग कहते हैं कि ग्रहण में जो भी किया जाता है, उसका कोटि गुना फल मिलता है। इसलिए सोचा कि मस्ती से तानकर सोया जाए। महामाया ने इस शरीर को अच्छी नींद आने का भाग्य तो दिया नहीं। अब यदि ग्रहण में सो जाऊँ, तो कम-से-कम आगे तो अच्छी नींद आने का सौभाग्य प्राप्त होगा, पर वह भी तकदीर में नहीं है। जोर-जबरदस्ती से अधिक-से-अधिक १५ मिनट सोया हूँगा।'

ग्रहण में उपोषण, ध्यान, दान, संकीर्तन आदि करने से जरा भी पुण्यलाभ नहीं होता, यह भाषणों में बताने की अपेक्षा स्वामीजी ने आचरण से बहुत कुछ सिखा दिया। भारत में अंधविश्वास समाप्त करने के लिए स्वामीजी ने ऐसे अनेक प्रयोग किए।

स्वामीजी के गुरुबंधु बड़े आनंद में थे। मठ में स्वामीजी से दुनिया भर के अनुभव सुनने को मिलते थे। आलमबाजार मठ में कुछ सेवक आकर रुके हुए थे। उन्हें संन्यास की दीक्षा लेनी थी। उनमें से एक की पार्श्वभूमि उतनी अच्छी न होने के कारण उसे दीक्षा न दी जाए, ऐसा गुरुबंधुओं का कहना था, पर स्वामीजी को यह अच्छा नहीं लगा। उन्होंने अपने भाइयों से कहा, "यदि हम ही लोग पापियों को आश्रय देने में हिचकिचाएँगे, तो वे कहाँ जाएँगे। चूँकि उस व्यक्ति ने उच्च तथा पवित्र जीवन जीने का संकल्प लेकर गृहस्थी का त्याग किया है, इसलिए उस व्यक्ति की सहायता करना हमारा कर्तव्य है। उच्छृंखल तथा खराब चरित्र के व्यक्ति का जीवन यदि आप लोग सुधार न सके, तो फिर भगवा वस्त्र धारण कर आचार्यत्व ग्रहण करने का क्या फायदा?"

स्वामीजी का तर्क गुरुबंधुओं को न भाया होता, तो आश्चर्य होता।

स्वामीजी संन्यासदीक्षा के नियमों का पूरी तरह पालन करते थे। परमहंसजी की समाधि के बाद उन्होंने स्वयं नियमानुसार वैसी दीक्षा प्राप्त की थी तथा गुरुबंधुओं को भी दी थी। आलमबाजार मठ में उन्होंने उन चार युवकों को विधिवत् दीक्षा तो दी ही, प्रत्येक कृति का शास्त्रानुसार अर्थ भी समझा दिया। एक शिष्य द्वारा यज्ञोपवीत पहनने

के बारे में पूछे गए प्रश्न का उत्तर देते हुए उन्होंने कहा, ''पहले 'समित्पाणी' होकर शिष्य गुरु के आश्रम में जाते थे। गुरु भी उनका अधिकार देख उन्हें दीक्षा देते थे, उनसे वेद-पठन करवाते तथा काया-मनोवाक्-नियमनरूपी व्रत के चिह्न के रूप में तिहरी मौंजी-मेखला उनकी कमर में बाँध देते थे। गुरु-समीप होने वाले इन प्रथम वैदिक संस्कारों का ही शास्त्रों में 'उपनयन' नाम से उल्लेख मिलता है। इसी मौंजी-मेखला का ही स्थान आगे चलकर यज्ञोपवीत (जनेऊ) ने ले लिया।

वेदों में कहीं भी सूत के यज्ञोपवीत का उल्लेख नहीं है। स्मृतिकार रघुनंदन कहते हैं, ''अस्मिन्नेव समये यज्ञसूत्रं परिधारयेत्' (अब यज्ञसूत्र धारण करना चाहिए)—सूती जनेऊ का उल्लेख गोभिल-गृह्यसूत्र में भी नहीं है, पर आज इस देश की क्या दुरवस्था है। शास्त्रमार्ग तो हो गया दूर, पर उसके नाम पर सारा देश भर गया है, कुछ विशिष्ट प्रदेश में, विशिष्ट समाजों तथा स्त्रियों में प्रचलित आचारों तथा रूढ़ियों से। इसलिए मेरा आप लोगों से कहना है कि आप प्राचीन काल के अनुसार ही शास्त्रमार्ग पर चलें। स्वयं श्रद्धासंपन्न बनें तथा सारे देश को भी श्रद्धासंपन्न बनाएँ।''

कलकत्ता में स्वामीजी से मिलने अनगिनत लोग आते थे। केवल दो व्यक्तियों से हुआ संवाद यहाँ प्रस्तुत है, जिससे स्वामीजी का जीवन-विषयक दृष्टिकोण स्पष्ट होता है—

एक

युवक—मेरी आध्यात्मिक प्रगति नहीं हो रही है। मैं दरवाजे बंद कर एक कमरे में घंटों बैठा रहता हूँ। पर मुझे शांतिलाभ नहीं हो रहा है। कृपया मुझे मार्ग बताएँ।

स्वामीजी—बेटा, पहले कमरे का दरवाजा खोलकर बाहर निकल पड़ो। आसपास के गरीब-गुरबों तथा जरूरतमंद लोगों की यथासंभव सेवा करो। रोगियों को दवाएँ दो। भूखे लोगों के लिए अनाज इकट्ठा करो। अशिक्षितों को पढ़ाओ, फिर तुम्हें मन:शांति प्राप्त होगी।

युवक—पर स्वामीजी, रोगी की सेवा करते समय यदि मुझे ही उस रोग की छूत लग जाए या उसके सिरहाने रात भर बैठने से जागरण होकर मेरी ही तबीयत बिगड़ जाए तो फिर मैं ध्यान कैसे कर सकता हूँ? मुझे शांति कैसे प्राप्त होगी?

स्वामीजी—बेटा, तुम्हें अपनी देह से काफी लगाव दिखाई पड़ रहा है। तुम्हारा मन:शांति के लिए प्रयत्न न करना ही अच्छा है। जा सकते हो।

दो

- स्वामीजी प्रणाम, यह लीजिए।
- क्या है यह?
- गोमाता का चित्र।
- अच्छा, दीजिए। आप क्या करते हैं?
- मैं गोरक्षणमंडल का एक प्रचारक हूँ।
- आपके इस मंडल का उद्देश्य क्या है?
- हम लोग अपने देश की गायों को कसाइयों से छुड़ाते हैं। जगह-जगह गोशालाएँ बनाकर वहाँ रोगी, कमजोर और कसाइयों के हाथ से छुड़ाई गई गायों का पालन-पोषण करते हैं।
- आपका कार्य अच्छा है, पर इस कार्य को चलाने के लिए धन की क्या व्यवस्था करते हैं आप?
- आप जैसे उदार लोग दयाभाव से जो कुछ देते हैं, उसी में से यह खर्च चलाते हैं हम लोग।
- मैं स्वयं एक भिक्षु हूँ। मैं कुछ भी नहीं दे सकता। यह बताइए, अभी तक आपके पास कितना पैसा इकट्ठा हुआ है?
- मारवाड़ी व्यापारी इस काम में उदारता से पैसा देते हैं। उन लोगों ने इस काम के लिए बहुत पैसा दिया है।
- मध्य भारत में भयंकर अकाल पड़ा है। सरकार ने स्वयं नौ लाख लोगों के मरने की बात अपनी रिपोर्ट में स्पष्ट की है। आपके मंडल ने इन भूखे लोगों की मदद करने के लिए कुछ सोचा है क्या?
- नहीं-नहीं, हम लोग ऐसे अकाल-वकाल के काम में नहीं पड़ते। हमारा यह मंडल गोमाता का रक्षण करने के उद्देश्य से स्थापित हुआ है।
- प्रचारक महोदय, लाखों लोग बिना अन्न के मर रहे हैं। उन अकाल-ग्रस्तों की मदद करना आपके लिए सहज है। फिर भी आप सहायता नहीं करेंगे?
- नहीं, यह अकाल यानी उनके पूर्व के कर्मों का फल है। जैसी करनी वैसी भरनी, है कि नहीं?
- आप मुझे कर्मवाद बता रहे हैं? तो सुनिए, मरते हुए आदमी को मुट्ठी भर अनाज देने के बजाय पशु-पक्षियों के प्राण बचाने के लिए बोरों अन्न बाँटने के लिए जो आगे आते हैं, उनके बारे में मुझे जरा भी सहानुभूति नहीं है। आदमी अपने कर्म से मरता है, ऐसा कहकर यदि हाथ खड़े कर दिए जाएँ, तो दुनिया में प्रयत्न का कोई मतलब ही नहीं रह जाएगा और फिर गायों को बचाने के लिए आपके इन प्रयत्नों

का क्या मतलब है? अपने पूर्वजन्म के कुकर्मों के कारण ही उन्हें मनुष्य के बजाय गाय का जन्म प्राप्त हुआ। अपने कर्मों के फल के कारण ही वे कसाइयों के हाथ में पड़ती हैं और काटी जाती हैं। उनके लिए मेहनत कर काम करने का क्या मतलब है?

- (घबराकर) आप जो कह रहे हैं, वह सच है, पर शास्त्रों में बताया गया है कि गाय हम लोगों की माँ है।
- (हँसकर) हाँ, गाय हमारी माता है, यह तो स्पष्ट दिखाई पड़ता है। अन्यथा आपके जैसे सुपुत्र और किसकी कोख से पैदा होते?

मठ-स्थापना का निर्णय

यह प्रकरण इस पुस्तक का केंद्रबिंदु है, ऐसा मैं मानता हूँ। सच तो यह है कि इस विषय के लिए ही मैंने शब्दों का यह जाल फैलाया है; क्योंकि विवेकानंदजी के अमरत्व का रहस्य इसी प्रकरण में उजागर होता है।

अपने सद्‍गुरु श्रीरामकृष्णजी के नाम पर मठ तथा मिशन की स्थापना करनेवाला सर्वोत्तम संगठनकर्ता विवेकानंद अब आपको दिखाई पड़नेवाला है। आजकल अनेक धर्मगुरुओं ने ऐसे संगठन बनाए हैं। शिक्षा तथा स्वास्थ्य के क्षेत्र में ट्रस्ट बनाकर वे थोड़ा-बहुत कार्य भी कर रहे हैं, पर उनमें व्यावसायिक वृत्ति दिखाई पड़ती है, यदि कहीं वह नहीं भी होती है, तो भी अनुशासित होकर, संन्यस्त जीवन स्वीकार कर सारा जीवन लोकसेवा के लिए समर्पित करनेवालों की फौज विवेकानंद-निर्मित श्रीरामकृष्ण मठ तथा मिशन के अलावा किसी भी धार्मिक, सामाजिक अथवा राजनैतिक संस्था के पास नहीं है। यदि होगी भी तो दुनिया भर में कार्यरत नहीं है।

श्रीरामकृष्णजी को एक तीव्र जहर कहा जा सकता है। यह उपमा बहुत अटपटी-सी लगती है, पर यही सत्य है। उन्नीसवीं सदी में जब सभी धर्मों के अनुयायी बहुत ही कट्टर, संकुचित और रूढ़ियों से ग्रस्त थे, तब 'जतो मत, ततो पथ' कहकर सभी के रोष को शांत करनेवाले श्रीरामकृष्ण दुनिया के इतिहास में महान् क्रांतिकारक थे और रहेंगे। सच तो यह है कि भगवान् श्रीकृष्ण ने गीता में 'ये यथा मां प्रपद्यन्ते' श्लोक में यही कहा है, पर ऐसे अनेक सूत्र गीता में मिलते हैं। परमहंस ने विभिन्न धर्मों का गहराई से अध्ययन करने के बाद ही सभी धर्म तथा पंथ भगवान् के पास पहुँचते हैं—ऐसा कहा। उन्होंने अपने पट्टशिष्य को यह भी कहा था कि मेरी शिक्षा के नाम पर कोई नया संप्रदाय प्रारंभ नहीं होना चाहिए।

इस तरह श्रीरामकृष्ण अपने जीवन में हलाहल के समान थे। उनके विचारों के विस्तार में कुछ शताब्दियाँ लगने वाली थीं। समय के साथ वह हलाहल अपना असर

दिखाएगा। पाँच शताब्दियों के बाद श्रीरामकृष्ण का 'तत्त्वज्ञान' नामक हलाहल घुलकर एक कटु पेय हो जाएगा और दो हजार वर्षों के बाद तो वह अमृत के समान मीठा हो जाएगा।

सद्‌गुरु के आकाश-सदृश उदार विचार दुनिया भर में फैलाने के लिए प्रतिबद्ध थे विवेकानंद। संन्यासियों का संगठन बनाने का विचार स्वामीजी के मन में सर्वप्रथम कब आया होगा? वैसे तो यह विचार कन्याकुमारी में दृढ़ हुआ, पर शायद परिव्राजक जीवन का प्रारंभ करते समय ही आया होगा। गुरुबंधु शारदानंद को १५ जुलाई, १८९० को एक पत्र में उन्होंने लिखा था, "मेरी भविष्य की कुछ योजनाएँ हैं, पर अभी मैं उन्हें गुप्त रखनेवाला हूँ।" वही योजनाएँ विदेश से कलकत्ते में आने पर उन्होंने गुरुबंधुओं को बताईं। सच तो यह है कि अमेरिका जाते ही वह योजनापूर्ति की तैयारी में युद्ध स्तर पर भिड़े थे। मद्रास से दो पत्रिकाएँ प्रारंभ करना, दो गुरुबंधुओं को इंग्लैंड-अमेरिका में बुला लेना, अंग्रेज शिष्यों को भारत लाना, विदेश में 'वेदांत समिति' की स्थापना करना आदि सारे कार्य उस योजना को अमल में लाने के स्पष्ट उदाहरण थे, फिर भी स्वामीजी के मन में सही क्या है, यह उन गुरुबंधुओं को नहीं मालूम था। वे गुप्त योजनाएँ स्वामीजी ने १ मई, १८९७ को, यानी शारदानंद को लिखे पत्र में सूचित करने पर, सात वर्षों के बाद, गुरुबंधुओं के सामने रखीं। उन्होंने स्वामीजी का विरोध किया। इस पर स्वामीजी उफन गए। उन्होंने अंतस्थ ऊर्मि से प्रस्फुटित शब्दों में गुरुबंधुओं की जो खिंचाई की, वह विवेकानंदजी के जीवन का सबसे बड़ा नाटकीय प्रसंग है, ऐसा मुझे लगता है। वही प्रसंग इस प्रकरण में आने वाला है। इससे पहले एक कुशल संगठनकर्ता के रूप में स्वामीजी ने कैसे अध्ययन किया, योजनाओं की रूपरेखा कैसे बनाई तथा उन्हें अमल में लाने के लिए कैसे कदम उठाए, इसे जानना महत्त्वपूर्ण है।

श्रीरामकृष्णजी ने नरेंद्र को एक ही वाक्य कहा था, 'तुम्हें काली माँ का काम करना है।' वह काम स्वामीजी को परिव्राजक जीवन में समझ में आने लगा। कन्याकुमारी के शिलाखंड पर बैठने के बाद उन्हें काली माता के काम का अर्थ समझ में आने लगा। उन्होंने स्वयं से कहा, लाखों संन्यासी-वैरागी भारत भर में भ्रमण करते हैं, गृहस्थाश्रमी लोगों के अन्न पर पलते हैं, पर समाज के ऋण से उऋण होने का उनके मन में विचार क्यों नहीं आता? ऋण को वापस करने के लिए वे क्या करते हैं? पिलाते हैं तत्त्वज्ञान के उपदेशों के घूँट। मोक्ष-प्राप्ति के आशीर्वाद, उससे क्या होनेवाला है—खाक। रामकृष्ण कहते हैं, भूखे पेट धर्म नहीं होता, मोटे रूखे अन्न की तो कम-से-कम व्यवस्था होनी ही चाहिए, पर हम संन्यासी लोग क्या करते हैं? समाज के अन्न-वस्त्र पर जिंदा रहते हैं। हम लोग हैं केवल परजीवी। गरीबों के पेट पर लात रखकर मस्ती से रास्ता

नापनेवाले सफेद हाथी! भूखे व्यक्ति को धर्म का उपदेश देना क्या मूढ़ता का लक्षण नहीं है? भारतवासियों के पास धर्म भरपूर है। आवश्यकता है, अन्न-वस्त्र की व्यवस्था की तथा शिक्षा के प्रसार की। यह सब होगा कैसे? इस कार्य को प्रारंभ करने का मतलब है, पहले चाहिए चरित्रवान्, तेजतर्रार स्वयंसेवकों की एक सेना तथा साथ ही विपुल धन।

अमेरिका से धन लाने का काम उस लँगोटीधारी निर्धन संन्यासी ने तय किया। उसे इसमें सफलता नहीं मिली, पर मूल्यवान् कुछ शिष्य अवश्य प्राप्त हुए।

विदेश जाने पर स्वामीजी को माता के कार्य का स्मरण हुआ। कन्याकुमारी में उन्होंने एकपक्षीय विचार ही किया था। केवल भारतीय दरिद्रनारायणों की सेवा की ही योजना बनाई थी, पर माँ इतनी संकुचित कैसे हो सकती हैं? वह तो थीं जगदंबा, जगन्माता, सारे विश्व की माँ थीं। पश्चिम में जाने पर स्वामीजी को इस बात की अनुभूति हुई और धर्मसभा में उन्होंने मानवधर्म की बात रखी। विवेकानंदजी के मानसिक विकास की गति को देखकर मन आश्चर्यचकित हो जाता है।

समाजोद्धार के कार्य के बारे में विश्व स्तर पर सोचने के कारण ही स्वामीजी को पश्चिमी देशों ने अंत:करण से स्वीकार किया। स्वामीजी यहाँ धर्म-परिवर्तन कराने के लिए नहीं आए हैं, इस बात का प्रमाण मिलने पर पश्चिम में धनवानों से लेकर गरीबों तक, सभी स्वामीजी के भक्त हो गए।

'मुझसे यहाँ एक प्रश्न हमेशा पूछा जाता है, आप यहाँ धर्म परिवर्तन कराने के लिए आए है क्या?' मेरा स्पष्ट उत्तर होता था, "बिलकुल नहीं। जिन गोरे युवक-युवतियों ने मेरा शिष्यत्व ग्रहण किया है, उनका संन्यासधर्म के अनुसार केवल नया नामकरण किया है, उनका धर्म नहीं बदला है। वे क्रिश्चियन हैं और क्रिश्चियन ही रहेंगे।"

२० दिसंबर, १८९६ को एक भारतीय शिष्य को लंदन से लिखे पत्र में उन्होंने सूचित किया था, "यह मत भूलो कि मेरा कार्य अंतरराष्ट्रीय है। वह केवल भारत तक ही सीमित नहीं है।"

इस पृष्ठभूमि में अब १ मई, १८९७ को बलराम बोसजी के निवास पर रामकृष्णजी के शिष्यों की पहली बैठक को देखा जाए।

स्वामीजी ने कहा, "बंधुओ! देश-विदेश में घूमने पर मेरा विश्वास दृढ़ हो गया है कि बिना किसी संगठित संस्था के इतना बड़ा कार्य सफल नहीं हो सकता। ऐसी संस्था का महत्त्व कितना है तथा उसका कार्यक्षेत्र क्या होगा, यह बताने के लिए मैंने आप लोगों को यहाँ बुलाया है। सभी संन्यासी शिष्यों तथा गृहस्थाश्रमी भक्तों को मेरा प्रस्ताव सावधान होकर सुनना चाहिए और फिर उस पर नि:संकोच अपना मत प्रकट

करना चाहिए। जिनके नाम पर हम लोग संन्यासी हुए हैं, जिनको अपने जीवन में आदर्श मानकर आप सब लोग गृहस्थाश्रम में रह रहे हैं, उन्हीं के नाम से इस संस्था की स्थापना की जानी चाहिए। हम सभी लोग ठाकुरजी (रामकृष्ण) के दास हैं। हम सभी को इस कार्य में योगदान देना चाहिए।''

सभी ने स्वामीजी के प्रस्ताव को स्वीकृति दी। स्वामीजी ने तुरंत उसकी रूप रेखा प्रस्तुत की।

नाम	**संस्था का नाम 'रामकृष्ण मिशन' होगा।**
उद्देश्य	मानवकल्याण के लिए श्रीरामकृष्णजी ने जिन तत्त्वों का उपदेश दिया तथा जिन्हें अपने जीवन में उतारा, उनका प्रसार-प्रचार करना तथा मनुष्यों की शारीरिक, मानसिक एवं पारमार्थिक उन्नति के लिए इन तत्त्वों का अधिकतम उपयोग होगा—ऐसा प्रयत्न करना।
व्रत	दुनिया के सभी धर्म एक ही अक्षय सनातन धर्म के भिन्न-भिन्न रूप हैं, ऐसा मानकर विभिन्न धर्मों के अनुयायियों के बीच सौहार्द स्थापित करने के लिए रामकृष्ण ने जो कार्य किया, उसे आगे बढ़ाना। लौकिक एवं पारलौकिक उन्नति करनेवाली विद्याओं का जो लोग अन्य लोगों को दान दे सकें, ऐसे योग्य लोगों को सिखा-पढ़ाकर तैयार करना। कला-कौशल्य, विभिन्न व्यवसायों, उद्योग-धंधों आदि की उन्नति के लिए प्रोत्साहन देकर लोगों को व्यवसाय-कुशल बनाना तथा वेदांत एवं अन्य धार्मिक आदर्श रामकृष्णजी के जीवन में जिस प्रकार अभिव्यक्त हुए, उनका सामान्य जनता में प्रसार-प्रचार करना।
भारत में कार्यपद्धति	आचार्य या शिक्षक का व्रत लेने के इच्छुक गृहस्थों एवं संन्यासियों के प्रशिक्षण के लिए भारत के शहरों में आश्रम स्थापित करना और ऐसा उपाय करना, ताकि वे विभिन्न प्रदेशों में जाकर सामान्य जनता को शिक्षित कर सकें।
विदेश में कार्य	भारत के बाहर अन्य देशों में व्रतधारी प्रचारक भेजना, भारत तथा अन्य देशों में स्थित आश्रमों के बीच आपसी प्रेम तथा सौहार्द के संबंध स्थापित करना तथा नए आश्रमों की स्थापना करना।

रामकृष्ण मिशन का यह संविधान ध्वनि मत से स्वीकृत हुआ। पदाधिकारी चुने गए तथा विवेकानंदजी को ही मिशन का अध्यक्ष बनाया गया। इसके बाद सभा समाप्त हुई।

विरोध के बादलों के संकेत भी दिखाई पड़ने लगे। इस विरोध के सूत्रधार थे, ठाकुर रामकृष्णजी के दीक्षाप्राप्त शिष्य, विवेकानंदजी के सगे गुरुबंधु। उनके विरोध का कारण ईर्ष्या नहीं थी। नरेंद्र उनका गुरुबंधु होते हुए भी सभी पंद्रह साथी उसे गुरुतुल्य ही मानते थे। उसके आदेशों का वे तत्परता से पालन करते, इसलिए दोनों गुरुबंधु उसके बुलाते ही इंग्लैंड गए, पर वे दोनों—शारदानंद तथा अभेदानंद, थोड़ा बहुत भारतीय जीवन से परिचित थे। आश्चर्य होता है तो श्रीरामकृष्णानंदजी के बारे में। वे ठाकुरजी के बड़े लाड़ले शिष्य थे। सद्गुरु की महासमाधि के बाद उनका फोटो तथा उनकी अस्थियों को सँभालकर रखना, नियमपूर्वक पूजा करना, सभी गुरुबंधुओं के अन्न-वस्त्र की व्यवस्था करना, इसे ही उन्होंने अपने जीवन का कार्य समझा था। पहले वराहनगर, फिर आलमबाजार मठ में रामकृष्णानंद अपने कर्तव्य का पालन ईमानदारी से करते थे। सद्गुरु का अहर्निश स्मरण था उनके जीवन का उद्देश्य। ऐसे गुरुबंधु को विदेश से वापस आते ही स्वामीजी ने मद्रास का कार्यभार सौंपा। उन्होंने कलकत्ता भी नहीं देखा था। विवेकानंदजी के मद्रास से जहाज द्वारा कलकत्ता आने पर उनके साथ रहने की रामकृष्णानंदजी की तीव्र इच्छा होना स्वाभाविक था, पर स्वामीजी ने उन्हें मद्रास जाने के लिए कहा और वे गए भी। ठाकुरजी का कोई भी शिष्य दुनिया भर में कहीं भी असफल होनेवाला नहीं था और रामकृष्णानंदजी भी मद्रास में असफल नहीं हुए, पर नरेंद्र का आदेश मानना और उसकी अध्यक्षता में एक मिशन स्थापित करनेवाले जगप्रसिद्ध स्वामी विवेकानंद के द्वारा बनाए गए नियमों के चौखटे में स्वयं को बाँध लेना, दो अलग-अलग बातें हैं। 'मिशन' स्वीकार करने का मतलब था, अपने को जेल में बंद कर लेना।

अब नाटक प्रारंभ हो रहा है। विवेकानंद पर यदि कोई सिनेमा बनता है तो उनकी मृत्यु नहीं, अपितु आगे का प्रसंग ही उसका क्लाइमेक्स बनेगा।

विवेकानंद—सभा सफल हुई। कार्य अब प्रारंभ होगा ही। श्रीरामकृष्णजी की कृपा से वह किस प्रकार सफल होता है, यह देखना है।

योगानंद—आपका यह सारा कार्य पाश्चात्य पद्धति से हो रहा है। ऐसा करने का ठाकुरजी का आदेश था क्या?

विवेकानंद—ठाकुरजी को यह मान्य नहीं था, यह तुम्हें कैसे मालूम हुआ? अनंत भावमय ठाकुरजी को क्या आप लोग अपनी संकुचित मर्यादाओं के घेरे में जकड़कर रखना चाहते हैं? मैं इन सारी मर्यादाओं को भंग कर, उनके भावों को सारे विश्व में फैलाकर जाऊँगा। उनकी खुद की पूजा-अर्चना का प्रचार करने का उपदेश

ठाकुरजी ने मुझे कभी नहीं दिया था। साधना, ध्यान-धारणा तथा अन्य उच्च धार्मिक आदर्शों के बारे में उन्होंने जो उपदेश दिए, उनका प्रथम अनुभव प्राप्त कर, फिर उसे लोगों को सिखाना चाहिए। अनंत मत का अर्थ अनंत मार्ग ही है। विविध संप्रदायों से भरे इस विश्व में एक और संप्रदाय को जोड़ने के लिए मेरा जन्म नहीं हुआ है। प्रभुचरणों के आश्रय से हम धन्य हो गए हैं। उन्हीं के संदेश का सर्वत्र प्रसार करने के लिए हमारा जन्म हुआ है। मुझे जीवन में अनेक बार प्रभुकृपा का अनुभव हुआ है। वे ही मेरे पीछे खड़े होकर ये सारे काम मुझसे करवा लेते हैं। भूख से व्याकुल होकर जब मैं पेड़ के नीचे पड़ा रहता था, लँगोटी के लिए भी मेरे पास जब कपड़ा नहीं होता था, हाथ में कौड़ी भी न रहते हुए, जब मैंने विश्व-पर्यटन करने का निर्णय किया, तब ठाकुरजी की ही कृपा से इन कामों में सफलता मिली। इस विवेकानंद को देखने के लिए शिकागो के रास्ते में लाठियाँ भी चली थीं। जिस सम्मान का शतांश भी मिलने पर सामान्य व्यक्ति का सिर चकरा जाए, उसे ठाकुरजी की कृपा से मैं सहज ही पचा गया। प्रभुकृपा से सर्वत्र विजयी हुआ। सारी शंकाओं को छोड़कर आप लोग मेरे इस कार्य में हाथ बँटाएँ। देखिएगा, उनकी कृपा से सारी बातें पूर्णतः सफल होंगी।

योगानंद—हम लोग तो हमेशा ही आपके कथनानुसार चले हैं। ठाकुरजी ही आपके द्वारा सारा कार्य करवा रहे हैं, यह तो मुझे साफ दिखाई पड़ रहा है, पर कुछ भी हो, कभी कुछ तो खटकता ही है। ठाकुरजी की अलग ही कार्यशैली देखी है, शायद इसीलिए ऐसा होता होगा। कभी-कभी लगता है, उनकी बातों से हटकर आप कहीं गलत रास्ते पर तो नहीं जा रहे हैं? इस उद्‍देश्य से आपके विरोध में बोलकर मैं आपको सावधान कर रहा हूँ। सारी बातें आपकी इच्छा के अनुसार ही होंगी।

स्वामी योगानंद ने निष्कपट भाव से अपने मन की बात कही थी, पर विवेकानंद की इच्छा के अनुसार ही सारी बातें होंगी, इस पर अभी भी सारे गुरुबंधु एकमत नहीं थे। वे बेचारे मठ में सद्‍गुरु की प्रतिमा के सामने बैठकर जप-तप में मग्न थे। मोक्ष ही उनका ध्येय था। उनकी शांति, माया से अलिप्तता तथा एकांत की साधना उनका गुरुतुल्य गुरुबंधु नष्ट कर रहा है, यह डर उन लोगों को सता रहा था। उनके स्थिर तथा शांत मन-सरोवर में नरेंद्र ने मानो पत्थर मारकर उसमें अस्थिरता पैदा की थी। गरीब-असहायों की सेवा, अकालग्रस्तों की मदद, पत्र-पत्रिकाओं का प्रकाशन, विदेश गमन, ये सारे काम क्या आत्मा की उन्नति के स्थान पर मायाजाल में फँसने जैसे नहीं हैं? ऐसी शंकाएँ उनके मन में पैदा होने लगीं। १ मई की सभा में प्रस्तुत विवेकानंदजी के प्रस्ताव पर सहमति व्यक्त करने पर भी उनके मन उस तरह के आचरण के लिए तैयार नहीं थे। योगानंदजी की शंकाओं का उत्तर देते समय स्वामीजी थोड़ा नाराज हुए थे, इसे भूलकर दो दिनों के बाद अद्‍भुतानंदजी ने विवेकानंदजी के महान् 'मिशन' के

बारे में अपनी नाराजगी भी व्यक्त की थी। विवेकानंद नाम का व्यक्ति बम-गोलों का एक बड़ा भंडार था। गुरुबंधुओं के विरोध से उस भंडार में भयानक विस्फोट हुआ। इतना भयानक विस्फोट कि गुरुबंधु उससे घबरा गए।

अद्‌भुतानंद—आपकी बातें रामकृष्णजी की बातों से मेल नहीं खातीं, क्योंकि एकनिष्ठ भक्ति से अनन्यचित्त होकर साधना करते हुए ईश्वर प्राप्ति का प्रयत्न करना ही श्रीरामकृष्णजी का आदर्श था। इसके विपरीत आप तो सबको कर्म करने का उपदेश दे रहे हैं। रोगी और दरिद्रों की सेवा करना, शिक्षा का प्रसार करना, धर्म का प्रचार करना आदि काम मन को बहिर्मुख करनेवाले हैं और इसीलिए साधना में बाधक हैं। आप जनहित के लिए मठ, मिशन, वेदांत समितियाँ, सेवाश्रम आदि की स्थापना करने का जो संकल्प कर रहे हैं, स्वदेशप्रेम के माध्यम से मानव-सेवा करने का जो प्रचार कर रहे हैं, ये सारे काम पाश्चात्य आदर्श की तरह लग रहे हैं। श्रीरामकृष्णजी ने हमें ऐसा करने के लिए कभी नहीं कहा था। उनका मूल मंत्र था 'सर्वत्याग'। हम लोग इस प्रकार त्यागी जीवन जीने का प्रयत्न कर रहे थे। आप हम लोगों को उस त्याग का ही त्याग करने के लिए कह रहे हैं। हैं न?

विवेकानंद—आप लोगों का कहना यही है न कि पढ़ने-पढ़ाने से, जनता के बीच धर्म का प्रचार करने से, दुःखी, रोगियों, अनाथों की सेवा करने से, उनके दुःखों को दूर करने का प्रयास करने से, सब बेकार हो जाता है तथा आदमी तुरंत मायाजाल में फँस जाता है। यही तो है आप लोगों के कहने का मतलब? 'ईश्वर की ही खोज करिए, दुनिया पर उपकार करने का अर्थ है, अपनी सीमाओं को लाँघ कर व्यर्थ के जाल में फँसना', ऐसा कभी ठाकुरजी के मुख से किसी विशिष्ट व्यक्ति से हुई बात में आपने सुना होगा और उसी वाक्य को अपने मन में पकड़कर जनहित के कार्य को यदि आप लोग खराब मानते होंगे, तो आप लोगों को ठाकुरजी के कहने का उद्‌देश्य जरा भी समझ में नहीं आया, ऐसा मैं मानता हूँ। क्या आप लोग यह समझते हैं कि आप लोग श्रीरामकृष्णजी को मुझसे अधिक समझे हैं? क्या आपकी यह समझ है कि ज्ञान यानी शुष्क पांडित्य और उसे प्राप्त करने के लिए सारी कोमल वृत्तियों को नष्ट करना आवश्यक है? आप लोग जिस भक्ति के बारे में कह रहे हैं, वह बुद्धिहीन लोगों की भावनाप्रधानता है। ऐसी भक्ति मनुष्य को पंगु, कर्मविमुख बनाती है। हटिए, हटिए—किसी को भी ऐसी भक्तिवाले आपके रामकृष्ण नहीं चाहिए। आपकी भक्ति तथा मुक्ति के लिए कोई भी अपना सिर खपाने के लिए तैयार नहीं है। मैं आपके रामकृष्ण का चेला नहीं हूँ। मैं उन्हीं रामकृष्णजी का बंदा हूँ, जो स्वयं की भक्ति-मुक्ति की कामना का त्याग कर दरिद्रनारायणों की सेवा के लिए अपना जीवन अर्पित करेंगे। मैं केवल उन्हीं का शिष्य, उन्हीं का बंदा, उन्हीं का गुलाम हूँ।

स्वामीजी दोनों हाथों से अपनी छाती दबाकर उठे तथा तीव्र गति से अपने कमरे में चले गए। गुरुबंधु सन्न रह गए। घंटे भर के बाद स्वामीजी वापस आ गए। सभी गुरुबंधु मौन थे। वातावरण बड़ा तनावपूर्ण था। उस तनाव को दूर कर अपना मौन भंग करते हुए स्वामीजी सामान्य स्वर में बोलने लगे—

"जिनका हृदय भक्ति से भरा होता है, उनके ज्ञानतंतु इतने कोमल हो जाते हैं कि उनको किसी छोटे से फूल का भी आघात सहन नहीं होता। आपको क्या पता कि आजकल प्रेमभक्ति-विषयक किसी किताब को पढ़ना मेरे लिए असंभव हो गया है। श्रीरामकृष्णजी के बारे में अधिक समय तक बोलने पर मैं भावावेग से अभिभूत हो जाता हूँ। इस आंतरिक भक्तिप्रवाह को रोकने के लिए ही कर्म की मजबूत शृंखला से मैंने स्वयं को बाँध रखा है, क्योंकि दुनिया को जो संदेश मुझे देना है, वह अभी भी पूरा नहीं हुआ है। अभी भी मुझे कितने ही काम करने हैं। मैं श्रीरामकृष्णजी का दास हूँ। वे अपने काम का भार मेरे कंधे पर डालकर गए हैं। जब तक मैं उनका कार्य समाप्त नहीं करूँगा, वे मुझे विश्राम नहीं करने देंगे।"

गुरुबंधुओं के मन का शंकासुर समाप्त हो गया। रामकृष्ण मिशन में विवेकानंदजी के जीवनकाल में तो विरोध का स्वर उठा ही नहीं, उनके बाद भी आज तक उस स्वर का कहीं नामोनिशान तक नहीं है। उस दिन स्वामीजी ने केवल धर्म ही नहीं, अपितु मानवजीवन के प्रयोजन के बारे में भी विस्तारपूर्वक बताया था। आज भी दुनिया भर में फैले श्रीरामकृष्ण मठ तथा मिशन के संन्यासी उन बातों को नहीं भूले हैं।

पर हम सामान्य जनों को उस अमृतवाणी की याद कब आएगी!

जुझारू हिंदू

विवेकानंदजी द्वारा वेदांत का व्यावहारिक जीवन से गठजोड़ करना ही सद्गुरु की मूल शिक्षा थी, यह गुरुबंधुओं के तन-मन में पूरी तरह बस गया। वे दरिद्रनारायण की सेवा के लिए प्रतिज्ञाबद्ध हो गए। हर रविवार को रामकृष्ण मिशन की बैठकें बलरामबाबू बोसजी के घर पर नियमित रूप से होने लगीं। जिनमें तत्त्वज्ञान जैसे गहन विषयों पर चर्चा तथा नाम-संकीर्तन के साथ ही समाज में व्याप्त व्यथा एवं व्याधि के निवारण की योजनाएँ भी मूर्त रूप लेने लगीं। मुर्शिदाबाद में अकाल पड़ने की खबर मिलते ही स्वामी अखंडानंद उधर निकल पड़े। विवेकानंदजी ने उनकी सहायता के लिए अपने दो शिष्य भी मुर्शिदाबाद के लिए रवाना किए। अखंडानंदजी ने अकालग्रस्तों को चार-पाँच महीने खाना खिलाया। उनकी सेवा की। एक-दो नहीं, सैकड़ों लोगों के मुँह में दो कौर डालने के लिए उन्होंने दिन-रात मेहनत की। अकाल में माँ-बाप के मर जाने के कारण जो बच्चे अनाथ हो गए थे, उनके लिए अखंडानंदजी ने आश्रम

शुरू किए। जात-पाँत तथा धर्म-संप्रदायों का भेदभाव मिटाकर अखंडानंदजी ने उस आश्रम को स्थायी स्वरूप प्रदान किया। दो सालों के बाद १८९९ से अखंडानंदजी ने उनके शिक्षण का कार्य शुरू किया। वे गणित तथा अंग्रेजी के साथ ही सिलाई-बुनाई, रेशमकताई आदि कुटीर उद्योगों का भी प्रशिक्षण देते थे।

उसी साल स्वामी त्रिगुणातीतानंदजी ने दिनाजपुर (बँगलादेश) में अकाल पीड़ित जनता के लिए शिविर प्रारंभ किए। दो महीने में उन्होंने चौरासी गाँवों के गरीब-भूखों को अकालमुक्त किया। देवघर, दक्षिणेश्वर तथा कलकत्ता के अकाल पीड़ितों के लिए भी गुरुबंधुओं ने शिविर स्थापित किए। स्वामीजी ने रामकृष्णानंदजी को मद्रास का कार्य सँभालने के लिए भेजा ही था। श्री शिवानंदजी को श्रीलंका के हिंदुओं के आग्रह के कारण वहाँ भेज दिया।

विवेकानंदजी को बहुत आनंद हुआ। उन्होंने अपने विदेशी भक्त-शिष्यों को लिखा—"अपने सद्गुरु द्वारा दिए गए मंत्र को मैं अपने गुरुबंधुओं के अंतःकरण में पहुँचाने में सफल हो गया हूँ। मानव-मुक्ति का आंदोलन उन्होंने प्रारंभ किया। अब भविष्य में भी वह ऐसा ही अविराम चलता रहेगा। मैं बहुत खुश हूँ।"

रामकृष्ण मिशन की नियमित बैठकें ९ मई, १८९७ में प्रारंभ हुईं। तुरंत गुरुबंधुओं ने अकालपीड़ितों के काम के लिए अपने को झोंक दिया। यह हिंदू-संन्यासी परंपरा में विवेकानंदजी द्वारा की गई एक विलक्षण अपारंपरिक क्रांति थी।

९ मई को मिशन की पहली सभा में स्वामीजी उपस्थित नहीं थे। ६ मई को वे अल्मोड़ा जाने के लिए निकले थे। वहाँ जाने का आदेश डॉक्टरों ने ही दिया था। अल्मोड़ा की शुष्क हवा स्वामीजी के दमा रोग के लिए श्रेयस्कर होगी, ऐसा डॉक्टरों का मत था। वैद्य तथा डॉक्टर 'संपूर्ण विश्राम' की ही बात बता रहे थे। स्वामीजी को चिर-आराम यानी मृत्यु के अलावा विश्राम नहीं चाहिए था। मनुष्य के जीवन में मृत्यु का अभ्यास यानी हर रात की नींद। अनिद्रा के कारण वह अभ्यास भी अनायास ही बंद हो गया था। स्वामीजी ने अल्मोड़ा में हवा-पानी बदलने के लिए जाने तथा उत्तर भारत का एक चक्कर लगाकर आने की मन में सोची। स्वामीजी की एक शिष्या कुमारी मूलर मार्च के दूसरे हफ्ते में भारत आई थी तथा स्वामीजी से मिलकर गुडविन के साथ अल्मोड़ा रवाना हो गई थी। सेवियर-दंपती, मूलर तथा गुडविन को अपने दृष्टिकोण से भारत का दर्शन कराने की शायद स्वामीजी की इच्छा रही होगी।

उत्तर की यात्रा

६ मई, १८९७ को प्रारंभ हुई यह यात्रा १८९८ की जनवरी के चौथे सप्ताह तक चली। उन साढ़े आठ महीनों में स्वामीजी ने अपने कुछ गुरुबंधु, भारतीय एवं विदेशी

शिष्यों के साथ उत्तर के लाहौर, लखनऊ आदि २५ शहरों तथा कुछ गाँवों की यात्रा की। सभी जगह उनका भव्य स्वागत-सत्कार हुआ। उनके व्याख्यान 'हिंदुत्व' पर ही केंद्रित थे। स्वामीजी ने व्यक्तिगत बातचीत में भी हिंदुत्व का सही अर्थ समझाने का प्रयत्न किया। व्याख्यानों का सार इस प्रकार था—

"व्यक्ति की शक्ति पर ही समाज की शक्ति निर्भर रहती है। इसलिए हर भारतीय को चरित्रवान् होना चाहिए। साहस, स्वाभिमान, बल, प्रेम तथा परोपकार से ही राष्ट्र का उत्थान होगा। भारतीय विश्वविद्यालयों को क्लर्क एवं वकील पैदा करने के बजाय पाठ्यक्रम में ऐसा परिवर्तन करना चाहिए, जिससे देशभक्त युवक पैदा हों। संस्कृत भाषा की शिक्षा भी आवश्यक है। बिना संस्कृत के ज्ञान के हिंदू युवक अपनी समृद्ध संस्कृति से अनभिज्ञ ही रहेंगे। धार्मिक आधार पर ही राष्ट्र का पुनर्गठन हो सकेगा, पर धर्म का अर्थ वेदों में दिया गया शाश्वत ज्ञान है। रूढ़ि, लोकाचार तथा परंपराओं पर आधारित हिंदू धर्म नहीं है। बाहरी आडंबर, चातुर्वर्ण्य व्यवस्था, छुआछूत आदि मूर्खतापूर्ण समझ के कारण ही हिंदुओं की घोर अवनति हुई है। हिंदुओं में एकता निर्माण करने के लिए अंतर्जातीय विवाह होने चाहिए, पर आश्चर्य की बात यह है कि हिंदू समाज ऐसे विवाह, चातुर्वर्ण्य का उल्लंघन, समुद्रपर्यटन जैसी बातों को पाप मानता है। सच्चा पाप तो है—व्यभिचार, मद्यपान, परस्त्रीगमन, पर ऐसे पापी लोगों को समाज बहिष्कृत नहीं करता है। वैदिक धर्म का अवलंबन करिए, अपने उदात्त तथा तेजस्वी अतीत को समझकर उससे प्रेरणा लीजिए। मैं उसी सत्य-सनातन धर्म का आचरण करता हूँ और उसका प्रचार भी करता हूँ। मेरे द्वारा की गई धर्म की व्याख्या के अवलंबन से ही हिंदू लोग सुखी होंगे तथा इस राष्ट्र का भविष्य उज्ज्वल होगा।"

उस दीर्घ यात्रा की कुछ घटनाएँ इस प्रकार हैं—

लाहौर शहर आर्य समाज का गढ़ था। वहाँ आर्य समाज तथा पारंपरिक हिंदुओं में भारी दुश्मनी थी। रामकृष्ण मिशन की स्थापना होने के पूर्व से आर्य समाज वहाँ सक्रिय था। स्त्री-शिक्षा का प्रसार, विधवाश्रम तथा अनाथालयों की स्थापना, भूकंप-अकाल पीड़ितों तथा छुआछूत के रोगों से पिछड़े हुए लोगों की सेवा का कार्य समाज बड़ी निष्ठा एवं साहस के साथ करता था। स्वामी दयानंद (१८२४-१८८३) महान् वेदज्ञाता तो थे ही, समाज-सेवा के लिए भी प्रतिबद्ध थे। श्री रामकृष्णजी से उनकी भेंट भी हुई थी। स्वामी दयानंद मूर्तिपूजा के कट्टर विरोधी थे। इतना ही नहीं, वे स्वयं वेदों का जिस प्रकार अर्थ लगाते थे, इसके अलावा उन्हें वेदों का कोई अन्य अर्थ मान्य नहीं था।

लाहौर में 'दयानंद एंग्लो वैदिक कॉलेज' के प्राचार्य लाला हंसराज तथा अन्य नेतागण विवेकानंदजी से वाद-विवाद करने लगे। एक दिन स्वामीजी ने कहा, "लालाजी,

आप लोग जिस विषय पर इतना जोर दे रहे हैं, उसे हम लोग फैनटिसिज्म अथवा कट्टरपंथ कहते हैं। किसी संप्रदाय के त्वरित विस्तार के लिए इसका बड़ा ही उपयोग होता है, यह मैं जानता हूँ और शास्त्रविषयक कट्टर पंथ की अपेक्षा व्यक्तिविषयक कट्टरपंथ से यानी किसी विशिष्ट व्यक्ति को अवतार मानकर उसका आश्रय लेने से ही मुक्ति प्राप्त होगी, ऐसा प्रचार करने से तो उस संप्रदाय का और भी तेजी और आश्चर्यजनक ढंग से विस्तार होता है, यह भी मुझे अच्छी तरह मालूम है। मेरे पास भी ऐसी शक्ति है—गुरुदेव। उनका भी ईश्वरावतार के रूप में प्रचार किया जाए, ऐसी मेरी व कुछ गुरुबंधुओं की भी इच्छा है, पर मैं इस प्रकार के प्रचार के विरुद्ध हूँ, क्योंकि मेरा ऐसा विश्वास है कि मनुष्य को अपने स्वयं के विश्वास एवं धारणा के अनुसार उन्नति करने देने से ही उसका विकास धीरे-धीरे होने पर भी एकदम दृढ़ हो जाता है।''

स्वामीजी द्वारा आर्यसमाजी प्रचारकों के तीखे कट्टरपन तथा उनके अन्य मतों के बारे में असहिष्णुता पर कठोर टिप्पणी किए जाने पर भी, वे लोग स्वामीजी पर जरा भी नाराज नहीं हुए, बल्कि वे उनके भक्त बन गए।

विवेकानंदजी ने आर्यसमाजी सनातनी हिंदुओं को ही नहीं, अपितु सिखों को भी साथ लिया। उन तीनों के बीच सामंजस्य निर्माण करने के लिए स्वामीजी ने तीनों ही समाज के युवकों की एक समिति लाहौर में स्थापित की। इस समिति को जाति तथा धर्म का विचार न करते हुए सभी जरूरतमंदों की सेवा करने की प्रेरणा दी। समिति भी एकदिल से काम में लग गई।

परिव्राजक जीवन में अकिंचन अवस्था में घूमनेवाले स्वामीजी को जिन गरीबों ने भिक्षा और आश्रय दिया था, उन सभी के नाम व घर स्वामीजी के स्मरण में थे। यात्रा में उन-उन गाँवों में जाने पर अब विश्वविख्यात विवेकानंदजी ने अपने आश्रयदाताओं से जान-बूझकर मुलाकात की। उनका आतिथ्य स्वीकार किया और आर्थिक सहायता भी दी। हाथरस में मिला हुआ नटकृष्ण नामक एक व्यक्ति अब दिल्ली में था। उसकी आर्थिक स्थिति साधारण थी, पर उसके आग्रह के कारण स्वामीजी अपने शिष्यों के साथ उसके घर पर ही रहे। कितने ही अमीरों के निमंत्रण उन्होंने ठुकरा दिए। नटकृष्ण जैसे आज भी अनगिनत व्यक्ति हैं, जो सतत ईश्वरपूजन कर रहे हैं। स्वामीजी द्वारा नटकृष्ण को दी हुई सलाह, उन सभी लोगों के लिए बहुत उपयोगी होगी। नटकृष्ण ने कहा, ''मैं विगत पाँच-छह महीनों से संध्या और गायत्री जप कर रहा हूँ, पर मुझे संतोष नहीं मिल रहा है।'' तब स्वामीजी ने उत्तर दिया, ''जिस भाषा का अर्थ समझ में नहीं आता, उसे रटकर ईश्वर प्रसन्न नहीं होता। तुम उसे अपनी मातृभाषा में ही पुकारो।''

अलवर में तो कितने ही गरीब व्यक्ति स्वामीजी के मित्र बन गए थे। स्वामीजी उनसे मिले, उन्हें पास बैठाकर स्नेह से कुशल-क्षेम पूछा।

खंडवा में स्वामीजी ने पूर्वपरिचित वकील हरिदास चटर्जी के यहाँ ही डेरा डाला। वकील साहब ने स्वामीजी से मंत्रदीक्षा माँगी, उनके पैर पकड़कर अश्रु बहाते हुए विनती की, पर स्वामीजी ने स्पष्ट शब्दों में कहा, ''शिष्य-संप्रदाय बढ़ाकर समाज में गुरु-परंपरा का आडंबर करना और एक स्वतंत्र दल स्थापित करना मुझे मंजूर नहीं।''

इस यात्रा में स्वामीजी का स्वास्थ्य ठीक नहीं रहा था। कितनी ही बार बुखार रहते हुए उन्होंने यात्रा की, व्याख्यान दिए। लोकप्रियता के शिखर पर विराजमान विवेकानंदजी ने उनका दर्शन चाहनेवालों को कभी निराश नहीं किया। परमहंसजी को मान्य हिंदू धर्म का विशाल तथा उदार दृष्टिकोण देशबांधवों को समझाने के लिए ही उन्होंने इस यात्रा की योजना बनाई थी। यह योजना सफल हुई।

स्वामीजी देहरादून में शिष्यों को श्री रामानुजाचार्य द्वारा ब्रह्मसूत्रों पर प्रतिपादित किया हुआ भाष्य सिखाने लगे थे। कलकत्ता वापस आने तक यात्रा में वह वर्ग सतत चल रहा था। स्वामीजी ने शायद फिर एक बार शिक्षक के पेशे का अभ्यास कर लिया, क्योंकि उन्होंने १८९८ से डेढ़ साल तक दिन-रात शिष्यों के निर्माण कार्य पर ही जोर दिया था।

शिष्यों का प्रशिक्षण—परमहंसजी ने नरेंद्र का किस प्रकार निर्माण किया, यह आपने पहले भाग में देखा है। रामकृष्ण करुणासागर, दयानिधान थे, पर उनका पट्टशिष्य आक्रामक स्वभाव का था। डाँटना-फटकारना उसकी शैली में थी। इसके अलावा उसे भी एक पट्टशिष्य तैयार करना था। वह थी एक सुशिक्षित तथा सुसंस्कृत विदेशी विदुषी। हिंदू-संस्कारों से एकदम अपरिचित, स्वयं के व्यक्तित्व को सँजोनेवाली, आयरलैंड की सशस्त्र क्रांति में कूदनेवाली एक बाघिन और ईश्वर, दुनिया, मनुष्य के परस्पर संबंध या जीवन-मूल्यों को निश्चित कर जीवन जीने वाली तीस वर्षीय शिक्षक मार्गरेट नोबल। ऐसी स्वतंत्र, विदेशी तथा परिपक्व कुमारी के पूर्व संस्कारों को पूर्णत: धोकर, उसे पुनर्जन्म देने की भारी चुनौती विवेकानंदजी को स्वीकार करनी थी। देशी-विदेशी और भी शिष्यों को इस १८९८ वर्ष में स्वामीजी को तैयार करना था, पर देखने लायक संघर्ष था नोबल के साथ।

इंग्लैंड में ही मार्गरेट नोबल स्वामीजी की प्रतिभा से प्रभावित हुई थी, पर इतनी भी नहीं कि सेवियर तथा गुडविन की तरह स्वामीजी के साथ भारत आती। स्वामीजी के भारत वापस जाने के बाद उसने छह महीने तक गंभीर चिंतन किया और पत्र द्वारा भारत में आने की इच्छा व्यक्त की। स्वामीजी ने २९ जुलाई, १८९७ को अल्मोड़ा से उसे सूचित किया, ''मैं बड़े स्पष्ट रूप से आपको बता रहा हूँ कि भारत की सेवा करने से आपका भविष्य उज्ज्वल होगा, यह मेरा दृढ़ विश्वास है। इधर भारत में महान् स्त्रियाँ पैदा नहीं हो रही हैं। अन्य राष्ट्रों से उन्हें उधार लेना पड़ सकता है। पुरुष-

सिंहों की अपेक्षा हमें जरूरत है एक सिंहिनी की और आप सभी दृष्टि से वैसी ही हैं।

"पर यहाँ आना तथा पूरा जीवन बिताना बड़ा ही कष्टकारक है—यह मैं स्पष्ट बता रहा हूँ। गोरी चमड़ी के बारे में भारतीयों के मन में भय है या घृणा है। उसमें भी एक महिला। आपकी गतिविधि पर पैनी नजर रखी जाएगी।

"एक महत्त्वपूर्ण बात और, यह देश एक गरम भट्ठी है। गरम अंगारे यहाँ बरसते हैं। यहाँ की ठंड इंग्लैंड के ग्रीष्म ऋतु जैसी है। दक्षिणी भारत तो बारहों महीने गरम रहता है।

"यूरोप का एक भी साधन-सुख यहाँ नहीं मिलेगा। यहाँ है, केवल दरिद्रता, अध:पतन, गंदगी तथा गंदे कपड़े पहने हुए स्त्री-पुरुष। उसे भोगने तथा देखने की इच्छा हो तो यहाँ चली आओ। कोई आशा लेकर मत आना। हम लोग आप लोगों की टीका-टिप्पणी जरा भी सहन नहीं कर पाएँगे।

"यहाँ आने से पहले खूब सोच लीजिए। यदि मन गवाही देता हो तो आइए और आते ही काम में जुट जाइए। एक अश्वासन मैं देता हूँ। काम में मन न लगे या यदि वह त्याज्य लगे तो भी मैं आपके पीछे खड़ा रहूँगा। भारत से वापस जाने की इच्छा हो या वेदांत के जाल से मुक्त होने का मन बने तो इसे तुरंत अमल में लाइए, फिर भी मृत्यु तक मैं आपके पीछे खड़ा रहूँगा, यह वचन देता हूँ। एक शर्त और—यहाँ आने पर अपने पैरों पर खड़े रहना पड़ेगा। कुमारी मूलर या किसी अन्य की छत्रछाया में नहीं।

"यदि यह सब स्वीकार हो तो आपका स्वागत है। सौ-सौ बार स्वागत है।"

क्या विचित्र पत्र है। यह पढ़कर कोई भी गोरी, सुखलोलुप महिला भारत जैसे नरक में आने की हिम्मत नहीं करेगी। मार्गरिट नोबल सुखलोलुप नहीं थी, पर स्वतंत्र विचारवाली थी। एक ऐसी सनकी स्त्री जो शुद्ध चरित्र तथा पूरी तरह ईमानदार रहते हुए अपने सिद्धांतों के अनुसार ही जीना चाहती थी। विवेकानंदजी का पत्र पढ़कर उसे क्या करना चाहिए? गुरु-शिष्य परंपरा में नकार का कोई स्थान नहीं होता। उसने 'हाँ' कहा और २८ जनवरी, १८९८ को वह कलकत्ता में उपस्थित हो गई। फरवरी में श्रीमती ओलीबुल तथा कु. मेक्लॉड भी अमेरिका से स्वामी शारदानंदजी के साथ कलकत्ता आ गई। देशी-विदेशी शिष्यों का पूरा जमघट हो गया।

इसके आगे के विवेकानंदजी के हर कार्यकलाप, शिष्यों को आदर्श शिक्षा कैसी देनी चाहिए, इसके उदाहरण थे। स्वामीजी के क्रोध, लोभ, शोक, विनोद आदि सभी भाव भी शिक्षा का माध्यम साबित होनेवाले थे। १८९८ में स्वामीजी ने मठ-स्थापना के लिए प्रयास प्रारंभ किया। हिमालय की यात्रा की, अंग्रेजी तथा संस्कृत में सुंदर

कविताओं की रचना की, प्रियजनों की मृत्यु के आघात सहे, शिष्यों में तो रहे ही, विरक्त होकर एकांतवास भी किया। शिष्यों को खूब ज्ञान भी दिया।

मार्गरिट नोबल के कलकत्ता आने के दो ही दिन बाद, उसका प्रशिक्षण प्रारंभ हुआ। पहला पाठ था—बंगाली भाषा सीखने का। यह काम स्वामीजी ने अपने शिष्य स्वरूपानंद पर छोड़ा, फिर ११ मार्च को रामकृष्ण मिशन की ओर से स्वामीजी ने कलकत्ते के 'स्टार नाट्यगृह' में नोबल का व्याख्यान आयोजित किया। अध्यक्ष पद पर स्वयं स्वामीजी आसीन थे। श्रोताओं से परिचय कराते हुए अपनी पट्टशिष्या के बारे में स्वामीजी ने कहा, "नोबल इंग्लैंड द्वारा भारत को दिया हुआ एक उपहार है।" भाषण काफी चर्चित रहा, ऐसा मद्रास में रामकृष्णानंदजी को सूचित करते हुए स्वामीजी ने लिखा, "वाक्पटुता में मार्गरिट जल्दी ही श्रीमती बेजंट को पीछे छोड़ देगी—यह मैं निश्चित रूप से कह सकता हूँ।"

मार्गरिट नोबल दीक्षा प्राप्त करने के लिए व्याकुल हो गई थी। २५ मार्च, १८९८ को स्वामीजी ने एक सादे समारोह में उसे ब्रह्मचारिणी की दीक्षा दी, नया नामकरण हुआ—निवेदिता, अर्थात् समर्पित व्यक्ति। भगिनी निवेदिता।

दीक्षाविधि के बाद स्वामीजी ने उसे पहला पाठ पढ़ाया शिवभक्ति का, फिर आशीर्वाद देकर कहा, "जाओ और उनका अनुसरण करो, जिन्होंने बुद्धत्व प्राप्त करने से पहले पाँच सौ बार लोककल्याणार्थ स्वयं को समर्पित किया।" उसके चार ही दिनों के बाद स्वरूपानंद तथा सुरेश्वरानंद को भी स्वामीजी ने दीक्षा दी।

स्वरूपानंदजी के बारे में स्वामीजी हमेशा कहते थे, "सोने की हजारों मोहरें मिलने के बजाय स्वरूपानंद जैसा एक मोहर मिलना अधिक लाभप्रद है।" एक महीना भी यह शिष्य मठ में नहीं रहा था, पर मनुष्य स्वभाव की सही परख रखनेवाले स्वामीजी ने उसे दीक्षा तो दी ही, कुछ ही महीनों में उसे संपादन तथा अध्यक्ष पद की जिम्मेदारी भी सौंपी।

गंगा किनारे बेलूर नामक गाँव में सात एकड़ जमीन स्वामीजी को भा गई थी। वह जमीन समतल नहीं थी, पर नदी तथा वनस्पतियों के कारण वह स्थान रमणीक था। कोने में एक पुरानी इमारत थी। उसे अस्थायी रूप से रहने योग्य बनाकर उस विस्तृत मैदान पर मठ बनाने की योजना स्वामीजी ने बनाई। कु. हेनरी-एट्टामूलर ने जमीन की कीमत ३९,००० रुपए स्वामीजी के चरणों में तुरंत अर्पित की तथा मार्च में ही जमीन के दस्तावेज तैयार हो गए। श्रीमती ओलीबुल ने निर्माणकार्य के लिए ६०,००० रुपए खर्च करने के लिए अपनी सहमति व्यक्त की। इस प्रकार एक लाख रुपए की व्यवस्था तुरंत हो गई। सौभाग्य से ठाकुरजी के एक इंजीनियर शिष्य हरिप्रसाद अपने बड़े पद से इस्तीफा देकर मिशन में आए थे। उन्हें ब्रह्मचर्य की दीक्षा देकर

स्वामीजी ने उनका नाम 'विज्ञानानंद' रखा। स्वामी विज्ञानानंद को मंदिर-भवन बनाने का काम सौंपा गया।

डॉक्टर लोग स्वामीजी को आराम करने के लिए कह ही रहे थे। मजबूरन स्वामीजी को ३० मार्च को कलकत्ता छोड़कर दार्जिलिंग जाना पड़ा। पर इससे पहले उन्होंने आलमबाजार से मठ हटाकर उसे बेलूर में नीलांबर मुखर्जी के उद्यान में स्थापित किया। कलकत्ता छोड़ने से पहले निवेदिता को स्वामीजी ने साधना का एक बहुत ही कठिन पाठ पढ़ाया। उन्होंने कहा, ''तुम्हें अंतर्बाह्य हिंदू होना पड़ेगा। ऐहिक आवश्यकताएँ, विचार, धारणा तथा स्वभाव का भी हिंदूकरण करना चाहिए। इसके लिए अपना सारा अतीत तथा उसमें घटित सारी घटनाओं का विस्मरण करना पड़ेगा। संपूर्ण 'स्मृतिभ्रंश'!''

अप्रैल भर स्वामीजी दार्जिलिंग में सानंद रहे, पर १ मई को प्रात: ही वे काफी गंभीर हो गए। खाना-पीना नहीं, किसी से बात नहीं। तकिए में मुँह छिपाकर उदास पड़े थे। कलकत्ता में प्लेग के कारण हाहाकार मचने की खबर का पता लगते ही वे व्यथित हो गए। तुरंत दार्जिलिंग छोड़ स्वामीजी २३ मई को कलकत्ते में उपस्थित हो गए। रोगियों की सेवा कैसे की जाए, शहर के बाहर तंबुओं को कैसे खड़ा किया जाए, दवा-कपड़े आदि को कैसे पहुँचाया जाए, इसका स्वामीजी ने नेतृत्व किया। आधा दर्जन असाध्य रोगों से स्वयं ग्रस्त रहते हुए भी उस योद्धा संन्यासी ने प्लेग जैसे संसर्गजन्य रोगों से पीड़ित लोगों की सेवा प्रारंभ की। उनकी योजना सुनकर एक शिष्य ने शंका व्यक्त की, ''उन्हें कार्यरूप में लाने के लिए तो बहुत खर्च आएगा। इतना पैसा आप कहाँ से लाएँगे।''

स्वामीजी ने तुरंत उत्तर दिया, ''क्यों? मठ के लिए अभी-अभी ली हुई जमीन बेचकर धन इकट्ठा किया जा सकता है। हम हैं संन्यासी, हमारा भोजन भिक्षा माँगकर और विश्राम पेड़ के नीचे ही होना चाहिए।'' सौभाग्य से ऐसी नौबत नहीं आई। स्वामीजी ने एक भाषण देकर मदद की गुहार लगाई। लोगों ने रोगियों के लिए खुले दिल से धन दिया। पंद्रह युवक भी सेवा के लिए आगे आए। आठ दिनों में अच्छी व्यवस्था कर ११ मई को चिकित्सकों के दबाव के कारण स्वामीजी ने अल्मोड़ा के लिए प्रस्थान किया।

भगिनी निवेदिता ने 'नोट्स ऑफ सम वॉडरिंगस विथ द स्वामी विवेकानंद' नामक एक बहुत ही सुंदर पुस्तक लिखी। उसमें स्वामीजी के साथ अल्मोड़ा, नैनीताल, कश्मीर तथा अमरनाथ यात्राओं का बहुत ही सुंदर वर्णन है।

भगिनी लिखती हैं, ''कलकत्ते से ही हम लोगों को गुरुदेव ने तलवार की नोक पर रखा था, पर अल्मोड़ा में तो उन्होंने हम लोगों की क्लास लेनी ही शुरू कर दी थी। बच्चों को जैसे स्कूल की ऊब लगती है, वही स्थिति हम लोगों की थी। मेरी

तो अग्नि-परीक्षा ही चल रही थी। मुझे अंग्रेजी आचार-विचारों का केवल त्याग करने का ही आदेश नहीं था, अपितु पूर्वाश्रम की स्मृतियाँ भी समाप्त करने का कठोर आदेश दिया था। हम दोनों के बीच का मानसिक संघर्ष प्रारंभ हुआ कलकत्ते में और अल्मोड़ा में वह चरम पर पहुँचा।

मैं थी एक प्रौढ़ परिपक्व अंग्रेज महिला, हिंदुओं के बाह्य आचार, वेषभूषा, खानपान और शिष्टाचार को आत्मसात् कर सकती थी, पर अंग्रेजी विचारों और संस्कारों को समाप्त कर हिंदुत्व की विचारधारा में खुद को झोंक देना मेरे लिए असंभव लगता था। मेरी स्वाधीन-स्वतंत्र विचारपद्धति हिंदू जीवन तथा तत्त्वज्ञान के सही अर्थ को आज तक के ज्ञानानुभव की कसौटी पर कसना चाहती थी, पर स्वामीजी को वह मान्य नहीं था। भारतीय विचारपद्धति से भारत की साधना एवं उसके आदर्श का आकलन करने का उनका हठ था। यह काम बहुत कठिन होने पर भी उसे करना ही चाहिए, ऐसा सख्त आग्रह गुरुदेव करते थे। मेरे आंग्ल शिक्षा-दीक्षा की खिली हुई बगिया को वह पूरी तरह उजाड़ना चाहते थे, इसीलिए मेरा स्वाभिमान और अस्मिता तार-तार हो रही थी। यह मर्मांतक व्यथा वर्णनातीत है।

अंत में मेरी इन असहनीय वेदनाओं को एक दिन कुमारी मैक्लॉड ने वाणी दी। उसने स्वामीजी से कहा, 'निवेदिता को आप द्वारा बताई गई साधना असहनीय हो रही है। क्या इसका कोई उपाय निकल सकता है?'

''गुरुदेव चुपचाप बाहर निकल गए। रात में वापस आए। हम दोनों बरामदे में बैठे हुए थे। उन्होंने कुमारी मैक्लॉड से कहा, 'तुमने एकदम समय पर संकेत दिया है मुझे। यह अवस्था बदलनी ही पड़ेगी। चिंतन के लिए मैंने कुछ दिन अज्ञातवास में जाने की सोची है। वहाँ से मैं यह गुत्थी सुलझाकर ही वापस आऊँगा।'

''फिर गुरुदेव ने आकाश की ओर देखा। प्रतिपदा की हलकी-सी चाँद की लकीर उन्हें दिखाई दी। उसकी ओर एकटक देखते हुए उन्होंने मुझसे कहा, 'हमारे मुसलमान बंधु नए चाँद को बहुत मानते हैं। आइए, हम लोग भी इस नए चाँद के साथ नए जीवन का प्रारंभ करें।' और उन्होंने मेरे मस्तक को स्पर्श किया। वह एक सिद्ध सद्गुरु का स्पर्श था। उस एक वरदहस्त ने मुझे अंतर्बाह्य बदल दिया। मेरा निवेदिता नामकरण सही अर्थों में सफल हुआ। नए जीवन की शुरुआत हुई और सभी समस्याओं का अंत हुआ।

हिंदू भावुक लोग कैसी तीर्थयात्रा करते हैं, निवेदिता को इसका अनुभव कराने के लिए स्वामीजी ने उसे अमरनाथ ले जाने का निश्चय किया। शिष्या के जीवन को सार्थक करने के लिए रोगजर्जर विवेकानंद पैदल ही पहाड़ी पर चढ़ने लगे, साथ में निवेदिता और अनेक यात्री थे। शाम होते ही अन्य लोगों के तंबुओं के साथ ही भागिनी

तथा उन्होंने भी अपने तंबू गाड़ना शुरू किए। अंग्रेज महिला हम लोगों के साथ रहे, इसका अन्य यात्रियों ने घोर विरोध किया। स्वामीजी उनसे बहस करने लगे, पर वह उन्नीसवीं शताब्दी का समय था। वे अल्पज्ञ कुछ भी सुनने के लिए तैयार न थे। एक नागा संन्यासी ने मध्यस्थता की। उसने स्वामीजी से कहा, 'आप में शक्ति अवश्य हैं, पर उसे ऐसे प्रकट करना उचित नहीं।' स्वामीजी को अपनी गलती समझ में आ गई। उसी तरह अन्य यात्री भी स्वामीजी से प्रभावित हुए। दूसरे दिन उन्हीं यात्रियों ने स्वामीजी तथा भगिनी के तंबू खुद ही गाड़ दिए। उनका भक्तिभाव देखकर स्वयं स्वामीजी भी चकित हुए। भगिनी निवेदिता की भी वे निःसंकोच होकर हर प्रकार की सहायता करने लगे।

स्वामीजी का स्वास्थ्य दिन-प्रतिदिन खराब हो रहा था, फिर भी हजारों फीट की खड़ी चढ़ाई चढ़ रहे थे तथा यात्रा में किए जानेवाले सारे धार्मिक विधि-विधान पूरे कर रहे थे। अठारह हजार फीट पर स्थित पंचतरणी में गीले वस्त्र पहनकर पैदल चलकर पाँच पहाड़ी नदियों में स्नान करने की विधि को भी दमे के मरीज उस योद्धा ने पूरा किया। फिर एक सँकरे रास्ते की कठिन चढ़ाई प्रारंभ हुई। उसके समाप्त होते ही अमरनाथ की पवित्र गुफा दिखाई पड़ी। वहाँ पानी तो पिघला हुआ बर्फ ही था। स्वामीजी ने फिर स्नान किया तथा भस्म लगाकर लँगोटीधारी स्वामी ने उस विशाल गुफा में प्रवेश किया। निवेदिता के प्रवेश पर किसी ने भी विरोध नहीं किया। देवाधिदेव महादेव का भव्य, हिमनिर्मित, अनादि शिवलिंग देखकर स्वामीजी अपना अस्तित्व ही भुला बैठे। पर गुफा के बाहर आते ही उन्हें शारीरिक रोगों के बढ़ने का आभास हुआ। उनके मज्जातंतु इतने ढीले हो गए थे कि उन्हें बेहोश होने का भय सताने लगा। बाईं आँख में खून जम जाने के कारण उसमें एक लाल दाग दिखाई पड़ने लगा। आगे डॉक्टरों ने बताया कि अमरनाथ में दिल का दौरा पड़ सकता था, वह तो नहीं हुआ, पर तब से दिल हमेशा के लिए फैल गया।

इतना होने पर भी स्वामीजी बहुत प्रसन्न थे। वह निवेदिता को कहने लगे, "कितना अनुपम तीर्थस्थान है यह! यहाँ हाथ फैलाकर पैसे बटोरनेवाले पंडे नहीं हैं। धर्म के नाम पर दुकानदारी नहीं है। चित्त में क्षोभ पैदा करनेवाली कोई भी बात नहीं है। यहाँ है केवल एक अखंड पूजा-आराधना का शुचि-मधुर भाव। किसी भी अन्य तीर्थस्थान में मुझे इतना आनंद नहीं मिला।"

स्वामीजी ने अमरनाथ के दर्शन किए, वह तारीख थी २ अगस्त, १८९८। ८ अगस्त को भगिनी तथा स्वामीजी श्रीनगर आ गए, फिर कश्मीर तथा पंजाब की यात्रा कर वे १८ अक्तूबर को बेलूर मठ वापस आए।

१९ दिसंबर, १८९८ से ३ फरवरी, १८९९ तक डॉक्टरों की जोर-जबर्दस्ती के

कारण स्वामीजी वैद्यनाथ गाँव में विश्राम के लिए आए, पर विवेकानंद थे एक जिंदा ज्वालामुखी, विसुवियस के भी बड़े भाई। उनमें कार्यशीलता का लावा हमेशा फूटता रहता था।

मठ में आने के बाद एक बंगाली समाचार-पत्र 'हितवादी' के संपादक उनसे मिलने आए। उनके साथ आया हुआ एक व्यक्ति पंजाब का होने के कारण स्वामीजी ने पंजाब प्रांत की अभाव-आवश्यकता का लंबा विवेचन किया। जाते हुए उस पंजाबी व्यक्ति ने स्वामीजी से कहा, "धर्म के बारे में आपसे कुछ सुनने को मिलेगा, मैं इस उम्मीद से आपके यहाँ आया था, पर मेरा दुर्भाग्य है कि एक बहुत ही साधारण से विषय पर बात होकर आज का दिन बेकार हो गया।"

स्वामीजी ने कहा, "मित्र, मेरी जन्मभूमि का एक कुत्ता भी जब तक भूखा रहेगा, उसे खाना देना ही मेरा धर्म है, अन्य सब अधर्म है।"

वैराग्य-प्रेम

सद्गुरु की महासमाधि के बाद उनकी अस्थियों को सुरक्षित रखने के लिए उनके शिष्यों के पास खुद का एक कमरा भी न था, 'वसुधैव कुटुंबकम्' का आचरण करनेवाले तथा प्रेम व सेवा के मानवीय मूल्यों को सँजोकर रखने के लिए नया धार्मिक विचार देनेवाले श्रीरामकृष्ण के देहावशेषों को सुरक्षित रखने के लिए एक इमारत खड़ी करने हेतु १८८६ में ही नरेंद्र वचनबद्ध हो गया था। तेरह वर्ष बाद उसकी प्रतिज्ञा पूर्ण हुई।

सन् १८९८ में जब मठ के लिए बेलूर में जमीन खरीदी गई, तब से विवेकानंदजी में वैराग्य के विचार आने प्रारंभ हो गए—ऐसा प्रतीत होता है। उनका तेजपूर्ण व्यक्तित्व वैराग्य की छाया से घिरने लगा। आज दुनिया को उनकी मृत्यु की तारीख मालूम है, पर वह कभी भी प्राण त्याग कर सकते हैं, ऐसा भय १८९८ में गुरुबंधुओं को सताने लगा था। भगिनी निवेदिता ने तो उस समय लिखकर रखा है कि गुरुदेव ने यदि कभी भी देहत्याग किया तो उन्हें आश्चर्य नहीं होगा।

परमहंसजी ने संकेत दिया था कि नरेंद्र को जिस क्षण अपने सच्चे स्वरूप की अनुभूति होगी, उसी समय वह देहत्याग करेगा। विवेकानंद एक महान् कर्मयोद्धा थे। रजोगुण का एक ऐसा समुद्र, जिसका ज्वार ही दुनिया को दिखाई पड़ा। विरक्ति का भाव यानी उस समुद्र के भाटे का प्रारंभ। वैराग्य यानी महासमाधि से पहले का अंतिम सोपान, पर मृत्यु तो अभी चार वर्ष दूर थी, फिर १८९८ में ही स्वामीजी को विरक्ति क्यों आई? वह झटका भी इतना जोरदार था कि अमरनाथ तथा क्षीरभवानी की यात्रा के बाद सारे काम तथा सारे निर्णय उन्होंने गुरुबंधुओं पर छोड़ दिए। वे किसी से बात

नहीं करते थे और मठ के अपने कमरे में अकेले ही बैठे रहते थे। बेलूर मठ का काम पूर्ण होने पर एक बार फिर उनका उत्साह उमड़ आया। १८९९ में विदेश का दूसरा दौरा भी किया, पर विरक्तभाव समाप्त नहीं हुआ था, जो १९०२ में होनेवाली मृत्यु का इशारा कर रहा था।

स्वामीजी की प्रखर जिजीविषा के कम होने के कारक भी १८९८ में ही प्रारंभ हो गए थे।

कार्यपूर्ति का संतोष भी मनुष्य को विरक्ति का भाव पैदा करता है। मठ के लिए जमीन का लिया जाना तथा निवेदिता का पट्टशिष्या के रूप में तैयार होना आदि सब संतुष्टि के कारण थे। इसके साथ ही एक बड़ी दुःखदायी घटना भी घटित हुई थी। वह थी, एक प्रिय मित्र, विश्वासपात्र तथा कुशल सचिव जे.जे. गुडविन की अकाल मृत्यु। अमेरिका में इस बड़े ही सक्षम अंग्रेज स्टेनो के प्राप्त होने के कारण हीं स्वामीजी के 'राजयोग' आदि ग्रंथ प्रकाशित हो सके। भारत में वापस आने के बाद कोलंबो से कलकत्ता तथा अल्मोड़ा से उत्तर भारत में की गई यात्राओं में दिए गए भाषणों को गुडविन ने यथावत् लिख लिया था। आज दुनिया की सभी भाषाओं में जो विवेकानंद का साहित्य उपलब्ध है, उसका बहुत हद तक श्रेय गुडविन साहब को ही जाता है। भारत तथा संस्कृत, दोनों ही से एकदम अपरिचित होते हुए भी वेद, उपनिषद् तथा ब्रह्मसूत्र जैसे कठिन विषयों को भी उन्होंने सहज ढंग से लिखा तथा उन्हें ग्रंथ रूप दिया और खास बात यह थी कि इसके लिए उन्होंने एक पैसे की भी न तो अपेक्षा की और न ही उसे स्वीकारा।

स्वामीजी ने गुडविन को जुलाई, १८९७ में अल्मोड़ा से मद्रास भेजा था। उसे दो काम सौंपे थे—'ब्रह्मवादिन' पत्रिका में अलसिंगा पेरूमल को सहायता करना तथा मद्रास से एक अंग्रेजी दैनिक प्रारंभ करने की योजना बनाना। गुडविन बड़े उत्साह से मद्रास गए, पर वहाँ उनके साथ बड़ा ही बुरा बरताव किया गया। ऐसा उनके दो पत्रों से प्रतीत होता है। १६ सितंबर, १८९७ को उन्होंने श्रीमती बुल को लिखा, ''मैंने 'मेल' नामक समाचार-पत्र में संवाददाता के रूप में काम करना प्रारंभ किया है। इसके मालिक मेरे बहुत पीछे पड़े थे। स्वामीजी के दैनिक कार्य पूरे करने के बाद ही मैं नौकरी करूँगा, यह शर्त भी उन्होंने स्वीकार की। मेरी बहन ने इस बीच शादी कर ली तथा वह अपने पति के घर चली गई। मेरी माँ उधर एकदम अकेली हो गई है। उसकी जिम्मेदारी मुझ पर आने के कारण मैंने नौकरी कर ली। माँ को जल्दी ही भारत ले आऊँगा।''

उक्त पत्र से स्पष्ट होता है कि मद्रास के शिष्यों द्वारा गुडविन की आर्थिक समस्याओं को नजरअंदाज करने से ही उन्हें नौकरी करनी पड़ी। गुडविन कितना महान्

व्यक्ति था—स्वामीजी का समर्पित शिष्य तथा एक विदेशी। मन के दुःखी होने से उसकी मौत नहीं हुई, यह सत्य होने पर भी उसे कितनी वेदनाएँ हुईं या दी गईं, यह मृत्यु के २८ दिन पहले यानी ५ मई, १८९८ को ऊटकमंड से कुमारी मैक्लॉड को लिखे उसके पत्र से स्पष्ट होता है।

गुडविन लिखते हैं, ''स्वामीजी के बारे में अति आदर होने से ही मैं भारत आया और विगत सोलह महीनों के अनुभव के आधार पर मैं आपके दृष्टिकोण से सहमत हुआ हूँ। मैं व्यक्तिगत रूप से स्वामीजी के लिए कुछ भी करूँगा, पर अन्य बातों की तथा आदमियों की जरा भी परवाह नहीं करूँगा। करूँगा तो केवल स्वामीजी के काम और मानूँगा तो उन्हीं के आदेश। इसीलिए शायद मेरे पास इस समय कोई काम नहीं है। मद्रास में जब मेरी समझ में आ गया कि स्वामीजी के यहाँ के काम में मैं उनकी जरा भी सहायता नहीं कर सकता, तब उनके ऊपर निर्भर रहना मुझे उचित नहीं लगा और मैंने 'मेल' की नौकरी स्वीकार की। विगत नवंबर में मैं स्वामीजी से लाहौर में मिला था। उसके बाद उनसे मुलाकात नहीं हुई। दिनोदिन मेरा अनुभव दृढ़ हो रहा है कि स्वामीजी हिंदू नहीं हैं, यानी सामान्य हिंदू जैसे होते हैं वैसे बिलकुल नहीं हैं। हिंदू धर्म के लोगों के बारे में मैं इस निष्कर्ष पर पहुँचा हूँ कि उनके पास धर्म है ही नहीं—है तो केवल नीचता, घटियापन तथा निकृष्ट कट्टरपन।''

इस पत्र से कितने ही रहस्य उजागर होते हैं—पहला यह कि कुमारी मैक्लॉड का भी यही मत था कि सेवा केवल स्वामीजी की ही की जाए, उनके चेलों-चपाटियों तथा सर्वसाधारण हिंदूधर्मियों की नहीं। दूसरा यह कि विदेश में स्वामीजी ने हिंदू धर्म का जो उदात्त चित्र दरशाया था तथा जो भगिनी निवेदिता के माध्यम से गुडविन में समाया था, उन्हें मद्रास तथा अन्य सभी जगह उसके ठीक विपरीत अनुभव भोगना पड़ा, पर स्वामीजी को यह सब नहीं बताया गया। यदि स्वामीजी को पता चलता तो उन्होंने निश्चित ही कुछ उपाय किए होते।

३ जून को अल्मोड़ा में तार आया। कल २ जून, १८९८ को श्री गुडविन का आंत्रज्वर से ऊटकमंड में निधन हो गया। स्वामीजी को यह दुःखद समाचार ६ जून को बताया गया। स्वामीजी सन्न रह गए। उन्होंने कहा, ''मेरा दायाँ हाथ चला गया। इसकी भरपाई कोई नहीं कर सकता।''

प्यारे गुडविन पर अंग्रेजी में एक मर्मस्पर्शी कविता लिखकर स्वामीजी ने उसे उसकी माँ के पास भेजा—''आपके सुपुत्र ने मुझ पर जो उपकार किए हैं, उसके ऋण से मैं कभी भी उऋण नहीं हो सकता। मेरे ग्रंथों को पढ़कर जिन्हें मार्गदर्शन मिला हो, उन्हें समझना चाहिए कि उनका हर शब्द गुडविन के परिश्रम का ही परिणाम है। गुडविन के जाने का अर्थ, मेरा एक सच्चा मित्र चला गया।''

गुडविन की मृत्यु से विवेकानंद तो व्यथित हुए ही, उनकी अमृतवाणी से भी लोग वंचित रह गए। इसके बाद स्वामीजी के व्याख्यानों को लिखनेवाला कोई दूसरा गुडविन नहीं मिला।

गुडविन की मृत्यु से स्वामीजी हताश हो गए तथा वैराग्यमार्ग पर चल पड़े।

शिवशंकर यानी विरक्ति का सर्वोच्च तत्त्व। अमरनाथ यात्रा के बाद विवेकानंदजी का वैराग्यभाव अधिक बढ़ गया।

पर उनको सबसे बड़ा धक्का लगा, क्षीरभवानी में घटित घटना से। विवेकानंदजी के जीवन की दो-चार घटनाओं में एक उनके व्यक्तित्व का निर्माण करनेवाली घटना है, क्षीरभवानी की। उस आक्रामक योद्धा द्वारा स्वीकृत शरणागति को स्वीकार करने का यह दुर्लभ प्रसंग इस प्रकार है—

क्षीरभवानी कश्मीर स्थित एक तीर्थस्थान है। वहाँ भवानी माता का मंदिर है। ३० सितंबर, १८९८ को साथ के देशी-विदेशी शिष्यों को बिना बताए ही स्वामीजी क्षीरभवानी के लिए निकल गए। मंदिर में बैठकर उन्होंने कठोर तपस्या प्रारंभ की। एक दिन उस भग्न मंदिर को देखकर उनके मन में विचार आया, मुसलमानों ने जब मंदिर तोड़ा, उस समय यदि मैं यहाँ होता तो जगदंबा का रक्षण किए बिना न रहता। इस पवित्र मंदिर का ध्वंस न होने देता।

अचानक स्वामीजी को एक आवाज सुनाई पड़ी। आवाज की ओर उन्होंने रुख किया तो उनकी दृष्टि माँ की मूर्ति पर स्थिर हुई। माँ बोलने लगी, 'मुसलमानों ने मेरे मंदिर को ध्वस्त कर मेरी प्रतिमा को अपवित्र किया, इससे तुम्हें क्या? तुम मेरी रक्षा करोगे या मैं तुम्हारी?'

स्वामी हतप्रभ हो गए, फिर भी दूसरे दिन उनके मन में विचार प्रारंभ हो गया, "मंदिर भग्न हो गया तो क्या? जो होना था सो हो गया। मैं अब भीख माँगकर धन इकट्ठा करूँगा और उससे इस मंदिर का जीर्णोद्धार कराऊँगा। यह पवित्र कार्य है, इसको करने से यश प्राप्त होगा।"

फिर देववाणी—गंभीर स्वर में माता कह रही थी, "मेरी यदि वैसी इच्छा होगी तो क्या मैं एक सात मंजिले सोने के मंदिर का निर्माण नहीं कर सकती? मेरी इच्छा से ही यह मंदिर ऐसी भग्नावस्था में पड़ा है।"

भवानी माता तथा विवेकानंद के बीच का यह संवाद पाठकों को अटपटा-सा लगेगा, पर मेरा मानना है कि भारतीय हिंदू तथा मुसलमान इकट्ठा होकर प्रेमभाव से रहें, इसी उद्देश्य से स्वामीजी ने इस प्रसंग का वर्णन किया है। इन दो धर्मों के बीच का रक्तरंजित कलह आज तक थमा नहीं है। यही वस्तुस्थिति है। विवेकानंद का दृष्टिकोण गलत हो सकता है, पर उन्होंने अपने स्तर पर इस उदाहरण के माध्यम से

सांप्रदायिक सद्‌भावना का संदेश देने की कोशिश की, इसे नकारा नहीं जा सकता।

पर यह थोड़ा विषयांतर हुआ। क्षीरभवानी से श्रीनगर आने पर उन्होंने शिष्यों को जो बताया और उस घटना से अपने जीवन में वे किस प्रकार वैराग्य की ओर उन्मुख हुए, इसे बताना विषयांतर नहीं होगा।

स्वामीजी ने शिष्यों से कहा, "मेरी कार्य करने की इच्छा, मेरा स्वदेश-प्रेम, सबकुछ समाप्त हो चुका है। मैं आज तक गलत कर रहा था। मित्रो! सत्य का साक्षात्कार हो गया है। मैं यंत्र, वह यंत्री माँ, वही सबकुछ। वही करा लेनेवाली। मैं उसकी एक अज्ञानी संतानमात्र।" और उस क्षण उन्होंने अपनी जीवन-नौका की पतवार माँ के हाथों में बिना शर्त सौंप दी।

स्वप्न साकार हुआ

हिमालय की यात्रा समाप्त कर १८ अक्तूबर, १८९८ को स्वामीजी शिष्यों के साथ कलकत्ता लौट आए और सीधे बेलूर में नीलांबर मुखर्जी के उद्यान में स्थित अस्थायी मठ में उपस्थित हुए। पूर्व सूचना के बिना अचानक वरिष्ठ गुरुबंधु को आया देख उनके साथियों को बड़ा ही आनंद हुआ।

स्वामीजी का स्वास्थ्य काफी खराब हो गया था। आते ही उन्होंने बिछौना पकड़ लिया। आधा दर्जन रोगों से मुकाबला करते हुए उनका स्वास्थ्य कितनी ही बार खराब हो जाता था, पर गुरुबंधुओं को इस बार उनका स्वास्थ्य अधिक खराब होने का अनुभव हुआ। वे भी श्रीरामकृष्णजी के पक्के शिष्य थे। सद्‌गुरु के वरदहस्त से उन्हें भी अंतर्ज्ञान प्राप्त हुआ था। उन्होंने तुरंत समझ लिया कि नरेंद्र इस बार केवल मधुमेह, रक्तचाप तथा दमा से पीडित नहीं है। उसे वैराग्य-ज्वर ने भी जकड़ रखा है। नरेंद्र को ऐसा ज्वर यानी मृत्यु-संकेत, परमहंसजी के शब्दों का उन्हें स्मरण हुआ और वे बेचारे बेचैन हुए।

अत्यधिक वेदनाओं में भी बातें करनेवाले नरेंद्र को उन्होंने देखा था, पर उसका इस समय चुपचाप पड़े रहना कुछ अच्छा लक्षण नहीं दिख रहा था। यात्रा का रसपूर्ण वर्णन नहीं, मठ के नवदीक्षित शिष्यों को उपदेश नहीं, दैनिक आवश्यकताओं के बारे में बात नहीं, खाने में भी कोई उत्साह नहीं। मार्गदर्शन पर प्रश्न पूछने पर उत्तर मिलता, "आप ही लोग वह देख लें।"

शरतचंद्र चक्रवर्ती स्वामीजी के एक गृहस्थाश्रमी शिष्य थे। उनसे स्वामीजी बड़े खुले दिल से मिलते-बोलते थे। वे जब स्वामीजी से मिलने आए, तब गुरुबंधु ब्रह्मानंद ने उन्हें बताया, "दो-तीन दिन पहले स्वामीजी कश्मीर से वापस आए हैं, पर किसी से एक शब्द भी नहीं बोल रहे हैं। आप इनसे बातें करें और उनका मन लौकिक विषयों

की ओर मोड़ने का प्रयत्न करें।''

शिष्य स्वामीजी के पास गया। बातचीत में स्वामीजी ने कहा, ''अमरनाथ का दर्शन करने के बाद शिव मानो रात-दिन मेरे मस्तक पर बैठे हैं, ऐसा लगता है। किसी तरह भी वे नीचे नहीं उतर रहे हैं।''

पर भोलेनाथजी को दिमाग से बाहर निकालना आवश्यक था। विवेकानंदजी को वह करना ही पड़ा। समष्टिरूपी शिव की सेवा करनी थी। वैराग्य तथा सत्त्वगुणों को उनके सद्गुरु फिलहाल आने देने के लिए तैयार नहीं थे। निकट भविष्य में तीन महत्त्वपूर्ण काम विवेकानंद को पूर्ण करने थे। पहला काम था—निवेदिता के मार्गदर्शन में लड़कियों के लिए एक पाठशाला प्रारंभ करना, दूसरा था—मठ-स्थापना का स्वप्न साकार करना तथा तीसरा था—बंगाली भाषा में एक मासिक पत्रिका प्रारंभ कर सद्गुरु का संदेश बंगाल भर में प्रसारित करना।

शिवशंकरजी को सिर से उतारकर वैराग्य-ज्वर से मुक्त होकर विवेकानंदजी ने ये तीनों ही काम बड़े सुचारु रूप से संपूर्ण किए।

अपनी आंग्लशिक्षित पट्टशिष्या को अंतर्बाह्य हिंदू होना चाहिए, इसलिए स्वामीजी जिस प्रकार सतत प्रयत्नशील थे, उसी प्रकार रूढ़िप्रिय हिदुओं को भी भगिनी निवेदिता के रूप में स्वीकार करना चाहिए, इसके लिए स्वामीजी योजनाबद्ध प्रयोग कर रहे थे। गुरुबंधु तथा शिष्यों के मन में उसके परधर्मी होने के बारे में जो दुराग्रह था, उसे दूर करने के उद्देश्य से स्वामीजी उससे भोजन पकवाकर मठवासियों को अन्न ग्रहण करवाते। वे निवेदिता को बताते, ''तुममें अपार तथा शुद्ध श्रद्धा निर्माण हुई है, पर सतत कार्य करने की अथक ऊर्जा का अभी अभाव है।''

भगिनी ने कठोर शारीरिक एवं मानसिक तप करके वह अभाव दूर किया। स्वामीजी ने तुरंत उसे एक कन्या पाठशाला प्रारंभ करने की कल्पना दी। भगिनी ने कलकत्ते के बाग-बाजार मोहल्ले में जगह लेने से लेकर पाठ्यक्रम बनाने तक सारे काम किए।

१३ नवंबर, १८९८ को काली-पूजा के शुभमुहूर्त पर पाठशाला प्रारंभ हुई। श्री शारदा माँ उस समय वहाँ उपस्थित थीं। 'यह पाठशाला रामकृष्णजी के संदेश प्रसारित करेगी तथा आदर्श महिलाओं का निर्माण करेगी,' यह आशीर्वाद माताजी ने दिया। भगिनी निवेदिता लिखती हैं, ''माताजी के आशीर्वचनों से बड़ा दूसरा कोई शुभ शकुन हो सकता है, इसकी मैं कल्पना भी नहीं कर सकती।''

कन्या पाठशाला प्रारंभ होने के महीने भर के अंदर ही बेलूर मठ की स्थापना का दिन भी आ गया। शुक्रवार ९ दिसंबर, १८९८ को देखने के लिए विवेकानंदजी ने कितना ही प्रयत्न किया था और परमहंस की पत्नी श्री सारदा देवीजी ने ऐसे एक

मठ की स्थापना के लिए कितनी प्रार्थनाएँ की थीं।

माताजी ने एक बार कहा था, ''ठाकुरजी के देहत्याग के बाद मैंने उनकी मूर्ति के सामने बैठकर अनेक बार हठ किया था कि अपने शिष्यों के लिए अन्न और छत निर्माण करिए। रोते-बिलखते हुए मैं विनती करती, पढ़े-लिखे लड़के आपके लिए घर-बार छोड़कर आए हैं। उन्हें खुले में मत छोड़िए। आपकी शिक्षा का प्रसार जो करना है उनको, फिर उन्हें इधर-उधर भटकने न दीजिए। नहीं तो आपको कौन अवतार मानेगा।''

१८९० के मार्च महीने में माताजी बोधगया गई थीं। वहाँ के मठ को देखकर उन्होंने कहा था, ''वहाँ कितना बड़ा मठ है। उसमें अनेक वस्तुओं से भरे भंडार हैं। कोई भी कष्ट नहीं। किसी भी चीज का अभाव नहीं। उसे देखकर अश्रुपूरित आँखों से मैंने ठाकुरजी से कहा था, 'मेरे बच्चों के रहने के लिए जगह नहीं। खाने के लिए अन्न नहीं। वे दर-दर भिक्षा माँगकर जी रहे हैं। उनके लिए ऐसा कोई मठ बाँध दीजिए न।' ''

बेलूर के नवनिर्मित मठ को देखते हुए माताजी के सर्वप्रथम सहज उद्‌गार थे, ''दक्षिणेश्वर से मुझे हमेशा ऐसा दृश्य दिखाई पड़ता था, गंगापार केलों के बगीचों के बीचोबीच ठाकुर निवास कर रहे हैं। यह जगह बहुत सुंदर है। ठाकुरजी ने ही इस जगह को चुना और मेरे बच्चों पर कृपा की। उन्हें सर छिपाने के लिए एक जगह बना दी। नरेंद्र ने बहुत बड़ा काम किया है।''

९ दिसंबर को मंगल कार्यक्रम जब हो रहा था, विवेकानंदजी एकदम संतुष्ट दिखाई पड़ रहे थे। गुरुदक्षिणा का एक अंश वे वापस कर रहे हैं, यह संतुष्टि की भावना उनके चेहरे पर दिखाई पड़ रही थी। फिर भी वे कोई अलग, अपूर्व और चिरंतन कार्य कर रहे हैं, ऐसी गलतफहमी उनमें नहीं थी। मठ-स्थापना के बाद कालांतर से शिष्यों के बीच मतभेद हो सकता है, इसका अंदाज उन्हें था, इसीलिए विवेकानंदजी महान् पुरुष थे। उनके शिष्य शरदचंद्र चकवर्ती द्वारा उस कार्यक्रम का किया हुआ वर्णन शब्दश: दिया जा रहा है—

''प्रात:काल गंगास्नान कर स्वामीजी ने मंदिर में प्रवेश किया। पूजन के आसन पर बैठकर डलिया में जितने फूल, बेलपत्र आदि थे, उन सबको अंजलि में लेकर श्रीरामकृष्ण के चरण-कमलों में अर्घ्य प्रदान किया तथा ध्यान में मग्न हो गए। क्या अपूर्व दृश्य था वह! उनके प्रभामंडित उज्ज्वल कांति से सारा मंदिर एक अलौकिक तेज से भर गया था। स्वामी प्रेमानंद आदि ठीक मंदिर के दरवाजे पर बाहर ही खड़े थे।

ध्यान तथा पूजा समाप्त होने के बाद अब मठ के नवीन स्थान पर जाने की तैयारी प्रारंभ हुई। श्रीरामकृष्णजी के भौतिक अवशेषों को सँजोकर रखे हुए ताम्रपात्र को दाहिने

कंधे पर रखते हुए स्वामीजी आगे चल पड़े। अन्य संन्यासी लोगों के साथ ही शिष्य भी उनके पीछे चल दिए। शंख-घंटादि की ध्वनियों से सारी तट-भूमि निनादित हो गई और गंगामाता मानो उसके ताल पर नृत्य करने लगी। जाते हुए स्वामीजी शिष्यों को बता रहे थे—"ठाकुरजी ने मुझसे कहा था, 'तुम कंधे पर उठाकर मुझे जहाँ रखोगे, वहाँ मैं रहूँगा। तुम मुझे पेड़ के नीचे रखो या झोंपड़ी में।' इसलिए आज मैं खुद उन्हें अपने कंधे पर रखकर नई मठभूमि की ओर जा रहा हूँ। तुम यह निश्चित समझो, सुदीर्घकाल तक 'बहुजन-हिताय' ठाकुरजी इसी जगह रहेंगे। कालांतर में अवतारों के भक्तों में पंथभेद निर्माण हो जाते हैं। श्रीरामकृष्ण के भक्तों में भी ऐसा हो सकता है, फिर भी हम लोग जो मठ बना रहे हैं, उससे सभी मत-मतांतरों का विरोध थम जाएगा। यह स्थल ठाकुरजी के उदार समन्वयी मतों का केंद्र होगा। यहाँ से महासमन्वय की जो उज्ज्वल प्रकाश किरणें निकलेंगी, उनसे सारा जग प्रकाशित हो जाएगा।"

अस्थिपात्र को स्वामीजी ने योग्य स्थान पर रखा। फिर अपने हाथ से खीर बनाकर ठाकुरजी को भोग लगाया। उपस्थित जनों के सामने उद्देश्य प्रकट करते हुए स्वामीजी ने कहा, "हम सभी लोग आज युगावतार रामकृष्णजी के चरण-कमलों में प्रार्थना करें कि वे आज से सुदीर्घकाल तक 'बहुजन-हिताय बहुजन-सुखाय' के पुण्य क्षेत्र में निवास कर इस स्थान को सर्वधर्म के लिए अपूर्व समन्वय केंद्र के रूप में परिणत करें। सद्गुरु की इच्छानुसार ही आज वे इस धर्मक्षेत्र में स्थापित हुए हैं। बहुत समय तक मैं जिस जिम्मेदारी के बोझ को लेकर भटक रहा था, वह आज पूर्ण हुई और मैं भारमुक्त हो गया।"

फिर स्वामीजी ने शिष्यों से अपनी भावी योजनाओं को स्पष्ट करते हुए कहा, "यह मठ सर्वप्रथम अन्नदान करेगा, फिर विद्यादान, फिर ज्ञानदान। इन तीन प्रकार के दानों के समन्वय से मनुष्य का निर्माण किया जा सकता है और इस प्रकार निर्माण करना ही इस मठ का पहला कर्तव्य होगा।"

श्रीरामकृष्ण मठ तथा मिशन के इतिहास में ९ दिसंबर, १८९८ का दिन अविस्मरणीय है। विवेकानंद तथा उनके सभी गुरुबंधुओं ने संस्था के समुचित संचालन के लिए स्वयं को समर्पित कर दिया। आगे उनकी शिष्य शाखाओं ने आज लगभग एक शताब्दी के लंबे समय तक उसे निष्कलंक रखा है। उन्होंने त्याग तथा सेवा के मूल्यों को सँजोकर रखा है। विवेकानंदजी के साकार स्वप्न को आज तक यथावत् रखा है।

चौतरफा हलचल

श्रीरामकृष्ण मठ तथा मिशन की स्थापना पर गुरुबंधुओं के साथ हुआ विवाद विवेकानंदजी के जीवन का सबसे महत्त्वपूर्ण, लोमहर्षक तथा नाटकीय प्रसंग है, ऐसा

मैं चौंतीसवें प्रकरण में बता चुका हूँ। वह वैसा है भी, पर उसमें से विवेकानंदजी में विराजमान एक महान् द्रष्टा भी मेरी दृष्टि में आया है।

श्रीरामकृष्णजी की शिक्षा का, उनके सारे तत्त्वज्ञान का मंतव्य है, दबे-कुचलों को अपना मानना। यह स्वामीजी द्वारा किया गया प्रतिपादन उनके गुरुबंधुओं को नहीं रास आया। श्रीरामकृष्णजी के अति निकट के गृहस्थाश्रमी शिष्य तथा 'श्रीरामकृष्णवचनामृत' नामक त्रिखंडात्मक ग्रंथ लिखनेवाले मास्टर मोशाय श्री 'म' ने भी विवेकानंद का विरोध किया। विरोध की ज्वाला को शांत कर अपने जीवन में ही मठ-स्थापना करना स्वामीजी की दूरदर्शिता का परिचायक है।

९ दिसंबर, १८९८ को मठ का शुभारंभ तो हुआ, पर निर्माण कार्य पूर्ण होकर वहाँ रहना प्रारंभ हुआ २ जनवरी, १८९९ से। उसी साल २० जून को स्वामीजी यूरोप तथा अमेरिका की दूसरी यात्रा के लिए निकले। उन छह महीनों में मठ के सारे काम तथा शिष्यों को दीक्षा देना आदि कार्यों में स्वामीजी लगे रहे।

उनका इलाज चल ही रहा था। मधुमेह तो नियंत्रित था, पर दमा ने इतना जोर पकड़ा था कि उन्हें कई बार साँस लेना कठिन हो जाता। दमे का आक्रमण बंद होते ही उनके कार्य की गति फिर तेज हो जाती। शिष्य शरदचंद्र चक्रवर्ती से एक दिन मृत्यु के बारे में बोलते हुए उन्होंने कहा था, "अरे, मृत्यु यदि अटल ही होगी तो कीड़े-मकोड़ों की मौत मरने की अपेक्षा वीरोचित मौत को गले लगाना क्या अधिक उचित नहीं है? (It is better to wear out than to rust out.)

"क्या मैं हिमालय की गुफाओं में समाधिस्थ होकर नहीं बैठ सकता? पर मैं ऐसा क्यों नहीं कर रहा हूँ? इस देश की दशा देखकर चुपचाप बैठना मेरे लिए संभव नहीं है। इसके आगे समाधि आदि की बातें तुच्छ लगने लगती हैं। आप लोगों के कल्याण की इच्छा ही मेरे जीवन का व्रत है। जिस दिन यह व्रत पूर्ण होगा, उसी दिन मैं यह देह त्यागकर सीधे निकल जाऊँगा।"

शरद चक्रवर्तीजी द्वारा लिखे गए दैनंदिनी के कारण स्वामीजी तथा उनके शिष्यों के बीच हुआ संवाद सौभाग्य से उपलब्ध है। स्वामीजी ने अपने गुरुबंधुओं को किस प्रकार समाजोन्मुख किया, इस बात की पुष्टि इससे होती है।

१४ जनवरी, १८९९ को संक्रांति के शुभ मुहूर्त पर कुमारी मैक्लॉड तथा अन्य एक-दो शिष्यों द्वारा दिए गए दान से एक मुद्रणालय खरीदकर 'उद्‍बोधन' नामक एक बंगाली पाक्षिक पत्रिका का प्रकाशन प्रारंभ किया गया। गुरुबंधु स्वामी त्रिगुणातीतानंद को पत्रिका के व्यवस्थापन एवं संपादन का कार्यभार सौंपा गया। उन्होंने भिक्षा माँगकर पेट भरा तथा पूरे कलकत्ते पैदल घूमकर पत्रिका के प्रसार के लिए काम किया।

निष्काम कर्मयोग के आगे ध्यान-धारणा गौण है—यह स्वामीजी ने अपने शिष्यों

को समझा दिया था। गुरुबंधुओं ने कर्मठता को आचरण में उतारा तथा संघर्षपूर्ण कार्य किया।

स्वामी अभेदानंद तथा शारदानंद इंग्लैंड-अमेरिका में स्वामीजी का कार्य जोश-खरोश के साथ आगे बढ़ा रहे थे। शारदानंद को स्वामीजी ने वापस बुलाकर तुरियानंद के साथ धर्म-प्रचार के लिए गुजरात भेजा। रामकृष्णानंद को मद्रास तथा स्वामी शिवानंद को श्रीलंका में धर्म-प्रचार के लिए रवाना किया। राजस्थान में अनेक स्थानों पर शिक्षा संस्थाएँ प्रारंभ करनेवाले अखंडानंदजी ने बंगाल में अकाल पड़ते ही मुर्शिदाबाद में अनाथालय प्रारंभ किया। सभी जाति तथा धर्म के लोगों के लिए अखंडानंदजी द्वारा किए गए काम की अंग्रेज अधिकारियों ने भी प्रशंसा की। दिनाजपुर में अकाल पीड़ितों के लिए शिविर चलाकर त्रिगुणातीतानंद ने 'उद्बोधन' पाक्षिक पत्रिका का भी काम अपने हाथ में लिया। भगिनी निवेदिता ने कन्या पाठशाला चलाने का व्रत लिया। १८९८ तथा ९९ में कलकत्ते में प्लेग फैला और स्वामीजी के साथ पूरे मिशन ने उस प्राणघातक रोग से ग्रसित रोगियों की भरपूर सेवा की। स्वामीजी ने उनके नवदीक्षित शिष्य, स्वामी विरजानंद तथा प्रकाशानंद को रामकृष्णजी की शिक्षा का प्रसार करने हेतु ढाका जाने की आज्ञा दी।

"मैं क्या उपदेश दे सकता हूँ? मुझे तो कोई ज्ञान ही नहीं है।" विरजानंद के इस बात पर स्वामीजी तुरंत बोले, "फिर यही लोगों से कहो। यही उत्तम संदेश है।"

"मुझे और कठिन तपस्या कर मुक्तिलाभ होने दीजिए, फिर मैं उपदेश देने योग्य होऊँगा—क्या ऐसा नहीं लगता आपको?"

स्वामीजी गरजे, "बेटा, खुद की मुक्ति के लिए यदि तुमने कोशिश की तो तुम नरक में जाओगे। यह स्वार्थी आकांक्षा नष्ट कर दो और जनसामान्य की मुक्ति के लिए खुद को झोंक दो। इससे बड़ा कोई आध्यात्मिक अनुशासन नहीं।"

साथ-साथ 'ब्रह्मवादिन', 'प्रबुद्ध भारत' तथा 'उद्बोधन' आदि पत्रिकाएँ रामकृष्णजी की शिक्षाओं तथा उनके शिष्यों के मानवताभिमुख कार्यों का प्रचार-प्रसार कर ही रही थीं।

इसके अलावा एक और महान् कार्य स्वामीजी ने प्रारंभ किया। उन्हें एक ऐसे अद्वैत आश्रम की स्थापना करनी थी, जहाँ प्रतिमापूजन, पूजा-अर्चना आदि नहीं होगी। वहाँ केवल सभी धर्मों के तत्त्वज्ञान का अध्ययन किया जाएगा। ऐसा आश्रम यदि हिमालय में होगा तो विदेशी शिष्य भी यहाँ की गरमी की मार न सहते हुए तपाचरण तथा अध्ययन कर सकेंगे—ऐसा विचार स्वामीजी ने सेवियर-दंपती से प्रकट किया था। कैप्टन सेवियर ने ऐसा स्थान ढूँढ़ निकाला। अल्मोड़ा से पूर्व पचास मील की दूरी पर हिमालय की कोख में, घने वृक्षों के बीच, समुद्र की सतह से ६ से ७ हजार फीट

की ऊँचाई पर उस स्थान का नाम था—मायावती। कैप्टन साहब ने स्वामीजी की सहमति से वहाँ आश्रम के निर्माण का काम शुरू किया। स्वरूपानंद सहायता के लिए थे ही। सहायता के लिए स्वामीजी ने अपने चार शिष्यों को भी वहाँ रवाना किया।

प्रारंभ में स्वामीजी के कार्य केवल चार थे। एक, संन्यासियों द्वारा समाज को वेदांत की शिक्षा देना; दो, मठ स्थापना; तीन, अकाल तथा प्लेग जैसे संकट के समय अस्थायी शिविर प्रारंभ करना तथा चार, बेघरों के लिए अनाथालयों की स्थापना करना।

१८९७ तथा १८९८ के दो वर्षों में स्वामीजी ने ये महान् कार्य प्रारंभ कर उन्हें सुचारू रूप से चलाया था। स्वास्थ्य खराब रहते हुए और श्वासों का चलना हमेशा के लिए बंद होने का खतरा होते हुए भी स्वामीजी सतत कार्यरत थे। १८९८ के दिसंबर से उन्हें पुन: विदेश जाने की इच्छा हो रही थी। यूरोप-अमेरिका में किए गए कार्यों को हमेशा के लिए मजबूत करना आवश्यक था, पर जून, १८९९ तक डॉक्टरों ने उन्हें कलकत्ता छोड़ने की आज्ञा नहीं दी। इस बीच उन्होंने बेलूर मठ में आए हुए कई शिष्यों को गढ़ने के कार्य में स्वयं को झोंक दिया।

चिकित्सकों द्वारा विदेश यात्रा की स्वीकृति मिलते ही स्वामीजी ने तुर्यानंदजी को भी साथ ले जाने का निर्णय लिया। तुर्यानंद श्रेष्ठ ज्ञानी थे। तुर्यावस्था में रहने के कारण स्वामीजी ने संन्यास दीक्षा देते समय उनका नाम तुर्यानंद रखा था। भोगवादी पश्चिमी दुनिया में जाने के लिए वे ना-नुकर करने लगे।

स्वामीजी ने कहा, ''विगत यात्रा में मैं पश्चिम को हिंदुत्व का क्षात्रतेज दिखाकर आया हूँ, अब ब्राह्मतेज दिखाना चाहता हूँ। इसलिए तुम्हें साथ लेकर जा रहा हूँ, नहीं मत कहना।''

भारत में विधवा आश्रम प्रारंभ करने की निवेदिता की योजना पक्की हो गई। इसके लिए इंग्लैंड में धन इकट्ठा करने के लिए वह भी स्वामीजी के साथ निकल पड़ी। २० जून, १८९९ के दिन एस.एस. गोलकुंडा जहाज से उन तीनों ने कलकत्ता से प्रस्थान किया।

□

विदेश यात्रा से पूर्व

''कोयस्कर मानकर, संभव है, मैं शरीर के बंधनों को छिन्न कर सकूँगा, परंतु जब तक दुनिया के प्रत्येक व्यक्ति को उस सर्वोच्च सत्य की उपलब्धि नहीं हो जाती, तब तक मैं मानव जाति के कल्याण के लिए धर्म-प्रचार के कार्य से विमुख नहीं होऊँगा।''

—स्वामी विवेकानंद

''जिस दिन नोरेन को अपने सत्य-स्वरूप का ज्ञान होगा, उसी दिन वह अपने देह के बंधनों को तोड देगा।'' ऐसा श्रीरामकृष्णजी ने अपने शिष्यों से अनेक बार कहा था। अर्थात् माया का मोटा परदा दूर होते ही विवेकानंदजी इहलोक की यात्रा समाप्त करेंगे, यह उनके गुरुबंधुओं को पता था। माया यानी आसक्ति तथा भ्रम!

माया के उस परदे के हटने का प्रारंभ १८९८ के दिसंबर में ही हो गया था। कुमारी हेनरीएट्टामूलर नामक अमेरिकन शिष्या ने अपने गुरु तथा उनके मिशन से संबंध पूरी तरह तोड़ दिए। कुमारी मूलर स्वामीजी की एक निकटतम शिष्या थी। २५ दिसंबर, १८९८ के अंक में 'दि इंडियन सोशल रिफॉर्मर' नामक एक क्रिश्चियन पत्रिका ने बड़े गर्व से छापा, ''हम क्रिश्चियन बंधुओं को क्रिसमस के उपहार के रूप में एक खुश खबरी दे रहे हैं। वह यह है कि कु. मूलर ने विवेकानंदजी के हिंदुत्व-आंदोलन से अपना संबंध समाप्त कर लिया है और वह फिर क्रिश्चियन धर्म में वापस आ गई है।''

कु. मूलर ने ऐसा क्यों किया? कारण बड़ा ही हास्यास्पद था। कारण था, स्वामीजी का बार-बार बीमार होना। उसका कहना था, ''महामानव को हमेशा चुस्त-दुरुस्त रहना चाहिए। स्वामीजी की बीमारियाँ सिद्ध करती हैं कि वे सिद्ध पुरुष नहीं हैं, इसलिए मैं उन्हें छोड़ रही हूँ।''

इस पर स्वामीजी ने इतना ही कहा, ''मैं जैसा हूँ, वैसा हूँ। इसके लिए मैं क्या कर सकता हूँ।''

१८९९ के प्रारंभ में स्वामीजी के सौभाग्य से श्री नाग महाशय उनसे मिलने बेलूर मठ में आए। नाग महाशय श्रीरामकृष्णजी के असीम भक्त और गृहस्थाश्रमी थे। वे पूर्वी बंगाल में रहते थे। स्वामीजी उन्हें गुरुतुल्य मानते थे। ठाकुरजी के एक गृहस्थ शिष्य तथा बंगाल के नाटककार-अभिनेता गिरीशचंद्र घोष ने विवेकानंदजी तथा नाग महाशय की तुलना करते हुए लिखा है, "महामाया को इन दोनों के सामने हाथ टेककर हार माननी पड़ी है। महामाया स्वामीजी को अपने पाश में ज्यों-ज्यों बाँधने जाती है, त्यों-त्यों स्वामीजी बड़े-बड़े होते जाते हैं और उसका पाश अधूरा पड़ता है तथा नाग महाशय इतने छोटे हो जाते हैं कि वे उसके पाश से निकल जाते हैं।"

श्री नाग महाशय ने आते ही स्वामीजी को साष्टांग नमन किया। स्वामीजी शर्म से झुक गए। उन्होंने कहा, "यह क्या कर रहे हैं आप? ठाकुरजी को सबसे अधिक आपने ही पहचाना। हम तो बेकार ही इधर-उधर भटकते रहे हैं।" नाग महाशय ने कहा, "छि: आप यह क्या कह रहे हैं? आप तो ठाकुरजी की छाया हैं। आप दोनों एक ही सिक्के के दो पहलू हैं। जिन्हें आँखे हैं, वही देखें।"

उपनिषद् का अध्ययन कर रहे ब्रह्मचारियों तथा संन्यासियों को बुलाकर स्वामीजी ने कहा, "आज नाग महाशय के आगमन के निमित्त अवकाश रहेगा। इन्हें देखिए। इनकी बातें सुनिए। इनसे आशीर्वाद प्राप्त करिए। मैं दुनिया देख आया हूँ, पर इनके जैसा साधु पुरुष मुझे नहीं दिखाई पड़ा।"

मठ तथा श्रीरामकृष्णजी के बारे में चर्चा होने के बाद स्वामीजी ने कहा, "किसी कार्य को करने के लिए शरीर मजबूत होना चाहिए। देखिए न, स्वदेश आने के बाद से स्वास्थ्य एकदम गिर गया है। विदेश में स्वास्थ्य काफी अच्छा रहता था।"

नाग महाशय ने कहा, "शरीर धारण करने पर व्याधियों का होना स्वाभाविक ही है। ठाकुरजी कहते थे कि शरीर यानी एक घर और घर का टैक्स तो देना ही पड़ता है। रोग तथा शोक यानी टैक्स। आपका शरीर तो मानो मोहरों की तिजोरी है। उसको सँभालकर रखना होगा। जय रामकृष्ण!"

जीवन की संध्या में रुग्ण विवेकानंद बेलूर मठ में आँहें भरते हुए कहते, "मुझे दो हजार युवा कार्यकर्ताओं की जरूरत थी, पर वे नहीं मिले।"

रजोगुण से लबालब विवेकानंद नामक अथक ऊर्जा का स्रोत जब ऐसे विचलित होता है, तो मन खिन्न हो जाता है, क्योंकि आँखों के सामने होता है असीम आत्मविश्वास से भरा हुआ योद्धा विवेकानंद। जब वह 'जॉब सेटिस्फेक्शन' न होने की बात ईमानदारी से स्वीकारता है, तो मन में आता है कि हमने तो कुछ भी नहीं किया और जिंदगी बेकार ही बरबाद कर दी।

२० जून, १८९९ को स्वामीजी विदेश यात्रा के लिए निकले। स्वामीजी तुरियानंद

तथा भगिनी निवेदिता के साथ जहाज पर चढ़ जाते हैं। छह वर्ष पूर्व का शारीरिक जोश न होने पर भी उनमें आत्मिक शक्ति यथावत् है। विदा करने आए लोगों से वे कहते हैं, "जीवन एक संग्राम है। दो वर्षों की शारीरिक यातनाओं ने मेरी बीस वर्ष की आयु घटा दी है, पर आत्मा जस-की-तस है।"

लंदन से इस्तंबूल

पहली विदेश यात्रा की तरह इस यात्रा में भी स्थान-स्थान पर व्याख्यान, प्रश्नोत्तरों का सत्र, वेदांत संस्थाओं की स्थापना, प्रसिद्ध व्यक्तियों से मुलाकातें तथा प्रेक्षणीय स्थानों का अवलोकन—यही स्वामीजी का कार्यक्रम था। इस यात्रा का बहुत विस्तार में वर्णन न कर केवल प्रमुख घटनाओं का ही वर्णन करूँगा।

स्वामीजी को पहला सदमा पहुँचा

४२ दिनों बाद लंदन के टिलबरी बंदरगाह पर जहाज पहुँचा। स्वामीजी के शिष्य तथा चाहनेवाले स्वागत के लिए खड़े थे। उनमें इनके खास शिष्य नहीं थे, यह देख उन्हें आश्चर्य हुआ। जब उन्हें यह मालूम हुआ कि उन्होंने उनसे हमेशा के लिए संबंध समाप्त कर लिए हैं, तो उन्हें बड़ा धक्का लगा। इसी धक्के से उनकी इस बार की पश्चिमी यात्रा प्रारंभ हुई। स्वामीजी पहली बार जब इंग्लैंड गए थे, तब से भारत आने तक के सभी कार्यक्रमों की अगुवाई स्टर्डी साहब ने की थी। वे संस्कृत के जानकार थे। ऐसे अनन्य भक्त द्वारा संबंध तोड़ने की बात सुनकर स्वामीजी घबरा गए। इसके बाद तीन वर्षों तक उन्हें प्रियजनों का विरह तथा मृत्यु के हादसे सहने पड़े।

पहले बेलूर मठ की जगह लेने के लिए आर्थिक सहायता करनेवाली मूलर। अब इंग्लैंड में धर्मप्रचार का सूत्रधार स्टर्डी। मूलर के विमुख होने का कारण था, स्वामीजी का बार-बार बीमार होना, तो स्वामीजी पश्चिमी देशों में तपस्वी जैसा जीवन नहीं बिताते, यह कारण था स्टर्डी की नाराजगी का।

संन्यासी का चोला पहनकर धूम्रपान तथा मांसाहार करनेवाले स्वामीजी तपस्वी नहीं हैं, ऐसा स्टर्डी को लगता था और वे स्वामीजी से दूर हो गए। नुकसान उन्हीं का हुआ। स्वामीजी को भी दुःख हुआ, पर स्वामीजी ने घबराकर अपनी आदतें नहीं छोड़ीं। विवेकानंदजी का निधन हुए आज एक शतक बीत चुका है। इतने समय में तो बड़े-बड़े लोगों को भुला दिया जाता है, पर स्वामीजी को आज भी लोग प्रेरणास्रोत के रूप में मानते हैं तथा उनके बारे में असीम श्रद्धा रखते हैं।

महान् उपकारकर्ता की मृत्यु

सर्वधर्म-सम्मेलन में स्वामीजी व्याख्यान देने के लिए खड़े हुए, उन्होंने सारा जगत् जीत लिया, पर सम्मेलन में प्रतिनिधि के रूप में जाने के उनके सारे द्वार बंद थे। हताश तथा भूखे स्वामीजी मध्याह्न के समय शिकागो के डियरवान एवेन्यू के फुटपाथ पर बैठे थे। वहाँ एक अमेरिकन महिला आई तथा उन्हें एक सम्मानित अतिथि के रूप में अपने घर ले गई। उस परिवार का नाम हेल था। श्रीमान हेल महोदय ने ही स्वामीजी को धर्म परिषद् में प्रवेश दिलवाया था। स्वामीजी हेल परिवार के एक आत्मीय सदस्य बन गए। हेल-दंपती की लड़कियाँ उनकी मानो सगी बहनें ही थीं। विवेकानंदजी ने सैकड़ों पत्र लिखे। उनमें से जिन तीन-चार लोगों को सर्वाधिक पत्र लिखे, उनमें से एक हैं, उनकी बहन मैरी हेल।

दूसरी अमेरिका-यात्रा में शिकागो में हेल परिवार में रुकना स्वामीजी का कर्तव्य था। सभी परिवारवालों ने इकट्ठा होकर पुरानी यादें ताजा कीं। केवल स्वामीजी जानते थे कि उनके ऊपर अनंत उपकार करनेवाले इस परिवार से पुनः भेंट नहीं होगी। मैं बहुत समय तक जिंदा नहीं रहूँगा और यदि जिंदा रहता हूँ तो भी, फिर अमेरिका आना संभव नहीं होगा। उनके घर तथा शिकागो छोड़ने की सुबह उनके कमरे में मैरी हेल आई और आश्चर्यचकित रह गई। उनके बिछौने की चद्दर पर एक भी सिलवट नहीं थी। अर्थात् वे रात भर जागते रहे। रात्रि जागरण के कारण बोझिल आँखों से मैरी की ओर देखकर उन्होंने कहा, "मानवीय संबंधों को तोड़ना कितना कठिन होता है न, मैरी!" मैरी समझ नहीं पा रही थी कि स्वामीजी ऐसा क्यों कह रहे थे। हेल परिवार के बनाए अपनत्व को मुश्किल से हटाकर स्वामीजी ने शिकागो छोड़ा। उनकी मृत्यु नजदीक थी, यह उन्हें मालूम होने पर भी उनके महान् उपकारकर्ता जॉर्ज हेल की मृत्यु होगी, इसकी जरा भी कल्पना उन्हें न थी। कैलिफोर्निया में उन्हें हेल महोदय की मृत्यु का समाचार मिला तो वे बहुत ही व्यथित हुए।

वेदांत सोसाइटी में मतभेद

उसी समय मन को दुःखी करने वाले दो समाचार स्वामीजी को मिले। प्रथम था, गुरुबंधु निरंजनानंद के भयंकर बीमार होने का तथा दूसरा था, न्यूयॉर्क की वेदांत सभा में असंतोष व्याप्त होना। सभा के प्रमुख अभेदानंद तथा स्वामीजी के पुराने शिष्यों के बीच मतभेद पैदा हो गए थे। श्री लेगेट जैसे स्वामीजी के विश्वासपात्र कार्यकर्ता ने संस्था के पद से त्यागपत्र दे दिया था। ऐसे दुःखद समाचारों या घटनाओं से स्वामीजी दुःखी हुए। १८९४ में एक चांडाल-चौकड़ी के विरोध का मुकाबला करते हुए स्वामीजी ने न्यूयॉर्क में 'वेदांत-सोसाइटी' की स्थापना की थी।

स्वामीजी की प्रिय शिष्या कु. मैक्लॉड उर्फ 'जो' ने एक पत्र के द्वारा स्वामीजी से उक्त सोसाइटी में व्याप्त मतभेद दूर करने की प्रार्थना की। उसके उत्तर में स्वामीजी ने १८ अप्रैल, १९०० को कैलीफोर्निया से लिखा—

"प्रिय जो!

श्री लेगेट साहब द्वारा अध्यक्ष पद से त्यागपत्र देने की बात सुनकर दुःख हुआ। इस पर और बवाल न हो, इसलिए मैं चुप हूँ।

मेरी कार्यशैली तेज होती है, यह तो आप जानती ही हैं और यदि मैं क्षुब्ध हुआ तो अभेदानंद को ऐसा सबक सिखाऊँगा कि उनकी शांति भंग हो सकती है।

मैं पैदा हुआ, इसका मुझे आनंद है। मैंने यातनाएँ सहीं, इसके बारे में भी मुझे आनंद है। मैंने बड़ी-बड़ी गलतियाँ कीं, इसका भी मुझे आनंद है और अब चिरशांति के राज्य में प्रवेश करते हुए भी मुझे आनंद है। मैं किसी तरह के बंधन लेकर नहीं जा रहा हूँ। मेरा पुराना व्यक्तित्व हमेशा के लिए समाप्त हो गया। गुरु, नेता और शिक्षक विवेकानंद चला गया। बचा है, तो वह एक बालक, सेवक, शिष्य!

अभेदानंदजी के कामों में मैं दखलंदाजी क्यों नहीं कर रहा हूँ, यह अब आपकी समझ में आ गया होगा। नेता का पद मैंने कब का छोड़ दिया है।

मेरे कार्य के पीछे मेरी महत्त्वाकांक्षा थी। विशिष्ट व्यक्ति के बारे में आसक्ति थी। मेरे नेतृत्व के पीछे सत्ता की तृष्णा थी। यह सब अब अस्तंगत हो रहा है। मैं अब आगे-आगे बहते हुए जा रहा हूँ। माँ, मैं आ रहा हूँ। तुम्हारे उस अशब्द, अस्पर्श, अज्ञात, अद्‌भुत राज्य में मैं आ रहा हूँ, माते! मैं अब एक प्रेक्षक की हैसियत से आ रहा हूँ। मेरी अभिनेता की भूमिका अब समाप्त हो चुकी है।"

कितना अप्रतिम पत्र है यह! ईमानदारी से आत्मविश्लेषण करनेवाले स्वामीजी के सच्चे उद्‌गार! माँ के पास जाने की कितनी जल्दी हुई थी स्वामीजी को। पर माँ उन्हें अभी सवा दो साल अपने आँचल में नहीं लेनेवाली थीं। माता ने अपने इस बालक को अमेरिका से पेरिस में ले जाकर रखा।

स्वामीजी पेरिस में तीन महीने रहे। वहाँ उनकी जिन प्रतिभासंपन्न वैज्ञानिकों तथा कलाकारों से मित्रता हुई, उनका थोड़ा-सा परिचय तथा उन्होंने स्वामीजी के बारे में जो गौरवपूर्ण बातें कहीं, उनका उल्लेख यहाँ करना आवश्यक है। स्वयं स्वामीजी ने ही अपने इन मित्रों के बारे में लिखा है। उन मित्रों ने स्वामीजी के विषय में उनकी मृत्यु के बाद लिखा है। इसमें इस महानायक का विदेशी प्रतिभाशाली लोगों द्वारा किया गया मूल्यांकन ही दिखाई पड़ता है।

उन मित्रों में प्रमुख थे, श्री जुल्स बोआ, विख्यात तोप-निर्माता हिरम् मैक्जिम, यूरोप की सर्वश्रेष्ठ गायिका मैडम काल्वे तथा सुप्रसिद्ध अभिनय-साम्राज्ञी सारा बर्नहार्ड।

२४ अक्तूबर, १९०० को स्वामीजी अपनी शिष्या कु. जो मैक्लॉड तथा मित्र लॉयसन् दंपती, जूल्स बोवा तथा मैडम एम्मा काल्वे के साथ पूर्वी यूरोप की यात्रा के लिए पेरिस से निकले। गायिका एम्मा काल्वे स्वामीजी को अपना अतिथि मानकर यात्रा पर ले जाती थी। सर मैक्जिम ने स्वामीजी को देश-विदेश में सुविधा प्राप्त हो, इसलिए परिचय-पत्र दिए थे। उन दोनों धनपति मित्रों के कारण रोगग्रस्त स्वामीजी को यात्रा में काफी आराम मिला तथा उनका स्वास्थ्य सुधर गया। मैडम काल्वे के बारे में स्वामीजी लिखते हैं—

"इस शीतकाल में मैडम काल्वे के संगीत के कार्यक्रम बंद हैं। वे आराम करनेवाली हैं। इसके लिए वह समशीतोष्ण प्रदेशों, जैसे इजिप्ट आदि स्थानों पर जा रही हैं। मैं उन्हीं का अतिथि बनकर जा रहा हूँ। वैसे इधर प्रसिद्ध गायिकाएँ अनेक हैं, पर काल्वे सबमें श्रेष्ठ मानी जाती हैं। उन्हें अपनी बाल्यावस्था में दरिद्रता तथा दुःख भोगना पड़ा था। उस पर विजय प्राप्त करते-करते उनका स्वभाव बड़ा ही दयालु बन गया, उनमें गंभीरता पैदा हुई। दर्शन तथा साहित्य की उनमें रुचि पैदा हुई।"

अमेरिका में यह गायिका स्वामीजी से मिलीं व उन्हीं के उपदेशों से सुखी हुईं। उनसे दूसरी मुलाकात पेरिस में हुई और उन्होंने अपने खर्चे से स्वामीजी को देश-विदेश की यात्राएँ करवाईं। स्वामीजी की मृत्यु के बाद वे भारत में बेलूर मठ में गईं। इन तीनों बातों की चर्चा उन्होंने १९२२ में प्रकाशित हुए अपने 'माई लाइफ' नामक आत्मचरित्र में की है।

स्वामीजी की मृत्यु के बाद बेलूर मठ में जाने का वर्णन कर उन्होंने अंत में लिखा है कि स्वामीजी ने मुझे प्राणायाम करना सिखाया। उन्होंने कहा कि समस्त विश्व में ओत-प्रोत ईश्वरीय शक्ति का तेज तथा बल प्राप्त करने के लिए प्राणायाम उपयोगी साबित होगा।

राजकीय दृष्टिकोण

इस दूसरी विदेश यात्रा में स्वामीजी को पश्चिम का स्वभाव व उसकी नियति के नजदीक से दर्शन हुए और उनका सारा भ्रम दूर हो गया। पहली यात्रा में उन्हें गोरों की दुनिया में संगठन, समृद्धि, शक्ति, लोकतंत्र तथा न्यायप्रियता दिखाई पड़ी थी तथा वे बड़े ही उत्साहित हुए थे। दूसरी यात्रा में वह उत्साह पूरी तरह समाप्त हो गया। अपने मोहभंग को ईमानदारी से स्वीकार करते हुए वे लिखते हैं—"अमेरिका में विराट् संगठन खड़ा करने तथा उसमें प्रभुत्व प्राप्त करने के लिए भीषण संघर्ष दिखाई पड़ा तथा उस संघर्ष की बागडोर धनशक्ति के हाथों में दिखाई पड़ी। सारे व्यापारिक कार्यकलापों के पीछे लोभ, स्वार्थ, विशेषाधिकार तथा शक्ति की रस्साकशी दिखाई पड़ी। व्यक्तिस्वातंत्र्य

तथा प्रजातंत्र का चेहरा पहने ये पश्चिम के राष्ट्र पृथ्वी पर अपना अधिकार बढ़ाने की होड़ में एक-दूसरे को नेस्तनाबूद करने के लिए पागल हो गए हैं। उनकी सामाजिक समरसता तथा उनका सुसंगठित जीवन शक्ति का उद्‌गम स्थान होने पर भी, उन रक्तपिपापु भेडियों की एकता में सौंदर्य कहाँ?''

एक दिन स्वामीजी ने भगिनी निवेदिता से कहा, ''पश्चिम के लोगों का सामाजिक जीवन ऊपर से मोहक हास्य जैसा मनोहर होने पर भी, अंदर से करुण-क्रंदन से भरा हुआ है। उनके हँसने और मौज-मस्ती के पीछे कितनी उसाँसें तथा दारुण दुःख छिपा हुआ है—यह स्पष्ट दृष्टिगोचर होता है।''

अमेरिका के बारे में उन्होंने कु. मैक्लॉड से कहा, ''प्राच्य तथा पाश्चात्य देशों के बीच समन्वय तथा सामंजस्य स्थापित करने में यह देश जरा भी सहायक सिद्ध नहीं होगा। इस्तंबूल तक की यात्रा करने के बाद स्वामीजी को यूरोप के सारे सामाजिक दोष स्पष्ट दिखाई पड़ने लगे। जाति, धर्म तथा वर्णभेद के बारे में एक मिथ्याभिमान दिखाई पड़ा।'' सर्वत्र अशांति तथा अस्थिरता देख उन्होंने कहा, ''पूरा यूरोप एक विशाल सैनिक छावनी बन गया है।''

प्रथम महायुद्ध की संभावना के बारे में उन्होंने १८९५ में ही भगिनी क्रिस्टीन से कहा था, ''यूरोप एक ज्वालामुखी के मुहाने पर खड़ा है। आध्यात्मिकता की बाढ़ से ही वह ठंडा हो सकता है, अन्यथा विस्फोट टालना संभव नहीं होगा।''

इसके साल भर बाद ही १८९६ में भगिनी क्रिस्टीन को ही उन्होंने जो कहा, उसे पढ़कर विवेकानंद कितने भविष्यद्रष्टा थे—यह स्पष्ट होता है। दुनिया का नेतृत्व कौन करेगा, इसका अंदाज लगाते हुए उन्होंने कहा था, ''आगामी जनांदोलन रूस या चीन से ही प्रारंभ होगा। इनमें से किस देश से होगा, यह मैं बता नहीं सकता, पर इन दोनों में से किसी एक देश से ही होगा, इतना मैं बता सकता हूँ।''

संपूर्ण दुनिया के भविष्य के बारे में इतना सटीक अनुमान करनेवाले विवेकानंदजी यदि अपने सुहृदों पर आनेवाले संकटों के बारे में पूर्वानुमान न करते तो ही आश्चर्य होता। पूर्वी यूरोप के दौरे पर अक्तूबर के अंत में एक दिन स्वामीजी को एकाएक अनुभूति हुई कि उनका एक विश्वासपात्र शिष्य गुडविन मृत्युशैया पर पड़ा है, फिर उनका मन वहाँ नहीं लगा। एम्मा काल्वे से, जिनके वे अतिथि थे, उन्होंने भारत वापस जाने की इच्छा प्रकट की। मैडम को बहुत दुःख हुआ। वह स्वामीजी को MON PERE (मेरे पिताजी) कहकर संबोधित करती थी। स्वामीजी को फ्रेंच भाषा का ज्ञान होने के कारण पिता-पुत्री के बीच अच्छा संवाद स्थापित हुआ था। इसीलिए उस गायिका पुत्री ने अपने स्नेहिल पिता के लिए जहाज का टिकट मँगवा दिया।

इटालियन जहाज 'एस.एस. रूब्बाटिनो' से २६ नवंबर, १९०० को स्वामीजी की

यात्रा प्रारंभ हुई। किनारा दूर होने लगा। विश्वास हुआ कि अब कभी विदेश यात्रा होनेवाली नहीं थी, न गोरे शिष्य-भक्तों के चेहरे दिखाई पड़ने वाले थे।

मायावती

बगीचे के माली ने दौड़कर सूचना दी कि बाहर कोई साहब आया है। फाटक में लगा ताला खोलने के लिए चाभी चाहिए। फाटक खुल गया, पर बाहर खाली गाड़ी खड़ी थी। साहब कहाँ गया? इधर साहब सिर पर लगी टोपी को थोड़ा आगे खींचकर भोजन-गृह के सामने खड़ा हो गया। स्वामी प्रेमानंद दीपक लाकर देखते हैं तो साहब, यानी वह उनका प्रिय नरेंद्रनाथ था। विवेकानंद ने खिलखिलाकर हँसते हुए कहा, "बाहर ही भोजन की घंटी सुनाई पड़ी। जोर की भूख लगी थी, इसलिए दीवार से छलाँग लगाकर आ गया।"

बिना पूर्व सूचना के एकाएक आए हुए अपने नायक को देख गुरुबंधु तथा शिष्यों को बड़ा आनंद हुआ। खिचड़ी खाते हुए जोरों से गप्पबाजी हो रही थी, पर दुःखद समाचार तो देना ही था। भोजन के बाद वह समाचार दिया गया।

कैप्टन सेवियर की असामयिक मृत्यु। कैप्टन-दंपती बहुत सालों तक कोई भी धर्म नहीं मानते थे। लंदन में १८९६ में उन्होंने स्वामीजी का पहला भाषण सुना तथा वे दोनों उनके परम भक्त हो गए। स्वामीजी ने पहली ही मुलाकात में श्रीमती रॉलट सेवियर को 'माताजी' कहकर संबोधित करते हुए कहा था, "आप दोनों मेरे साथ भारत आएँगे? मैं आप लोगों को अपने सर्वोत्तम अनुभव बताऊँगा।"

उन दोनों ने तुरंत सहमति व्यक्त की। ४९ वर्षीय हैरी सेवियर ने अपनी सारी संपत्ति बेचकर वह धनराशि स्वामीजी को उनके कार्य के लिए प्रदान करने की इच्छा व्यक्त की। स्वामीजी ने स्पष्ट 'नहीं' कह दिया। वे दोनों स्वामीजी को पुत्रवत् मानकर अपनी जन्मभूमि छोड़कर उनके साथ भारत आने के लिए निकल पड़े।

इससे पहले स्वामीजी को आराम मिले, इसलिए अपने खर्चे से स्वामीजी को स्विट्जरलैंड ले गए थे। वहाँ आल्प्स पर्वत की तलहटी में बसे हुए एक छोटे से गाँव में एक दिन स्वामीजी ने अपना सपना बुना, "आहा हा! हिमालय में एक मठ स्थापित करने की मेरी इच्छा है। जीवन की दौड़-भाग से निवृत्त होकर मैं वहाँ ध्यान तथा तपाचरण कर सकूँगा। वह मठ सारे धर्मों के कर्मकांडों से मुक्त रहेगा। वहाँ सभी धर्म-संप्रदायों का मौलिक अध्ययन किया जाएगा। वहाँ मेरे पूर्वी तथा पश्चिमी सभी शिष्य इकट्ठा रहेंगे। भारतीय शिष्य वेदांत के प्रचारक बनकर विदेशों में प्रचार के लिए जाएँगे तथा पश्चिमी शिष्य अपना जीवन भारत की सेवार्थ समर्पित करेंगे।"

कैप्टन सेवियर ने तुरंत कहा, "ऐसे मठ का निर्माण अच्छा रहेगा। आपके कार्य

के लिए ऐसे आश्रम की नितांत आवश्यकता है।''

कैप्टन साहब की स्वामीजी से यद्यपि अनौपचारिक बात हुई थी, पर उन्होंने तथा उनकी पत्नी ने उसी समय ऐसा मठ तैयार करने की मन-ही-मन प्रतिज्ञा की थी। भारत में आने के बाद उन्होंने वह प्रतिज्ञा पूरी की। अल्मोड़ा से ८० कि.मी. दूर आज भी मायावती में स्थित 'अद्वैत आश्रम' उन्हीं के तन-मन-धन का जीता-जागता साक्षी है।

१८९८ की वसंत ऋतु में भगिनी निवेदिता का स्वामीजी को लिखा एक पत्र उपलब्ध है। सेवियर दंपती के बारे में भगिनी लिखती हैं, ''आप मायावती जाकर उन्हें दीक्षा तथा मंत्र दें—ऐसी उन दोनों की इच्छा है।'' उस समय स्वामीजी न्यूराल्जिया (चेहरा तथा मस्तक की स्नायु संबंधी बीमारी) से भयंकर ग्रस्त थे। कलकत्ता छोड़कर वे कहीं भी नहीं जा सकते थे। मायावती की यात्रा बहुत ही कठिन होने के कारण वहाँ जाना संभव नहीं था। स्वामीजी ने पत्र द्वारा वहाँ जाने में असमर्थता व्यक्त की।

अगले वर्ष वे विदेश निकल गए। इधर कैप्टन साहब की मृत्यु हो गई। कैप्टन साहब कठोर तपाचरण करते थे। कड़ाके की ठंड में भी वे साधारण कपड़े पहनते, भिक्षावृत्ति से जीते हुए वे थोड़ा अन्न ग्रहण करते, आश्रम के निर्माणकार्य तथा व्यवस्था में निरंतर लगे रहते। उन्हें मूत्रपिंड में विकार हुआ था। अत: सब लोग अल्मोड़ा जाकर इलाज कराने के लिए कह रहे थे, पर कैप्टन साहब कहते, ''मैंने जीवन में कहीं भी छह महीने से अधिक समय नहीं गुजारा है। मैं अब मायावती नहीं छोड़ूँगा, ऐसा मैंने व्रत लिया है।'' दिन-प्रतिदिन उनकी बीमारी बढ़ रही थी, पर कैप्टन साहब इलाज के लिए मायावती छोड़ने को तैयार नहीं हुए। २८ अक्तूबर, १९०० को मौत ने उन्हें अपने आगोश में ले लिया।

एक अंग्रेज फौजी अफसर की कैसी अतुलनीय गुरुभक्ति! आल्प्स पर्वत के एक स्थान पर गुरु द्वारा व्यक्त किए गए स्वप्न को साकार करने की जिद पकड़ने वाला ऐसा साहब-शिष्य आज के युग में किसी को भी प्राप्त नहीं हुआ है।

श्रीमती सेवियर माताजी से मिलने के लिए २७ अक्तूबर को स्वामीजी ने कलकत्ता से प्रस्थान किया। स्वास्थ्य ठीक नहीं था। स्वामी शिवानंद तथा शारदानंद उनके साथ थे। २९ अक्तूबर की सुबह वे काठगोदाम स्टेशन पर पहुँचे। वहाँ से मायावती १०४ किलोमीटर दूर थी। मौसम बहुत ही खराब था। जनवरी, १९०१ को ये लोग किसी तरह मायावती पहुँचे। ऊँचाई पर बसी हुई तथा स्वामीजी के आने के कारण सजाई गई वास्तु देखकर स्वामीजी इतने प्रसन्न हुए कि घोड़े पर सवार होकर जल्दी ही वे आश्रम के पास आ पहुँचे। कैप्टन साहब ने स्वासीजी के स्वप्न को पूरी तरह साकार किया था। श्रीमती सेवियर ने पति की मृत्यु को सच्चे अद्वैत साधक की तरह शांत तथा अलिप्त भाव से सहन किया। लंदन की संपत्ति बेचकर वे शेष जीवन मायावती में व्यतीत करनेवाली थीं।

उन्होंने वैसा किया भी। स्वामीजी की मृत्यु के बाद पंद्रह सालों तक वे जिंदा रहीं। जब कोई पूछता कि कैसा लग रहा है? तो उनका उत्तर होता, ''बहुत अच्छा! स्वामीजी की मूर्ति जब हमेशा आँखों के सामने होती हो तो फिर समय न व्यतीत होने का सवाल ही कहाँ आता है।''

१५ दिन मायावती में रहने के बाद स्वामीजी प्रसन्न मन से कलकत्ता के लिए निकल पड़े। कैप्टन साहब द्वारा खड़ी की हुई वास्तु तथा श्रीमती सेवियर की निष्ठा देखकर शिष्य की मृत्यु के कारण दुःखी हुआ उनका मन हलका हो गया।

पर यह सब काठगोदाम में ट्रेन में बैठने तक ही। उन्हें स्टेशन पर प्राप्त हुए एक समाचार-पत्र में उनके एक अत्यधिक प्रिय मित्र की मृत्यु का समाचार मिला। वे थे, खेतड़ी के राजा अजित सिंह। परिव्राजक जीवन का पहला मित्र। एक पट्टशिष्य। 'विवेकानंद' जैसा सार्थक नामकरण करने वाला भक्त अजित सिंह। वह आगरा शहर के पास सम्राट् अकबर के मकबरे की एक मीनार की मरम्मत करवा रहे थे। एकाएक पैर फिसलकर वे ८६ फुट नीचे गिरे और तत्काल मृत्यु को प्राप्त हो गए। तारीख थी १८ जनवरी, १९०१।

ट्रस्ट की स्थापना

स्वयं को कार्य की जिम्मेदारी से मुक्त करना स्वामीजी ने अपना प्रथम कर्तव्य माना। मठ की जमीन तथा इमारत अचल संपत्ति थी। सरकारी कागजात में वह विवेकानंदजी के स्वयं के नाम पर थी। उसे बदलना जरूरी था। इसलिए स्वामीजी ने एक ट्रस्ट बनाने का निर्णय किया। २४ जनवरी, १९०१ को वे मायावती से बेलूर मठ पहुँचे और ट्रस्ट के काम के लिए ऐसे जुटे कि ३० जनवरी को ट्रस्ट डील हुई तथा ६ फरवरी को उसका रजिस्ट्रेशन भी हुआ। प्रजातांत्रिक पद्धति से गुरुबंधुओं को मताधिकार भी दिया गया। अध्यक्ष पद के लिए तीन उम्मीदवार खड़े हुए। उनमें से स्वामी प्रेमानंद निर्वाचित हुए। इस तरह काम पूरा हुआ।

बेलूर मठ कलकत्ते के बाली नामक उपनगर में था। वहाँ की नगरपालिका ने बेलूर मठ को धार्मिक स्थान नहीं माना था। यह स्थान धार्मिक मठ न होकर विवेकानंदजी का स्वयं का उद्यान-भवन है, यह बताते हुए नगरपालिका ने जिला अदालत में अपील की थी। स्वामीजी इस प्रकरण को कलकत्ता उच्च न्यायालय में ले गए तथा जीत गए। भिक्षावृत्ति से रहनेवाले विवेकानंद संपत्ति के मालिक हो ही नहीं सकते, यह बात शायद न्यायमूर्ति महोदय की समझ में आ गई। इस प्रकार बेलूर मठ को सरकारी लालफीताशाही से बचा लिया गया।

पूर्वी बंगाल की यात्रा

इस यात्रा के बारे में स्वामीजी ने श्रीमती ओली बुल को लिखा था, ''माँजी को तीर्थयात्रा कराने के उद्‌देश्य से मैं उन्हें स्वयं ले जा रहा हूँ। हिंदू विधवाओं की तीर्थाटन करने की तीव्र इच्छा होती है। मैंने जीवन भर स्वजनों को कष्ट ही दिए हैं। अब उनकी आकांक्षाओं की पूर्ति करने की इच्छा हो रही है।''

इस यात्रा का एक कारण था, मातृभक्ति और दूसरा था नाग महाशय को उनके घर आने का दिया हुआ वचन। नाग महाशय विवेकानंदजी के समतुल्य ही परमहंसजी के गृहस्थ भक्त थे। स्वामीजी के विदेश में रहते दिसंबर, १८९९ में उनकी मृत्यु हो गई थी, पर उनकी धर्मपत्नी जीवित थीं।

बहुत से लोगों के साथ स्वामीजी १८ मार्च, १९०१ को पूर्वी बंगाल की ओर निकल पड़े। उनके साथ तीन विचारधाराओं के लोग थे। परंपरागत हिंदू धर्म माननेवाली उनकी माताजी भुवनेश्वरी देवी एवं उनकी वृद्ध सहेलियाँ, धर्म तथा विज्ञान का समन्वय स्थापित करने की दिशा में प्रयत्नशील लोग तथा सारी अवैज्ञानिक रूढ़ियों के विरुद्ध विद्रोह करनेवाले क्रांतिकारी विवेकानंदजी।

कुछ भाषण देकर तीर्थस्थलों को देखकर तथा असम के गुवाहाटी तथा शिलांग में रुककर १२ मई को स्वामीजी बेलूर मठ वापस आ गए। इस यात्रा में जो हुआ, वह शरदचंद्र चक्रवर्तीजी की पुस्तक से ज्ञात होता है। स्वामीजी के गृहस्थ शिष्य संस्कृत के विद्वान् थे। स्वयं पूर्वी बंगाल के होने के कारण उन्होंने उनकी मातृभूमि के बारे में बहुत से प्रश्न स्वामीजी से पूछे। निम्नलिखित दो प्रश्नों के उत्तरों से समझ में आता है कि ९ दशक पहले पूर्वी बंगाल में अवतारों की जो एक बाढ़ सी आई थी, वह अब पूरे भारतवर्ष में फैल गई है।

प्रश्न : उधर के हम लोगों में धार्मिक भावना कैसी लगी?

उत्तर : धार्मिक भावनाओं के बारे में वे लोग काफी सनातनी तथा रूढ़िप्रिय हैं।

प्रश्न : हमारे पूर्वी बंगाल में आजकल अवतारों की एक बाढ़-सी आई है न?

उत्तर : गुरु को लोग अवतार मान सकते हैं, उनके बारे में वे कुछ भी सोच सकते हैं, पर ईश्वर का अवतार आए दिन कहीं भी नहीं हो सकता। मैंने सुना है कि ढाका में ही तीन-चार अवतार उठ खड़े हुए हैं।

हाथी चले बाजार

विवेकानंदजी द्वारा हिंदू धर्म के बेबुनियाद कर्मकांड के विरुद्ध की गई बगावत रूढ़िवादी हिंदुओं को जरा भी अच्छी नहीं लगी। बेलूर मठ के उदारमतवादी संन्यासी चातुर्वर्ण्य-व्यवस्था नहीं मानते, अस्पृश्यों से नजदीकी बढ़ाते हैं, खान-पान का कोई

विधि-निषेध नहीं है, स्वयं समुद्र-पर्यटन का पाप तो करते ही हैं, फिरंगी पापियों को भी मठ में लाते हैं। यह देख आस-पास की बस्ती के लोग नाक-भौं सिकोड़ने लगे। अफवाहों का बाजार गरम हो गया तथा वह कलकत्ता तक पहुँचा। नाव में बैठे यात्री बेलूर मठ को देखते ही खिल्ली उड़ाते। कभी-कभी तो वे स्वामीजी के बारे में भी अश्लील बातें कर उनके निष्कलंक चरित्र पर छींटाकशी करते सुनाई पड़ते। मठ में आनेवाले भक्तों के कानों तक ये बातें आतीं। उनमें से कुछ लोग स्वामीजी को भी इनके बारे में बताते। स्वामीजी हँसकर कहते, ''किसी नूतन आदर्श के प्रचार के समय पोंगापंथियों का उसके विरुद्ध खड़ा होना प्रकृति का नियम है। दुनिया के हर धर्मसंस्थापक को इससे गुजरना पड़ा है। बिना तकलीफ (परसिक्यूशन) हुए दुनिया के लिए हितकर विचार समाज के अंत:स्थल में प्रवेश नहीं कर सकते। मैं आप लोगों को सावधान कर रहा हूँ कि अफवाह फैलानेवालों से कोई विवाद मत करिए। उन्हें रोकना, उनसे प्रतिवाद करना हम लोगों का काम नहीं हैं। यह कहावत याद रखिए—

''हाथी चले बाजार में कुत्ते भौंके हजार।
साधुन को दुर्भाव नहीं जन निंदे संसार॥''

सौभाग्य से स्वामीजी के देहावसान से पहले ही कुत्तों का भौंकना बंद हो गया। बेलूर मठ के बारे में पुरातनपंथियों का मत बदल गया।

कांग्रेस अधिवेशन

१९०१ की शरद ऋतु में स्वामीजी ने मठ में दुर्गापूजा, कालीपूजा तथा लक्ष्मीपूजा का आयोजन बड़े जोर-शोर से किया। श्री शारदामाताजी की अनुमति प्राप्त कर तथा उन्हें मठ में निमंत्रित कर शुद्ध शास्त्रोक्त पद्धति से ये पूजाएँ संपन्न हुईं। स्वामीजी साकार मूर्ति के उपासक नहीं हैं—ऐसा भ्रम कुछ लोगों को था। काली माँ को अपना सर्वस्व माननेवाले परमहंसजी का पट्टशिष्य सगुणोपासना का विरोधी कैसे हो सकता है, यह बात उनके समझ में न आने का कारण था, स्वामीजी का आक्रामक योद्धा होना। वे पुराणों से पैदा हुए मनगढ़ंत रीति-रिवाजों पर कड़ा प्रहार करते थे। अद्वैतवाद का भी वे जोरों से समर्थन करते थे। इसीलिए वे मूर्तिपूजा के विरोधी हैं, ऐसा भ्रम फैला था। उस समय लगभग सभी हिंदू मूर्तिपूजक थे। उन तक इस गलतफहमी का जाना स्वामीजी के चरित्र तथा कार्य के लिए हानिकारक था। स्वामीजी ने मठ में विधि-विधान के साथ तीनों पूजाएँ कर सारे भ्रम समाप्त कर दिए। उनकी मृत्यु जैसे-जैसे निकट आ रही थी, स्वामीजी अपने सद्‌गुरु के मिशन का यथार्थ स्वरूप लोगों के सामने ला रहे थे।

मृत्यु सचमुच कुछ ही महीनों की दूरी पर थी। १२ दिसंबर, १९०१ को स्वामीजी

ने क्रिस्टीना ग्रीनस्टाइडल को लिखे पत्र से उनके रोगों में नई-नई समस्याएँ पैदा होना स्पष्ट होता है। उन्होंने लिखा कि डॉक्टरों का कहना है कि यदि वे तीन महीने तक पूर्ण विश्राम करेंगे, तो एकदम ठीक हो जाएँगे।

पूरी तरह से स्वस्थ होना विवेकानंदजी की नियति में नहीं था। २३ दिसंबर को कलकत्ते में भारतीय राष्ट्रीय कांग्रेस का अधिवेशन प्रारंभ होनेवाला था। अधिवेशन के बहाने स्वामीजी का दर्शन प्राप्त करने के लिए दूर-दूर से लोगों के आने का ताँता लगा था। एक कांग्रेसी प्रतिनिधि ने बड़ा ही मजेदार लेख लिखकर रखा है—

"स्वामी विवेकानंदजी की मृत्यु से कुछ समय पहले जाड़े में राष्ट्रीय कांग्रेस का वार्षिक अधिवेशन कलकत्ते में हो रहा था। सदस्य, सुधारवादी, प्राध्यापक तथा समाज के विभिन्न स्तर के विशिष्ट लोग देश के विभिन्न भागों से यहाँ आए थे। प्रात:काल का सत्र समाप्त होते ही दोपहर में ये सारे लोग स्वामीजी का दर्शन प्राप्त करने बेलूर मठ जाते थे। स्वामीजी सामाजिक, राजनीतिक, धार्मिक आदि विषयों पर चर्चा कर उन्हें अपने विचारों से अवगत कराते। सच तो यह है कि बेलूर मठ की ये बैठकें कलकत्ते के कांग्रेस अधिवेशन की बैठकों की अपेक्षा कई गुना अधिक विचारोत्तेजक तथा उपकारक हुआ करती थीं। ऐसी ही एक बैठक में स्वामीजी ने कलकत्ते में एक वैदिक महाविद्यालय प्रारंभ करने की सूचना दी। सारे प्रतिनिधियों ने एक स्वर से स्वामीजी की योजना को सफल बनाने की बात कही, पर स्वामीजी की अकाल मृत्यु के कारण वह योजना खटाई में पड़ गई।"

स्वामीजी जीवन के अंतिम दिन तक जनमानस में वैदिक ज्ञान पहुँचाने के लिए प्रयत्नशील थे। वेद-पाठशाला प्रारंभ करने के लिए धन की आवश्यकता थी। इसके लिए उन्होंने त्रिगुणातीतजी से 'उद्‍बोधन' के लिए लिया गया प्रेस बेचने को कहा। उसे बेचकर कुछ धन इकट्‍ठा हुआ। मृत्यु के ४-५ घंटे पहले स्वामीजी गुरुबंधुओं को वेद-विद्या का महत्त्व बता रहे थे। इससे क्या लाभ होगा? प्रेमानंदजी के इस प्रश्न के उत्तर में स्वामीजी ने कहा था, "वेदाध्ययन से मन का अंधविश्वास समाप्त होगा।"

कांग्रेस के सभी नेता स्वामीजी से मिलने आते थे। लोकमान्य तिलकजी से उनकी रोज मुलाकात होती थी। दक्षिण अफ्रीका से आए गांधीजी से उनकी मुलाकात नहीं हो पाई। गांधीजी ने लिखकर रखा है, "ब्राह्म समाज को खूब नजदीक से देखा। संतोष नहीं हुआ। स्वामी विवेकानंदजी से मिलने की बहुत इच्छा हुई, रिपन कॉलेज से बेलूर मठ पैदल गया। मठ की वास्तुकला देख मन प्रसन्न हुआ। मालूम हुआ कि स्वामीजी ने कलकत्ते के निवासस्थान में बिस्तर पकड़ लिया है। मुलाकात नहीं हुई, इसलिए मैं निराश हो गया।"

केष्टो के बहाने

प्रतिवर्ष दिसंबर में मठ की साफ-सफाई के काम के लिए संथाली आदिवासियों को लगाया जाता था। १९०१ में पहली बार स्वामीजी दिसंबर के महीने में मठ में आए। वे उन आदिवासी श्रमिकों से बातें करते। उनमें से एक वृद्ध का नाम था केष्टो यानी कृष्ण। वह बड़ा मजाकिया तथा बातूनी था। स्वामीजी से वही खूब बातें करता था, पर बीच में ही कहता, "स्वामीबाबा, तुम हमारे काम के समय यहाँ मत आया करो। तुम्हारे साथ गप्पें मारने से हमारा काम बंद हो जाता है, फिर वे बूढ़े बाबा (अद्वैतानंद) आकर हम लोगों को फटकार लगाते हैं।"

एक दिन स्वामीजी ने सभी संथालियों को भोजन का निमंत्रण दिया, तभी केष्टो ने कहा, "आपका छुआ हुआ नमक खाने से शादीशुदा लोगों की जात खराब हो जाती है, ऐसी हमारी जातवालों की समझ है। रहने दो भैया अपना भोजन!"

"नमक खाने की जरूरत ही क्या है? नमक के बिना ही दाल-सब्जी बनाता हूँ। आप लोग अलग से नमक ले लीजिए।"

स्वामीजी के ऐसा कहने पर केष्टो तैयार हो गया। संथालों की पाँत खाने के लिए बैठी। पूड़ी, सब्जी, मिठाई तथा दही परोसने के लिए स्वयं स्वामीजी थे। केष्टो ने कहा, "अरे स्वामीबाबा, तुम्हें ये चीजें कहाँ मिलीं रे? हम लोगों ने ऐसा खाना तो कभी नहीं खाया।"

स्वामीजी ने कहा, "आप लोग तो साक्षात् नारायण हैं। आज तो मेरा नारायण को भोग लगाना हुआ।"

भोजन समाप्त हुआ। केष्टो के बहाने स्वामीजी ने अपने शिष्यों को उस दिन जो कहा, उससे स्वामीजी का सच्चा स्वरूप दिखाई पड़ता है। स्वामीजी का वह नाट्यपूर्ण कथन, जिस प्रकार वेदनापूर्ण उपदेश है, उसी प्रकार एक जोरदार तमाचा भी है। केवल उनके शिष्यों के लिए ही नहीं, अपितु आज के और भविष्य के सभी सुशिक्षित भारतीय युवाओं के लिए विवेकानंदजी द्वारा उपहारस्वरूप दिए गए अग्निमंत्र हैं।

"बेचारे कितने सरल स्वभाव के हैं ये संथाल। ऐसा निष्कपट, सहज प्रेम इन अल्पज्ञ आदिवासियों के बीच में ही दिखाई पड़ता है। इनका थोड़ा सा भी कष्ट दूर कर सकेंगे? अन्यथा भगवे वस्त्र पहनकर क्या पाया? परहित के लिए सर्वस्व के समर्पण का नाम ही 'सच्चा संन्यास' है। इन्हें कभी भी अच्छी चीजें प्राप्त करने का अवसर नहीं मिला। कभी-कभी तो ऐसा लगता है, मठ-वठ सारा बेच दिया जाए और उससे प्राप्त धन को बाँट दिया जाए इन गरीबों में। देश के लोगों को दो समय खाने को नहीं मिलता, यह देख कभी-कभी लगता है कि छोड़ दिया जाए यह शंख बजाना तथा घंटा हिलाना। छोड़ दिया जाए, यह सीखना-सिखाना तथा स्वयं की मुक्ति के लिए छटपटाना। चलिए, हम सब मिलकर गाँव-शहर घूम-घूमकर अपने शील तथा साधना के बल पर अमीर

लोगों को अपने विचार बताएँ तथा उनसे जो पैसा मिलेगा, उससे दरिद्रनारायण की सेवा करते हुए अपना शेष जीवन बिताएँ।

"अरे रे, देश के गरीब, दु:खी लोगों का कोई भी हिमायती नहीं है। उनके बारे में सोचने के लिए कोई खाली नहीं है। जो देश की रीढ़ हैं, जिनकी मेहनत से अन्न पैदा होता है, जिन सफाई कर्मियों द्वारा एक दिन काम बंद कर देने पर सारे शहर में हाहाकार मच जाता है, उनके सुख-दु:ख में अपनेपन से उनको सांत्वना देनेवाला, उनका रखवाला भारत भर में कोई नहीं है रे! देखिए न, हिंदुओं की सहानुभूति न मिलने के कारण मद्रास प्रांत में निचली जाति के लोग क्रिश्चियन बन रहे हैं। यह मत समझिए कि वे केवल पेट के कारण ऐसा कर रहे हैं। सच तो यह है कि उन्हें हम लोगों से सहानुभूति भी नहीं मिलती। हम लोग दिन-रात उठते-बैठते उन्हें दूर करते रहते हैं—'छूना मत, छूना मत'। अरे भाइयो! यह देश का कौन सा दया धर्म है। केवल 'छुओ मत' वालों का बोलबाला है। ऐसी रूढ़ि को मारो लात, मारो झाड़ू। श्रीरामकृष्णजी को ऐसी छुआछूत बिलकुल मंजूर नहीं थी। मुझे दिव्य दृष्टि से दिख रहा है—उनमें और मुझमें एक ही ब्रह्म तथा एक ही शक्ति विद्यमान है। केवल विकास का अंतर है। सभी अंगों में रक्त-संचार हुए बिना कोई भी देश तरक्की करता हुआ दिखाई नहीं पड़ा। एक भी अंग के कमजोर रहते अन्य अंगों के सबल होने पर भी उस शरीर से कोई भी बड़ा काम कदापि नहीं हो सकता, यह पक्का समझ लीजिए।"

मेरा सबको राम-राम

वर्ष १९०२ प्रारंभ हुआ। विवेकानंदजी का जीवन अब केवल १८५ दिन के लिए शेष था। शरीर त्यागने का दिन ४ जुलाई, यह उन्होंने पहले से ही निश्चित कर रखा था, ऐसा आगे के प्रसंगों से स्पष्ट होता है। स्वामीजी ने अपने जीवन में कोई विशेष योजना नहीं बनाई थी, क्योंकि सद्गुरु द्वारा सौंपा गया काली का काम उन्होंने पूरा किया था। उन्होंने दुनिया भर में रामकृष्णजी का संदेश फैलाया था। मानवता के एक नए संदेश का सूत्रपात किया था। उसके लिए उन्होंने बेलूर में एक केंद्रीय कार्यालय बनाया था।

अज्ञान के अंधकार में डूबे मानव-मंदिर को प्रकाशित करने के लिए उन्होंने अपने परिश्रम से संन्यासियों की एक फौज खड़ी की थी, जो आज सौ गुनी बढ़कर काम पर लगी है और सबसे बड़ा आश्चर्य है कि दुनिया के विभिन्न धर्मों के लोगों को विवेकानंद कब और कैसी प्रेरणा देंगे, यह कहा नहीं जा सकता। 'विवेकानंद' से प्रभावित कार्यमग्न अनगिनत लोग पैदा हुए, अभी हैं और आगे भी होते रहेंगे। विद्वानों से लेकर सामान्य जनों तक तथा अंधश्रद्ध आस्तिकों से लेकर कट्टर नास्तिकों तक, सभी का प्रेरणास्रोत बने विवेकानंदजी की टक्कर का कोई महामना इस युग में पैदा नहीं हुआ।

जनवरी-फरवरी-मार्च

जापान से स्वामीजी को ओकाकुराजी ने गत वर्ष यात्राव्यय भेजा था, पर स्वास्थ्य ठीक न होने के कारण नहीं जा सके थे। स्वामीजी की शिष्या जोसेफाइन मैक्लॉडन ने स्वामीजी की जापानयात्रा की व्यवस्था की थी। १९०२ में ओकाकुरा जापान में धर्मसभा आयोजित करनेवाले थे। उसका निमंत्रण स्वामीजी को देने वे स्वयं भारत आए थे। ओकाकुरा काकुजो जापान के पुराने मंदिरों को यथावत् बनाकर रखनेवाली समिति के प्रमुख तथा 'टोकियो स्कूल ऑफ आर्ट' के संस्थापक सदस्य थे। उनके साथ बौद्ध भिक्षु होरी भी आए थे। पच्चीस वर्ष के होरी ब्रह्मचारी थे। और स्वामीजी, जिसे 'महिला मिशनरी' कहते, वह कुमारी मैक्लॉउड भी साथ में थीं।

६ जनवरी को ये लोग बेलूर मठ पहुँचे। पहली मुलाकात में ही ओकाकुरा तथा स्वामीजी की सगे भाइयों जैसी दोस्ती हुई। उन्होंने स्वामीजी से बुद्धगया आने की विनती की। स्वामीजी ने तुरंत स्वीकृति दी। स्वास्थ्य ठीक नहीं था, पर वाराणसी जाना उन्होंने पहले ही तय कर लिया था। स्वामीजी ने ओकाकुरा से कहा, "तथागत ने जहाँ निर्वाणपद प्राप्त किया, वहाँ आपके साथ जाना मुझे अच्छा लगेगा। वहाँ से वाराणसी की यात्रा करेंगे, जहाँ गौतम बुद्ध ने पहला उपदेश दिया।"

२७ जनवरी, १९०२ को स्वामीजी, उनके शिष्य तथा जापानी मेहमान कलकत्ता से चले। भगिनी निवेदिता लिखती हैं, "सच तो यह है कि स्वामीजी ने एकदम खटिया पकड़ ली थी, फिर भी वे यात्रा पर निकले; पहले बुद्धगया, फिर वाराणसी। गया के मुख्य बुद्ध-महंत तथा काशी के विद्वान् ब्राह्मणों ने उन्हें साष्टांग नमस्कार कर उनका स्वागत किया। रूढ़िवादी हिंदू समाज द्वारा स्वामीजी के प्रति प्रकट किए गए विश्वास तथा आदर से स्वामीजी आश्चर्यचकित हो गए। स्वामीजी के तीर्थाटन का अंत बुद्धगया की यात्रा से होना, यह भी उनके परिव्राजक जीवन का एकदम सही समापन था।"

स्वामीजी ने पहली तीर्थयात्रा भी बुद्धगया में ही की थी। ३ फरवरी, १९०२ को वाराणसी से स्वामीजी ने अपने शिष्य स्वरूपानंद को बौद्ध धर्म के बारे में एक लंबा पत्र लिखा। भारतीय ऐतिहासिक और पुरातात्त्विक दृष्टिकोण से बुद्ध धर्म का क्या स्थान है, वह पत्र इस विषय पर है। पत्र के अंत में वे लिखते हैं, "मेरे मन में बौद्ध-हिंदू धर्म के संबंध के बारे में क्रांतिकारक विचार पैदा हुए हैं। उन्हें शब्दबद्ध करने के लिए मेरे पास समय नहीं है। मृत्यु मुझे इशारा कर रही है, पर मैं उन मुद्दों को तो लिखूँगा ही, फिर आप लोग उस पर काम करते रहिए।"

वाराणसी से मठ तथा भगिनी निवेदिता को लिखे पत्र में स्वामीजी ने अपनी मृत्यु के नजदीक आने का संकेत-स्पष्ट शब्दों में व्यक्त किया है। इसी के साथ एक उत्तम व्यवस्थापक की तरह मठ का कार्य किस प्रकार चलाया जाए तथा जनता से प्राप्त दान

का किस प्रकार उपयोग किया जाए, इसकी व्यवस्था भी स्वामीजी ने की है।

८ मार्च, १९०२ को स्वामीजी वाराणसी से अपने शिष्यों के साथ बेलूर मठ में वापस आ गए। ११ मार्च को तिथि के अनुसार परमहंसजी का जन्मदिन था। १६ मार्च को जनता के लिए इस उपलक्ष्य में एक बड़ा आयोजन होने वाला था, पर स्वामीजी की तबीयत काफी खराब थी। पैरों में इतनी सूजन थी कि चलना-फिरना कठिन हो गया था। इस समारोह में स्वामीजी सम्मिलित नहीं हो पाएँगे, यह सुन उनके दर्शनार्थ आए हजारों भक्तगण निराश हो गए। नर-नारायणों के समूह के सामने स्फूर्तिदायक चार बातें कहने की स्वामीजी की बहुत इच्छा थी, पर खटिया पर से उठना भी असंभव था, यह समझते ही उन्होंने आराम करना तय किया। उन्होंने अपने गुरुबंधु निरंजनानंद को कमरे में किसी को भी न आने देने का आदेश दिया।

मार्च महीने में ही स्वामीजी ने एक और महत्त्वपूर्ण काम करना तय किया। वह था, गंगा नदी के किनारे बाँध बनाना। गंगा में बाढ़ आने पर नदी का पानी सीधे मठ में घुसता था तथा उसके कारण सब जगह दलदल हो जाती थी। २९ मार्च से बाँध बनाने का काम प्रारंभ हुआ।

अप्रैल

२ अप्रैल को जापान के बौद्ध मठ के महंत ओड़ा मठ में आए। स्वामीजी की प्रतिभा से प्रभावित होकर उन्होंने कहा, "आप जैसे तपःपूत ऋषि के जापान में होनेवाली धर्मपरिषद् में आने से हमें बहुत आनंद होगा। आपको आना ही चाहिए। स्वामीजी, हम लोगों ने जापान में धार्मिक पुनर्जागरण करने का निर्णय किया है। उसमें आपसे बड़ी सहायता मिलेगी।"

उनका शरीर बहुत समय तक नहीं रहेगा, यह जानते हुए भी महंत महोदय की बात रखने के लिए स्वामीजी ने सहमति व्यक्त की। अब तक स्वामीजी के सभी विदेशी स्नेहीजन भारत में आ पहुँचे थे। माता के समान श्रीमती ओलिबुल, मिशनरी जोसेफाइन मैक्लॉउड तथा भगिनी निवेदिता। क्रिस्टीना ग्रीनस्टाइडल की स्वामीजी बड़ी आतुरता से प्रतीक्षा कर रहे थे। वे भी अप्रैल की ७ तारीख को कलकत्ता पहुँचीं।

अप्रैल में एक दिन स्वामीजी से हुए संवाद का वर्णन करते हुए जोसे मैक्लॉउड लिखती हैं—

स्वामी : मेरे पास एक फूटी कौड़ी भी नहीं है। मुझे भेंट में जो भी मिला, वह मैंने बाँट दिया।

मैं : आप जब तक जिंदा रहेंगे, प्रति माह ५० डॉलर देती रहूँगी।

स्वामी : इस रकम से मेरा गुजारा हो जाएगा?

मैं : निश्चित। खाने में सिर्फ मक्खन नहीं मिलेगा। यह लीजिए चार महीने के लिए अग्रिम दो सौ डॉलर।

(पर हाय, उसके बाद वह चार महीने भी जिंदा नहीं रह सकें।)

स्वामी : जॉ! मैं चालीसवें में भी पदार्पण नहीं कर पाऊँगा।

मैं : क्यों स्वामीजी? ३९वाँ तो चल ही रहा है। गौतम बुद्ध ने तो ४० से ८० वर्ष की आयु के बीच ही कार्य किया।

स्वामी : पर मैंने अपना संदेश दुनिया को दे दिया है।

मैं : पर मैं कहती हूँ, जाने की इतनी जल्दी क्यों है?

स्वामी : बड़े वृक्ष की छाया में छोटे पौधे नहीं पनपते है। उसके लिए वृक्ष को उखड़कर गिरना ही चाहिए।

वृक्ष के उखड़ने के लक्षण गुरुबंधुओं को दिखाई पड़ने लगे थे। प्रसिद्ध डॉक्टरों द्वारा उनका इलाज प्रारंभ हो चुका था। अब स्वामीजी को वैद्यों से इलाज करवाना चाहिए, ऐसी गुरुबंधुओं ने सलाह दी थी। स्वामीजी ने सहमति व्यक्त की। कलकत्ते से प्रख्यात आयुर्वेदाचार्य महानंद सेनगुप्ता को बुलाया गया। नाड़ी परीक्षा के बाद उन्होंने दवा दी और २१ दिन तक खाने-पीने में परहेज बताया गया। खाने-पीने में काफी परहेज तथा काफी कम निद्रा के बावजूद स्वामीजी का चेहरा प्रफुल्लित व तेजस्वी दिखाई पड़ने के कारण गुरुबंधु बड़े ही आनंदित हुए। स्वामीजी को भी वैद्यराजजी की दवा अच्छी लगने लगी। अगले दो महीने मठ में अनुशासन तथा नियमों का कड़ाई से पालन हो रहा है या नहीं, स्वामीजी ने यह देखने में व्यतीत किए। इससे साथ ही गुरुबंधुओं को मार्गदर्शन तथा शिष्यों को प्रशिक्षण भी स्वामीजी बड़े जोश-खरोश के साथ देते थे। उन दो महीनों में स्वामीजी के कुशल नेतृत्व के बारे में पता चलता है।

मई-जून

स्वामीजी ने सर्वप्रथम सभी मठवासियों के लिए नियमावली तथा समयसारिणी तैयार की। नियम का उल्लंघन करनेवाले व्यक्ति को उस दिन का भोजन नहीं मिलता। एक बार ध्यान के समय केवल दो ही संन्यासी उपस्थित थे। उस दिन सभी अनुपस्थित लोगों को, जिसमें उनके गुरुबंधु भी थे, भिक्षा माँगकर पेट भरना पड़ा। प्रातःकाल उठने से लेकर रात्रि के भोजन तक की सूचना देने के लिए घंटी बजाई जाती थी। उसके अनुसार सभी को निर्धारित स्थान पर उपस्थित होना पड़ता था। सफाई के बारे में स्वामीजी बहुत ही जागरूक रहते थे। मठवासियों ने अपने बिस्तर ठीक से लपेटे हैं या नहीं, यह स्वामीजी स्वयं घूम-घूमकर देखते थे। ऐसे ही एक प्रसंग में स्वामीजी ने गुरुबंधु शिवानंदजी को बिस्तर पर लेटे हुए देखा। वह ध्यान का समय था। स्वामीजी

ने उनसे कहा, "मैं जानता हूँ। आपको ध्यान करने की जरूरत नहीं है। सद्गुरु की कृपा से आपने सर्वोच्च अध्यात्म तत्त्व की अनुभूति प्राप्त की है, पर मठ में नए आए ब्रह्मचारियों के सामाने आदर्श स्थापित करने के लिए आपको भी रोज समय पर ध्यान में बैठना चाहिए।" उसके बाद शिवानंदजी ने कभी भी ईश्वर-चिंतन नहीं छोड़ा। बुढ़ापे के कारण मंदिर में जाना जब असंभव हो गया, तो वे अपने कमरे में ही भोर में ठीक साढ़े चार बजे मन एकाग्र करने के लिए आसन लगा लेते।

स्वामीजी प्रतिदिन भोर में तीन बजे उठते। उनसे पहले कोई भी अपना बिस्तर नहीं छोड़ेगा, यह नियम था। स्वामीजी सीधे मंदिर में जाते तथा ध्यानमग्न हो जाते। कम-से-कम दो घंटे तक वे ध्यान में रहते। अन्य लोग चार बजे उठकर साढ़े चार बजे तक मंदिर में इकट्ठा होते। स्वामीजी के ध्यान में रहने तक उनको वहाँ बैठना अनिवार्य था, ताकि नए लोगों को आधे घंटे तक चुपचाप बैठकर मन स्थिर करने का अभ्यास हो। स्वामीजी की अलौकिक उपस्थिति से प्रसृत होनेवाली तपस्या की किरणों से सभी की आत्माएँ निखर जातीं। स्वामी ब्रह्मानंदजी कहते, "अकेले ध्यान में बैठने पर मन बीच-बीच में विचलित हो जाता था, पर नरेंद्र के सान्निध्य में ध्यान के लिए आँखों को बंद करने पर वही चंचल मन तुरंत ईश्वरीय शक्ति में तन्मय हो जाता।"

ध्यान भंग करते समय स्वामीजी मंद स्वर में शिव-शिव कहते, फिर आसान से उठ जाते। श्रीरामकृष्णजी को वंदन कर मंदिर के बाहर आते। स्वामीजी के केवल रहने भर से ही मठ का परिसर स्फूर्तिप्रद हो जाता था। जब वे भोर में स्तोत्रगान करते, तो पूरा वातावरण पवित्र हो जाता। बेलूर मठ स्वामीजी की तपोभूमि थी, इसका अनुभव वहाँ आनेवाले यात्रियों को आज भी होता है।

प्रातः फलाहार होने के बाद दिन भर अध्ययन की कक्षाएँ चलतीं। वेद व पुराणों का वाचन तथा उस पर चर्चा, संस्कृत शिक्षा आदि होती। स्वामीजी का स्वास्थ्य ठीक होने पर वे स्वयं ही अनेक विषय पढ़ाते। संगीत भी पढ़ाते। रामकृष्णजी के शिष्यों को अतिभावुकता तथा संकीर्ण सांप्रदायिकता में नहीं फँसना चाहिए, यह स्वामीजी हमेशा शिष्यों को बताते रहते। इसके लिए वे सभी धर्मों के बारे में विस्तार से बताते।

मठ के सभी कार्यकलापों पर स्वामीजी की पैनी नजर रहती थी। कहीं कूड़ा देखते तो वे स्वयं ही उसे साफ कर देते।

दुनिया के सभी धर्म, पंथ तथा संप्रदायों के मठों तथा प्रार्थना-गृहों में पूजा तथा उससे संबंधित कर्मकांड का एक बेकार का आडंबर खड़ा किया जाता है, यह हम लोग देखते ही हैं। कुछ महाभाग तो घर में ही घंटों चंदन घिसने से लेकर पोथी पढ़ने तक अपने परिवार के लोगों को अपनी हाजिरी में खड़े रखते हैं तथा मिलने आनेवालों

को घंटों खड़े रखते हैं। स्वामीजी ने तथाकथित इस भक्ति के दिखावटी आडंबर को मठ में पनपने नहीं दिया।

मठ में चलनेवाली पूजा की विभिन्न प्रकार की बेकार की तैयारियों पर उन्होंने असहमति व्यक्त की। गुरुबंधु तथा शिष्यों को उन्होंने कड़े शब्दों में बताया, "पूजा दैनिक हो या विशेष, यथासंभव सीधी-सादी पद्धति से करनी चाहिए। अत्यधिक आडंबर तथा बेमतलब का शृंगार करने में समय बरबाद करना रामकृष्णजी के शिष्यों के लिए उचित नहीं होगा। पूजा में मन को एकाग्र करना महत्त्वपूर्ण है, पर यदि वह भगवान् के बजाय उनकी पूजा के सामान में एकाग्र हो तो वह निरर्थक है। पूजा के समय में कटौती कर ध्यान-धारणा, शास्त्रचर्चा, शास्त्राध्ययन तथा वेदपठन पर जोर देने के लिए मैंने नियम तैयार किए हैं, यह याद रखिए।"

पहले मठवासी दोपहर में थोड़ा लेटते, फिर मठ के बाहर जाकर थोड़ा घूमते। स्वामीजी ने यह सब बंद करवा दिया। वे कहते, "हमने तपाचरण में अपने शरीर को काफी कष्ट दिया। इसलिए वह जल्दी ही कमजोर हो गया। अगली पीढ़ी को ऐसा नहीं करना चाहिए, पर नियमपूर्वक जीवन जीने की आदत तो डलवानी ही पड़ेगी न!"

मठ में आनेवाले गृहस्थ शिष्यों तथा मेहमानों के आने-जाने पर भी स्वामीजी ने कठोर नियम बनाए।

स्वामीजी ने एक और महत्त्वपूर्ण कार्य किया। पूरे रामकृष्ण संघ को चिरकाल तक सुसंगठित रखने के लिए भावी कार्यपद्धति तथा आचार-व्यवहार के बारे में भी समझ-बूझकर विस्तारपूर्वक नियम बनाए। उसकी हस्तलिखित प्रति आज भी मठ में सँजोकर रखी गई है।

साधुमंडली बड़े उत्साह से वेदाध्ययन तथा तपाचरण में मग्न है, यह देखकर स्वामीजी को बड़ा संतोष हुआ, पर उनको दुःखी करनेवाली एक घटना १९०२ के मई महीने घटित में हुई। कलकत्ते के एक अंग्रेजी समाचार-पत्र ने उसे प्रकाशित कर विवेकानंदजी को मानो बदनाम करने की साजिश रची थी, पर वे सनातनी लोगों के गले का हार बन चुके हैं, शायद यह उस संपादक को मालूम नहीं था। बदनामी तो जरा भी नहीं हुई, पर स्वामीजी का मन जरूर दुःखी हुआ।

१८९४ में जो अमेरिकन लोग स्वामीजी के पहले दीक्षाप्राप्त शिष्य हुए, उनमें से एक थी मेरी लुई। स्वामीजी ने उसका नाम अभयानंद रखा था। स्वामीजी ने स्वेच्छा से भिक्षावृत्ति स्वीकार करनेवाले एक अकिंचन भिक्षु का जीवन जीने की प्रतिज्ञा कर रखी थी। अभयानंद को धर्म एक अकूत दौलत कमाने का धंधा है, ऐसा भ्रम रहा होगा। स्वामीजी और उनका मिशन दरिद्र है, यह देखकर उन्होंने स्वामीजी का साथ छोड़ दिया तथा चैतन्य महाप्रभु के संप्रदाय में चली गई। १४ जून, १९०२ को श्रीमती

ओली बुल को स्वामीजी ने लिखा, "मेरी लुई आजकल कलकत्ते आई हुई है। अब चैतन्यपंथी है। मैंने सुना है कि कुछ धनी लोग उसे उस पंथ में ले गए हैं। उसे काफी धन चाहिए था। भगवान् उसे वह भरपूर दे, यही मेरी इच्छा है।"

भगिनी निवेदिता २६ जून को मायावती से कलकत्ता आईं। वे नया उपक्रम प्रारंभ करने की पूरी तैयारी कर चुकी थीं। कुछ मामूली मुद्दों पर उन्हें स्वामीजी के मार्गदर्शन की आवश्यकता थी तथा सफलता के लिए स्वामीजी का आशीर्वाद चाहिए था। यह एक महत्त्वपूर्ण काम स्वामीजी को करना था। समय बहुत ही कम बचा था। केवल आठ दिन।

२७ जून

निवेदिता के आने के दूसरे ही दिन २७ जून को स्वामीजी ने अपने शिष्य शुद्धानंद से पंचांग मँगवाया। बहुत देर तक पंचांग देखते रहे, मानो उन्हें कोई निर्णय लेना था। उनकी मृत्यु के बाद उनके पंचांग देखने का रहस्य उनके गुरुबंधुओं की समझ में आया। श्रीरामकृष्णजी ने भी महासमाधि लेने से पहले पंचांग देखा था। स्वामीजी ने शरीर त्यागने की तारीख पंचांग देखकर ही तय की थी।

२८ जून

भगिनी निवेदिता मठ में जाने की तैयारी कर ही रही थी कि उसी समय 'स्वामीजी उनके घर पहुँच रहे हैं', ऐसी चिट्ठी उन्हें प्राप्त हुई। स्वामीजी प्रातः नौ बजे बागबाजार के १७, बोसपाड़ा गली में निवेदिता के घर पहुँचे। भगिनी लिखती हैं, "गुरुदेव ने घर के हर कमरे को देखा, मानो उन्होंने अपने चरणस्पर्श से उन्हें पवित्र किया, फिर अपने कंधे के कंबल को नीचे रखकर उस पर बैठ गए। कन्या पाठशाला तथा महिला विद्यापीठ पर हम लोगों के बीच चर्चा हुई। अंत में मैंने उनका आशीर्वाद माँगा तो उन्होंने कहा कि उनका आशीर्वाद तो सदा के लिए है।"

२८ जून को ही स्वामीजी ने एक बड़ी पारिवारिक जिम्मेदारी को भी निभाया। मृत्यु से चार दिन पहले एक अकिंचन संन्यासी पारिवारिक जिम्मेदारी का भी ध्यान रख सकता है, यह देख आश्चर्य होता है। निवेदिता के घर से स्वामीजी सीधे अपनी बहन के घर गए। दत्त परिवार में अचल संपत्ति को लेकर दो धड़े हो गए थे तथा न्यायालय में मुकदमा चल रहा था। दोनों धड़े अपने-अपने वकीलों के साथ स्वामीजी की बहन के घर उपस्थित थे। स्वामीजी ने दोनों के बीच सुलह करा दी। उसके बाद न्यायालय से यह मामला उठा लेने का निर्णय लिया गया। जगप्रसिद्ध भिक्षाचारी स्वामी विवेकानंद के परिवारीगण मिट्टी-पत्थर-ईंट की इमारत के लिए झगड़ रहे थे, यह कलंक उनकी मृत्यु के बाद उन पर नहीं लगनेवाला था।

२९ जून

भगिनी निवेदिता लिखती हैं, "आज दिन भर मैं मठ में ही थी। हम दोनों के बीच खूब गप्पें हुईं, पर दोपहर में उनका मिजाज बिगड़ गया और वे एकाएक अप्रसन्न हो गए। दुर्बलता तथा थकान के कारण वे कमजोर हो गए। मैं रोने लगी। उन्होंने मेरे सिर पर दो बार हाथ फेरकर मुझे आशीर्वाद दिया, फिर गंभीर होकर कहा, 'मौत का साया मुझ पर मंडरा रहा है'।"

मंगलवार, १ जुलाई—दोपहर समाप्त हो चुकी है। स्वामीजी प्रेमानंदजी के साथ मठ के विशाल प्रांगण में टहल रहे हैं। गंगा-किनारे के स्थान की ओर इशारा कर स्वामीजी बड़े सहज भाव से कह रहे हैं, "मेरा देहावसान होने पर मुझे वहाँ अग्नि दीजिएगा।"

वहीं दाह-संस्कार हुआ। आज वहाँ उनका भव्य समाधि-मंदिर खड़ा है।

बुधवार, २ जुलाई—आज एकादशी है। स्वामीजी व्रत रखेंगे। निवेदिता प्रातः ही मठ में आई है। फलाहार का समय है। हँसी-मजाक करते हुए स्वामीजी निवेदिता को खिला रहे हैं। उसका हाथ धुलाकर उसे अपने हाथों से पोंछ रहे हैं, "यह क्या कर रहे हैं आप? यह तो मेरा काम है। मैं आपकी सेविका हूँ। आपकी सेवा मैं कैसे ग्रहण कर सकती हूँ?" निवेदिता को उत्तर में स्वामीजी कह रहे हैं। "क्या यीशू ने अपने शिष्यों के पैर नहीं धोये थे?"

भगिनी लिखती है, "पर वह तो उनके जीवन का अंतिम दिन था। यह उत्तर मन में आया, पर गला रुँध गया था, इसलिए इसका उच्चारण नहीं हो सका।"

गुरुवार, ३ जुलाई—अत्यधिक थकान के कारण स्वामीजी अपने कमरे में लेटे हुए थे। दूसरे दिन काफी काम करने थे, इसलिए आज विश्राम कर रहे थे। सद्‌गुरु के स्मरण में वे तल्लीन थे। एक-एक प्रसंग उनकी आँखों के सामने चलचित्र के समान आ रहा है। उनके बारे में क्या-क्या कहते थे सद्‌गुरु, 'नरेंद्र अखंड के राज्य से आया है। वह मेरी ससुराल है। ऐसा न इस दुनिया में कभी कोई आया है, न कभी कोई आएगा।' बहुत ही स्नेह करते थे सद्‌गुरु और निर्विकल्प समाधि की अनुभूति दी थी वह प्रसंग—महान् आनंद प्राप्त हुआ था उस दिन। वह आनंद फिर दीजिए, कहकर कितनी मिन्नतें की थीं उनकी, पर वह मना कर देते। एक बार कारण पूछने पर उनका उत्तर था, 'उस अनुभव के फल को तिजोरी में बंद कर उसकी चाभी मैंने अपने पास रख छोड़ी है। तुम्हें सौंपा हुआ माँ का काम जब तुम पूरा करोगे, तब तुम्हें मैं वह चाभी सौंपूँगा, तब तक नहीं।' वह चाभी कब मिलेगी? कल मिलेगी क्या?

उस चाभी के लिए स्वामीजी किसी बालक की तरह उत्सुक हुए क्या? सारे लक्षण तो यही बता रहे हैं कि वे उस चाभी के लिए बड़े अधीर हो रहे हैं।

यह कमरा स्वामीजी के लिए बड़ा प्रिय है। मठ-भवन के दक्षिण-पूर्व के कोने में

दूसरी मंजिल के उस कमरे में स्वामीजी बहुत प्रसन्न रहते हैं। बहुत बड़ा है वह कमरा, चार खिड़कियाँ तथा तीन दरवाजे हैं। प्रवेश-द्वार के दाहिने कोने में एक पाँच फीट ऊँचा दर्पण है। उसकी बगल में ही एक बड़ी आलमारी है। उसमें स्वामीजी के भगवे वस्त्र रखे हैं। कमरे के बीचोबीच एक लोहे की खटिया है। उस पर विदेशी शिष्यों द्वारा भेंट में दिया गया स्प्रिंगदार गद्दा है, पर स्वामीजी उसका उपयोग नहीं करते। बगल में ही एक पलंग है, वे उसी पर सोते हैं। कमरे में एक टेबल है। उस पर डाक, कागज, कलम, स्याही, एक घंटी, एक गुलदस्ते में कुछ फूल तथा श्रीरामकृष्णजी का एक फोटो रखा हुआ है। बगल में चाय रखने के लिए एक छोटी-सी मेज है। इसके अलावा ध्यान में बैठने के लिए एक मृगचर्म भी है कमरे में और एक कैलेंडर भी।

इसी कमरे में स्वामीजी लेखन, वाचन तथा विश्राम करते। गुरुबंधु तथा शिष्यों का मार्गदर्शन करते, लोगों से मिलते, ईश्वर से संवाद स्थापित करते तथा कभी-कभी भोजन भी करते।

इसी प्यारे कमरे में गुरुदेव ने उनको चाभी वापस दी तथा निर्विकल्प समाधि का फल उन्होंने दूसरी तथा आखिरी बार चखा।

इस कमरे का इतना विस्तारपूर्वक वर्णन करने का कारण यह है कि स्वामीजी के जीवित रहते यह कमरा जैसा था, उसी स्थिति में आज भी रखा गया है। दीवाल पर लगा हुआ कैलेंडर भी ४ जुलाई, १९०२ की तारीख ही दिखा रहा है।

शुक्रवार, ४ जुलाई—शुक्रवार! पंचांग देखकर स्वामीजी ने देह त्याग करने की यही तारीख निश्चित की थी। देखिए क्या आश्चर्यजनक योग है यह! गुरु ने भारत के स्वाधीनता दिवस पर अपना देह त्याग किया, यानी पंद्रह अगस्त तथा शिष्य ने अमेरिका के स्वाधीनता दिवस पर।

उस दिन स्वामीजी की अठारह घंटे की दिनचर्या रोज से भिन्न थी। सुबह वे तीन बजे से पहले ही उठे। स्नान-ध्यानादि क्रियाओं से मुक्त होकर वे मंदिर में गए। पहली बार उन्होंने सारे दरवाजे तथा खिड़कियाँ बंद कर लीं। सामने थीं केवल काली माता तथा परमहंस की प्रतिमा। तीन घंटे तक तपोमग्न थे स्वामीजी, फिर उन्होंने काली का एक भजन बड़े आर्त स्वर में गाया। दरवाजा खोलकर मंदिर की सीढ़ियाँ उतरते हुए वे खुद से ही बोल रहे थे। प्रेमानंदजी ने वह सुना, "यदि कोई और एक विवेकानंद होता तो उसे इस विवेकानंद ने क्या काम किया है, यह समझ में आता, पर भविष्य में ऐसे अनेक विवेकानंद निर्मित होंगे।" प्रेमानंदजी को स्वामीजी के उस वाक्य को सुनकर बड़ा आश्चर्य हुआ। खुद के बारे में वे सहसा ऐसा कभी बोलते नहीं थे।

प्रातः सात बजे के लगभग उन्होंने दूसरे दिन मठ में काली-पूजा करने की अपनी इच्छा व्यक्त की। शनिवार को अमावस्या थी। काली पूजा के लिए अमावस्या का मुहूर्त

अच्छा होता है, ऐसा कहकर उन्होंने अपने दो शिष्यों पर पूजा-साहित्य लाने का काम सौंपा। इसी बीच स्वामी रामकृष्णानंदजी के पिता ईश्वरचंद्र चक्रवर्ती मठ में आए। वे महान् काली-उपासक थे। स्वामीजी को बड़ा आनंद हुआ। ईश्वरचंद्रजी के मार्गदर्शन में कालीपूजा की तैयारी की जाए—ऐसा उन्होंने श्रद्धानंदजी तथा बोधानंदजी से कहा। श्रद्धानंदजी को स्वामीजी ने एक और काम तुरंत करने का आदेश दिया, "पुस्तकालय में जाओ और शुक्ल यजुर्वेद लेकर आओ।" पोथी आ गई। स्वामीजी ने उसे एक ऋचा तथा उस पर महीधर की टीका पढ़ने को कहा। शिष्य द्वारा उसे पढ़ने के बाद स्वामीजी ने उससे कहा, "महीधर के इस भाष्य से मैं सहमत नहीं हूँ। तुम सब लोग वेद की ऋचाओं का गहन अध्ययन करो तथा उसकी मौलिक व्याख्या करो।"

स्वामीजी बीमारी के कारण विगत कई महीनों से अपने कमरे में ही भोजन लेते थे, पर आज भोजन की घंटी बजते ही वे भोजनालय में गए। खाना खाते समय हरेक पदार्थ की प्रशंसा की। खाने के बाद भी कुछ देर तक वे हँसी-मजाक करते रहे। थोड़ा आराम करने के बाद दोपहर में एक बजने से पहले ही स्वामीजी शिष्यों के निवास स्थान पर गए, "चलिए, पाणिनि समझा देता हूँ।" ऐसा कहकर स्वामीजी ने शिष्यों को तीन घंटे तक संस्कृत व्याकरण पढ़ाया। दोपहर चार बजे प्रेमानंदजी के साथ वे दो मील घूम आए—बेलूर के बाजार तक। इसके बाद वे मठवासियों से बात करते रहे। सभी से प्रेमपूर्वक बातचीत करने के बाद स्वामीजी ने अनेक राष्ट्रों के उत्थान-पतन का संक्षिप्त इतिहास सबको बताया। अंत में उन्होंने कहा, "भारत की मिट्टी के कण-कण में धर्म है। ईश्वर के बारे में शोध करना इस देश का पहला कर्तव्य है, पर ईश्वर-भक्ति छोड़कर यदि हिंदुस्तान राजनीति के चक्कर में पड़ा तो उसका विनाश निश्चित है।"

शाम सात बजे आरती के लिए घंटी बजी। स्वामीजी मंदिर में नहीं गए। अपने कमरे में गए, फिर माला लेकर एक घंटे तक जप करते रहे और एक शिष्य को बुलाकर कहा, "खूब गरमी लग रही है। सारे दरवाजे और खिड़कियाँ खोल दो और मेरे सिरहाने बैठकर पंखा झलो।" सेवक पंखे से हवा करने लगा।

स्वामीजी चुपचाप पड़े थे। सेवक को लगा, शायद उन्हें नींद आ रही है। घंटे भर के बाद स्वामीजी के हाथों में कंपन हुआ। उन्होंने एक लंबी साँस ली। दो मिनट के बाद फिर उसी तरह लंबी श्वास, भ्रूमध्य में केंद्रित खुली हुई आँखें, चेहरे पर दिव्य भाव और फिर चेहरे पर, शरीर पर, महाशांति का वस्त्र फैल गया। नाक, मुख और नेत्रों में रक्त की किंचित् झलक। नौ बजकर दस मिनट पर ही महासमाधि का समय। ३९ वर्ष, ५ महीने तथा २४ दिनों के बाद विवेकानंदजी ने शरीर का चोला फेंक दिया था। स्वामी विवेकानंद अमरत्व के राज्य के नागरिक हो गए थे।

उनके चेहरे की रक्त रेखाओं को देखकर शिष्यों ने चिल्लाना शुरू कर दिया। भोजन

छोड़कर सारे शिष्य दौड़कर आ गए। गुरु-बंधुओं को लगा कि स्वामीजी ने समाधि लगाई होगी। उसे भंग करने के लिए वे रामकृष्णजी के नाम का जयघोष करने लगे। पर वह समाधि नहीं थी, वह थी महासमाधि।

चिकित्सकों को बुलाया गया। उन्होंने देखकर निदान किया कि केवल श्वास अवरुद्ध हुआ है। उन्होंने कृत्रिम उपायों से श्वसनक्रिया प्रारंभ करने का प्रयत्न किया। अंत में मध्य रात्रि में स्वामीजी को मृत घोषित किया गया।

सुबह होते ही यह दु:खद समाचार जंगल की आग की तरह फैल गया। आँगन के पास के दालान में भगवे वस्त्र तथा फूलों से सजाकर स्वामीजी की देह दर्शनार्थ रखी गई। निवेदिता सुबह ही आ गई थीं। गुरुदेवजी के सिरहाने बैठकर वे दोपहर में दो बजे तक पंखे से हवा झल रही थीं। दोपहर दो बजे अग्नि-संस्कार की तैयारी शुरू हुई। अगरबत्ती, धूप जलाकर घंटा और शंखनाद के साथ स्वामीजी के कलेवर की आरती उतारी गई, फिर तलुओं में आलता लगाकर उनके पदचिह्नों की प्रतिकृति कागज पर ली गई।

शोभायात्रा प्रारंभ हुई। हजारों लोग थे। गुरुबंधुओं और शिष्यों ने जयघोष प्रारंभ किया।

जय श्री गुरुमहाराज की जय!

जय श्री स्वामीमहाराज की जय!

जय श्री सनातन धर्म की जय!

स्वामीजी ने जिस स्थान पर देह विसर्जित करने की इच्छा प्रकट की थी, वही उनकी पालकी लाई गई। चिता सजाई गई। चंदन काष्ठ से उसे प्रज्वलित कर स्वामीजी की देह रखी गई। सोलह साल पहले यहीं के गंगा किनारे पर रामकृष्णजी को अग्निसात् किया गया था।

निवेदिता शिशु के समान धरती पर लोट-लोटकर जोर-जोर से रोने लगी। उसको समझाने का साहस कौन कर सकता था।

स्वामी विवेकानंदजी की चिता की ज्वालाओं से विश्व भर में एक ही संदेश फैला तथा सैकड़ों साल तक फैलता रहेगा—

त्याग तथा सेवा ही है मानव जीवन का मर्म।

स्वार्थी दुनिया को उस ज्वाला की तपिश हमेशा लगती रहेगी।

□

परिशिष्ट

चारुगात्र विवेकानंद

विवेकानंदजी बड़े ही रूपवान् थे, यह उनके फोटोग्राफ से स्पष्ट होता है। चाहे वह पैरों तक झूलनेवाली उनकी भगवा कफनी तथा केसरिया रंग की पगड़ी हो, जो एक संन्यासी की वेशभूषा होती है या काले रंग की बंडी अथवा अंग्रेजी वेशभूषा हो या लुंगी, रुई की जैकेट तथा कनटोपी हो, सभी पोशाकों में स्वामीजी बड़े ही सुंदर दिखाई पड़ते थे। जब वे ध्यानमुद्रा में निश्छल होकर बैठते तो लगता कि कोई तेज:पुंज प्राचीन, मनोरम शिल्पप्रतिमा जीवित हो गई हो। ऐसा माना जाता है कि सुंदर स्वरूप ईश्वर की देन होती है। विवेकानंदजी को यह पूरी तरह से प्राप्त हुई था।

बाल्यावस्था में घंटों व्यायाम तथा कुश्ती लड़कर उन्होंने अपना शरीर पुष्ट बनाया था। विशाल वक्षस्थल, बलिष्ठ बाहु तथा पहलवानी गरदन थी स्वामीजी की। भव्य तथा पौरुषपूर्ण व्यक्तित्व था उनका। स्वयं शक्तिमान् होने के कारण जब वे भारतीय कृशकाय युवकों को शक्तिसंपन्न बनने के लिए प्रेरित करते, तब श्रोताओं पर उसका प्रभाव तुरंत होता। किसी पहलवान की तरह बाहुबल, चुस्ती तथा चपलता उनमें थी। 'योद्धा संन्यासी' का विशेषण जिस प्रकार उनके क्रांतिकारी विचारों के कारण एकदम उपयुक्त माना जाता था, उसी प्रकार उनकी वज्रदेह के कारण भी यह विशेषण उपयुक्त था। उनका जीवन किसी युद्ध के समान था। उग्र तथा कठिन तप, सैकड़ों मीलों की घुमक्कड़ी, दिनोदिन उपोषण, दुश्मनों का चौतरफा वाक्प्रहार, अनेक रोग तथा थोड़े परिश्रम से भी साँस फुलानेवाला दमा! काँटों भरा, बर्फीले पहाड़ों तथा गहन कंदराओंवाला, मात देने की ठानकर लड़ाई लड़नेवाले दुश्मनोंवाला और अकस्मात् धोखा देनेवाले कुछ शिष्योंवाला, भीषण आर्थिक अभाव से ग्रसित अपने जीवन का रणक्षेत्र स्वामीजी ने आत्मिक व शारीरिक बल से रौंद डाला था।

आश्चर्य की बात यह थी कि इसके कारण उनके स्वभाव में कभी जरा भी कटुता पैदा नहीं हुई थी। इसका प्रमाण थी, उनके अधरों की मुसकान। उनके रूप का वर्णन

करनेवाले सभी लोगों ने उनका हास्य शिशुसुलभ ही वर्णित किया है। दंभ-दर्परहित, असूया तथा द्वेष से पूरी तरह मुक्त, मानो किसी शिशु से उद्‌गमित मुग्ध, कुतूहलपूर्ण हास्य था विवेकानंदजी का।

स्वामीजी के दीप्तिमान् चेहरे की तुलना सूर्य से करते हुए एक अमेरिकी समीक्षक ने लिखा है, "उनका चेहरा सूर्य के समान है। एक बार देखने पर वह कभी भूला नहीं जा सकता।" दूसरा लिखता है, "ग्रीक महाकाव्य के देवपुरुष का रूप उन्हें प्राप्त हुआ है।" तीसरा कहता है, "विवेकानंदजी के चेहरे पर का असीम, अखंड आत्मानंद देखकर ही प्रतीत होता है कि वे ईश्वर के बड़े ही प्रिय बालक हैं।"

न्यूयॉर्क के फ्रेनोलॉजिकल जर्नल में 'कपाल-विज्ञान' में एम.डी. किए हुए डॉ. एडगर सी. बीएल (Beall) देखिए क्या लिखते हैं—

"अध्ययन की दृष्टि से देखा जाए तो विवेकानंदजी को पूर्वी मानव-वंश का एक उत्कृष्ट उदाहरण माना जा सकता है। वे पाँच फीट साढ़े आठ इंच लंबे हैं तथा उनका वजन १७० पौंड है। उनके सिर का घेरा पौने बाईस इंच तथा सिर के मध्य से दोनों कानों का फासला १४ इंच है अर्थात् उनके मस्तिष्क का विकास सुडौल तथा संतुलित है। उनकी भावनात्मक प्रवृत्ति इतनी कोमल तथा स्त्रीसुलभ है कि उनके वैवाहिक संबंध स्थापित करने की इच्छा होने की विशेष संभावना नहीं लगती। वे स्वयं ही कहते हैं कि उन्हें किसी भी स्त्री के बारे में कभी भी जरा-सा भी लैंगिक आकर्षण पैदा नहीं हुआ। वे लोगों को युद्ध विरोधी होकर, आपस में निष्कपट प्रेम पैदा हो, ऐसी धर्मशिक्षा देते है। इसलिए उनके कानों के समीप का उनका मस्तक का हिस्सा कम चौड़ा होना चाहिए, ऐसा हम लोगों का अनुमान था, जो सच साबित हुआ। कानों के थोड़े से ऊपर का भाग भी उसी प्रकार यदि आकुंचित होता है तो व्यक्ति फकीरी वृत्ति का तथा खुले दिलवाला होता है, ऐसा हमारा वैज्ञानिक गणित भी स्वामीजी के संदर्भ में एकदम सही साबित हुआ। वे स्वयं संपत्ति तथा स्वामित्व के बारे में पूर्णत: उदासीन हैं। उनकी स्वयं की कोई संपत्ति नहीं है और उस झंझट का न होना ही अच्छा है, ऐसा उनका दृढ़ विश्वास है। अब हमारी अमेरिकी मानसिकता को ये विचार शायद आहत करनेवाले लगें, पर यह स्वीकार करने में कोई हर्ज नहीं है कि उनके मुखमंडल पर अमेरिकी करोड़पति रसेल सेज, हेट्‌टी ग्रीन आदि अनेक लोगों की अपेक्षा तृप्ति तथा आत्मसंतोष की आभा अधिक चमकती हुई दिखाई पड़ती है। विवेकानंदजी के चेहरे पर और भी कुछ गुण सहज स्पष्ट होते हैं। कर्तव्यनिष्ठा तथा दृढ़निश्चय ये भाव उनमें पूर्णत: विकसित हुए दिखाई पड़ते हैं। परोपकारी वृत्ति स्पष्टरूप से दिखाई पड़ती है। उनका विस्तीर्ण ललाट संगीत के क्षेत्र में उनका अधिकार प्रदर्शित करता है। विशाल नेत्र, स्मरणशक्ति का अत्यधिक विकास दरशाते हैं। उनके भाषणों में प्रकट होने वाली उनकी वाक्‌पटुता

का यह एक बड़ा कारण था। स्वामीजी का शिरोभाग उनकी मानवता, सौम्यता तथा तर्कशक्ति में उनके प्रभुत्व के पूर्ण विकास को स्पष्ट रूप से दरशाता है।''

डॉ. एडगर द्वारा किए गए विश्लेषण से यह भी स्पष्ट होता है कि विवेकानंद नाम का पुरुषसिंह अतुलनीय सौंदर्यवान् था। इसके पीछे का रहस्य केवल उनके अच्छे नाक-आँखों का ही होना न होकर, उनके व्यक्तित्व के चारों ओर सद्गुणों का प्रभामंडल भी था।

स्वामीजी के फ्रेंच चरित्र लेखक रोमा रोला उनके शरीर की बनावट तथा अंगकांति का प्रशंसात्मक वर्णन करते हुए लिखते हैं, ''विवेकानंदजी का जबड़ा काफी सशक्त था। वह हिंदू कम, टार्टर (तार्तार) अधिक था। विवेकानंद भी गर्व से कहते थे कि उनके पूर्वज टार्टर थे। (टार्टर का एक अर्थ 'क्रोधी व्यक्ति' भी होता है। स्वामीजी कभी-कभी भावावेश में भड़क भी जाते थे। इसलिए यह अर्थ भी उन पर लागू होता है।) उनके नेत्र विशाल, भव्य, काले तथा चेहरे के सबसे आकर्षक अंगद्वय थे। उनकी आँखों की बरौनियाँ भारी थीं। उनकी तुलना कमलपत्रों से की जा सकती है। उनकी आँखों में एक विलक्षण आकर्षण दिखाई पड़ता था, पर उनके व्यक्तित्व की सबसे महत्त्वपूर्ण विशेषता थी, उनका राजसी रूप। वे किसी जन्मजात सम्राट् की तरह व्यवहार करते थे। अमेरिका तथा भारत में उस बादशाह को सभी झुककर नमन करते थे। विवेकानंदजी को कहीं भी दूसरे नंबर पर रखना असंभव था। वे जहाँ-जहाँ भी गए, वहाँ वे किसी अनभिषिक्त सम्राट् की तरह अव्वल नंबर पर ही रहे।''

ब्रह्मचारी विवेकानंद

'मानो नया पुरुषावतार हो', इतने सुदर्शन थे स्वामीजी। आजीवन ब्रह्मचर्यपालन करने की उनकी प्रतिज्ञा तथा आजीवन जितेंद्रिय बनकर रहने के कारण उनकी महानता कई गुना बढ़ गई।

ब्रह्मचर्य तथा भिक्षाचरण—ये दो प्रतिज्ञाएँ स्वामीजी ने की थीं। अपने सभी शिष्यों को ब्रह्मचर्य की दीक्षा देते समय श्रीरामकृष्णजी ने कहा था, ''मानव-मन में कामवासना पैदा हो सकती है। पत्नी संग सोते हुए मेरे मन में भी वह पैदा होती थी, पर काम-तरंग पैदा होती हैं और विलीन हो जाती हैं। भावनाएँ उठती हैं और तुरंत समाप्त हो जाती हैं। साधक यदि अपने निग्रह का अभ्यास बढ़ाए तो वह भावना बलवती नहीं होती।''

विवेकानंद लिखते हैं, ''मेरे जीवन में केवल एक बार कामवासना प्रबल हुई थी। मैं परिव्राजक अवस्था में था। एक जंगल में चूल्हा जलाकर रोटियाँ बना रहा था। मुझे स्वयं पर इतना गुस्सा आया कि मैं तपते तवे पर ही बैठ गया। केवल एक बार ही सजा दी शरीर को, उसे जिंदगी भर के लिए सबक मिल गया।''

संन्यास-जीवन के प्रारंभ के दिनों में स्वामीजी ने केवल एक बार ही ऐसा उग्र प्रयोग किया। अमेरिका पहुँचते ही उनकी समझ में आया कि वहाँ की स्त्रियाँ काफी मुक्त तथा प्रगतिशील विचारोंवाली हैं तथा उन पर अनुरक्त हो रही हैं। सद्‌गुरु के संदेश को पहुँचाने के मिशन को यदि सफल बनाना है, तो उन स्त्रियों से पलायन करना उपयुक्त नहीं होगा, बल्कि उनके सहयोग से ही कार्य द्रुतगति से आगे बढ़ेगा। अगर मैं अपनी प्रतिज्ञा पर दृढ़ रहा, तो उनके मन के विकार भी जल्द ही मर जाएँगे और स्वामीजी का वह प्रयोग शत-प्रतिशत सफल रहा। इंग्लैंड-अमेरिका में विवेकानंदजी के शिष्यों, भक्तों, हितचिंतकों तथा चहेतों में ७५ प्रतिशत स्त्रियाँ थीं, यह उनके आत्मचरित्र से दिखाई पड़ता है। इसमें से कुछ प्रसंग इस प्रकार हैं—

बॉस्टन के समीप के सुधार-केंद्र की महिलाएँ स्वामीजी की ओर अपलक निहारकर जो टिप्पणियाँ करती थीं, उन्हें 'फेमिंगहम ट्रिब्यून' नामक साप्ताहिक पत्रिका में हम लोगों ने देखा ही है। बॉस्टन से डॉ. राइट से मिलने स्वामीजी मेसाच्युसेट्स गए। वहाँ स्वामीजी के पड़ाव की ३-४ दिन की मुख्य घटनाओं का आलेख श्रीमती राइट ने लिखकर रखा है। एक जगह वे लिखती हैं, "हमारे गाँव के सभी स्तर के लोग स्वामीजी में दिलचस्पी लेने लगे। वे बच्चों से जो कुछ बोलते, वह बच्चे याद रखते तथा वे अपने मित्रों को भी शब्दशः वही बताते। स्वामीजी को देखते ही स्त्रियों की आँखें चमकतीं तथा उनके गाल रक्तिम हो जाते।"

११ सितंबर, १८९३ को शिकागो में पहला भाषण समाप्त होने पर श्रोताओं की प्रतिक्रिया देखकर श्रीमती एस.के. ब्लॉगेट (Blodgett) लिखती हैं, "कितनी ही महिलाएँ बेंच पर से उछलकर विवेकानंदजी के पास जाने की कोशिश कर रही थीं। मैंने मन-ही-मन कहा, 'बेटा, यदि यह आक्रमण तुम रोककर इसे पीछे ढकेल पाए, तो मैं तुम्हें ईश्वर मानूँगी'।"

श्रीमती लियांस नामक वृद्ध महिला का चेहरा अपनी माँ के चेहरे से मिलता-जुलता देखकर स्वामीजी को उनके प्रति लगाव हो गया। वह उन्हें 'माँ' कहने लगे। श्रीमती लियांस की पोती कु. कार्नेलिया कॉन्गार १८९४ में केवल छह वर्ष की थी तथा वह स्वामीजी की पक्की दोस्त बन गई। युवावस्था में उसने स्वामीजी की स्मरणगाथा लिखी। वे कहती हैं, "विवेकानंदजी का व्यक्तित्व इतना झकझोरनेवाला तथा आकर्षक था कि अनेक स्त्रियाँ पागल हो जातीं तथा रीझकर उनके पुरुषत्व को जाग्रत् करने के लिए छटपटातीं। वे तरुण थे, उनमें दैवी शक्तियाँ वास करती थीं, वे विलक्षण प्रज्ञावान् भी थे, पर एकदम असांसारिक। दुनिया में कैसे व्यवहार करना चाहिए, इसकी उन्हें समझ नहीं थी। इसलिए दादी बहुत चिंतित रहती थीं। किसी महिला ने उन्हें मोहित किया तो? फिर स्वामीजी दादी से लिपटकर कहते, 'माँ, तुम जरा भी चिंता मत करो।

मेरे मोह में लुब्ध होकर अनेक लोगों ने मुझे प्रलोभन दिया है, पर मैं उससे विचलित नहीं हुआ और आगे भी कभी नहीं होऊँगा।'

मूलतः विवेकानंद ऐसे गुरु के शिष्य थे, जिन्होंने अपनी पत्नी को माँ स्वरूप माना था, पर गुरु थे कारुण्यमूर्ति, शिष्य था जुझारू, आक्रामक। वह योद्धा खुले मंच से ललकारता, "नखशिखांत सर्वांगसुंदरी किसी ललना ने भी यदि मेरी ओर कामुक नजर से देखा तो वह हरे रंग की गंदी मेढकी में परिवर्तित हो जाएगी और मेढकी किसी को भी नहीं भाती। है न?"

स्वामीजी की घोषणा मजेदार थी। इसमें धमकी तथा विडंबना का मिश्रण था।

अंतिम सत्य की ओर पहुँचने के मार्ग में सबसे बड़ी बाधा होती है कामवासना। यह ऐसी बाधा होती है, जिसमें अधिकांश साधक गच्चा खा जाते हैं और अंत में वे विश्वामित्र हो जाते हैं। विवेकानंदजी ने हिमालय की किसी निर्जन, प्रलोभन-मुक्त, सँकरी गुफा में बैठकर ब्रह्मचर्य का पालन नहीं किया था, अपितु फैशनेबल तथा उन्मुक्त शृंगार की अमेरिकी दुनिया में उसका पालन किया था। इसका महत्त्व बेजोड़ है।

यह इसलिए संभव हो सका कि स्वामीजी ने अपने पौरुष का दमन नहीं किया, अपितु शमन किया। वासना को रौंदा नहीं, अपितु उसका उदारीकरण किया। सुंदर स्त्रियों से पलायन करने की अपेक्षा, उन्हें माता-बहनें मानकर अपने सान्निध्य में रखा। केवल मिशन को सफल बनाने के लिए ही नहीं, अपितु उन स्त्रियों का आत्मिक विकास हो इसलिए भी। ऐसा नहीं था कि स्वामीजी स्त्रियों से केवल दूर से ही बोलते थे। आवश्यकतानुसार उन्हें स्पर्श भी करते थे। हाथ मिलाना तो वहाँ का शिष्टाचार था। स्वामीजी का स्पर्श स्त्रियों में गुदगुदी नहीं पैदा करता था, बल्कि उनमें पवित्रता की उदात्त लहरें पैदा करता था।

विवेकानंदजी से पहली बार हस्तांदोलन करने के अनुभव का अपने पत्र में वर्णन करते हुए डेट्राइट की जर्मन शिक्षिका कु. मागरिट कुक अपनी कवयित्री सहेली सारा बाल्डफील्ड को लिखती हैं, "विवेकानंदजी की दृष्टि शोधक थी, उसे मैं कभी भूल नहीं सकती। उनकी महानता तथा पवित्रता से इतनी अभिभूत हो गई कि मैंने अपना दाहिना हाथ तीन दिन तक धोया ही नहीं।"

समाज में हम लोग अपने चारों ओर जो ब्रह्मचारी देखते हैं, वे सामान्यतः बड़े रूखे दिखाई पड़ते हैं। वे स्त्रियों की ओर देखने से बचते हैं, पर विवेकानंद एक जन्मजात कवि थे, सौंदर्य के उपासक थे। जिस हेल परिवार ने उन्हें शिकागो में आश्रय देकर धर्मसभा में भी प्रवेश दिलाया था, उनके घर में चार युवा कन्याएँ थीं। उनमें से मैरी को तो स्वामीजी द्वारा कई चिट्ठियाँ लिखने के बारे में पूर्व में बताया ही गया है। एक बहन का नाम था इसाबेल। वह बहुत ही सुंदर थी। मैरी आदि बहनें स्वामीजी को बतातीं,

"स्वामीजी, हमारी इसाबेल एकदम वीनस (ग्रीक प्रेमदेवता, हिंदू-पुराणों की रति) जैसी है। यदि आप पेरिस जाएँ, तो वहाँ वीनस की मूर्ति अवश्य देखिए और अपनी राय हमें सूचित करिए।"

पेरिस जाने के बाद स्वामीजी ने वीनस की प्रतिमा जान-बूझकर देखी। उन्होंने जो अपना मत व्यक्त किया, उसमें उनकी उदात्त तथा पवित्र सौंदर्यदृष्टि दिखाई पड़ती है। विवेकानंदजी के पत्र-साहित्य में से यह उत्कृष्ट पत्र है। कोई हिंदू निष्ठावान् ब्रह्मचारी ऐसा पत्र लिखेगा, यह संभव ही नहीं है।

"प्रिय मेरी,

वीनस की मूर्ति पेरिस में देखी। तुमने जरा भी अतिशयोक्ति नहीं की थी। इसाबेल का चेहरा सचमुच वीनस से काफी मिलता-जुलता है। पर इसाबेल के हाथ वीनस के हाथों से सुघड़ तथा सुंदर हैं, क्योंकि वीनस के शिल्प के हाथ ही नहीं हैं। कोहनी के ऊपर से ही वह छाँट दिए गए हैं, यानी शिल्प में केवल भुजाएँ ही हैं।

मेरा मानना है कि इसाबेल इसलिए सुंदर है कि वह वीनस जैसी दिखाई पड़ती है और वीनस इसलिए रूपवती है कि वह इसाबेल जैसी दिखाई पड़ती है।"

ऐसे वासनामुक्त, निर्मल एवं निष्कलंक थे विवेकानंद। जीवन भर वे ऐसे ही रहे। चोरी-छिपे प्रेम करना या कोई अन्य कलंक आज भी उनके नाम नहीं है। इसलिए उनके विरोधियों ने जब यह छापा कि स्वामीजी से घबराकर एक नौकरानी ने अपनी मालकिन का घर छोड़ा, तब अमेरिकी स्त्रियाँ काफी भड़क गईं। स्वामीजी के संपर्क में आई अनगिनत महिलाएँ यह मिथ्या आरोप सहन न कर सकीं। उन्होंने मिशनरियों तथा पंडिता रमाबाई सर्कल के सदस्यों को इतना जलील किया कि उन्हें मुँह दिखाना कठिन हो गया। ब्रह्मचारी विवेकानंद विजयी हुए।

पट्टशिष्य विवेकानंद

आज के युग में रामकृष्ण-विवेकानंद जैसी गुरु-शिष्य की जोड़ी दूसरी नहीं हुई। आज के ही युग में तो क्या, मध्ययुग में भी ऐसी जोड़ी नहीं हुई। गौतम बुद्ध तथा यीशू के पट्टशिष्यों में भी विवेकानंदजी जैसा सर्वांगीण विचारवान दिखाई नहीं पड़ता।

विवेकानंदजी ने गुरुभक्ति का बेकार का ढकोसला नहीं किया तथा गुरु-बंधुओं को भी नहीं करने दिया। गुरु की शिक्षा मूल्यवान् होती है, उनकी पूजा नहीं, इस बात का स्वामीजी ने हमेशा ध्यान रखा। इस बारे में कुछ विचार तथा प्रसंग यहाँ दिए जा रहे हैं—

- विश्वविख्यात संस्कृतज्ञ तथा हिंदू धर्म का गहन अध्ययन करनेवाले प्राध्यापक मैक्समूलर तथा विवेकानंदजी की भेंट २८ मई, १८९६ को ऑक्सफोर्ड में हुई। प्राध्यापक महोदय ने श्रीरामकृष्णजी के जीवन पर एक किताब लिखने की अपनी

इच्छा व्यक्त की तथा विवेकानंदजी से उनके सद्गुरु से संबंधित कुछ जानकारियाँ माँगीं। स्वामीजी के साथ रहनेवाले शारदानंद को यह काम स्वामीजी ने सौंपा। गुरुबंधु ने व्यवस्थित ढंग से सारी जानकारी की एक टिप्पणी बनाकर प्रोफेसर मैक्समूलर महोदय को दी और तदनुसार यथासमय एक पुस्तक भी प्रकाशित हुई। शारदानंदजी ने स्वामीजी से पूछा, "स्वयं आपने वह जानकारी क्यों नहीं लिखी?"

- स्वामीजी ने उत्तर दिया, "मेरे मन में सद्गुरु के प्रति इतना उच्च भाव है कि सर्वसाधारण पाठकों के लिए लिखना मेरे लिए संभव नहीं है। यदि मैंने मैक्समूलर साहब के लिए लिखा होता तो अनेक धर्मग्रंथ तथा उनके सिद्धांत तथा क्रिश्चियन धर्मग्रंथों से उद्धरण देकर मैंने सिद्ध किया होता कि श्रीरामकृष्ण आज तक हुए सभी अवतारों में श्रेष्ठ हैं, पर यह बात उस वृद्ध विद्वान् को अच्छी नहीं लगती। तुमने गुरुदेव के बारे में इतना गहन चिंतन नहीं किया है, इसलिए मैंने यह काम तुम्हें सौंप दिया।"
- १९०१ की जनवरी में स्वामीजी मायावती गए थे। वहाँ स्वामीजी की इच्छा से कैप्टन सेवियर ने 'अद्वैत आश्रम' का निर्माण किया था। उस आश्रम में सभी संप्रदायों तथा धर्मों के तत्त्वज्ञान का अध्ययन हो, ऐसी स्वामीजी की इच्छा थी। वहाँ कर्मकांड, पूजा आदि न करने का स्वामीजी ने सख्त आदेश दिया था। एक दिन उस आदेश का पालन नहीं हुआ, ऐसा स्वामीजी की समझ में आया। एक कमरे में ठाकुरजी का भव्य चित्र लगाया गया था। माला-फूल-धूप-दीप-चंदन की सुगंध चारों ओर फैल रही थी। व्यक्तिपूजा की अपेक्षा आदर्शों को महत्त्व देनेवाले स्वामीजी ने तुरंत वह चित्र हटवाया और कहा, "यह बुड्ढा मुझसे पहले ही यहाँ पहुँच गया और बैठ गया जमकर।"

ठाकुरजी ने नरेंद्र को निर्देश दिया था, "मेरे नाम का कोई नया संप्रदाय स्थापित मत करना। पहले से ही यहाँ असंख्य धर्म-पंथ-संप्रदायों का मेला लगा हुआ है। उसमें एक और जोड़ने की जरूरत नहीं हैं। मुझे चाहिए, संप्रदायविहीनता। ईश्वर के नाम पर कट्टर धर्ममतों की पत्थर की दीवारें खड़ी की गई हैं। मानव से मानव को दूर कर उनमें कट्टर वैरभाव पैदा किया गया है। वे दीवारें हमें गिरानी हैं। इसलिए मेरे नाम का एक नया संप्रदाय स्थापित कर तुम एक नई दीवार खड़ी मत करना।"

विवेकानंद गुरुदेव की उस चेतावनी को कभी नहीं भूले। इसलिए रामकृष्ण एक सर्वश्रेष्ठ अवतार थे, ऐसा उन्होंने कभी एक भी व्याख्यान में नहीं कहा। वे अपने शब्दों के जादू से ठाकुरजी को अवतार सहज सिद्ध कर सकते थे, पर एक बार अवतार की संकल्पना आते ही पूजा, संप्रदाय आदि प्रारंभ होना निश्चित था, इसे वे जानते

थे। जो भक्त उन्हें पहले ही अवतार मानने लगे थे, उनका क्या? इस विषय में आगे के पत्र में स्वामीजी ने बड़े ही संतुलित विचार व्यक्त किए हैं—"श्रीरामकृष्णजी का अवतारत्व लोगों के सामने अट्टहासपूर्वक सिद्ध करने की कोशिश मत कीजिए। यहाँ (परदेश में) तो यह अट्टहास जरा भी नहीं चलेगा। ठाकुरजी के चरित्र-लेखकों को ऐसी बातें लोगों के गले उतारने की आदत है, पर इसके कारण अपनी विचारधारा को संकुचित संप्रदाय का स्वरूप प्राप्त होगा। ऐसे प्रयत्न से आप लोग, जो उनके शिष्य हैं, अलिप्त रहिए। इसके साथ ही यदि श्रीरामकृष्णजी को ईश्वर मानकर कोई उनकी पूजा-अर्चना कर रहा हो तो ध्यान रखिए, इससे कोई नुकसान नहीं होता। ऐसी प्रवृत्ति को न प्रोत्साहित करिए, न हतोत्साहित। साधारण लोग व्यक्तिपूजक होते हैं, पर उच्च श्रेणी के लोगों को तत्त्वों की जरूरत होती है। हम लोगों को दोनों चाहिए, फिर भी तत्त्व सार्वजनिक होते हैं, पर व्यक्ति नहीं। इसलिए रामकृष्णजी द्वारा बताए गए तत्त्वों के साथ जुड़े रहिए।"

(यह पत्र स्वामीजी ने न्यूयॉर्क से १४ अप्रैल, १८९६ को अपने गुरुबंधु त्रिगुणातीतजी को लिखा था)

शिष्य (शरद चक्रवर्ती)—स्वामीजी, ठाकुर अवतार थे, ऐसा सार्वजनिक प्रचार आपने पश्चिमी देशों में क्यों नहीं किया?

स्वामीजी—वहाँ के लोगों को अपने विज्ञान तथा तत्त्वज्ञान के विषय में बहुत घमंड है। इसलिए पहले युक्तिवाद कर, विज्ञान का आश्रय लेकर तथा तत्त्वज्ञान के सहारे उनका घमंड नष्ट किए बिना वहाँ कोई कुछ भी नहीं कर सकता। तर्क में असफल होकर जो यथार्थ तत्त्वजिज्ञासु मेरे पास आते थे, उनसे मैं ठाकुरजी के बारे में बातें करता, अन्यथा यदि मैंने पहले ही अवतारवाद के बारे में कहा होता, तो वे कहते, "इसमें आपने कौन सी नई बात बताई? हम लोगों में भी हमारे प्रभु यीशू तो हैं ही।"

शिष्य—वे पूर्ण ब्रह्मावतार भगवान् हैं, यह बात उन्होंने अपने मुख से कभी आपको बताई थी?

स्वामीजी—कई बार। शरीर छोड़ने से दो दिन पहले ही उन्होंने मुझसे कहा था, 'पहले जो राम, जो कृष्ण, वही अब इस शरीर में रामकृष्ण, पर तुम्हारे वेदांत की दृष्टि से नहीं।' साक्षात् प्रभु के श्रीमुख से सुनने के बाद भी जब अभी भी मुझे पूर्ण विश्वास नहीं हुआ तो और लोगों की बात ही क्या? अपने ही जैसे किसी देहवान् मनुष्य को ईश्वर मानना तथा उस पर विश्वास करना—यह बड़ी कठिन बात है। बहुत हुआ तो उसे हम लोग सिद्ध ब्रह्मज्ञ पुरुष मान सकते हैं, बस।

स्वामीजी के विदेश जाने के बाद भारत में श्रीरामकृष्णजी की सिद्धि-चमत्कार दिखाने की शक्ति पर उनके भक्त मनमाना छापने लगे। उनमें से उनके कुछ मद्रास की

ओर के शिष्य भी थे। उस पर स्वामीजी ने उन्हें डाँटकर जो पत्र लिखा, उसका कुछ अंश इस प्रकार है—

"श्रीरामकृष्णजी के चमत्कार के विषय में आप लोगों ने क्या मूर्खता प्रारंभ की है?...ऐसे लोगों से ईश्वर हमें बचाए। ऐसे ही लोगों को लेकर काम करना मेरे भाग्य में बदा है?

श्रीरामकृष्णजी के बारे में जो बेसिर-पैर की बातें प्रचारित हुई हैं, उस बारे में मुझे इतना ही कहना है कि जो मूर्ख ऐसी बातें लिखते हैं, उनसे दो कदम दूर ही रहिए। दूसरों को देने के लिए ठाकुरजी के जीवन में अपार ज्ञानसंपदा के रहते निरर्थक, अद्‌भुत चमत्कारों पर जोर देने से क्या लाभ? इन चमत्कारों से कुछ भी सिद्ध नहीं होता। जड़ के द्वारा चैतन्य कभी प्रमाणित नहीं होता। ईश्वर का अस्तित्व, आत्मा तथा उसका अमरत्व आदि बातों का ऐसे चमत्कारों से क्या संबंध? श्रीरामकृष्णजी के ही बारे में प्रचार करिए। जिस अमृत से आपकी प्यास बुझी, उस अमृत का प्याला औरों को भी दीजिए।"

रामकृष्णजी के ऐसे सेवक थे विवेकानंद। सिद्धि तथा चमत्कार तो भोंदू बाबाओं की अपार संपत्ति तथा लोकप्रियता प्राप्त करने की टकसालें होती हैं।

कृतज्ञता से ओत-प्रोत दो पंक्तियों के संस्कृत श्लोक में गुरुदेव के सामने नतमस्तक होकर विवेकानंदजी ने जो लिखा, उसे उद्धृत कर इस आलेख का समापन करना उचित होगा।

स्थापकाय च धर्मस्य सर्वधर्मस्वरूपिणे।
अवतारवरिष्ठाय रामकृष्णाय ते नमः॥

सिद्धि-विरोधी विवेकानंद

दो भाई थे। उनमें से एक सिद्धि प्राप्त करने के लिए जंगल में गया। कई वर्षों के बाद वापस आया—

"क्या कर आए?"

"सिद्धि प्राप्त कर आया हूँ।"

"कौन-सी?"

"पानी पर चलने की। चलो गंगा किनारे। तुम्हें दिखाता हूँ।"

वह हठयोगी सचमुच तीन-चार कदम पानी पर चलकर सकुशल किनारे पर वापस आ गया।

"मानते हो? कैसी अद्‌भुत सिद्धि प्राप्त की?"

भाई ने कहा, "पर गंगाजी पार करने के लिए एक पैसे में नाव की सुविधा के

रहते, इस काम के लिए तुम्हें इतने वर्ष बरबाद करने की क्या जरूरत थी?''

श्रीरामकृष्ण परमहंस यह बात हँसते-हँसते कहकर सिद्धि-चमत्कार के लिए लालायित लोगों की हवा निकाल देते थे।

एक बार अपने नोरेन की परीक्षा लेने के लिए ठाकुरजी ने उससे कहा था, 'काली माता की कृपा से इतने वर्षों की साधना से मुझे अनेक सिद्धियाँ प्राप्त हुई हैं। पर मैं अपनी कमर के अँगोछे के बारे में भी बेखबर रहता हूँ। क्या तुझे उन सिद्धियों में से कुछ चाहिए।'

नरेंद्र ने पूछा था, 'अंतिम सत्य की ओर ले जाने में उन सिद्धियों से कितना लाभ होगा?'

ठाकुरजी ने अपनी गरदन हिलाते हुए कहा था, 'जरा भी नहीं। पर धन-दौलत, मान-प्रतिष्ठा आदि खूब प्राप्त होगी।'

नरेंद्र ने स्पष्ट कहा था, 'मुझे वह सिद्धि-विद्धि बिलकुल नहीं चाहिए।'

फिर ठाकुरजी ने कहा था, 'जिस प्रकार शौचालय की दुर्गंध से बचने के लिए हम लोग उससे दूर रहते हैं, उसी प्रकार सिद्धि-चमत्कार आदि से साधक को हमेशा दूरी रखनी चाहिए, क्योंकि ये सिद्धियाँ साधक को एक पड़ाव के बाद प्रलोभित करती हैं। अगर वह उसमें फँस गया तो वह समाप्त हो गया, यह मत भूलना।'

नरेंद्रनाथ गुरुवाणी को समझ गया था, पर उसका सही ज्ञान उसे हुआ गाजीपुर में। वहाँ उसकी लंबेगो की बीमारी चरम पर पहुँची और वहीं पर संयोग से भेंट हुई हठयोगी पवहरी बाबा से। उनकी दीक्षा लेकर मंत्र-साधना से शरीर को निरोगी बनाया जाए, ऐसा विचार स्वामीजी के मन में आते ही श्रीरामकृष्णजी उनके सामने साक्षात् प्रकट हो गए। शिष्य को अपनी गलती का अनुभव हुआ।

विवेकानंदजी कहते हैं, ''मनुष्य का मन इतना दुर्बल होता है कि गृहस्थाश्रमियों की बात तो दूर, साधु-संन्यासियों में भी अधिकांश लोग सिद्धि-प्राप्ति के चक्कर में रहते हैं। सिद्धि प्राप्त करना एक बुरी बात है। धर्ममार्ग में एक बाधा है, यह ठाकुरजी ने कृपा कर मुझे समझा दिया था, इसलिए मैं समझ पाया। ठाकुरजी की संतानों में से कोई भी इस ओर झाँकता तक नहीं है। ऐसी सिद्धियों के चमत्कार देखकर पश्चिम के लोगों को चकित होते हुए मैंने देखा है।''

स्वामीजी जब अमेरिका गए तो वहाँ के लोग सिद्धि के पीछे कैसे पागल होते थे, इसका वर्णन करते हुए स्वामीजी के शिष्य कृपानंदजी लिखते हैं, ''उस समय अमेरिकी लोगों के मानस पर कट्टरता तथा अंधविश्वास की मोटी परतें जमी हुई थीं। अमेरिका में हरेक नई चीज का स्वागत होता है। उस समय ढोंगी, भोंदू, ढपोरशंख धार्मिक बाबाओं के स्वागत के लिए लोग उछलते थे। धर्म के नाम पर जो नया होता, उस पर

जनता दीवानी हो जाती। एकदम तर्कहीन, असंबद्ध, बीभत्स तथा विकृत धर्मकल्पनाओं को भी शिरोधार्य माना जाता था। तंत्र, मंत्र, गुह्य विद्या आदि के बारे में आकर्षण इतना चरम पर था कि लगता मानो अमेरिका पुनः मध्ययुग में चला गया हो। उल्टे-सीधे धर्ममतों का प्रचार तथा दो कौड़ी के धर्मगुरुओं का बोलबाला था। भूत-प्रेत जाग्रत् करनेवाले जटाजूटधारी बेताज बादशाहों का मानो साम्राज्य स्थापित हो गया था। २५ से १०० डॉलर फीस लेकर वे जरूरतमंद लोगों को मुक्ति का आश्वासन देते थे। धर्म-शैतानों द्वारा निर्मित तंत्र-मंत्र से धुँधले हुए वातावरण में स्वामी विवेकानंदजी ने प्रवेश किया था।''

स्वामीजी ने अकेले ही अपने भगीरथ प्रयत्न से वह विषाक्त वातावरण दूर किया। प्रारंभ में उनका भाषण सुनने आए लोग एक स्वर से चिल्लाते हुए एक ही आग्रह करते, ''शो मिरैकल्स, चमत्कार दिखाइए।''

विवेकानंद हवा में से चुटकी भर राख निकालकर देनेवाले बाबाओं में से नहीं थे। वे बड़ी विनम्रता से कहते, ''मुझे चमत्कार दिखाना नहीं आता।'' लोगों को विश्वास ही नहीं होता था। भगवा पोशाक, सुदर्शन देह, अच्छी अंग्रेजी, प्रभावशाली वक्तृत्व, जिस व्यक्ति के पास हो, उसके पास सिद्धि न हो, यह उन्हें विश्वास ही नहीं होता था। वे लोग स्वामीजी के पीछे पड़ जाते। उनसे अकेले में भी यही प्रश्न पूछते। स्वामीजी उन्हें बाइबल के दो उदाहरण देते, ''मेरी समझ में यह नहीं आता कि क्षुद्र चमत्कारों का धर्म से क्या संबंध? आपके बाइबल का शैतान सर्वशक्तिमान् है, यह बात अपनी जगह बिलकुल सही है, पर क्या वह आपके ईश्वर जैसा विशुद्ध है? बाइबल का दूसरा प्रसंग भी याद कीजिए। यीशू को सूली की ओर ले जाने वाले ईश-निंदकों ने भी चमत्कार दिखाने के लिए उससे जबर्दस्ती की थी। यीशू का उत्तर था, ''मोजेस आदि पूर्व पुत्रों या प्रेतात्मा पर आपकी श्रद्धा नहीं थी और अगर कोई प्रेतात्मा कब्र से उठकर आ भी जाती है, तो भी आपको विश्वास नहीं होगा।''

फिर भी चमत्कार दिखाने का आग्रह बढ़ता ही गया। अंत में विवेकानंदजी ने एक समाचार-पत्र को भेंटवार्त्ता देकर अपने विचार प्रकट किए। इस भेंटवार्त्ता का एक-एक शब्द महत्त्वपूर्ण है। विशेषकर उन शिक्षित भक्तगणों के लिए, जो किसी भी ऐरे-गैरे को भगवान् का अवतार मानकर उसके दो कौड़ी के जादू के प्रयोगों से भ्रमित हो जाते हैं।

१७ फरवरी, १८९४ को डेट्राइट के 'ईविनिंग न्यूज' में प्रकाशित विवेकानंदजी की भेंटवार्त्ता इस प्रकार है—

''धर्म की महत्ता सिद्ध करने के लिए चमत्कार दिखाइए, इस विनती को मैं स्वीकार नहीं कर सकता। पहला कारण यह है कि मैं कोई जादूगर नहीं हूँ। दूसरा यह कि जिस हिंदू धर्म का मैं पालन करता हूँ, वह चमत्कारों पर आधारित नहीं हैं। हिंदू धर्म का

सिद्धि, चमत्कार आदि से कोई लेना-देना नहीं है। बुद्धिमान् इस चक्कर में नहीं पड़ता। मनोवैज्ञानिक विश्लेषणों से यह सिद्ध हो चुका है कि सिद्धि-प्राप्ति की भूख व्यक्ति के बौद्धिक अध:पतन की निशानी है। सिद्धिप्राप्त व्यक्ति अनेक वासनाओं का शिकार होता है। वह बुभुक्षित, लालची तथा पूर्णत्व को प्राप्त न किया हुआ, एक ऐसा दांभिक होता है, जो आत्मिक उन्नति कभी नहीं कर सकता।''

ढाका में घटित प्रसंग विवेकानंदजी की सच्चरित्रता का एक भावपूर्ण उदाहरण है। वहाँ की एक वेश्या अपनी माँ के साथ स्वामीजी से मिलने आई और कहा, ''एक सिद्धयोगी के आने की बात सुनी और खटिया पर बैठने में असमर्थ होते हुए भी मैं आपके दर्शन के लिए यहाँ तक आ गई। मैं एक वेश्या हूँ, पर दमे से परेशान हूँ। धंधा कर नहीं सकती। कृपा कर मुझे ऐसी भभूत दीजिए, ताकि मैं एकदम स्वस्थ हो जाऊँ।'' स्वामीजी ने कहा, ''माँ! भभूत मेरे पास नहीं है। मैं स्वयं दमा का मरीज हूँ। मुझे उस पर अभी तक कोई रामबाण औषधि नहीं मिली है। मिलने पर मैं तुम्हारे पास भेज दूँगा।''

श्रीरामकृष्णजी को अवतार माना जाता है, फिर भी उन्होंने कोई चमत्कार नहीं दिखाए। उल्टे सिद्धि-चमत्कार की वे हँसी ही उड़ाते थे, पर स्वामीजी उनकी हँसी उड़ाने की अपेक्षा चमत्कार के पीछे पड़नेवालों पर वाक्प्रहार करते थे। उनका दृष्टिकोण वैज्ञानिक होने के कारण वे बेसिर-पैर की जादूगरी पर प्रखर हल्ला बोल सके। विज्ञान को आधार माननेवाले आधुनिक युग के पहले धर्मनेता थे विवेकानंदजी।

विज्ञाननिष्ठ विवेकानंद

विज्ञान का धर्म से कोई संबंध नहीं है, ऐसा साधारणत: माना जाता है, पर विवेकानंदजी ने यह भ्रांति दूर कर दी। वे स्वयं वैज्ञानिक नहीं थे। उन्होंने कोई शोध नहीं किया था, पर उनकी दृष्टि वैज्ञानिक थी। इस आलेख को पढ़ने पर यदि पाठकों को लगे कि उनको विज्ञान विषय में दिव्य दृष्टि प्राप्त थी, तो कोई आश्चर्य नहीं है।

विज्ञान विषय में स्वामीजी की रुचि उनके परिव्राजक जीवन में दिखाई पड़ती है। जो-जो रजवाड़े स्वामीजी से प्रभावित होते थे, उन्हें स्वामीजी उनके सभी स्कूलों में विज्ञान विषय को पढ़ाने का आग्रह करते। अजितसिंह आदि मित्रों को प्रयोगशाला प्रारंभ करने की प्रेरणा स्वामीजी ने ही दी थी। उन्हें उस विषय का प्रैक्टिकल ज्ञान भी था, यह मैसूर की घटना से स्पष्ट होता है। वहाँ महलों के विद्युतीकरण का काम चल रहा था। वहाँ के इंजीनियर से विद्युत् विज्ञान के बारे में स्वामीजी की हो रही चर्चा को सुनकर सारे लोग अचंभित हो गए।

अमेरिका में जाकर वहाँ की भौतिक प्रगति को देख स्वामीजी को बड़ा आनंद

हुआ। भारत-भ्रमण करते हुए यहाँ की बेकारी, दरिद्रता तथा बीमारी को दूर करने के लिए वैज्ञानिक साधनों की आवश्यकता है तथा उनका ज्ञान देशबांधवों को मिलना चाहिए—ऐसे स्वप्न स्वामीजी हमेशा देखा करते थे। यूरोप तथा अमेरिका का औद्योगिक विकास भारत में भी जल्द-से-जल्द पहुँचे, ऐसा स्वप्न स्वामीजी विदेश में रहकर भी देखते थे। रवींद्रनाथ टैगोर तथा महात्मा गांधी पश्चिम के यांत्रिक कोलाहल से परेशान हो जाते, पर स्वामीजी चाहते थे कि उन यंत्र-तंत्रों को भारतवासी तुरंत अपनाएँ। इस संबंध में निम्नलिखित पत्र देखिए—

६३ सेंट जार्जेस रोड
लंदन एस.डब्ल्यू.
५ जून, १८९६

प्रिय श्रीमती बुल,

मेरा छोटा भाई मोहिन (महेंद्रनाथ दत्त) आजकल यहाँ आया हुआ है। वह वकालत की पढ़ाई करना चाहता है। मेरे पिताजी वकील थे। मेरे गुरुदेव वकीली पेशे के विरुद्ध थे और मेरी भी ऐसी धारणा है कि जिस घराने में अनेक लोग वकालत का पेशा करते हैं, उस घराने की दुर्दशा होना अवश्यंभावी है। हमारे देश में वकीलों की संख्या अनगिनत है। विश्वविद्यालयों से हर वर्ष सैकड़ों की संख्या में वकील निकलकर बेकारी का सामना कर रहे हैं। आज मेरे देश को कर्मप्रतिबद्धता तथा वैज्ञानिक प्रतिभाओं की आवश्यकता है। इसलिए मोहिन को विद्युत्-अभियंता बनना चाहिए—ऐसी मेरी इच्छा है। इसमें उसे यदि असफलता भी मिलती है, तो भी उसने उच्च पद पर जाने की कोशिश करके अपने देश के लिए उपयोगी बनने का प्रयत्न तो किया, यह देख मुझे बड़ा संतोष होगा। वह साहसी तथा हिम्मतवान् बने और स्वयं के तथा देश के लिए कोई नया रास्ता ढूँढ़ने का प्रयत्न करे, ऐसी मेरी इच्छा है। विद्युत् अभियंता भारत में उदरनिर्वाह कर सकता है।

आपका
विवेकानंद

पंडित जवाहरलाल नेहरू को ईश्वरप्रेम अत्यल्प तथा विज्ञानप्रेम अत्यधिक था। विवेकानंदजी उनके प्रिय नायक थे, यह उनके द्वारा स्वामीजी पर लिखे एक आलेख से स्पष्ट होता है। धर्म के बारे में आस्था न रखनेवाले नेहरूजी को विवेकानंदजी उनकी वैज्ञानिक दृष्टि के कारण ही प्रिय लगे होंगे। नेहरूजी लिखते है—"जड़ें प्राचीन भारतीय संस्कृति में जमी होते हुए भी, जीवनविषयक दृष्टिकोण आधुनिक एवं प्रगतिशील रखनेवाले महापुरुष थे स्वामी विवेकानंदजी। वे प्राचीन तथा अर्वाचीन को जोड़ने वाले सेतु थे।"

सचमुच विवेकानंदजी के वैज्ञानिक चिंतन की डोर वेदों से जुड़ी थी, पर बीसवीं

शताब्दी में आते-आते वह जीर्ण होने अथवा टूटने की अपेक्षा अधिक बलवती होती दिखाई पड़ती है। पूर्व तथा पश्चिम में संतुलन स्थापित करने के लिए विवेकानंदजी ने जो विचार प्रकट किए, वे इस प्रकार हैं—

"भारतवर्ष ने भौतिक विद्याओं की बलि देकर अध्यात्म की परीक्षा उत्तीर्ण की है। अब पूर्व के अध्यात्म को पश्चिम को आत्मसात् करना चाहिए तथा पश्चिम के भौतिक ज्ञान को पूर्व को प्राप्त करना चाहिए, तभी दुनिया में समानता तथा संतोष प्राप्त होगा।"

यह सारा विवेचन विवेकानंदजी के वैज्ञानिक दृष्टिकोण का स्थूल स्वरूप है। सूक्ष्म स्वरूप है—इस वेदांत में वर्णित विज्ञान जिसकी पहचान विवेकानंदजी ने पश्चिमी शास्त्रज्ञों को करा दी। स्वामीजी ने जो विचार रखे, उन्हें सुनकर वहाँ के वैज्ञानिक चकरा गए। उनका संक्षिप्त स्वरूप इस प्रकार है—

"मानव की आवश्यकताएँ तथा भोग-विलास के लिए विज्ञान भौतिक संसाधनों का पता लगाता है। मानव के दबाव के कारण विज्ञान को संहारक अस्त्र-शस्त्रों का भी निर्माण करना पड़ता है। इसके कारण विज्ञान तथा मानव, दोनों की हानि होती है। संसाधनों की सीमाओं को लाँघकर विज्ञान को मानवकल्याण का व्रत लेना चाहिए।

वर्तमान विज्ञान केवल बाह्य प्रकृति पर विजय प्राप्त करने में व्यस्त है। उस प्रकृति पर विजय प्राप्त करना अच्छी बात है, पर मानव की अंत:प्रकृति पर विजय प्राप्त करना उससे भी कई गुना अच्छा है। ग्रह-नक्षत्रों पर नियंत्रण प्राप्त करना बड़ा ही गौरवशाली कार्य है, पर उससे भी अनंत गुना महान् कार्य है मानव की भावनाओं, आकांक्षाओं तथा मनोवेगों पर नियंत्रण रखने के लिए प्रयोगशील होना। यह आधुनिक विज्ञान के सामने बहुत बड़ी चुनौती है। वेदों के विज्ञान तथा मानस शास्त्र ने यह कार्य प्राचीन समय में ही किया हुआ है।

अनेक नामचीन वैज्ञानिक अध्यात्म की उपेक्षा करते हैं। आध्यात्मिक घटनाक्रमों का विश्लेषण करने के लिए कुछ साधनाएँ करनी पड़ती हैं। वे साधनाएँ एक तरह के वैज्ञानिक प्रयोग ही हैं। ये प्रयोग किए बिना ही अध्यात्म के बारे में उलटी-सीधी बातें करना वैज्ञानिक दृष्टि के कमजोर होने का लक्षण नहीं है क्या?"

हार्वर्ड विश्वविद्यालय की ग्रेजुएट फिलोसॉफिकल सोसाइटी समस्त अमेरिकी बुद्धिवादियों की प्रतिनिधि संस्था मानी जाती है। २५ मार्च, १८९६ को उस संस्था में 'वेदांतदर्शन' विषय पर स्वामीजी का व्याख्यान हुआ। वहाँ के दिग्गज श्रोताओं ने स्वामीजी के सामने प्रश्नों की झड़ी लगा दी। उसमें विज्ञान विषय पर जो प्रश्नोत्तर हुए, वे यहाँ जान-बूझकर दिए जा रहे हैं—

प्रश्न : वेदांत के तत्त्वज्ञान का पश्चिमी विज्ञान के साथ कौन सा विरोध है?

उत्तर : कुछ भी नहीं। हम लोग उनके साथ एकमत हैं। क्रमिक विकास, आकाश

तथा प्राण, इनके विषय में हमारे सिद्धांत आपके आधुनिक तत्त्वज्ञान से पूरी तरह मेल खाते हैं।

प्रश्न : पर ज्ञान प्राप्त करने की आपकी पद्धति अलग है, है न?

उत्तर : मन की शक्ति को एकाग्र करना ही ज्ञान-प्राप्ति का एकमात्र मार्ग है, ऐसा हमारा मानना है। बाह्य विज्ञान में मन की शक्तियों को एकाग्र करने का अर्थ होता है, किसी बाहरी वस्तु पर उन्हें केंद्रित करना तथा अंतर्विज्ञान में उसका अर्थ होता है, मन को आत्मा की ओर मोड़ना। मन की एकग्रता को ही हम लोग योग कहते हैं।

प्रश्न : आत्मसम्मोहन (सेल्फ-हिप्नॉटिज्म) का जिन्होंने अभ्यास किया है, ऐसे लोगों के बारे में आपको जानकारी है क्या?

उत्तर : आप पश्चिम के लोग जिसे सम्मोहन कहते हैं, वह उस विद्या का केवल एक भाग है। हिंदू लोग इस विद्या को आत्मसम्मोहन दूर करने की विद्या कहते हैं। 'सेल्फ हिप्नॉटिज्म!' उनका कहना है कि आप लोग पहले से ही सम्मोहित हैं। उससे आपको मुक्त होना है। उस सम्मोहन को दूर करना है। हम कहते हैं कि जो यह सिखाते हैं कि सब धर्म, जग सत्य है, वे भी एक तरह से सम्मोहन का ही प्रयोग करते हैं। एक अद्वैतवादी ही सम्मोहित होना नहीं चाहता। हमारे यहाँ का जो मनोविज्ञान है, उसका पश्चिम के लोगों ने अब जाकर अभ्यास प्रारंभ किया है, पर उन्हें अभी उतना ज्ञान प्राप्त नहीं हुआ है, यह मुझे बड़े खेद के साथ कहना पड़ता है।

प्रश्न : योगी कौन सी क्रियाएँ प्रत्यक्ष दिखा सकते हैं?

उत्तर : योगी अनेक चमत्कार दिखा सकते है। योग केवल ठग विद्या नहीं है। कारण, सभी धर्मग्रंथों की अद्‌भुत बातों का ये योगी लोग शास्त्रीय पद्धति से स्पष्टीकरण देते है। 'ये सारी बातें झूठी हैं, हमें उनके बारे में कोई स्पष्टीकरण नहीं चाहिए।' ऐसा कहनेवाले मनुष्य को बुद्धिवादी नहीं कहा जा सकता। ये बातें झूठी हैं, इसे जब तक आप लोग सिद्ध नहीं करते, तब तक आप लोग उसे नकार नहीं सकते।

प्रश्न : योगी लोग जातिभेद को महत्त्व देते हैं क्या?

उत्तर : बिलकुल नहीं; क्योंकि जातिभेद अविकसित मन के लोगों के लिए एक तरह की पाठशाला है।

क्वांटम फिजिक्स

वैज्ञानिक माइकल टालबोट ने लिखा है, ''विवेकानंदजी ने अपनी 'ज्ञान योग'

किताब में समय तथा आकाश (Space), ये सात्यंतक (Continuum) हैं, यह जो वैदिक सिद्धांत विस्तारपूर्वक कहा है, उसी को हर्मन मिकोवस्की महोदय ने भी आधुनिक समय में प्रतिपादित किया है। इससे स्पष्ट होता है कि वैदिक तथा आधुनिक विज्ञान में वैचारिक एकता है।''

आगे विवेकानंदजी ने जो विचार व्यक्त किया है, वह क्वांटम सिद्धांत का ही आधार है, ''बिना किसी कारण के अथवा दुर्घटनास्वरूप ही कुछ घटित होता है, यह तर्क ही आधारहीन है। एक पत्थर गिरता है और हम पूछते हैं कि वह क्यों गिरा? हमारा यह प्रश्न ही स्पष्ट करता है कि बिना कारण के कोई कार्य घटित नहीं होता। हर घटना के पीछे जो 'क्यों' है, उसी की कड़ी को हम लोग कारण-कार्यभाव नियम (Law of causation) कहते हैं।''

विज्ञान मेरा विषय नहीं है। जिन्हें विवेकानंद तथा क्वांटम सिद्धांत के बारे में और अधिक जानकारी चाहिए, उन जिज्ञासुओं को जॉन डॉपसन लिखित 'अद्वैत वेदांत ऐंड मार्डर्न साइंस' ग्रंथ का एक अध्याय देखना चाहिए, जिसका शीर्षक है 'विवेकानंद ऐंड आइनस्टाइन'।

निकोला टेस्ला

इंग्लैंड तथा अमेरिका में जिन अनेक वैज्ञानिकों से स्वामीजी की मित्रता हुई तथा जो उनके वैज्ञानिक दृष्टिकोण से प्रभावित हुए, उनमें निकोला टेस्ला प्रमुख हैं। वे एक महान् विद्युत्-विशेषज्ञ थे। एस.सी. मोटर की खोज उन्होंने की। उन्हीं के नाम पर प्रसिद्ध है, टेस्ला कॉइल, जो रेडियो तथा टी.वी. में लगती है। दूसरे प्रसिद्ध वैज्ञानिक थे, थॉमस अल्वा एडीसन। इन्हें तथा टेस्ला महोदय को १९१२ में संयुक्त रूप से नोबेल पुरस्कार से सम्मानित किए जाने की घोषणा की गई थी। टेस्लाजी ने सूचित किया कि वे इसे संयुक्त रूप से स्वीकार नहीं करेंगे और वे अपने शब्दों पर अडिग रहे।

५ फरवरी, १८९६ को एक समारोह में टेस्लाजी तथा स्वामीजी का परिचय हुआ। उस समय स्वामीजी न्यूयॉर्क में प्रत्येक रविवार को सांख्ययोग पर व्याख्यान देते थे। टेस्लाजी व्याख्यान सुनने नियमित जाते थे, पर समय पर नहीं पहुँचते थे। फिर सभागृह के बाहर खड़े होकर व्याख्यान सुनते थे। स्वामीजी से भेंट होते ही टेस्लाजी ने उनसे कहा, ''वेदांत के सभी विचार विज्ञानसम्मत हैं। वे विचार आज के वैज्ञानिक युग की आकांक्षाएँ पूर्ण करते हैं तथा आज के वैज्ञानिक संशोधन के बाद जिन निष्कर्षों पर पहुँचते हैं, उनसे वैदिक विज्ञान पूर्णतः सुसंबद्ध है।''

टेस्लाजी ने जो और महत्त्वपूर्ण बातें कहीं, उन्हें स्वामीजी ने १३ फरवरी, १८९६ को लिखे अपने पत्र में ई.टी. स्टर्डी को सूचित किया था। उनमें से कुछ पंक्तियाँ इस प्रकार

हैं, "श्रीमान् टेस्लाजी की ऐसी धारणा है कि जड़ तथा चेतनशक्ति का स्थितिक ऊर्जा (पोटेंशियल एनर्जी) में गणित की सहायता से रूपांतरण करना संभव है। इस बात को उनसे समझने के लिए मैं अगले सप्ताह उनसे मिलने जानेवाला हूँ। यदि यह सिद्ध होता है, तो वेद के ब्रह्मांड-सिद्धांत को ठोस आधार मिलेगा।"

दुर्भाग्य से टेस्लाजी यह सिद्ध नहीं कर पाए। आगे अल्बर्ट आइनस्टाइन ने ई=एम.सी.[२] समीकरण से जड़ तथा चेतन शक्ति की एकरूपता सिद्ध की। पर उसके आनंद को भोगने के लिए विवेकानंद जीवित नहीं रहे।

जमशेदजी टाटा

भारतवर्ष के आद्य उद्योगपति जमशेदजी टाटा को विवेकानंदजी की महानता, विशेषकर उनकी वैज्ञानिक दृष्टि के विषय में जानकारी थी, इसका प्रमाण है निम्नलिखित पत्र—

२३ नवंबर, १८९८
एस्प्लेनेड हाउस,
बंबई

प्रिय स्वामी विवेकानंदजी,

जापान से शिकागो तक हम लोगों ने एक साथ यात्रा की। भारत में त्याग तथा तपस्या का पुनरुज्जीवन हो रहा है। हमारा उद्देश्य उसे नष्ट करने का नहीं है, अपितु उसका विविध मार्गों से परिचालन करने की आज विशेष आवश्यकता है। ये जो विचार आपने व्यक्त किए थे, उनका मुझे विशेषकर स्मरण हो रहा है। आपके इन विचारों का स्मरण कर मेरी इच्छा एक संशोधन-संस्था स्थापित करने की दिशा में कार्य करने की हो रही है। इसकी सूचना आपको प्राप्त हो गई होगी या आपने कहीं पढ़ा होगा। जहाँ मानवीय विज्ञानों की चर्चा करने में जीवन बिताया जाएगा, ऐसे आश्रमों तथा निवास-स्थानों की स्थापना की जाए, ऐसा मेरा मानना है। त्यागवृत्ति का इससे अच्छा सदुपयोग होना संभव नहीं है।

इस प्रकार के आंदोलन का नेतृत्व यदि किसी योग्य नेता द्वारा किया जाए, तो धर्म तथा विज्ञान, दोनों की प्रगति होगी तथा अपने देश की कीर्ति सर्वत्र फैलेगी। इस आंदोलन का नेतृत्व आधिकारिक रूप से विवेकानंद के अलावा और कौन कर सकता है ? क्या आप इस प्रकार का नेतृत्व कर हमारी राष्ट्रीय परंपरा में नव चेतना का निर्माण करेंगे ? इस दिशा में जनजागृति करने के उद्देश्य से यदि आप अपनी ओजस्वी भाषा में एक पुस्तिका लिखेंगे, तो उसके प्रकाशन का सारा व्यय मैं आनंदपूर्वक वहन करने को तैयार हूँ।

सादर, आपका विश्वासपात्र
जमशेद एन. टाटा

अपरिग्रही स्वामीजी यह काम स्वीकार नहीं कर सकते थे, पर इस कार्य के लिए उनकी पूर्ण सहानुभूति थी, यह स्पष्ट होता है। १८९९ की जनवरी के अंतिम सप्ताह में टाटाजी के एक निकट सहयोगी तथा सलाहकार बरजोरजी पादशहा स्वामीजी से मिलने बेलूर मठ गए। उनसे मुलाकात के बाद स्वामीजी द्वारा प्रारंभ की गई 'प्रबुद्ध भारत' अंग्रेजी मासिक पत्रिका के १८९९ के अप्रैल माह के अंक में इस विषय पर एक संपादकीय प्रकाशित हुआ। स्वामीजी के कहने पर यह लेख भगिनी निवेदिता द्वारा लिखा गया प्रतीत होता है। 'श्री टाटाजी की योजना' शीर्षक से प्रकाशित इस लेख का सारांश इस प्रकार है—

"भारत को जीवित रहना हो, प्रगति करनी हो तथा दुनिया में अग्रणी राष्ट्रों की पंक्ति में बैठना हो, तो पहले हमें अन्न की समस्या का हल निकालना होगा। आज की तीव्र प्रतिस्पर्धा के युग में खेती तथा व्यापार, उदरनिर्वाह के प्रमुख इन दो क्षेत्रों में आधुनिक विज्ञान का उपयोग करना ही एकमात्र उपाय है। आज नए-नए यंत्र आने लगे हैं। ऐसी स्थिति में हमारे पुराने साधन टिक नहीं सकते। जो लोग अपनी बुद्धि से कम-से-कम शक्ति का उपयोग कर प्राकृतिक संसाधनों का अधिक-से-अधिक उपयोग नहीं कर सकेंगे, उनकी प्रगति अवरुद्ध होगी। उनके भाग्य में पतन तथा विनाश ही होगा। उससे बचने का कोई उपाय नहीं है।

नैसर्गिक शक्तियों का ज्ञान प्राप्त करने की दिशा में भारतीयों का मार्ग अधिक प्रशस्त करना ही टाटाजी की योजना का स्वरूप है। इस योजना के कार्यान्वयन के लिए लगभग ७४ लाख रुपए की आवश्यकता होगी। इसलिए कुछ लोगों को लगता है कि यह योजना केवल कल्पना-विलास है। इसका उत्तर है कि इस देश में सबसे अमीर न होनेवाले व्यक्ति श्री टाटा यदि ३० लाख रुपए दे सकते हैं, तो देश के अन्य सब लोग मिलकर बाकी की रकम नहीं जुटा सकते? इसलिए क्या इस तरह सोचना अनुचित होगा, क्योंकि यह योजना कितनी महत्त्वपूर्ण है, इसे सब लोग जानते हैं।

इसलिए मैं पुनः बताना चाहता हूँ कि आधुनिक भारत में संपूर्ण देश के लिए कल्याणकारी सिद्ध होनेवाली ऐसी योजना अभी तक देखने में नहीं आई है। देश के सभी नागरिकों का कर्तव्य है कि वे जात-पाँत, संप्रदाय आदि से ऊपर उठकर इस योजना को सफल बनाने में सहयोग करें।"

विवेकानंदजी जैसे तपःपूत ऋषि का आशीर्वाद तथा सहयोग-प्राप्त संस्था खड़ी होगी ही और वह हुई भी, पर इससे पहले ही विवेकानंद तथा टाटा दोनों का ही निधन हो गया। उस विज्ञानयज्ञ के ऋषि विवेकानंद तथा ऋत्विज जमशेदजी टाटा के पुण्यप्रताप से १९०९ में वह संस्था प्रारंभ हुई। बैंगलोर के पश्चिम में पाँच किलोमीटर दूर स्थित यह संस्था आज भी एशिया में अभियांत्रिकी तथा औद्योगिकी की शिक्षा देनेवाली एक प्रमुख संस्था है। उसका नाम है 'इंडियन इंस्टीट्यूट ऑफ साइंस'।

मूलत: विवेकानंद नूतन मानवधर्म के संदेशवाहक थे। सत्य-सनातन धर्म का प्रचार-प्रसार करना ही उनके जीवन का एकमात्र उद्देश्य था। वेदों में से ही उन्हें सत्यनिष्ठा प्राप्त हुई, इसीलिए उन्होंने हिंदू धर्म के अंधविश्वास पर जमकर प्रहार किया। केवल शाब्दिक प्रहार ही नहीं, बल्कि कितनी ही निरर्थक रूढ़ियों को अपने आचरण में भी स्थान नहीं दिया। वेद-धर्म पूर्णत: विज्ञाननिष्ठ हैं, पर विज्ञान की कसौटी पर खरे न सिद्ध होनेवाले हैं—कर्मकांड, पूजापाठ, प्रचलित रूढ़ियाँ एवं तर्कहीन अंधविश्वास, इनसे दूर रहिए—ऐसी बात करनेवाले एकमेव विज्ञाननिष्ठ थे विवेकानंदजी।

दलितों का मसीहा

"मानव की महानता का गुणगान जितना हिंदू धर्म में किया गया है, उतना किसी भी अन्य धर्म में दिखाई नहीं पड़ता तथा उत्पीड़ित सर्वहारा समाज के लोगों के पेट पर पैर रखकर हिंदू धर्म जिस प्रकार उन पर अत्याचार करता है, वैसा भी कोई धर्म नहीं करता।"

'हिंदू-धर्म-गौरव' की उपाधि से विभूषित स्वामी विवेकानंदजी का कथन है यह। भारत की गरीब, पीड़ित, असहाय तथा शूद्र आदि नीच माने जाने वाली जातियों के विषय में विवेकानंदजी ने किस प्रकार अश्रुपात किए, उनकी कैसी सेवा की, गुरुबंधु तथा शिष्यों को भी उनकी सेवा करने के लिए किस प्रकार प्रेरित किया, इसके अनेक उदाहरण इस पुस्तक में हैं ही। स्वामीजी के भाषणों के कुछ उद्धरण भी पुस्तक में दिए गए हैं, पर वे अपूर्ण हैं। विवेकानंदजी का साहित्य पढ़ते हुए यह स्पष्ट होता है कि भारतवर्ष की सामाजिक समस्याओं के बारे में बोलते समय स्वामीजी सबसे अधिक दलितों के शोषण के बारे में बोले हैं। उनकी बातें दिल को कचोटने वाली हैं। उसी प्रकार वे बम के गोले भी हैं। शोषित समाज के बारे में स्वामीजी ने रक्ताश्रु बहाए हैं, पर शोषकों की टोलियों पर शब्दों की बमबारी भी की है। उन टोलियों में दो तरह के ठग हैं—एक हैं, हिंदू धर्म के ठेकेदार तथा दूसरे हैं—उच्चवर्णीय लोग। इनके अलावा उक्त दोनों ठगों को परोक्ष रूप से सहायता करनेवाली एक बदजात है—सुधारक। स्वामीजी ने विस्फोटक शब्दों में उनकी भी खबर ली है।

सत्येंद्रनाथ मजूमदारजी द्वारा किए हुए मराठी अनुवाद के कुछ अंश का उपयोग कर रहा हूँ। गंभीर चिंतन के लिए बाध्य करनेवाले तथा मन को अस्वस्थ करनेवाले स्वामीजी के कुछ विचार देखिए—

"अपनी दुर्दशा के लिए, अपनी अधोगति के लिए तथा अपने दु:खों के लिए जिम्मेदार सर्वप्रथम स्वयं हम ही लोग हैं, दूसरा कोई नहीं। हमारे उच्चवर्गीय पूर्वज भारतवर्ष की सर्वसाधारण जनता को पैरों के नीचे कुचलने लगे, रगड़ने लगे। धीरे-धीरे

वे बेचारे असहाय हो गए। इन सतत होनेवाले अत्याचारों से घबराकर वे दलित लोग धीरे-धीरे भूल गए कि वे भी मनुष्य हैं। आज सैकड़ों वर्षों से गुलामों की तरह केवल पानी भरना तथा लकड़ी काटना उनकी नियति बन गई है। उनका जन्म ही गुलामी करने के लिए हुआ है—ऐसा दृढ़ विश्वास उनके मन में पैदा कर दिया गया है। अपनी शिक्षा के गर्व में चूर हमारे आजकल के भाईबंद इन पददलित लोगों की उन्नति करने की बात आते ही कानों पर हाथ रखकर तौबा करते हुए खिसक जाते हैं।

अपने आर्य बाप-दादाओं की बड़ाई कीजिए, भारत के पुराने जमाने के बड़प्पन का दिन-रात गुणगान कीजिए, हम ये हैं, हम वो हैं—ऐसा चाहे जितना ढिंढोरा पीटिए। आप उच्चवर्णीय लोग जिंदा क्यों हैं? आप लोग हैं, दस हजार वर्ष पुरानी 'ममी', भूसा भरा हुआ प्रेत और आपके पूर्वजों ने 'चलते-बोलते श्मशान' कहकर जिनसे घृणा की, वही आज जिंदा हैं। भारत में आज जो कुछ बचा हुआ है, वह केवल उन्हीं के कारण है। 'चलता-बोलता श्मशान' यदि कोई है, तो वे आप लोग स्वयं हैं—उच्चवर्णीय लोग। आपके घरद्वार हैं—केवल अजायबघर, संग्रहालय। आपकी बातचीत, आपका व्यवहार देखते ही लगता है मानो दादी-परदादी के मुँह से कहानियाँ सुन रहे हैं। आपसे बातें कर घर वापस आने पर लगता है कि किसी चित्रगैलरी से चित्र देखकर वापस आए हैं।

भूतकाल के अस्थिपंजर शेष ढाँचाओं! आपके सामने यह आपका उत्तराधिकारी भावी भारत खड़ा है। आपके पास जो रत्न, हीरे, जवाहरात हैं, उन्हें उनके सामने फेंक दीजिए और आप लोग अस्तंगत हो जाइए। आपके विलीन होने के बाद कोटि मेघों की गर्जना के समान सुनाई पड़ेगी, भावी भारत के उद्‌बोधन की ध्वनि, वाहे गुरु की फतेह!

आनुवंशिक संक्रमण के नियमानुसार विद्यार्जन के लिए यदि ब्राह्मण अधिक उपयुक्त हैं, तो फिर ब्राह्मणों की शिक्षा पर खर्च न करके वह सारा धन अस्पृश्य जाति के शिक्षण पर खर्च करिए। क्योंकि दुर्बलों को ही अधिक सहायता की जरूरत होती है। ब्राह्मण यदि जन्मजात ही बुद्धिमान् होते हैं तो वे औरों की सहायता के बिना भी विद्यार्जन कर सकते हैं। जो जन्म से बुद्धिमान् नहीं होते, उनके लिए शिक्षकों की व्यवस्था की जानी चाहिए। सारांश यह कि भारत की दीन-हीन, पददलित सर्वसाधारण जनता को उनकी स्वयं की पहचान करवानी होगी। जाति, वर्ण आदि का विचार न करते हुए, सबल तथा निर्बल, हरेक नर-नारी को, हरेक बालक-बालिका को जाकर बताइए कि सबल, दुर्बल, उच्च-नीच सभी के अंदर विराजमान है वही एक अनंत आत्मा, इसीलिए सभी महान् बन सकते हैं, सभी अच्छे हो सकते हैं।

भाइयो! उठो, जागो और कितने दिनों तक खर्राटे भरते रहोगे। उत्तिष्ठत, जाग्रत्...इतने दिनों तक इस देश के ब्राह्मणों ने ही धर्म का ठेका लिया था, पर कालगति के सामने ये सब टिक नहीं पाए। इसलिए वह धर्म देश के सभी लोगों के लिए उपयोगी बने, ऐसी

कोई व्यवस्था कीजिए। जाइए और सबको बताइए कि ब्राह्मणों की तरह आपका भी समान अधिकार है। चांडाल से लेकर सबको, इस मंत्र की दीक्षा दीजिए तथा सीधी और सरल भाषा में उन्हें खेती, उद्योग-धंधे आदि गृहस्थ जीवन के लिए अत्यावश्यक बातों का प्रशिक्षण दीजिए, अन्यथा धिक्कार है आपके शिक्षित होने को। जाइए, कार्य में लग जाइए। पैदा हुए हैं तो पीछे कोई निशानी छोड़ जाइए। वैसे तो पेड़-पौधे भी पैदा होते हैं और मर जाते हैं।

यह आपका हिंदुस्तान है। यहाँ कोटि-कोटि लोग केवल महुए के फूलों पर जीवित रहते हैं और एक करोड़ सवर्ण तथा दस-बीस लाख ढोंगी साधु उनका जोंक की तरह रक्तशोषण करते हैं तथा उसका मुआवजा भी नहीं देते। दरिद्रनारायणों की उन्नति के लिए ये लोग कुछ भी नहीं करते। ऐसे अपने इस भू-भाग को देश कहा जाए या नरक।

आज अवनति के गर्त में जा पहुँचा है हमारा हिंदू धर्म। एक भंगी यदि अपने को भंगी बताते हुए किसी उच्चवर्णीय हिंदू के यहाँ जाता है, तो उसे संक्रामक रोग की तरह भयावह मानकर उसके लिए घर के दरवाजे तुरंत बंद कर दिए जाते हैं। पर जैसे ही कोई पादरी उसी भंगी के सिर पर कटोरी भर पानी छिड़कता है, प्रार्थना के कुछ शब्द बुदबुदाता है तथा शरीर ढकने के लिए फटा ही सही, एक कोट देता है, तब वही भंगी भंगी नहीं रहता, फिर वह शान से जब किसी हिंदू के घर जाता है, तब उससे बड़े प्रेम से हस्तांदोलन किया जाता है। उसे बैठने के लिए कुरसी दी जाती है। इससे अधिक विडंबना क्या हो सकती है!

क्या आप जानते हैं कि दक्षिण भारत में पादरियों की फौज क्या जबरदस्त आक्रमण कर रही है? नीच माने जानेवाली जाति के लाखों हिंदुओं का धर्मांतरण कर रही है यह फौज। त्रावणकोर का उदाहरण लीजिए। पुजारियों के चक्कर में घिरा हुआ पहले नंबर का शहर है, त्रावणकोर। वहाँ के सारे जमींदार ब्राह्मण हैं। उनकी एक चौथाई प्रजा आज क्रिश्चियन है, पर उनके धर्मांतरण करने के लिए मैं उन्हें दोष नहीं देता और दूँगा भी नहीं।"

उच्च वर्ण के लोगों को भूकंप की तरह झटके दिए हैं, विवेकानंदजी ने पर एक भयंकर शोकांतिका भी है। वह इस प्रकार है—

हम लोग राष्ट्रवादी हैं, ऐसी बड़प्पन की डींग हाँकनेवाली राजनीतिक तथा सामाजिक संस्थाएँ ऐसे क्रांतिकारी विवेकानंदजी को आम जनता तक नहीं पहुँचातीं। अपने को दलितों का मसीहा माननेवाले साम्यवादी, दलितों के नेता विवेकानंद को पढ़ने के लिए भी तैयार नहीं हैं। विवेकानंदजी भगवान् का नाम लेते हैं, इसलिए साम्यवादी तथा विवेकानंद उच्च वर्ण के थे, इसलिए दलित नेता उनकी ओर झाँकने के लिए भी तैयार नहीं हैं।

यह दोहरी शोकांतिका कब समाप्त होगी?

न्यायमूर्ति रानडे

अंग्रेजी शिक्षा प्राप्त तथा विलायती जीवनशैली से अभिभूत हुए सुधारवादियों पर स्वामीजी बहुत नाराज होते थे। स्वामीजी का कहना था कि ये सुधारक शूद्रों को नीचे से ऊपर लाने के लिए कुछ भी न करके केवल ब्राह्मणों एवं क्षत्रियों की ही वकालत करते हैं। भारत की सही समस्याओं का ज्ञान इन सुधारकों को न होने के कारण कैंसर को मामूली घाव समझकर उस पर केवल मरहम-पट्टी करते हैं।

न्यायमूर्ति महादेव गोविंद रानडे इसी तरह के सुधारक थे। वैसे वे बहुत बड़े विद्वान् थे। उन्हें नवविचारों का प्रणेता माना जाता है। वे हो भी सकते हैं, पर ग्रंथलेखन, शिक्षा का प्रसार तथा समाजसेवा के साथ-साथ 'जैसी कथनी वैसी करनी' अर्थात् आचरण की भी आवश्यकता होती है, ऐसा विवेकानंद कहते हैं। रानडेजी की समानता घर के बाहर निकलने पर ही शुरू होती थी। घर पर आते ही छुआछूत आदि कर्मकांड शुरू हो जाता था। धोंड़ो केशव कर्वेजी की तरह दूसरा विवाह उन्होंने विधवा से न कर एक कुमारी के साथ किया था। ज्योतिबा फूलेजी ने इसके लिए रानडेजी को खूब खरी-खोटी सुनाई थी। विवेकानंदजी को न्यायमूर्ति के व्यक्तिगत जीवन के बारे में शायद ज्ञान नहीं रहा होगा। पर न्यायमूर्तिजी ने विवेकानंदजी के बारे में अवश्य ही पढ़ा होगा। स्वामीजी का साहित्य भी पढ़ा होगा। फिर भी रानडेजी ने स्वामीजी के विरुद्ध एक भाषण ठोंक दिया। भाषण संन्यास-धर्म के विरुद्ध था, पर उस समय विवेकानंदजी ही जगन्मान्य संन्यासी के रूप में पहचाने तथा पूजे जाते थे। स्वामीजी के बारे में रानडेजी के मन में क्यों इतनी खुन्नस थी, इसका कारण समझ में नहीं आता।

सन् १९०० में लाहौर कॉन्फ्रेंस के अध्यक्ष पद से न्यायमूर्ति रानडेज़ी ने अपने भाषण में कहा कि वेदकाल से सिक्ख धर्म के गुरुओं तक सभी विचारवान् पुरुष विवाहित थे। संन्यासी का जीवन अपूर्ण है। जीवन के माधुर्य का उन्होंने उपभोग नहीं किया है। ऐसे अपूर्ण संन्यासी वैदिक युग में नहीं थे और आज भी उनका रहना उचित नहीं है। इसलिए हमें आज विवाहित आचार्यों का एक दल खड़ा करना चाहिए। अपने लंबे भाषण में रानडेजी ने अगस्त, अत्रि, वसिष्ठ आदि मुनियों से लेकर सर्वश्री दिवानबहादुर रघुनाथ राव, देवेंद्रनाथ टैगोर, केशवचंद्र सेन, शिवनाथ शास्त्री, प्रतापचंद्र मजूमदार, लाला हंसराज, लाला मुंशीराम और डॉक्टर रामकृष्ण भांडारकर आदि विवाहित बुद्धिवादियों का नाम लेकर कहा कि ये सारे महानुभाव विवाहित थे।

रानडेजी के भाषण का जैसा संक्षिप्त विवरण ऊपर दिया गया है, उसी प्रकार विवेकानंदजी द्वारा किए गए खंडन का विवरण यहाँ नहीं दिया जा रहा है। जिज्ञासुओं को विवेकानंदजी का चरित्र पढ़ना चाहिए। स्वामीजी के खंडन का केवल अंतिम परिच्छेद प्रस्तुत है—

"चिरायु हों रानडेजी और सारे समाज-सुधारक! पर हे भारत, हे पाश्चात्य भावों से भरे हुए भारतवत्स, मत भूलो कि इस समाज में ऐसी कुछ समस्याएँ हैं, जिनका तुमने और तुम्हारे पाश्चात्य गुरुओं ने अभी तक आकलन भी नहीं किया है, तो फिर उनके समाधान की बात तो अलग हैं।"

चातुर्वर्ण्य के घोर विरोधी विवेकानंदजी को सर्वत्र उसी परिभाषा का उपयोग करना पड़ा, अन्यथा भारतीय जनता को उनके विचार समझ में ही नहीं आते। स्वामीजी द्वारा की गई एक भविष्यवाणी बताकर यह आलेख पूर्ण करता हूँ। भिखारियों के साथ एक ही पत्तल में खाने वाले तथा जूठी पत्तलों को सिर पर रखकर ले जाने वाले श्री रामकृष्णजी का यह पट्टशिष्य कहता है—

> "एक समय में हिंदुस्तान पर ब्राह्मणों ने शासन किया, फिर क्षत्रियों ने, इस समय वैश्य कर रहे हैं। इसके बाद शासन करेंगे शूद्र। उस सुदिन के आने की प्रतीक्षा करें।'

इसलाम तथा विवेकानंद

आज हमारे देश में 'मुसलमान' एक बड़ा ही संवेदनशील प्रश्न बना हुआ है।

हिंदुत्ववादी राजनेता श्रीराम से लेकर विवेकानंदजी तक अनेक महापुरुषों के नाम लेकर अपनी राजनीतिक रोटियाँ सेंक रहे हैं। हरेक व्यक्ति को अपने धर्म के प्रति आस्था तथा गर्व होता है। इसलाम के जन्म से ही वह गर्व अतिकट्टरता के द्वार पर पैर जमाकर खड़ा है। सहिष्णु हिंदुओं में भी उसी कट्टरता का जहर फैलाने का प्रयत्न हिंदुत्ववादी राजनेता कर रहे हैं तथा बहुत हद तक सफल भी हुए हैं। इसके लिए विवेकानंद नामक असली सिक्का भी बाजार में उतारा गया है।

जी हाँ! विवेकानंदजी हिंदू थे। हिंदू होने का उन्हें अभिमान भी था। सभी धर्मों में हिंदू धर्म ही श्रेष्ठ धर्म है, यह बिगुल भी उन्होंने दुनिया भर में फूँका, पर हिंदू धर्म से उनका अभिप्राय था, मानवधर्म। उस मानवधर्म के विपरीत जो हिंदू धर्म में प्रचलित था—अमानुष मठाधीशों ने जो पाशविक शोषण प्रारंभ किया था, तथाकथित धर्म-गुरुओं ने वेदों के अर्थ को विकृत कर अपने माथे पर स्वर्ण मुद्राओं को चढ़वाया था, ब्राह्मण वर्ग ने शास्त्रों को एक किनारे कर जिन कुरीतियों तथा रूढ़ियों को स्वीकार करने के लिए समाज को बाध्य किया था, इसके विरुद्ध योद्धा विवेकानंदजी ने फटकार लगाई थी। वर्तमान शंकराचार्यादि अनेक धर्ममार्तंड तथा हिंदुत्व के नाम पर राजनीति करनेवाले नेतागण, उस विवेकानंद को अपने भक्तगणों तथा मतावलंबियों के सामने नहीं लाते, यह हिंदुस्तान का तथा विवेकानंदजी का दुर्भाग्य है।

राम, कृष्ण, काली, गणेश, शिव, दत्त आदि देवताओं के मंदिरों में आज भक्ति का

मानो उफान आया है। हिंदू धर्माचार्यों तथा हिंदुत्ववादी नेताओं ने ही कानों को चुभनेवाला वातावरण पैदा किया है। विवेकानंदजी ने अल्मोड़ा में अश्विनी कुमार दत्तजी के प्रश्नों के जो उत्तर दिए थे, ये लोग उन्हें जनता को क्यों नहीं बताते।

अश्विनीबाबू बंगाल के महान् संत तथा देशभक्त माने जाते हैं। वे रामकृष्णजी के मित्र थे। ऐसा महान् वृद्ध स्वामीजी से मार्गदर्शन प्राप्त करने के लिए हठ कर ही बैठा। देशसेवा कैसी करनी चाहिए, इस प्रश्न पर विवेकानंदजी एक संत प्रवृत्ति के वृद्ध को जो बताते हैं, उसे सुनकर अनेक हिंदू भक्तगण भक्तियोग के नियमों का पालन नहीं करते—इस बारे में स्वामीजी का क्षोभ प्रकट होता है। स्वामीजी कहते हैं—''अश्विनीबाबू, जहाँ-जहाँ आप राधाकृष्ण के मिलन तथा विरह के गीत सुनें, वहाँ-वहाँ तड़ातड़ हंटर चलाइए। भक्ति को मजाक बना दिया है इन भक्तगणों ने। भक्ति क्या कोई रास्ते में मिलनेवाली बाजारू चीज है। जिनकी इंद्रियाँ एकदम बेलगाम हैं, जिनका स्वयं पर, अपनी गलत आदत तथा दुर्व्यसनों पर जरा भी नियंत्रण नहीं है, ऐसे ऐरे-गैरे भारत भर में भक्ति के बेसुरे ढोल पीट रहे हैं। सैकड़ों वर्षों से स्त्रैण भक्तिगीत गाते आए हैं हम लोग। अब कुछ समय के लिए उन्हें बंद होना चाहिए। इस बीच हम लोग राष्ट्र को बलवान् बना सकते हैं। उसमें शारीरिक शक्ति का संचार कर सकते हैं।''

झाँझ-मजीरा बजाकर नाच-गान होनेवाले सभी हिंदू मंदिरों में विवेकानंदजी का यह वाक्य बड़े-बड़े अक्षरों में लिखा जाना चाहिए।

ऐसी थोथी भक्ति, अखंड नामसंकीर्तन, गुरुचरित्र के पाठ, ग्रहण में उपवास, फिर स्नान, श्रावण में दाढ़ी बढ़ाना, वटसावित्री, संतोषीमाता आदि हिंदुओं में रूढ़ आधारहीन बातें, इनमें से कुछ का विवेकानंदजी ने मजाक उड़ाया है। इसके विरुद्ध आचरण भी किया है।

ऐसा हिंदूधर्म प्रखर राष्ट्रवाद किस तरह खड़ा कर सकता है, इसकी स्वामीजी को बड़ी चिंता थी। इसलाम में ऐसी थोथी बातें नहीं हैं, यह भी वे देखते थे। भगिनी निवेदिता आदि पश्चिमी शिष्यों के साथ उत्तर भारत की यात्रा के समय का यह प्रसंग देखिए—एक वृद्ध स्त्री से स्वामीजी द्वारा उसका धर्म पूछने पर उसने कहा, ''अल्लाह की मेहरबानी से मैं मुसलमान हूँ।''

स्वामीजी ने शिष्यों से कहा, ''हिंदू लोग जीवन भर भगवान्-भगवान् करते हैं, पर भगवान् की कृपा से मैं हिंदू हूँ, ऐसा कोई नहीं कहता।''

स्वामीजी अल्पायुषी थे, पर उन्होंने कितना महान् कार्य किया, यह हम लोगों ने देखा ही है। पंजाब में हिंदू, सिख, आर्यसमाज का त्रिकोणीय संघर्ष उन्होंने कुछ समय के लिए शांत कर दिया था।

पर हिंदू-मुसलमान के प्रश्न पर वे कोई रास्ता नहीं निकाल पाए। दोनों धर्मों में

जन्मतः शत्रुभाव है तथा उनमें सौहार्द तथा सुसंवाद स्थापित करना बड़ा कठिन काम है, इसे विवेकानंद अच्छी तरह समझे थे, फिर भी प्रयत्न तो करना ही चाहिए। उनके गुरु सर्वधर्म-समन्वय के प्रणेता थे। उन्होंने इसलाम की साधना कर मोहम्मद पैगंबरजी का प्रत्यक्ष दर्शन भी प्राप्त किया था। विवेकानंदजी के सामने दोहरा पेच था। एक—हिंदुओं में जागृति पैदा कर उन्हें युद्ध के लिए प्रवृत्त करना तथा दूसरा—जाग्रत् शक्तियों का दुरुपयोग मुसलमानों से झगड़ने में न हो, इसका ध्यान रखना।

इस पर विवेकानंदजी ने एक विशेष रणनीति बनाई थी। हिंदू धर्म के लोगों पर अपने प्रभाव का उपयोग कर हिंदुओं को मुसलमानों से मेल-जोल बढ़ाने के लिए प्रेरित करने का प्रयत्न करना उनकी रणनीति थी।

क्षीरभवानी की घटना इसका एक ज्वलंत उदाहरण है। सिद्धि-चमत्कार का घोर विरोध करनेवाले विवेकानंद कहते हैं कि क्षीरभवानी ने उनसे संवाद किया तथा कहा, "मेरी मूर्ति को तोड़ने आए म्लेच्छ भी मेरे ही बच्चे हैं।" उस अनुभव का वर्णन करने के बाद स्वामीजी कहते हैं, "भवानी माँ ने मेरी देशभक्ति की हवा ही निकाल दी। यहाँ देशभक्ति का अर्थ है—हिंदुत्व, पर हिंदू-मुसलमानों की एकता होगी तो बुद्धि-बल का अनुपम संगम होगा तथा भारतवर्ष दुनिया का सबसे बलवान् राष्ट्र बनेगा।"

ऐसा स्वप्न बेचारे विवेकानंदजी ने सँजोया था। विवेकानंदजी बेचारे इसलिए कि उनका स्वप्न आज हिंदू तथा मुसलमान भारतीयों ने धूल में मिला दिया है। यह स्वप्न उन्होंने एक पत्र में प्रकट किया था। जिन्हें यह पत्र लिखा था, उनका नाम था मोहम्मद सरफराज हुसैन। नैनीताल में सन् १८९८ में स्वामीजी की उनके साथ पहली भेंट हुई। पहली भेंट में ही हुसैन साहब ने स्वामीजी से कहा था—"भविष्य में किसी ने भी अगर आपको ईश्वरीय अंश माना, अवतार घोषित किया तो कृपया याद रखिए, आपको अवतार कहनेवाला पहला व्यक्ति है, यह मुसलमान मोहम्मद सरफराज।"

सरफराजजी ने स्वामीजी को वंदन किया तथा उसी क्षण उनका शिष्यत्व स्वीकार कर अपना नाम मोहम्मदानंद घोषित किया। उन्हीं के एक पत्र के उत्तर में स्वामीजी ने जो पत्र लिखा, उसे छापकर आज के राम तथा बाबर भक्तों को भारत भर में भेजा जाना चाहिए।

अल्मोड़ा
१० जून, १८९८

प्रिय मित्र,

मुझे आपका पत्र बहुत अच्छा लगा। ईश्वर अनजाने में ही अपनी मातृभूमि के कल्याण के लिए कुछ अद्भुत बातों की योजना कर रहा है, यह जानकर मुझे बड़ा ही आनंद हुआ है।

सच तो यह है कि धर्म तथा विचार के संबंध में अद्वैतवाद अंतिम सत्य है। इसी अद्वैत की आधारभूमि से हम लोग सभी धर्मों, संप्रदायों को प्रेमभाव से देख सकते हैं। यह अद्वैत, चाहे इसे आप वेदांत-दर्शन कहिए या कुछ और, भविष्य की ज्ञानसंपन्न मानवजाति का यही धर्म है—यह मेरा दृढ़ विश्वास है। हिंदू जाति, हिब्रू तथा अरब जातियों से प्राचीन होने के कारण उसे उक्त अद्वैत सिद्धांत को प्रथम खोज निकालने का श्रेय शायद मिला होगा, पर संपूर्ण मानवजाति स्वयं की आत्मा ही है, ऐसी धारणा से देखने तथा व्यवहार करनेवाला प्रत्यक्ष अद्वैतवाद हिंदुओं में कभी भी विकसित नहीं हुआ था।

इसके विपरीत मेरा ऐसा अनुभव है कि यदि कोई धर्म इस समता के काफी निकट पहुँचा है तो वह केवल इसलाम ही है, इसलिए मुझे पूर्ण विश्वास हो गया है कि वेदांत के सिद्धांत कितने ही सूक्ष्म तथा सुंदर होने पर भी, जब तक उनमें इसलाम धर्म में प्रचलित समता को जोड़ा नहीं जाता, तब तक सर्वसाधारण मानवजाति के लिए वे अनुपयोगी ही सिद्ध होंगे। जहाँ वेद नहीं है, बाइबल नहीं है या कुरान भी नहीं है, ऐसी जगह हमें मानवजाति को ले जाना है, पर वेद, बाइबल तथा कुरान के समन्वय से ही इसे साधना है। एकत्व ही एकमात्र धर्म होकर भिन्न-भिन्न धर्मपंथ, इस मूल धर्म के अलग-अलग आविष्कार हैं, इसे मानवजाति को समझाना चाहिए। यदि ऐसा होता है, तो प्रत्येक व्यक्ति अपनी सुविधानुसार एक-एक मार्ग का अवलंबन करेगा।

अपनी मातृभूमि की दृष्टि से विचार करने पर हिंदू धर्म तथा इसलाम धर्म का समन्वय अर्थात् वेदों के एकत्व का सर्वोच्च तत्त्वज्ञान तथा इसलाम धर्म की व्यावहारिक समता, इनका मिलन ही एकमात्र आशा का स्थान है।

इन झगड़ों तथा तनाव के बीच से उदित होनेवाला वैभवसंपन्न, अजेय, परिपूर्ण, ऐसा कल का भारत मेरे मनश्चक्षुओं के सामने दिखाई पड़ रहा है।

वेदांती बुद्धि तथा इसलामी देह धारण कर इस भावी भारत का उदय होने वाला है।

मानवजाति को, विशेषकर अपनी अत्यंत गरीब मातृभूमि की सहायता करने के लिए ईश्वर एक साधन के रूप में आपका उपयोग करे, ऐसी मैं उससे सतत प्रार्थना करता हूँ।

आपका,

विवेकानंद

यह पत्र एक शताब्दी से भी अधिक पुराना है। उस समय का गुलाम भारत 'अतिगरीब' था, ऐसा स्वामीजी लिखते हैं। आज स्वतंत्र भारत भी लगभग वैसा ही गरीब है। उस समय दंगे होते थे। हिंदू-मुसलमान एक-दूसरे की छाती पर बैठते थे। पर उन दंगों के पीछे कुछ उत्तेजक कारण होते थे, आज इतने सालों बाद भी पहले से अधिक दंगे होते हैं।

हिंदुओं की बुद्धि तथा मुसलमानों का बल इकट्ठा कर हम भारतीय आज भी

विश्व के राजनीतिक पटल पर सारी महाशक्तियों को परास्त कर सकते हैं। विवेकानंदजी का यह स्वप्न पूरा करने का क्या हम लोग मन बना सकते हैं?

धर्मोन्माद के संबंध में चिंतन करने के लिए बाध्य करनेवाला विवेकानंदजी का एक उद्धरण देखिए—

"धर्मोन्मादी मनुष्य जब ईश्वर का नाम किसी दूसरी भाषा में सुनता है, तो उसका सिर चकरा जाता है। धर्मोन्मादी व्यक्ति विवेकपूर्ण विचार नहीं करता। वह केवल यह देखता है कि व्यक्ति स्वधर्मी है या परधर्मी। यही उसके विचार की सीमा होती है। इसका परिणाम यह होता है कि जो मनुष्य स्वधर्मियों को बड़ा सज्जन, ईमानदार तथा दयालु लगता है, वही अपने धर्म से अन्य धर्म के लोगों पर अत्याचार करने के लिए आगे-पीछे नहीं देखता। धार्मिक कट्टरता मनुष्य के मस्तिष्क का एक भयंकर रोग है। इसके जैसा खतरनाक दूसरा कोई रोग नहीं होगा।"

मांसाहारी विवेकानंद

संन्यासियों की प्राचीन परंपरा क्या थी—यह मैं नहीं जानता, पर आदि शंकराचार्यजी ने हिंदू संन्यासियों के लिए कुछ खास नीति-नियम बनाए थे। इनका उल्लंघन किया रामकृष्णजी के शिष्य ने। 'परमहंस' नामक संन्यास-धर्म हमने स्वीकार किया है, जिसमें पान-तंबाकू खाना एवं क्रिश्चियन तथा मुसलमानों द्वारा दी गई भिक्षा, जिसमें मांस-मच्छी भी शामिल है, स्वीकार्य है—ऐसा स्वामीजी ने बेलगाँव के प्रोफेसर भाटेजी से कहा था।

स्वामीजी ने यह भी स्वीकार किया है कि वे उम्र के बीस वर्षों तक ऐशोआराम में जिए। खाने-पीने की कोई कमी नहीं थी तथा किसी तरह की कोई मनाही भी नहीं थी। जिह्वा को वैसी ही आदत हो गई। गुरुदेव ने कुछ भी खाने की स्वतंत्रता दी थी, इसलिए मांसाहार और धूम्रपान चल रहा था। श्रीरामकृष्णजी ने नरेंद्र को निस्संदेह अभक्ष्य-भक्षण करने की अनुमति दी थी।

अब प्रश्न यह है कि जिस खानपान के कारण विरोधियों ने स्वामीजी को बदनाम किया, अमेरिकी तथा भारतीय समाचार-पत्रों ने उसके बारे में बड़े-बड़े शीर्षक में यह समाचार प्रकाशित कर जनमत कलुषित किया। बौद्ध, जैन तथा वैष्णव संप्रदाय के समस्त शाकाहारी समाज को जिस कारण सदमा पहुँचा, उसे वर्जित करने का आदेश सद्‌गुरु ने अपने पट्टशिष्य को क्यों नहीं दिया? समाचार-पत्रों में हुई बदनामी से घबराकर अश्रु बहानेवाले उस पट्टशिष्य ने बहुसंख्यक शाकाहारी हिंदुओं का मन रखने के लिए ही सही, मांसाहार तथा धूम्रपान बंद क्यों नहीं किया? जिह्वा के वे अधीन नहीं थे। जिसने कामवासना पर विजय प्राप्त की हो, ऐसे जितेंद्रिय के लिए जिह्वा की लपलपाहट

को काबू में करना जरा भी कठिन नहीं था, तो फिर पारंपरिक संन्यास-धर्म का पालन विवेकानंदजी ने क्यों नहीं किया? उनके अन्य कुछ गुरुबंधु शाकाहारी थे। आज भी रामकृष्ण मिशन के कई स्वामी निरामिष अन्न का ही सेवन करते हैं तथा तंबाकू न तो खाते हैं और न ही पीते हैं, फिर रामकृष्णजी ने अपने पट्टशिष्य को एक अलग तरह के संन्यासी रूप में दुनिया के सामने क्यों खड़ा किया? उसके पीछे सद्गुरु की योजना का क्या रहस्य रहा होगा?

मुझे इसके दो कारण दिखाई पड़ते हैं। पहला—छुआछूत आदि बातों का धर्म से कोई संबंध नहीं है। हिंदुओं के कुछ संप्रदायों में उसका काफी बोलबाला है। उसे समाप्त करने, कम-से-कम उसे धक्का देने के उद्‌देश्य से ही धर्मक्रांति की ध्वजा फहराने वाले परमहंसजी ने विवेकानंदजी जैसे क्रांतिकारी संन्यासी को गढ़ा होगा। विवेकानंदजी ने यह विचार एक ही सूत्रवाक्य में रखा है, "खान-पान व्यक्तिगत रुचि का विषय है। उसका धर्म से जरा भी संबंध नहीं है।"

दूसरा कारण यह होगा कि श्रीरामकृष्णजी का सर्वधर्मसमभाव का तत्त्वज्ञान था। उन्हें सभी धर्म, पंथ तथा संप्रदाय प्रिय थे। उन्हें विश्वव्यापी मानवधर्म ही स्वीकार्य था और उन्होंने अपनी शिक्षा में भी उसी का प्रचार भी किया। भारत में जैन, हिंदू ब्राह्मण (समुद्र-किनारे के ब्राह्मणों को छोड़कर) तथा वैष्णव संप्रदाय के लोगों को छोड़कर, किसी का भी शाकाहार के लिए दुराग्रह नहीं है। भारत तथा भारत से बाहर के बौद्ध भी शाकाहारी हैं, होने भी चाहिए। बहुत से चीनी तथा जापानी बौद्ध तथा अपने यहाँ के नव बौद्ध इसके अपवाद हैं। मुसलमानों के लिए तो मांसाहार (सूअर का मांस छोड़कर) धर्मादेश जैसा आवश्यक है। क्रिश्चियन लोगों को सूअर, गाय आदि का मांस खाने का कोई निषेध नहीं है। श्रीरामकृष्णजी को जिस विश्वधर्म का प्रचार-प्रसार विवेकानंदजी के माध्यम से करवाना था, उसमें उन्हें खानपान के बारे में कट्टर रहना उचित नहीं था। यूरोप-अमेरिका में धर्म-प्रचार के लिए कुछ वर्षों तक रहना था, इसलिए उनका शाकाहार के लिए हठ करना अनुचित ही होता; हिंदू संन्यासी तथा आत्मिक शक्ति के स्वामी होते हुए भी विवेकानंदजी हम लोगों जैसे सूट-बूट में रहते हैं, बाल रखते हैं, हम लोगों के साथ खाने के लिए टेबल पर बैठकर हमारे द्वारा पकाया गया अन्न खाकर अतिथि-सत्कार स्वीकार करते हैं, यह सोचकर अंग्रेजी तथा अमेरिकी लोगों को स्वामीजी उनके बहुत नजदीकी लगे—इस बात को नजरअंदाज नहीं किया जा सकता।

यहाँ एक और प्रश्न जिज्ञासुओं के मन में आ सकता है कि मांसाहार करनेवाले ने मद्यपान भी जरूर किया होगा। विदेश में कीमती मद्य घर-घर में हमेशा उपलब्ध रहता है। आए हुए अतिथि को पानी के स्थान पर मद्य देने की वहाँ परंपरा है। संन्यासी-चोला हटाकर अंग्रेजी वेशभूषा में रहकर मुरगी की टाँग को चबानेवाले विवेकानंदजी ने स्कॉच,

ब्रांडी, पोर्ट या शेरी नहीं तो कम-से-कम बीयर तो जरूर ही पी होगी।

नहीं, विवेकानंदजी ने शराब को कभी स्पर्श भी नहीं किया। उनके ऊपर उनके दुश्मनों ने भी उन्हें मद्यपी कहकर कभी बदनाम नहीं किया। (मद्य तो दूर, पाइप को मुँह में रखकर धूम्रपान करनेवाले विवेकानंदजी का एक भी फोटो उनके विरोधी प्राप्त नहीं कर सके। अमेरिका में विवेकानंदजी के सैकड़ों फोटो उपलब्ध हैं, पर धूम्रपान करते हुए एक भी फोटो नहीं है।)

स्वामीजी ने जीवन में मद्य की एक बूँद भी नहीं चखी, बल्कि मद्यपान की कड़ी निंदा की। योगी मद्यपान कर ही नहीं सकता, यह संशयग्रस्त जिज्ञासुओं को बताना आवश्यक है। विवेकानंदजी एक महायोगी थे। योगाभ्यास में श्वास की क्रिया ऐसी होती है, जहाँ मद्य की तेज महक भी नहीं चल पाती। पीना तो दूर की बात है।

विवेकानंदजी खाने के शौकीन थे। तीखा और मसालेदार खाना उनका शौक था। स्विट्जरलैंड के ल्यूसर्न शहर में काफी तीखी मिर्च उन्होंने चबाकर खाई।

खाना बनाना भी स्वामीजी का शौक था, "पाककला में जो कुशल होगा, वही उत्तम संन्यासी हो सकता है, क्योंकि एकाग्रता तथा शुद्ध मन के बिना स्वादिष्ट खाद्य पदार्थ बन ही नहीं सकते। ये दोनों गुण संन्यासी में होने ही चाहिए।"

वे मांसाहारी हैं—इस बात को स्वामीजी ने भारत में संन्यासी जीवन में भी छिपाकर नहीं रखा। महाराष्ट्र तथा दक्षिण भारत के तीन कट्टर उच्चवर्णीय शाकाहारियों ने उनके विचार लिखकर रखे हैं। वे तीन प्रसंग इस प्रकार हैं—

एक

अक्तूबर १८९२, शहर—कोल्हापुर।

लेखक—श्री विजापुरकर।

हम लोगों ने स्वामीजी को राजारामीय परिषद् में आमंत्रित किया। एक ने उनसे पूछा, "आपका धर्म कौन-सा है?"

स्वामीजी—"मेरा धर्म वह है जिसका उधमी बच्चा है—बुद्धवाद और जिसकी खींचतान कर की गई नकल है, क्रिश्चियनिटी। यूरोपीय लोगों के धर्म का आकलन कैसे हो सकता है। वे लोग केवल ऐशोआराम के चक्कर में रहते हैं।"

एक ने बीच ही में टिप्पणी की, "मांसाहारी लोगों को धर्म का आकलन हो ही कैसे सकता है?"

स्वामीजी—"नहीं-नहीं, आपके प्राचीन ऋषि-मुनि भी तो मांसाहारी थे।" 'उत्तर रामचरित' में इसका स्पष्ट उल्लेख है, आपने पढ़ा नहीं है? (हम सब लोग चुप) तो सुनिए।

स्वामीजी ने कितने ही श्लोक सुनाए, जिनमें हमारे महान् मनीषी मांसाहार करते थे—इस बात का स्पष्ट उल्लेख था।

यह सुनकर कितने ही श्रोताओं के मन में स्वामीजी की जाति पूछने की उत्सुकता पैदा हुई, पर यह हिम्मत कौन कर सकता था?

दो

अक्तूबर १८९२, शहर—बेलगाँव।

लेखक—प्राध्यापक जी.एस.भाटे

प्राध्यापक महाशय लिखते हैं, "एक दिन सुबह, शायद १५ अक्तूबर, १८९२ को छह बजे एक युवा वैरागी हमारे घर आया। उसने एक पत्र दिया। वह पत्र कोल्हापुर महाराज के खास व्यवस्थापक श्री गोलवलकरजी का मेरे पिताजी के नाम लिखा हुआ था। श्री गोलवलकरजी मेरे पिताजी के घनिष्ठ मित्र थे। पत्र में उन्होंने उस वैरागी को हमारे घर में टिकाने के लिए आग्रह किया था।

सच तो यह है कि स्वामी सुस्वरूप था, पर उसमें संन्यासी की कोई शक्ति होगी, ऐसा न हमें, न हमारे गाँव के किसी व्यक्ति को प्रतीत हुआ।

इसका कारण था, उसकी वेशभूषा तथा आदतें। संन्यासी केवल भगवी लुंगी पहनते हैं। उनके शरीर का ऊपरी भाग खुला रहता है, पर यह युवक बनियान पहने था और उसका रंग भगवा था। बनियान पहना हुआ संन्यासी हम लोग पहली बार देख रहे थे। संन्यासी के हाथ में दंड होता है, पर इसने एक पतली लाठी ले रखी थी, जिसका उपयोग चलने के लिए किया जा सके (विवेकानंदजी को लंबैगो की बीमारी थी, यह भाटेसाहब को मालूम नहीं था)।

हिंदू संन्यासी अंग्रेजी में बातें करता है, यह देख हम लोग चकित हो गए। दोपहर के भोजन के बाद उस संन्यासी ने जो फरमाइश की, उसे सुनकर हमें तो धक्का ही लगा। उसने पान तथा तंबाकू माँगा। संन्यासी तंबाकू खाता है! हम लोगों को घबराते देख उसने जो कहा, वह इस प्रकार है—

"मैं संन्यासी हूँ, पर जाति से ब्राह्मण नहीं हूँ। संन्यासी होकर गृहस्थाश्रमी जीवन में सहजता से प्राप्त होनेवाली सुविधाओं के प्रति मेरा आकर्षण है। मैंने पान, सुपारी, तंबाकू माँगी, इसलिए आपको जबरदस्त धक्का लगा। है न? मैं अपने संन्यासाश्रम से पूर्व का जीवन बताता हूँ। सुनिए—मैं कलकत्ता विश्वविद्यालय का पदवीधारी हूँ। कॉलेज में रहते हुए मैंने ऐशोआराम की जिंदगी जी है। मस्ती में रहता था। अचानक सद्गुरु मिल गए, उनका नाम है श्रीरामकृष्ण परमहंस। उनकी शिक्षा से मेरा जीवनप्रवाह बदल गया। पर ऐहिक जीवन के कुछ व्यसनों का सुख मुझसे छोड़ा नहीं जा रहा था। सद्गुरु ने भी

कोई आपत्ति नहीं की, इसलिए पान-तंबाकू खाता हूँ।''

एक संन्यासी पदवीधारी हो सकता है, यह एक आश्चर्य ही था, पर उसके द्वारा अपना पूर्व जीवन खुले दिल से बताने के कारण हम लोगों में भी उससे अगला प्रश्न पूछने का साहस पैदा हुआ।

तंबाकू सेवन करनेवाले से अगला सवाल आहार के बारे में ही होगा। वह हमने किया। उस पर स्वामीजी ने कहा, ''मैं पारंपरिक परिभाषा में बैठने वाला संन्यासी नहीं हूँ। हमारे संन्यास-धर्म को 'परमहंस' कहते हैं। आहार के बारे में हम पर कोई बंधन नहीं है। जो मिलेगा, जो परोसा जाएगा, वह खाने का हमें आदेश है, पर माँगकर खाने का हमें अधिकार नहीं है। अगर किसी ने कुछ नहीं दिया, तो भूखे रहिए, पर माँगिए नहीं—ऐसा सख्त नियम है। दूसरा नियम यह है कि अन्नदाता की जाति तथा धर्म कुछ भी हो, उसके द्वारा दी हुई भिक्षा को स्वीकार करना ही होगा।''

''तो क्या गैर-हिंदू द्वारा दी गई भिक्षा भी स्वीकार करते हैं?''

''हाँ, कितने ही मुसलमानों के यहाँ रहकर उनके यहाँ पकाए गए अन्न को मैंने खाया है।''

तीन

दिसंबर १८९२, शहर—त्रिवेंद्रम।

लेखक—प्राध्यापक सुंदररामा अय्यर।

स्वामीजी २२ दिसंबर, १८९२ को मेरे यहाँ रहने के लिए आए। उन्हें नौ दिन रहना था। तीसरे दिन अचानक उन्हें मन्मथनाथ भट्टाचार्य नाम के सज्जन मिले, फिर उन्होंने हमारे घर खाना-पीना बंद कर दिया। मुझे थोड़ा नाराज हुआ देख वे हँसकर समझाते हुए बोले, ''मन्मथ मेरा बचपन का सहपाठी है। उसके बाबा पंडित महेशचंद्र न्यायरत्न कलकत्ते में संस्कृत महाविद्यालय के प्राचार्य तथा जगप्रसिद्ध संस्कृत विद्वान् थे। इतने वर्षों के बाद भेंट होने के कारण हम लोगों को एक-दूसरे से बहुत बातें करने की इच्छा हुई। भोजन वहाँ करने का कारण था, चावल-मछली। दक्षिण भारत में आने के बाद मेरे यजमान (मेजबान) ब्राह्मण ही हैं। यहाँ के ब्राह्मण मांस-मछली नहीं खाते। यहाँ एक बंगाली के मिलने से मुझे मेरा सर्वप्रिय आहार मिलेगा ही, इसलिए...।''

''छिह, आप मांस-मच्छी खाते हैं?''

''हमारे प्राचीन ब्राह्मण मांसाहारी थे। हमारे धर्मग्रंथों में इसका प्रमाण बहुत मिलता है। अतिथि को शहद में पकाया हुआ मांस (मधुपर्क) देना श्रेष्ठ सत्कार माना जाता था। मांसाहार को जब से पाप माना गया, तभी से भारत की अवनति प्रारंभ हो गई। शारीरिक बल कम हुआ और कमजोर हिंदुओं पर गुलामी की दुर्दशा छा गई। मैं तो यहाँ तक

कहूँगा कि भारत को यदि वैश्विक शक्तिस्पर्धा में टिकना है, तो हिंदुओं को मांसाहार पर जोर देना ही चाहिए।''

यह कथन भयंकर सदमा पहुँचानेवाला है, पर इसीलिए विवेकानंद योद्धा संन्यासी हैं, झंझावाती हिंदू हैं।

ये तीनों प्रसंग व्यक्तिगत बैठकों के हैं, पर क्या स्वामीजी अपने मतों को सार्वजनिक करने में घबराते थे? बिलकुल नहीं। वह योद्धा संन्यासी दहाड़ता था—''हमारा हिंदू धर्म केवल स्पर्शास्पर्श के नियमों में फँसा हुआ है। छुआछूत आदि के कठोर नियम बनाकर हमने अपने असंख्य दलित बांधवों को हिंदू धर्म के मूल प्रवाह से दूर रखा है। खाने-पीने के मामले में तो यह कड़वाहट शिखर पर पहुँची है। आदमी क्या खाता है, इससे यह तय किया जाता है कि वह पापी है या पुण्यवान्। इससे निकृष्ट धर्मांधता क्या हो सकती है। स्पर्शास्पर्श नियमों का बोलबाला इतना चरम पर है कि रसोई के बरतन हो गए हैं देवमूर्ति तथा रसोईघर बन गए हैं देवालय।''

आहार के विषय में विवेकानंदजी ने बहुत लिखा है। 'प्राच्यओ पाश्चात्य' नामक अपने बंगाली लेखसंग्रह में 'शाकाहार तथा मांसाहार' शीर्षक पाँच पृष्ठ के लेख में से कुछ अंश यहाँ देना आवश्यक प्रतीत होता है—

''(अपने देश में) प्रारंभ से आज तक एक बहुत विवाद चल रहा है, शाकाहार या मांसाहार? मांसभक्षण हितकारक या अहितकारक? इसके अलावा जीवहत्या उचित या अनुचित, यह भी हमेशा से एक विवादग्रस्त मुद्‌दा रहा है। एक पक्ष का कहना है, 'किसी भी कारण से हत्यारूपी पाप करना उचित नहीं है,' तो दूसरा पक्ष कहता है, 'बंद करिए अपनी बकवास। हत्या किए बिना जिंदा रहना संभव नहीं है।' आधुनिक वैष्णव बेचारे बड़े मुश्किल में पड़े हैं। उनके भगवान्, राम तथा कृष्ण मद्य-मांस का सेवन करते थे। रामायण, महाभारत में इसके प्रमाण हैं। सीताजी ने गंगाजी को मांस-भात तथा हजार गगरी दारू चढ़ाने की मन्नत मानी थी।

मांस खाना असभ्यता है तथा शाकाहारी भोजन हमेशा अधिक पवित्र है, इसे कौन अस्वीकार करेगा। जिसका उद्‌देश्य केवल धार्मिक जीवन जीने का है, उसके लिए शाकाहार ही उचित है—इसमें दो राय नहीं है और जिसे इस दुनिया की आपाधापी में अगल-बगल के लोगों के साथ दो-दो हाथ करते हुए सतत जीवन-मरण के संघर्ष में से अपना रास्ता तय करना है, उसे मांसाहार करना ही चाहिए—यह निर्विवाद है। जब तक मनुष्य-समाज में जिसकी लाठी उसकी भैंसवाला भाव रहेगा, तब तक मांसाहार करना ही पड़ेगा या उसके समकक्ष कोई नया खाद्य-पदार्थ ढूँढ़कर निकालना ही होगा।''

धार्मिक लोगों के लिए शाकाहार आवश्यक है—ऐसा प्रतिपादन स्वामीजी ने किया है। उनके शिष्यों को भी साधना के काल में शाकाहार ही करना चाहिए, ऐसा स्वामीजी

उन्हें बताते थे। स्वामीजी स्वयं मांसाहार के सच्चे भोक्ता थे। विदेश में जब इसके कारण बदनामी के स्वर उभरने लगे, तब उनके प्रिय शिष्य अलसिंगा पेरूमल ने उन्हें पत्र द्वारा मांसभक्षण वर्ज्य करने की सूचना भेजी थी। उस पर स्वामीजी द्वारा दिया गया उत्तर विवेकानंद-साहित्य का एक उत्कृष्ट नमूना है।

पेरिस

९ सितंबर, १८९५

''प्रिय अलसिंगा,

मिशनरियों की मूर्खता को आप लोग इतनी गंभीरता से लेते हैं, यह देख आश्चर्य हुआ! मुझे अक्षरशः हिंदू-पद्धति के अनुसार ही भोजन करना चाहिए, ऐसा यदि भारत के लोगों का आग्रह है, तो उन्हें मेरे लिए एक रसोइया तथा उसके खर्चे के लिए पर्याप्त पैसा भेजना चाहिए, ऐसा उन्हें बताएँ। एक फूटी कौड़ी की भी मदद किए बिना लोग जो फरमान जारी कर रहे हैं, इस पर मुझे हँसी आ रही है।

जहाँ तक मेरा प्रश्न है, मैं किसी की भी हुकुमशाही नहीं मानूँगा, यह याद रखिए। अपने जीवन के कार्य के बारे में मुझे अच्छी तरह मालूम है। मुझे मेरे देश के बारे में झूठा अभिमान नहीं है। मैं जितना भारत का हूँ, उतना ही दुनिया का भी हूँ। इस बारे में जरा भी असत्यता नहीं है। मुझ पर किसी भी देश का खास हक नहीं है। मैं किसी देश का गुलाम थोड़े ही हूँ। श्रद्धाहीन नास्तिकों! मूर्खों की तरह और अधिक बकवास मत करिए।

मैंने कठोर परिश्रम किया है। जमा की हुई सारी रकम कलकत्ता तथा मद्रास भेज दी। इतना सब करने पर उनकी मूर्खता की हुकुमशाही मैं क्यों मानूँ? आप लोगों को शर्म नहीं आती? मैं उन लोगों का कुछ भी नहीं लगता। उनकी प्रशंसा की मुझे जरा भी परवाह नहीं है। वे बदनाम करेंगे, इसलिए मैं थोड़ा भी डरनेवाला नहीं हूँ वत्स! मैं एक अलग ही मनुष्य हूँ। अभी आप लोगों को भी मेरी ठीक से पहचान नहीं हुई है। आप लोग अपना काम करिए। काम करना न आता हो, तो चुप रहिए, पर मूर्खों जैसी बकवास कर मुझ पर हुकुम मत चलाइए। मेरे पीछे मनुष्य, ईश्वर, शैतान—इन सबसे श्रेष्ठ ऐसी शक्ति खड़ी है, यह मुझे दिखाई पड़ रहा है। मुझे किसी की भी सहायता की आवश्यकता नहीं है। मैं जीवन भर औरों की सहायता करता आया हूँ। आज तक भारत में पैदा हुए पुरुषों में सर्वश्रेष्ठ पुरुष श्रीरामकृष्णजी के कार्य में हाथ बँटाने के लिए वे छोटी-सी रकम भी इकट्ठा नहीं कर सकते और मूर्खों जैसी बकवास कर रहे हैं।

केवल सुशिक्षित हिंदुओं में ही दिखाई पड़नेवाले जात्यंध, धर्मभीरू, निर्दय, दांभिक, नास्तिक, डरपोक लोगों में से मैं एक बनकर जिंदा रहूँ तथा मरूँ, क्या इसीलिए मैं पैदा

हुआ हूँ, ऐसा आपका कहना है? कायरता से मुझे नफरत है। डरपोक लोगों तथा राजनीति की मूर्खता से मुझे कुछ भी लेना-देना नहीं है। किसी भी तरह की राजनीति पर मेरा जरा भी विश्वास नहीं है। ईश्वर तथा सत्य—यही इस दुनिया की एकमात्र राजनीति है। बाकी सारी बातें तुच्छ हैं, असार हैं।''

मूलत: बंगाली और उसमें भी कायस्थ थे विवेकानंदजी। उसमें भी धनी परिवार में पैदा होने के कारण विवेकानंदजी को खाने-पीने की जरा भी कमी नहीं थी। श्रीरामकृष्णजी का शिष्यत्व स्वीकार करते समय नरेंद्रनाथ की आयु केवल १९ वर्ष थी। उसके बाद चार वर्षों तक वे पिताजी की छत्रछाया में ऐशोआराम में रहता था। २३ वर्षों तक मांसाहार की आदत जड़ जमा चुकी थी। सतगुरु ने भी उस जन्मजात आदत पर कोई प्रतिबंध नहीं लगाया। इसीलिए विवेकानंदजी आजन्म मांसाहारी रहे तथा उन्हें कट्टर हिंदुओं ने उसी रूप में स्वीकार भी किया। केवल स्वीकार ही नहीं किया, अपितु श्रद्धाभाव से स्वागत भी किया और आज भी कर रहे हैं। परंपरावाद पर ऐसी विजय आधुनिक युग में किसी ने भी प्राप्त नहीं की।

संगीतज्ञ विवेकानंद

सच तो यह है कि हरेक योगी को अच्छा गायक होना चाहिए, क्योंकि प्राणायाम में श्वास का अवरोधन (कुंभक) करनेवाला साधक ओंकार का उच्चारण जिस पद्धति से करता है, वैसा स्वर अच्छे-अच्छे गायकों के लिए लगाना कठिन है। स्वामी विवेकानंद तो योगिराज थे। कुंडलिनी जाग्रत् करना क्या होता है, यह मैं नहीं जानता, पर स्वामीजी ने वह जाग्रत् की थी। ऐसे सिद्ध पुरुष को गायन-सिद्धि प्राप्त होना कोई आश्चर्य नहीं है।

विवेकानंदजी के पास संगीत कोई यौगिक चमत्कार के रूप में नहीं आया था अपितु योगसाधना व्यवस्थित ढंग से प्रारंभ करने से पूर्व ही नरेंद्रनाथ ने संगीत-कला में पूरी तरह से निपुणता प्राप्त की थी।

ऐसा कहते हैं कि संगीत-कला में सर्वांगीण निपुणता अर्जित करने के लिए कलाकार का तीन क्षेत्रों में प्रभुत्व होना आवश्यक है: वह शास्त्र का मर्मज्ञ हो, सृजन का स्वामी हो तथा महफिल जमानेवाला उत्तम गायक या वादक हो। (He should be a musicologist, creative genius and a performing artist parexcellence.)

स्वामी विवेकानंदजी ने संन्यास ग्रहण करने से पहले ही उक्त तीनों क्षेत्रों में प्रभुत्व प्राप्त किया था। आयु के केवल तेईसवें वर्ष में नरेंद्रनाथ बी.ए. का 'संगीत कल्पतरु' ग्रंथ प्रकाशित हुआ। गान विधाओं को नरेंद्रनाथ ने स्वरबद्ध किया था तथा गायन एवं तबलावादन में देवदुर्लभ प्रवीणता प्राप्त की थी।

विवेकानंदजी की आत्मिक ऊर्जा का स्रोत अनेक धाराओं में प्रवाहित होता था। उनमें एक धारा थी संगीत। अन्य कुछ किए बिना ही उन्होंने अगर केवल स्वरसाधना ही की होती, तो वे उस क्षेत्र में अमर हो जाते।

दत्त-घराने को संगीत का वरदान प्राप्त था। नरेंद्र के दादाजी दुर्गाप्रसाद उत्तम गायक थे। उनका उत्तराधिकार उनके सुपुत्र विश्वनाथबाबूजी को मिला। नरेंद्र की माताजी भुवनेश्वरी देवी के भी गले में मिठास थी। माताजी की गाई हुई लोरी, लोकगीत तथा भजनों का नरेंद्र पर बचपन से संस्कार था। छोटेपन में नरेंद्र के गुनगुनाते ही उसके पिताजी ने उसकी स्वरक्षमता पहचान ली थी। पिता विश्वनाथ धनसंपन्न एवं रसिक थे। स्वयं तो गाते ही थे, पर गुणीजनों को हर हफ्ते घर बुलाकर संगीत की महफिल सजाते थे। लखनऊ, रायपुर, दिल्ली तथा पंजाब तक की यात्रा करते समय उन्हें संगीत की जो नई-नई विधाएँ सुनने को मिलतीं, उन्हें संग्रहीत कर विश्वनाथबाबू कलकत्ता वापस आते तथा वहाँ गुनगुनाकर गायकों को सुनाते। बंगाल में तब तक ठुमरी प्रचलित नहीं हुई थी। विश्वनाथबाबू ने बंगाल को ठुमरी की पहचान करा दी।

दत्तवाड़ी में होनेवाली साप्ताहिक महफिलों से नरेंद्र की संगीत में रुचि पैदा हुई। वहाँ होनेवाली चर्चाओं से संगीतशास्त्र के विषय में उसकी जिज्ञासा बढ़ने लगी।

१८७८ में विश्वनाथ बाबू सपरिवार डेढ़ वर्ष के लिए रायपुर चले गए। वहाँ कोर्ट का काम कम था। समय काफी मिलता था। नरेंद्र को भी पढ़ाई के लिए वहाँ स्कूल नहीं मिला। पिता-पुत्र प्रतिदिन घंटों अनेक विषयों पर बातें करते। वहाँ विश्वनाथबाबू ने नरेंद्र को ध्रुपद, धमार, खयाल, टप्पा, ठुमरी, कीर्तन तथा श्यामासंगीत, बाऊल आदि बंगाली लोकगीतों का व्यवस्थित पाठ पढ़ाया। लड़का सुरीला है तथा संगीत में नाम कमाएगा, ऐसा विश्वास होते ही पिताजी ने कलकत्ता आने पर उसे ज्ञातागुरु से संगीत की शिक्षा दिलाने का निर्णय किया।

नरेंद्र के पहले गुरु थे, वेणीमाधव अधिकारी। दूसरे थे, उस्ताद अहमद खाँ। दोनों ही रियाजी गायक थे। उनके पास की सारी विद्या नरेंद्र ने प्राप्त की। साथ में संगीतशास्त्र का पठन, चीजों का संग्रह तथा सरगम तैयार करने की शिक्षा भी चल रही थी।

गायन के साथ ही नरेंद्र ने वादन में भी दक्षता प्राप्त की थी। वादनगुरु थे, उसके सगे चचेरे भाई, अमृतलाल उर्फ हाबू दत्त। हाबूबाबू नरेंद्र से पाँच वर्ष बड़े थे। बचपन में ही वे संगीतकला की ओर आकृष्ट हुए। उन्हें गुरु प्राप्त हुए थे, प्रख्यात उस्ताद वजीर खाँ साहब रामपुरवाले। वजीर खाँ साहब के दो शिष्यों ने भारतीय संगीत को नई ऊँचाइयाँ दीं। एक थे—उस्ताद अली अकबर खाँ साहब के पिताजी तथा गुरु, उस्ताद अल्लाउद्दीन खाँ साहब तथा दूसरे थे—उस्ताद अमजद खाँ के पिताजी तथा गुरु, उस्ताद हफीज खाँ साहब।

अपने उस चचेरे भाई से नरेंद्र ने सितार, पखावज तथा तबलावादन सीखा। तबलावादन में स्वामीजी ने असाधारण महारथ हासिल की थी। विवेकानंदजी ने गायन तथा तबलावादन की जो अकूत संपदा अर्जित की थी, उसका वर्णन सुनकर बड़े-बड़े पंडितजी तथा खाँ साहब चकरा जाते थे।

विवेकानंद-रचित 'संगीत कल्पतरु' ग्रंथ का परिचय कराने से पहले नरेंद्र ने अपने ईश्वरप्रदत्त कंठस्वरों से सद्गुरु की प्राप्ति कैसे की, यह बताता हूँ।

सन् १८८१ के नवंबर में सुरेंद्रनाथ मिश्रजी के घर श्रीरामकृष्णजी तथा नरेंद्र की पहली बार भेंट हुई। ये दोनों अवतारी पुरुष थे तथा बंगाल में जन्म लेकर मानवकल्याण करनेवाले थे। उनकी आपस में मुलाकात के बाद परमहंसजी को नरेंद्र से जो लगाव हुआ, उसका कारण था नरेंद्र का गायन।

महाविद्यालय के प्रथम वर्ष में पढ़नेवाला नास्तिक नरेंद्र अच्छा गायक है, यह उसके सगों तथा परिचितों को मालूम था। नरेंद्र की पड़ोस की गली में शिमला स्ट्रीट पर रहनेवाले सुरेंद्रबाबू ने उसे जल्दी से बुलाया। वहाँ परमहंस उपस्थित थे। ठाकुरजी को गायन अत्यंत प्रिय है, इसलिए तुम एक-दो गीत सुनाओ—ऐसा सुरेंद्र बाबू ने कहा। नरेंद्र ने दो गीत सुनाए। एक था—अयोध्यानाथ पाकड़ाशी रचित 'मन चलो निज निकेतने' (राग मल्हार, एकताल) तथा दूसरा था, बेचाराम चट्टोपाध्यायजी का 'जाबे की हे दिन आमार बिफले चालिए' (राग मुलतानी, एक ताल)।

नरेंद्र का ईश्वरप्रदत्त कंठ दोनों के बीच के अटूट संबंधों का माध्यम बना तथा दोनों के आत्मिक सम्मेलन का सेतु बना नरेंद्र का संगीत।

श्री महेंद्रनाथ गुप्त उर्फ 'म', इन्होंने रससिक्त बंगाली भाषा में 'श्रीरामकृष्ण कथामृत' नामक परमहंसजी का चरित्र पाँच खंडों में लिखा है। उसमें परमहंसजी प्रत्येक भेंट में नरेंद्र को गाना सुनाने का आग्रह करते थे, यह तो लिखा ही है, पर हर बार नरेंद्र ने जो गाना, भजन, कीर्तन सुनाया, उसके बोल भी दिए हैं।

यहाँ श्री 'म' जी द्वारा वर्णित केवल दो घटनाएँ दी जा रही हैं—

"तानपुरा सुर में लगाए बिना नरेंद्र कभी भी गाना प्रारंभ नहीं करता था। जब तक वह पूर्ण संतुष्ट नहीं होता था, तब तक वह तानपुरा मिलाता रहता था। कभी-कभी उसमें काफी समय भी लगता था। उसके गुरुबंधु उतावले हो जाते, क्योंकि तानपुरा मिलाते समय वह किसी को बोलने तक नहीं देता था। परमहंस तो बहुत ही व्याकुल हो जाते। हर दो-तीन मिनट बाद उसे गायन प्रारंभ करने का आदेश देते, पर नरेंद्र उनकी ओर ध्यान ही नहीं देता था। तानपुरा मिलाते समय उसने कभी भी गुर्वाज्ञा नहीं मानी। तानपुरा उसके मनमाफिक मिलते ही वह बहुत ही अच्छा गाना गाता।

एक बार तानपुरा उसके मनमाफिक लग ही नहीं रहा था। परमहंसजी गाना सुनने

के लिए व्याकुल थे। उन्होंने नरेंद्र को आदेश दिया, विनती की, फिर भी नरेंद्र टस-से-मस नहीं हुआ। अंत में ठाकुरजी ने निराश होकर शिष्यों से कहा, "अब उठिए, आज तानपुरा मिलाने का दिन है। गाना कल होगा। मुझे तो यह तानपुरा फोड़ डालने की तीव्र इच्छा हो रही है।"

दूसरे प्रसंग का वर्णन करते समय श्री 'म' लिखते हैं—"नरेंद्र का गला मानो गंधर्वों का निवास-स्थान था। उसके स्वर लगाते ही ठाकुरजी तल्लीन हो जाते तथा थोड़ी ही देर में समाधिस्थ हो जाते। समाधि महानंद के कारण के रूप में नरेंद्र का गायन उन्हें खासकर अच्छा लगता था।

ठाकुरजी की अंतिम बीमारी के इलाज के लिए तत्त्वज्ञ डॉक्टर महेंद्रलाल सरकार आते थे। उन्होंने भी नरेंद्र का गायन एक दिन सुना और मुग्ध हो गए, पर उन्होंने ठाकुरजी की लगी हुई भावसमाधि भी देखी। कैंसर के रोगी के लिए भाव समाधिस्थ होना खतरनाक है—ऐसा उन्हें लगा।"

"२७ अक्तूबर, १८८५ की घटना है। ठाकुरजी के भक्त हुए डॉ. सरकार जब उन्हें देखने आए तो वहाँ नरेंद्र गा रहा था। ठाकुरजी कुछ न समझें, इसलिए उन्होंने मुझसे अंग्रेजी में कहा, "It is dangerous for him." ठाकुरजी ने तुरंत मुझसे पूछा कि डॉक्टर क्या कह रहे हैं? झूठ बोलना संभव नहीं था, इसलिए मैंने कहा, "डॉक्टर कहते हैं कि नरेंद्र के गायन से आपको समाधि लगती है और वह आपके स्वास्थ्य के लिए खतरनाक है।" ठाकुर डॉक्टर साहब की ओर देखकर बोलने लगे, "नहीं, नहीं! मुझे कहाँ लगती है समाधि।" और आगे कुछ बोलने से पहले ही समाधिस्थ हो गए।"

गीत-रचना

जीवन के लगभग सभी क्षेत्रों में अधिकार प्राप्त करनेवाले स्वामी विवेकानंदजी ने संगीत-कला की प्रत्येक विधा में सहजता से संचार किया था।

वे कवि तो थे ही। बंगाली, संस्कृत तथा अंग्रेजी में उन्होंने भावपूर्ण कविताएँ लिखी हैं। 'वीरवाणी' नामक पुस्तिका में उनकी कविताएँ संकलित हैं। वीरवाणी का अनुवाद लगभग सभी भाषाओं में प्रकाशित हुआ है।

कविताओं के अतिरिक्त उन्होंने बंगाली भाषा में ६ गीतों की रचना की तथा उन्हें संगीतबद्ध भी किया—जिज्ञासु उन्हें बेलूर मठ द्वारा प्रकाशित 'साधन संगीत' शीर्षक पुस्तक में देख सकते हैं।

कवि तथा संगीतकार होते हुए भी उन्होंने बंगाली में केवल ६ ही गीत लिखे तथा उन्हें संगीतबद्ध किया, इसमें कोई आश्चर्य की बात नहीं है। केवल ४० वर्षों का झंझावाती जीवन, उसमें भी कार्य, यात्राएँ, विरोध, रोग आदि हमने उनके चरित्र में देखा ही है।

कविताओं की रचना कर उन्हें स्वरबद्ध करने के लिए आवश्यक एकांत, रोगरहित शरीर तथा चिंतामुक्त मन उनके भाग्य में कितना आया? फिर भी खमाज, मुलतानी, बागेश्री आदि रागों में निबद्ध स्वामीजी द्वारा रचित गीतों को सुनने पर वे छह गीत संगीत-दिग्दर्शक के रूप में उनकी श्रेष्ठता सिद्ध करते हैं।

यहाँ केवल एक गीत का उल्लेख कर रहा हूँ। यह गीत आज भी बेलूर मठ में प्रतिदिन गाया जाता है। सद्‌गुरु का गुणगान करनेवाले इस गीत का भी मुखड़ा इस प्रकार है—

"खंडन-भव-बंधन जगवंदन वंदी तोमाय।
निरंजन, नररूपधर, निर्गुण गुणमय।"

यह गीत ध्रुपद अंग से चौताल में गाया जाता है। ध्रुपद गाते समय स्वयं पखावज बजाना अत्यंत कठिन काम है। 'संगीतसाधनाय विवेकानंद' ग्रंथ के लेखक दिलीपकुमार मुखोपाध्याय लिखते हैं, "ध्रुपद बहुत ही अनुशासित गायकी है। उसमें नियमों का पालन बड़ी सावधानी से करना पड़ता है। उसे करते हुए तन्मय होकर मृदंग बजानेवाले (मेरी समझ में) दो गायक हुए हैं। महान् कलाकार यदुभट्ट पहले तथा स्वामी विवेकानंदजी दूसरे।

संगीत कल्पतरु

स्वामी विवेकानंद जिस प्रकार तपस्वी, त्यागी, ज्ञानी, प्रचारक, संघटक, समाज-संस्कारक, योद्धा तथा विद्रोही थे, उसी प्रकार वे उत्तम गायक-वादक तथा संगीत-शास्त्र के मर्मज्ञ अधिकारी भी थे।

सन् १८८७ में प्रकाशित उनकी पुस्तक 'संगीत कल्पतरु' के मुखपृष्ठ का विवरण इस प्रकार है—

पुस्तक—संगीत कल्पतरु

लेखक—श्री नरेंद्रनाथ दत्त बी.ए. तथा श्री वैष्णवचरण बसाक।

प्रकाशक—श्री चंडीचरण बसाक ने आर्य पुस्तकालय के लिए, ११८ अपर, चित्पुर रोड, कलकत्ता में प्रकाशित किया।

लेखकद्वय में से पहला नाम हमारे चरित्रनायक का है। दूसरे लेखक प्रकाशक के सगे भाई वैष्णव चरण बसाक हैं। श्री बसाक लिखते हैं, "लगभग एक वर्ष पहले इस ग्रंथ के संकलन का कार्य प्रारंभ हुआ। श्री बाबू नरेंद्रनाथ बी.ए. महोदय ने ही प्रस्तावना लेखन तथा अधिकांश संकलन किया। बाद में अनेक अपरिहार्य कारणों से उनके व्यस्त

होने के कारण वे ग्रंथ के गीतों में से कुछ का संकलन नहीं कर सके। इसलिए शेषांश मैंने पूर्ण कर पुस्तक को प्रकाशित किया।''

आज स्वामीजी की आवाज उपलब्ध नहीं है। अब उनके स्मृति के रूप में शेष है, उनका ग्रंथ 'संगीत कल्पतरु' और बेलूर मठ में है उनका तानपुरा तथा उनके द्वारा स्वयं बाँधा हुआ पखावज।

हाजिरजवाब विवेकानंद

हाजिरजवाबी के लिए व्यक्ति के पास अगाध ज्ञान, प्रत्युत्पन्नमतित्व, आत्मविश्वास तथा विनोदबुद्धि का होना आवश्यक होता है—ये गुण स्वामीजी में थे। इसके अतिरिक्त उनका मन भी निष्कपट था। इसलिए वह विदेश में सफल हो सके।

किसी भी वस्तु का प्रचार करनेवाले व्यक्ति को जनता के साथ प्रेमभाव तथा नम्रतापूर्वक व्यवहार करना पड़ता है। साधारणत: धर्मप्रचारक षड्रिपुओं पर विजय प्राप्त करने का मुखौटा लगाकर घूमते हैं—पर विदेश में हिंदू-धर्म की दुंदुभि बजानेवाले विवेकानंदजी उनमें से नहीं थे। वे तीखे प्रश्न पूछनेवाले को कभी विनोद, तो कभी सपाट उत्तर देकर चुप कर देते थे। उन्होंने अमेरिकी लोगों को भी नहीं छोड़ा। 'आइवा स्टेट रजिस्टर' नामक पत्रिका में लिखा है—

''प्रतिस्पर्धा की भावना से वाक्युद्ध खेलने के लिए तैयार लोगों को वे मुश्किल में डाल देते थे। बिजली की तरह कौंधनेवाले उनके जवाब प्रश्नकर्ता को चारों खाने चित कर देते थे।

ये देखिए कुछ उदाहरण—

१. (गर्व से) स्वामीजी, हमारे मिशनरी आप भारतीयों का कल्याण कर रहे हैं। उन्हें खिला-पिला रहे हैं, कपड़े दे रहे हैं और अंग्रेजी पढ़ा रहे हैं। हमारे क्रिश्चियन धर्म ने आप हिंदुस्तानियों को क्या-क्या दिया, बता सकते हैं?

विवेकानंद—हाँ। Three B's—बाइबल, बायोनेट, ब्रांडी।

२. स्वामीजी, हमने सुना है कि आपके देश में जब लड़की पैदा होती है, तो उसे मगर वाले जलाशय में फेंक दिया जाता है। क्या यह सच है?

विवेकानंद—केवल लड़कियों को ही नहीं। लड़कों को भी मगर के मुँह में फेंक देते हैं। मेरी माँ ने भी मुझे मगरमच्छ के मुँह में धकेल दिया था, पर मैं काफी चुस्त-दुरुस्त बालक था। मगरमच्छ मुझे अपने मुँह में ले ही नहीं सके। वे मुझे खा नहीं पाए और उन्होंने मुझे किनारे की ओर धकेल दिया। इसलिए आज मुझे मेरी स्थूल देह होने की चिंता नहीं है। यदि मैं मोटा न होता, तो मगरमच्छों ने मुझे छोड़ा ही न होता।

३. (एक खूबसूरत अमेरिकी महिला)—स्वामीजी, आप रोमियो, मैं डेस्टिमोना। हम लोगों का मिलन क्यों न हो?

स्वामीजी—जरूर हो, पर मैडम, इससे पहले आप एक बार शेक्सपीयर जरूर पढ़ लें।

४. (एक स्कॉटिश)—आप बंगालियों को बाबू क्यों कहते हैं। यह बताइए कि बाबू तथा बबून (बंदर) में क्या अंतर है?

विवेकानंद—कोई खास नहीं। इसमें केवल इतना ही अंतर है, जितना एक साट (नशेबाज) तथा स्कॉट में है—केवल एक अक्षर का।

५. ईश्वर यानी एक्जेक्ट क्या?

विवेकानंद—ऊर्जा यानी एक्जेक्ट क्या?

(थोड़ी देर के बाद) अरे, आप लोग चुप क्यों हैं? हर क्षण आप जिसका उपयोग कर रहे हैं, उसकी आप लोग व्याख्या नहीं कर पा रहे हैं?

६. आप हिंदुओं की आज तक की कमाई क्या है? आप लोग एक भी कौम को जीत नहीं पाए?

विवेकानंद—जीत नहीं सके, यह झूठ है। जीता नहीं, वैसी इच्छा भी नहीं रखी, यह सच है। विदेश की किसी भी धरती को रक्तरंजित नहीं किया, यही मेरी जाति का गौरवपूर्ण अध्याय है। विदेश पर विजय क्यों प्राप्त की जाए? लूटपाट, तुच्छ धनार्जन, इसलिए? ईश्वर ने चिरकाल से भारत को दाता के उच्चासन पर बैठाया है। हम हिंदू लोग अखिल विश्व के धर्मगुरु हैं। दूसरों की संपत्ति को लूटनेवाले रक्तपिपासु लुटेरे नहीं और मुझे मेरे पूर्वजों पर गर्व है।

७. आपके पूर्वज, उनमें से महापुरुष, मानव जाति को वेद-धर्म का ज्ञान देने के लिए उत्सुक थे, ऐसा आप कहते हैं। फिर धर्मप्रचार के लिए वे लोग हमारे अमेरिका क्यों नहीं आए?

विवेकानंद—क्योंकि उस समय आपके पूर्वज जंगली थे। पेड़ों के हरे पत्तों के रस से अपनी नंगे देह को रँगाकर वे गुफाओं में रहते थे। हमारे पूर्वज क्या जंगलों में धर्मप्रचार करने आते? आपके हिसाब से आपकी संस्कृति बाल्यावस्था में है। बच्चों को जैसे हर वस्तु की हवस होती है, उसी तरह आप लोग भी भौतिक सुख-साधनों के लिए लालायित रहते हैं।

८. आप क्रिश्चियन नहीं हैं। यीशू द्वारा बताए गए धर्म तथा उसके मूल्यों का ज्ञान आपको कैसे हो सकता है?

विवेकानंद—गलत धारणा है आपकी। यीशू के उपदेशों का आकलन आप लोगों की अपेक्षा मुझे ही अधिक होगा, क्योंकि वे पूर्व के थे और मैं भी पूर्व का हूँ। वह

सर्वत्यागी संन्यासी और मैं भी। क्या आप लोग यीशू के बताए मार्ग पर चल रहे हैं? क्या आप लोग उनके उपदेशों को आचरण में ला रहे हैं? उन्होंने कहा था, 'आप अपनी सारी धन-दौलत गरीबों में बाँट दीजिए, फिर मेरे पास आइए।' क्या आप लोग ऐसा करते हैं? यीशू ने कहा था, 'तकिए की जगह मुझे ऊबड़-खाबड़ पत्थर भी चलेगा।' आज आप उसे वैसा पत्थर का तकिया भी नहीं दे सकते। आपके पास है केवल चिकना, चमकनेवाला संगमरमर। आपकी संपन्न दुनिया में उस बेचारे का घड़ी-दो घड़ी आकर आराम करना भी मुश्किल हो गया है। उसके वचनों का पहले आप लोग पालन करके तो दिखाइए।

९. आप वेद-धर्म का प्रचार कर रहे हैं, उसमें तो मूर्तिपूजा का उल्लेख भी नहीं है, फिर हिंदू मूर्तिपूजक क्यों हैं?

विवेकानंद—क्योंकि हमारे देश में हिमालय है। उस नगाधिराज के सामने मस्तक झुकना स्वाभाविक ही है।

१०. वेश्याएँ अपवित्रता की साक्षात् मूर्ति ही होती हैं। अमंगल के अलावा उनसे और कुछ काम होना संभव है क्या?

विवेकानंद—वेश्याओं को देखकर नाक मत सिकोड़िए। वे ही ढाल की तरह खड़ी होकर असंख्य सती-साध्वियों का लंपटों के अत्याचारों से संरक्षण कर रही हैं, इसलिए उनसे घृणा मत करिए।

इसी संदर्भ में विवेकानंदजी की एक उक्ति यहाँ दी जा रही है—

एक गुरुबंधु ने स्वामीजी को पत्र से सूचित किया कि दक्षिणेश्वर में श्रीरामकृष्ण-जन्मोत्सव के अवसर पर सैकड़ों वेश्याएँ दर्शनार्थ आती हैं। इस संबंध में उच्चकुलीन एक बंगाली भक्त का पत्र आया है। वे लिखती हैं, इन बाजारू औरतों की भीड़ के कारण बंगाली कुलीन परिवारों ने दक्षिणेश्वर में जाना बंद कर दिया है। इस प्रकरण में विवेकानंदजी का उत्तर इस प्रकार है—

"तुम्हारा पत्र मिला। इस पर मैं अपना दृढ़ मत व्यक्त करता हूँ। 'परमेश्वर' नामक संकल्पना की अभिव्यक्ति मूलत: पापी लोगों के लिए ही है, तथाकथित पुण्यवान् लोगों के लिए उतनी नहीं। जो भगवान् के मंदिर में जाकर भी अन्य लोगों की जाति तथा व्यवसाय के बारे में ध्यान देते हैं, उनका प्रभु से प्रेम नहीं है, इसीलिए वे 'सभ्य' माने जाते हैं, ऐसा प्रतीत होता है। ऐसे सभ्य लोग अपने ठाकुरजी का आदर नहीं कर सकते। उनकी संख्या का कम होना हमारे मिशन के लिए ठीक ही है। मैं प्रभु से प्रार्थना करता हूँ कि हजारों वेश्याएँ आएँ, दारूबाज आएँ, चोर आएँ, डाकू आएँ और श्रीचरणों में मस्तक नवाएँ, फिर एक भी तथाकथित सभ्य व्यक्ति अपने गुरुदेव को देखने के लिए दक्षिणेश्वर न आए तो भी कोई हर्ज नहीं है।

विवेकानंद और महाराष्ट्र

स्वामी विवेकानंदजी का जन्म हुआ बंगाल में, उनके कार्य का प्रारंभ हुआ मद्रास में, पर जीवित रहने से लेकर आज तक स्वामीजी सबसे अधिक श्रद्धेय माने जाते हैं महाराष्ट्र में। इसका सही कारण तो मैं नहीं बता सकता। इस परिशिष्ट में विवेकानंदजी का महाराष्ट्र से तथा महाराष्ट्र को विवेकानंदजी से कितना लगाव था, इसे विस्तारपूर्वक बताता हूँ।

इस परिशिष्ट को तीन भागों में बाँटा जा सकता है। पहले भाग में—स्वामीजी महाराष्ट्र में कितनी बार गए, कहाँ-कहाँ गए और वहाँ क्या हुआ आदि का विवरण। दूसरे भाग में—स्वामीजी का किन-किन महाराष्ट्रीय मान्यवरों से संपर्क हुआ, इसकी जानकारी तथा तीसरे में—विवेकानंदजी से जिन मराठी साहित्यकारों तथा राजनेताओं ने प्रेरणा प्राप्त की, उनमें से कुछ के द्वारा उनके बारे में प्रकट किए गए विचार।

एक

स्वामीजी महाराष्ट्र में कुल चार बार गए। प्रथम १८९२ के अप्रैल में, दूसरी बार उसी वर्ष जुलाई में, तीसरी बार अमेरिका जाने के लिए १८९३ के मई में तथा चौथी बार विदेश का दौरा समाप्त कर सन् १९०० के दिसंबर माह में।

पहली यात्रा

सन् १८९२ के अप्रैल-मई में बड़ौदा से लिंबड़ी के ठाकुर साहब के आग्रह के कारण स्वामीजी के महाबलेश्वर तथा पुणे जाने का उल्लेख पीछे किया जा चुका है। पुणे में स्वामीजी किसी एल्लप्पा बलरामजी के घर ठहरे थे। वहाँ पर स्वामीजी की एक सोराबजी परिवार के साथ नजदीकी बढ़ी। इस परिवार की एक लड़की कार्नेलिया सोराबजी आगे चलकर स्वामीजी के विरोधियों के गुट में शामिल हो गई।

उस समय स्वामीजी से मिलनेवालों में से एक पुणे के निवासी श्री शिवराम महादेव गोलेजी ने स्वामीजी के विचार प्रकाशित किए हैं।

१८९५ में गोपाल राव आगरकर की मृत्यु के बाद श्री गोलेजी फर्ग्यूसन महाविद्यालय के प्राचार्य नियुक्त हुए थे (सन् १८५८ से १९०७ तक)। प्राचार्य गोलेजी का 'हिंदू धर्म आणि सुधारणा' नामक पुस्तक १८९८ में मराठी भाषा में प्रकाशित हुई। पुस्तक की प्रस्तावना में वे लिखते हैं, ''स्वामीजी से मिलने कई लोग आए थे। कुछ जिज्ञासु उनसे प्रश्न पूछ रहे थे। इसलिए मैंने भी उनसे प्रश्न पूछा, स्वामीजी के विचारों में वेदांत तथा व्यावहारिक ज्ञान का एक सुंदर समन्वय दिखाई पड़ा, इसलिए उनका वैराग्य कुछ विचित्र सा लगा।''

विचित्र शब्द का प्रयोग मजेदार है। साधु और फकीर दुनियादारी के बारे में इतने सयानेपन से बोल सकते हैं, इसके बारे में उस समय कोई सोच भी नहीं सकता था। इसलिए उन्हें विवेकानंद का वैराग्य कुछ विचित्र-सा लगा।

कलाकार हो या दार्शनिक, सभाओं की अपेक्षा उनके विचार निजी बैठकों में अधिक खुलकर सामने आते हैं। विवेकानंदजी के बारे में भी यही था। पुणे में आपसी बातचीत में स्वामीजी ने खुलेपन से जो विचार व्यक्त किए, उन्हें गोलेजी ने अपनी पुस्तक में यथावत् लिखकर रखा है—

१. धर्म तथा सुधारवाद—ये दो भिन्न मार्ग हैं तथा एक को स्वीकार करने पर दूसरे को भूलना ही होगा। सुधारवाद का अर्थ सुधारना नहीं है। इन दो शब्दों के बारे में कोई गलतफहमी नहीं होनी चाहिए। सुधारवाद अर्थात् ज्ञान तथा संपत्ति की असीम पिपासा। फलस्वरूप ऐहिक सुख के प्रति परम आकर्षण। मन की ऐसी स्थिति तथा तदनुसार आचरण—इसी का नाम है सुधारवाद।

२. यीशू क्रिश्चियन थे, धर्मप्रणेता। उन्होंने दुःखी लोगों को धैर्य रखने तथा पारमार्थिक सुख में रमने के लिए कहा, यानी उनका वैसा प्रयत्न था, पर उनका धर्म अनुपयुक्त स्थान पर प्रचारित हुआ। यीशू ने जिस तत्त्व का उपदेश दिया, उसका पालन उसके अनुयायियों की अपेक्षा संत तुकारामजी ने अधिक किया।

३. यदि यह कहा जाए कि उसके अनुयायियों ने बिलकुल ही नहीं किया, क्योंकि उनके सिर पर सवार था सुधारवाद, तो वे धर्माचरण कैसे कर सकते थे? देशाभिमान यानी औरों की जमीन हड़पकर राजसत्ता को प्राप्त करना तथा युद्ध-प्रेम एवं क्रूरता की मन:स्थिति में रहे हैं यीशू के अनुयायी। क्रिश्चियन धर्म का विगत १९०० वर्षों का इतिहास पढ़ने पर विश्वास ही नहीं होता कि यह यीशू के अनुयायियों का इतिहास है। उसका एक भी पृष्ठ ऐसा नहीं है कि जिसे पढ़कर यीशू अपने अनुयायियों की पीठ थपथपाए। इसके विपरीत उसके अनुयायियों ने अपनी ऐहिक महत्त्वाकांक्षा के लिए उसकी दस आज्ञाओं को नष्ट किया है—यह देखकर वह दुःखी हो जाएगा।

प्राचार्य गोलेजी ने विवेकानंदजी द्वारा केवल २९ वर्ष की अवस्था में व्यक्त उक्त विचारों को शब्दबद्ध कर हम लोगों को उपकृत किया है। स्वामीजी के उक्त विचार गोवा में लैटिन भाषा के धर्मग्रंथों को पढ़कर और अधिक दृढ़ हुए। इसीलिए वह योद्धा संन्यासी यूरोप-अमेरिका में क्रिश्चियन धर्मानुयायियों पर झंझावत की तरह आक्रामक हो पाया और उसकी बेबाक, पर तर्कसंगत टीका इस ऐहिक दुनिया में रमी हुई जनता ने चुपचाप बरदाश्त की।

दूसरी यात्रा

पुणे से खंडवा इंदौर का चक्कर लगाकर स्वामीजी १८९२ की जुलाई के अंत में बंबई आ गए। वे जिन बैरिस्टर रामदास छबीलदास के घर रुके थे, वे कट्टर आर्य समाजी थे। "वेदों में ईश्वर के साकार रूप का यदि वर्णन होगा तो मैं आर्य समाज छोड़ दूँगा।" सेठ छबीलदासजी ने स्वामीजी से कहा।

स्वामीजी ने अनेक प्रमाण दिए। अंत में सेठजी ने अपने आर्यसमाजी होने का दुराग्रह त्याग दिया।

जूनागढ़ के दीवानजी को स्वामीजी बंबई से अपने २२ अगस्त के पत्र में सूचित करते हैं, "यहाँ के लोग स्थानीय अंधविश्वासों को ही धर्म मानते हैं। शुचिता, छुआछूत, खान-पान में ग्राह्य तथा वर्ज्य पदार्थ में ये बेचारे फँसकर रह गए हैं।"

धर्म यानी पूजा-पाठ, व्रत तथा फलाहार आदि नहीं है, यह स्वामीजी ने आजन्म जोर-शोर से कहा, पर उसका जरा भी प्रभाव नहीं हुआ, इसे आज भी हम लोग देख रहे हैं।

उसी पत्र में स्वामीजी आगे लिखते हैं, "मुझे यहाँ कुछ दुर्लभ संस्कृत ग्रंथ तथा उसे समझानेवाले एक सुयोग्य मार्गदर्शक प्राप्त हुए हैं, अन्यत्र ऐसा मणि-कांचन योग प्राप्त होना लगभग असंभव है। उस प्रकांड पंडित से उन क्लिष्ट ग्रंथों को समझे बिना मैं रामेश्वर की ओर नहीं जाऊँगा। अभी उसी काम में लगा हूँ और इसमें दो-तीन सप्ताह और लग सकते हैं।"

स्वामी विवेकानंद जैसे नरपुंगव तथा संस्कृत पर प्रभुत्व रखनेवाले ऋषितुल्य व्यक्ति को बंबई में संस्कृत सिखानेवाला ऐसा महापुरुष कौन प्राप्त हुआ। बंबई के 'टाइम्स ऑफ इंडिया' में स्वामीजी की मृत्यु के सात वर्षों बाद प्रकाशित एक पत्र से उनके नाम का पता चला। पत्र-लेखक थे, एस.एस. सेटलूर। १२ जुलाई, १९०९ को प्रकाशित पत्र इस प्रकार है, "बंबई में स्वामीजी का परिचय महामहोपाध्याय राजाराम शास्त्रीजी से हुआ। पंडित राजाराम शास्त्री वेदों के महान् पंडित थे। उनसे वेदाध्ययन करने के लिए स्वामीजी दक्षिण जाने की इच्छा होते हुए भी बंबई में बहुत दिन तक रुके रहे।"

महामहोपाध्याय पंडित राजारामशास्त्री जैसे अधिकारी मराठी पंडित से विवेकानंदजी ने एक महीने में संस्कृत भाषा तथा वेदों के क्लिष्ट कूटों को समझा। विदेश में लगभग सभी व्याख्यानों में उन्होंने वेदांत की महिमा का वर्णन किया है। पंडित राजाराम शास्त्री से प्राप्त ज्ञान उनके लिए निश्चय ही उपयुक्त सिद्ध हुआ।

स्वामीजी बंबई से पुणे गए। वे वहाँ लोकमान्य तिलकजी के यहाँ रुके थे। तिलक तथा विवेकानंदजी के बीच ८-१० दिनों में क्या संवाद हुआ, यह अभी अज्ञात है, पर तिलकजी ने स्वामीजी के बारे में जो अपना मत प्रकट किया, वह इस प्रकार है—

"स्वामीजी भी गीता के सार 'निष्काम कर्मयोग' को ही मानते हैं। उच्च वर्गीय विधवा मराठी स्त्रियों के बारे में स्वामीजी ने कहा था, (शायद तिलकजी से बोलते हुए) "यहाँ की महिलाएँ परदा प्रथा से मुक्त होने के कारण विधवा महिलाएँ धर्म तथा अध्यात्म के प्रचार के लिए अपना जीवन समर्पित कर सकती हैं।"

तीसरी यात्रा

खेत्री से दीवान जगमोहनसिंहजी के साथ अमेरिका जाने के लिए स्वामीजी बंबई आए। यह उनका महाराष्ट्र में तीसरा आगमन था। हिंदू धर्म तथा हिंदुत्व का विदेश में बिगुल बजाने झंझावाती हिंदू स्वामी विवेकानंदजी महाराष्ट्र की राजधानी बंबई से गए—यह एक विशेष बात है।

दीवान जगमोहनजी से उन्होंने एक घड़ी माँगी। 'सच्चिदानंद' के नाम से सौ कार्ड छपवा लें क्या? जगमोहनजी के इस प्रश्न पर स्वामीजी ने कहा, 'विवेकानंद' नाम छापा जाए। सन् १९८३ के मई महीने में विदेश यात्रा करने के लिए स्वामीजी ने और क्या-क्या किया—यह बात भी मजेदार है।

कपड़े रखने के लिए उन्हें ग्लैडस्टोन नामक कंपनी का कीमती बैग दिया गया। कुक कंपनी की ओर से उन्हें डॉलर देने की व्यवस्था की गई, और पोशाक? जगमोहनजी तथा मद्रास से आए अलसिंगा पेरूमल जैसे लाड़ले शिष्यों ने उनसे अंग्रेजी पोशाक बनवाने का आग्रह किया। स्वामीजी एक शर्त पर तैयार हुए, "केवल जहाज पर ही साहबी पोशाक पहनूँगा, शिकागो में नहीं।" उनकी शर्त मानते हुए भक्त-शिष्यों ने उनके लिए यूरोपियन पोशाक सिलवा दी।

अलसिंगा पेरूमल तथा जगमोहनजी स्वामीजी के साथ जहाज के डेक पर चढ़े। अलसिंगा ने स्वामीजी के छोटे भाई महेंद्रनाथ को जो पत्र लिखा, उससे स्वामीजी का साहबी पोशाक में दर्शन तथा स्वामीजी की प्रतिक्रिया समझ में आती है।

"स्वामीजी जहाज पर भगवे वस्त्र पहनकर नहीं चढ़े। वे एकदम साहबी परिधान में थे। बूट, पैंट, लंबा कोट। वे बहुत ही सुंदर दिखाई पड़ते थे। जिन्होंने उन्हें संन्यासी के रूप में देखा था, वे उन्हें पहचान ही न पाते। एकदम अलग व्यक्ति। चेहरे के भाव भी बदले हुए। चिरूट मुँह में लगाकर चहलकदमी कर रहे थे। बीच ही में रुकते, पर हम लोगों से बोलते नहीं थे। शायद उनके मनश्चक्षुओं के सामने रहा होगा भारतवर्ष। दीवान जगमोहनजी ने उनकी एकाग्रता भंग करते हुए कहा, 'पैंट थोड़ी लंबी हो गई न?'

गुरुदेव ने कहा, "मैं छोटेपन से विलायती पोशाक पहनने का आदी हूँ। यह पोशाक मैं कोई पहली बार नहीं पहन रहा हूँ।" गुरुदेव के तीखे तेवर देख दीवानजी चुप हो गए।

चौथी यात्रा

सन् १९०० के दिसंबर मास में स्वामीजी जहाज से बंबई के बंदरगाह पर उतरे। उस समय भी उनका पहनावा विलायती ही था, पर वे सीधे कलकत्ता जानेवाली गाड़ी में बैठ गए, किसी से भी नहीं मिले। विवेकानंदजी का महाराष्ट्र की भूमि को हुआ वह अंतिम पादस्पर्श था।

तिलकजी समेत कई लोगों ने उन्हें महाराष्ट्र आने का साग्रह निमंत्रण दिया था, पर शेष बचे केवल डेढ़ वर्ष के जीवन में वे महाराष्ट्र में फिर नहीं जा सके।

दो
विवेकानंद तथा लोकमान्य तिलक

श्रीमान् सयाजीराव गायकवाड़ से लेकर महामहोपाध्याय राजाराम शास्त्री तक अनेक नामचीन महाराष्ट्रीय लोगों से विवेकानंदजी के आंतरिक स्नेह-संबंध थे। उनमें से लोकमान्य तिलकजी प्रमुख थे।

सच तो यह है कि तिलकजी तथा विवेकानंदजी के स्वभाव तथा दृष्टिकोण में बहुत ही कम मामलों में साम्य था। संस्कृत तथा शास्त्रों के प्रति लगाव, स्वदेशप्रेम तथा जनमानस में दोनों के प्रति श्रद्धाभाव था—बस ये ही दोनों में समानताएँ थीं। एक और महत्त्वपूर्ण समान सूत्र यह था कि अंग्रेजी शासन ने इन दोनों को ही स्वाधीनता संग्राम का प्रेरणास्रोत माना था। सिडिशन कमेटी की रिपोर्ट के अनुसार, ''हिंदुस्तान में जो जनांदोलन चल रहा है, वह गुलामी से मुक्ति प्राप्त करने के लिए नहीं, अपितु वह है, हिंदू जाति के पुनर्जागरण का क्रमबद्ध षड्यंत्र तथा उसके सूत्रधार हैं—तिलक तथा विवेकानंद।''

सामाजिक जीवन की ओर देखने का दोनों का दृष्टिकोण एकदम अलग था। तिलकजी को तेली-तंबोलियों के नेता की उपाधि तुच्छ भाव से दिए जाने पर भी वे परंपरावादी थे। आगरकरजी से विरोध, कोल्हापुर महाराज के यज्ञोपवीत संस्कार के विरुद्ध लिखा हुआ लेख तथा हिंदू स्त्रियों की घरों में होनेवाली प्रताड़ना के विरुद्ध उनके समाचार-पत्र 'केसरी' का मौन आदि कुछ इसके उदाहरण हैं।

इसके विपरीत विवेकानंदजी सामाजिक परिवर्तन के पक्षधर थे। दलित, श्रमिक तथा भारतीय नारी के उत्थान के लिए, चातुर्वर्ण्य व्यवस्था के विरोध में विवेकानंदजी की उक्तियों तथा कृतियों का वर्णन पिछले पृष्ठों में पठनीय है।

तिलक तथा विवेकानंद एक-दूसरे का बहुत आदर करनेवाले मित्र थे।

सन् १८९७ के जनवरी महीने में जब स्वामीजी विदेश यात्रा से कोलंबो आए, तब उनके फोटो समाचार-पत्रों में प्रकाशित हुए। इससे पहले शिकागो के धर्मसम्मेलन में हिंदू

धर्म का डंका किसी विवेकानंद नामक व्यक्ति ने बजाया, यह समाचार भारतीय समाचार-पत्रों में प्रकाशित हुआ ही था। स्वयं तिलकजी ने अपने समाचार-पत्र 'केसरी' में ८ मई, १८९४ को 'शिकागो परिषद्' शीर्षक संपादकीय में विवेकानंदजी की वाणी की प्रशंसा की थी।

सन् १९०१ में कांग्रेस का अधिवेशन कलकत्ता में था। तिलकजी सर्वप्रथम स्वामीजी से मिलने बेलूर मठ गए। स्वामीजी बीमार थे। शिष्यों ने मुलाकात नहीं होने दी। तिलकजी अपना कार्ड देकर वहाँ से लौट आए। कार्ड देखते ही स्वामीजी ने पत्र लिखकर तिलकजी को बुला लिया। जहाज के किनारे लगते ही स्वामीजी ने उनका हाथ पकड़कर उन्हें उतार लिया।

स्वामीजी के महाराष्ट्रीयन शिष्य निश्चयानंदजी उस समय मठ में ही थे। वे लिखते हैं, "दोनों ने एक-दूसरे को गले लगा लिया। दोनों की ही आँखों में आनंदाश्रु भर आए थे। मठ-भवन के दक्षिण के मैदान में दोनों में चर्चा हुई। उनके आस-पास जाने की सबको मनाही थी।"

तिलकजी अनेक बार बेलूर गए। हर बार उनकी तथा स्वामीजी की व्यक्तिगत बैठक हुई। उसी में हिंदू पुनर्जागरण का कार्यक्रम बनाया गया, ऐसा अंदाज सिडिशन समिति ने व्यक्त किया है। क्या चर्चा हुई होगी, इसका तीन भारतीय लोगों ने जो अंदाज लगाया, वह इस प्रकार है—

विष्णु विनायक रानडे—राजकीय नीति स्वावलंबन पर आधारित हो। अंग्रेजी सरकार को परेशानी में डालना, जगह-जगह रुकावटें पैदा कर अंग्रेजी सरकार को हार मानने के लिए बाध्य करना।

कुमुदबंधु सेन—चाफेकर बंधुओं की शहादत से प्रेरणा प्राप्त हो, इसलिए स्थान-स्थान पर उनके स्मारकों का निर्माण करना तथा वहाँ पूजा-उत्सव करना।

वासुकाका जोशी—तिलकजी राजनीति में तथा विवेकानंदजी धर्मक्षेत्र में नए क्रांतिकारी विचारों के साथ कार्य करें, यह निर्णय उस गुप्त वार्त्ता में लिया गया।

उन दो दिग्गजों में क्या चर्चा हुई, इस मुद्दे को फिलहाल एक ओर रखकर उस चर्चा का फल क्या निकला, इसका आचार्य विनोबा भावेजी ने बड़ा ही तर्कसंगत वर्णन किया है। वे लिखते हैं, "विवेकानंदजी ने तिलकजी को काफी प्रभावित किया था। 'दरिद्रनारायण' शब्द विवेकानंदजी ने ही प्रचलित किया था। गरीबों को 'नारायणस्वरूप' देखना, उनकी सेवा करना, यही ईश्वरभक्ति है, यह उन्होंने जोर देकर कहा था। सर्वहारा वर्ग के पहले प्रवक्ता हैं स्वामी विवेकानंद। दरिद्रनारायण की उपासना का आध्यात्मिक स्वरूप स्वामीजी ने साकार किया। उसी विचार को तिलकजी ने आंदोलन के रूप में जनता तक पहुँचाने में यश प्राप्त किया। उसी में से खड़ा हुआ जनांदोलन। गरीब-असहायों के

दु:खों को तिलकजी ने निर्भय होकर, प्रभावशाली भाषा में जनता तथा सरकार के सामने रखा। विवेकानंदजी के कार्य को राजनीतिक स्वरूप दिया तिलकजी ने।''

महात्मा गांधी ने भी विवेकानंदजी से प्रेरणा लेकर तिलकजी के कार्यों के पदचिह्नों को पूरे भारतवर्ष में पहुँचाने का काम किया।

फ्रेंच लेखक रोमा रोला लिखते हैं, ''तिलकजी द्वारा खड़े किए हुए महान् राजनीतिक आंदोलन का बीज विवेकानंदजी के राष्ट्रीय आह्वान में निहित है।''

सन् १९०१ में तिलकजी तथा स्वामीजी की हुई भेंट अंतिम थी।

स्वामीजी को तिलकजी के प्रति बहुत ही आदर था। रैंड साहब की हत्या के मामले में तिलकजी की हुई गिरफ्तारी को सुनकर वे बहुत दु:खी हुए। उनके गुरुबंधु तुरियानंद लिखते हैं, ''स्वामीजी तिलकजी के बारे में हमेशा गौरवोद्गार ही निकालते थे। वे तिलकजी के 'ओरायन' नामक ग्रंथ को पढ़ने के लिए सबसे कहते हैं। 'यूरोप-यात्रा की दैनंदिनी' नामक पुस्तक में स्वामीजी ने तिलकजी को 'वेदवाङ्मय पर एक अधिकारी पुरुष' के रूप में उद्धृत किया है।''

४ जुलाई, १९०२ को विवेकानंदजी पंचत्व में विलीन हो गए। ८ जुलाई के 'केसरी' में तिलकजी ने बड़ा ही भावपूर्ण लेख लिखा। विवेकानंद आदिशंकराचार्य के समकक्ष थे, यह बताते हुए एक परिच्छेद में तिलकजी लिखते हैं, ''हिंदू धर्म का उज्ज्वल स्वरूप हमारे देश में हुआ, यही हमारा अमूल्य धन तथा बल है तथा सारी दुनिया में उसका प्रचार-प्रसार करना ही हमारा सच्चा कर्तव्य है—ऐसा केवल बोलने ही वाले नहीं, अपितु पूरी दुनिया को यह सिद्ध कर दिखानेवाले सत्पुरुष, हजार-बारह सौ वर्ष पूर्व एक शंकराचार्य हो गए तथा उन्नीसवीं शताब्दी के अंत में दूसरे स्वामी विवेकानंदजी हुए।''

१९२० की फरवरी में श्रीरामकृष्णजी का जन्मोत्सव बंबई में बड़े ठाठ-बाट से संपन्न हुआ। अध्यक्ष पद पर आसीन थे, लोकमान्य तिलक। उन्होंने अपने अध्यक्षीय भाषण में कहा, ''यह बड़े दु:ख की बात है कि श्रीरामकृष्ण परमहंस तथा स्वामी विवेकानंदजी का पता सर्वप्रथम अमेरिका ने लगाया। इसका कारण यह है कि पाश्चात्य संस्कृति से सम्मोहित हम लोगों ने अपने महापुरुषों को पहचानने की क्षमता खो दी है।''

अंत में आपको बताने के लिए एक बड़ी ही प्यारी सी घटना मैंने सँजोकर रखी है, उसे अब बताता हूँ।

विवेकानंदजी ने तिलकजी के सामने एक प्रस्ताव रखा था तथा उसे स्वीकार करने में तिलकजी ने कोई आपत्ति नहीं की थी। विवेकानंदजी ने कहा था, ''कुछ समय के लिए मैं महाराष्ट्र में रहकर कार्य करता हूँ और आप बंगाल में रहकर कार्य करें।''

ऐसा हुआ होता तो? लेकिन इसके बाद स्वामीजी केवल सात महीने ही जीवित रहे। उनका महाराष्ट्र के प्रति लगाव उपर्युक्त वाक्य से स्पष्ट होता है।

विवेकानंद और मामा साहब वरेरकर

स्वामी विवेकानंदजी के साथ संबद्ध होनेवाले प्रसिद्ध मराठीभाषियों की सूची में तिलकजी के बाद दूसरा महत्त्वपूर्ण नाम है, नाटककार भार्गवराम विट्ठल वरेरकर उर्फ मामा साहब वरेरकर।

मामा वरेरकरजी को स्वामीजी का घनिष्ठ सान्निध्य प्राप्त हुआ था—यह बात बहुत ही अल्पविदित है। स्वयं मामाजी ने भी इसका बहुत प्रचार नहीं किया।

सन् १९६३ में विवेकानंद जन्मशताब्दी के उपलक्ष्य में मामाजी ने आकाशवाणी से हिंदी में अपनी स्मरण गाथा सुनाई। 'त्रिपथगा' तथा 'कादंबिनी' नामक हिंदी मासिक पत्रिका ने उसे शब्दशः प्रकाशित किया। उसमें से कुछ महत्त्वपूर्ण अंश यहाँ दिए जा रहे हैं—

"बचपन से संन्यस्त जीवन के प्रति मेरा आकर्षण था। मैं जब पाँच वर्ष का था, मेरे पिताजी के यहाँ अनेक संन्यासी आते थे। किशोर अवस्था में गौड़पादाचार्य के आसन के लिए जिन स्नातकों का चयन होना था, उसमें मेरा भी चयन हुआ था। स्वामी आत्मानंद सरस्वती मुझसे पुत्रवत् स्नेह करते थे। उनके मठ में रहनेवाले मेरे गुरु श्री भवानीशंकर सुखटनकरजी का मैं प्रिय शिष्य था, पर मेरी माताजी ने मुझे संन्यास नहीं लेने दिया। मातृ-आज्ञा के सामने मुझे झुकना पड़ा।

फिर आड़े आई, पितृआज्ञा। मुझे शादी नहीं करनी थी, पर पिताजी ने मेरे भावी ससुरजी को वचन दिया था। उन्हें वचनमुक्त करने के लिए विवश होकर मुझे शादी करनी पड़ी। मैं डाक विभाग में नौकरी करता था। शादी के कारण मेरा संन्यासी बनने का सपना चूर-चूर हो गया। मुझे शादी का इतना सदमा पहुँचा कि मैंने डॉक्टर से बीमार होने का झूठा प्रमाण-पत्र लेकर छुट्टी ले ली तथा घर छोड़कर नेपाल भाग गया।

अनेक घटनाएँ ऐसी हुईं कि मुझे नेपाल छोड़ना पड़ा। स्वामी विवेकानंदजी के सहयोगी स्वामी तुरियानंदजी तथा स्वरूपानंदजी के साथ मैं भारत वापस आ गया।

स्वामी विवेकानंदजी के अल्मोड़ा में होने की बात उनके गुरुबंधुओं से ज्ञात हुई। मैं अल्मोड़ा पहुँचा। स्वामीजी के पदकमलों पर मत्था टेकने की कितने ही वर्षों की मेरी इच्छा पूरी हुई। स्वामीजी ने मेरे सिर पर हाथ रखा। थोड़ी सी पूछताछ की और मुझे रहने की आज्ञा दी। अपने मन की इच्छा मैंने उस पहली मुलाकात में छिपाकर रखी।

अल्मोड़ा में संन्यासियों की उस जमात में मैं आनंद से रहने लगा। स्वामी तुरियानंद, सदानंद, स्वरूपानंद तथा निरंजनानंद आदि महानुभावों के अलावा कु. मागरिट नोबल सहित चार विदेशी शिष्याएँ भी वहाँ थीं। स्वामीजी उन्हें अपने महाकाव्य की कथाएँ सुनाते थे। मुझे वे सारी मालूम थीं, पर स्वामीजी की वाणी से सुनते हुए पात्र सजीव तथा प्रसंग चित्रमय हो जाते थे—ऐसा मुझे अनुभव हुआ। वहीं पर मेरा बंगाली भाषा से प्रथम परिचय हुआ।

मैं पूर्णत: आश्रमवासी हो गया। भोर में सब लोग ध्यान के लिए बैठते। मैं भी बैठने लगा, पर आँखें बंद कर ध्यान नहीं लगाता था, बल्कि ध्यानस्थ स्वामीजी का तेज:पुंज, प्रशांत मुखमंडल अपलक निहारता रहता था। स्वामीजी दो घंटे ध्यानस्थ बैठते थे। उनके उठने तक औरों को उठने की अनुमति नहीं थी।

ध्यान-धारणा करने में मेरी कोई रुचि नहीं थी। मुझे केवल संन्यासी बनना था। स्वामीजी से एकांत में बातें करनी थीं। एक दिन ध्यान के बाद वह अवसर प्राप्त हुआ। स्वामीजी अकेले ही चहलकदमी कर रहे थे। मैं उनके पास गया। उन्होंने अंग्रेजी में पूछा, Well, my boy, what do you want? (बेटा, तुझे क्या चाहिए?) मैंने तुरंत उनके चरण पकड़ लिए तथा उनसे दीक्षा देने की याचना की। स्वामीजी एक पेड़ के नीचे बैठ गए। उन्होंने मेरे सारे पूर्वजीवन को जानने की इच्छा व्यक्त की। उन्हें जब यह मालूम हुआ कि मैं विवाहित हूँ, तो मेरे सिर पर हाथ फेरते हुए उन्होंने कहा, "भोले बालक, संन्यासी होना बड़े भाग्य की बात है, पर वह भाग्य तुम्हारे पक्ष में नहीं है। तुम्हारी शादी हुई है, तुम संन्यास ग्रहण नहीं कर सकते।"

मैं आसमान से धरती पर गिरा। मेरी महत्त्वाकांक्षा चूर-चूर हो गई। मैं सिसक-सिसककर रोने लगा। स्वामीजी ने मुझे अपने बाहुपाश में लेकर सांत्वना देते हुए कहा, "तुम्हारे भाग्य में संन्यास-योग निश्चित है। तुम्हारे प्रौढ़ होने पर तुम्हें संन्यासावस्था प्राप्त होगी। मैं स्पष्ट देख रहा हूँ कि तुम्हारे हाथों से महान् कार्य होनेवाला है। अब तुम घर जाओ, नौकरी करो, पर तुम नौकरी करनेवालों में से नहीं हो, यह समझ लो। तुम मुक्त, स्वतंत्र हो। मैं अब कश्मीर जा रहा हूँ। कलकत्ता वापस आकर मैं तुरंत विदेश जाऊँगा। वहाँ से वापस आने पर तुम मुझसे कलकत्ते में मिलना, भूलना नहीं। नहीं तो पछताओगे।"

मैंने निराश होकर अल्मोड़ा छोड़ा। उपर्युक्त घटना थी सन् १८९८ की। मामा वरेरकर स्वामीजी की आज्ञा मानकर नौकरी पर लौट आए। दो साल के बाद उनके पिताजी की मृत्यु हो गई। संन्यास लेने की इच्छा पुन: बलवती हुई। सन् १९०१ में वे बेलूर मठ गए। विवेकानंदजी द्वारा संथाल मजदूरों को भरपेट खाना खिलानेवाला जो प्रसंग पाँचवें भाग में आया है, उस समय मामा वहाँ उपस्थित थे। उसका विस्तृत वर्णन कर मामा आगे बताते हैं—

"मैंने फिर स्वामीजी के सामने अपने मन की व्यथा कही। उन्होंने कहा, 'बेटा, इस रामकृष्ण मठ को अपना ही घर समझो। संन्यास लेने की जरूरत नहीं है। राखाल महाराज (गुरुबंधु स्वामी ब्रह्मानंद) तुम्हें मंत्रदीक्षा देंगे। वही संन्यास है, ऐसा समझो। आज मैंने जी.सी. (प्रख्यात नट एवं नाटककार गिरीश चंद्र घोष) को मठ में बुलाया है।'

गिरीशबाबू के आते ही स्वामीजी ने उनसे कहा, 'इसे अपना बालक समझकर

इसका विकास करिए। आपकी नाट्य-परंपरा को आपका वारिस बनकर यही आगे बढ़ाएगा। इसका जन्म ही नाट्य-लेखन के लिए हुआ है। यह नाट्य-कला को ऊँचाई पर पहुँचाएगा। मैं इसे आपके हवाले कर रहा हूँ।'

गिरीशबाबू ने मुझे पुत्रवत् मानकर मेरा पालन-पोषण किया। स्वामीजी का स्वास्थ्य काफी गिरा हुआ था। वे निराश हो गए थे। कार्य की प्रगति में रुकावट के लिए वे दुःख व्यक्त कर रहे थे। उनकी अमृतवाणी मैं ध्यान से सुनता था।

स्वामीजी की मृत्यु हुए आज ६१ वर्ष हो गए, पर उस वीरेश्वर की वह तेजोमयी मूर्ति आज भी मेरे मानसपटल पर यथावत् अंकित है। उनकी यह वैदिक घोषणा आज भी मेरे कानों में गूँज रही है 'उत्तिष्ठत, जाग्रत्, प्राप्य वरान्निबोधत।' "

भा.वि. वरेरकरजी के साहित्य का मराठी की समीक्षकों ने क्या मूल्यांकन किया है, यह मैं नहीं जानता, पर स्वामी विवेकानंदजी की भविष्यवाणी सही साबित हुई। ३६ नाटक, २६ उपन्यास, २५ रहस्यकथाएँ, एकांकियों के ६ संग्रह, कहानियों के ४ संग्रह, लगभग १०० लेख, ४ खंडों में आत्मचरित्र तथा शरतचंद्र चटर्जी के २१ उपन्यासों तथा ३ कहानी संग्रहों, बंकिमचंद्रजी के १२ उपन्यासों, प्रभात कुमार मुखोपाध्यायजी के ३ उपन्यासों तथा रवींद्रनाथजी की कुछ साहित्य-कृतियों का मराठी में अनुवाद कर मामा वरेरकरजी ने मराठी साहित्य को बहुत समृद्ध किया। दूसरी बात यह है कि आधुनिक मराठी साहित्यकारों में पूरे भारतवर्ष में ख्याति प्राप्त करनेवाले वरेरकर प्रथम साहित्यकार हैं।

तीन

स्वामी विवेकानंदजी से अनेक साहित्यकारों तथा नेताओं ने प्रेरणा प्राप्त की। उनमें से कुछ के कार्य तथा उनके द्वारा प्रकट किए हुए विचार प्रशंसनीय हैं।

कृष्णाजी नारायण आठल्ये

कृष्णाजी नारायण आठल्येजी का कार्य दो कारणों से महत्त्वपूर्ण है। पहला यह कि उन्होंने विवेकानंदजी का चरित्र स्वामीजी की जीवितावस्था में ही मराठी में सन् १८९८ में लिखा। दूसरा यह कि उनके लिखे चरित्र को पढ़कर जिन असंख्य युवकों ने प्रेरणा प्राप्त की, उनमें क्रांतिकारियों के कोहिनूर स्वातंत्र्यवीर वी.दा. सावरकर भी हैं।

श्री आठल्येजी को 'महाराष्ट्र भाषा चित्रमयूर' की लंबी उपाधि प्राप्त थी। वे 'केरल कोकिल' नामक एक मासिक पत्रिका का संचालन करते थे। सन् १८९७ में विवेकानंदजी की प्रकाशित पुस्तकें उनके हाथ लगीं। उन्हें पढ़कर वे मुग्ध हो गए। उनका मराठी भाषा में अनुवाद कर उन्हें प्रकाशित करने का उन्होंने निर्णय किया। सन् १८९८

की जनवरी से 'राजयोग' ग्रंथ के मराठी अनुवाद का प्रकाशन प्रारंभ हो गया। उसी के साथ रामकृष्णजी का छोटा-सा चरित्र 'सुलभ वेदांत' शीर्षक से परमहंसजी के उपदेश, स्वामीजी का चरित्र तथा उनके 'कर्मयोग' नामक ग्रंथ का संक्षिप्त अनुवाद आठल्येजी ने सन् १८९८ में प्रकाशित किया था।

बंगाली या अन्य भारतीय भाषाएँ ही नहीं, अपितु दुनिया की किसी भी भाषा में स्वामीजी का चरित्र सन् १८९८ में किसी ने नहीं लिखा। उसे लिखकर प्रकाशित करनेवाले श्री कृ.ना. आठल्ये महाराष्ट्र के गरिमायुक्त व्यक्ति थे। सन् १९०० की जनवरी तक 'केरल कोकिल' में स्वामीजी का चरित्र प्रकाशित होता था।

स्वातंत्र्यवीर सावरकर

लोकमान्य तिलक तथा विनोबा भावेजी के बारे में पहले ही लिखा जा चुका है। अन्य महत्त्वपूर्ण लेखकों में पहला नाम है, हरिभाऊ आप्टेजी का। उनके 'मी', 'कर्मयोग', 'आजय' आदि उपन्यासों में भावानंद, रामानंद, अभेदानंद आदि पात्र विवेकानंदजी की प्रेरणा से ही आप्टेजी ने गढ़े हैं। प्रख्यात विचारक पु.ग. सहस्रबुद्धे तथा सानेगुरुजी ने भी विवेकानंदजी पर विचारोत्तेजक लेखन किया है।

विवेकानंदजी को प्रेरणास्रोत मानकर महान् कार्य किया स्वातंत्र्यवीर सावरकरजी ने। सावरकरजी के कुछ लेखों में 'केरल कोकिल' तथा उसके संपादक का नाम कई बार आया है अर्थात् रामकृष्ण-विवेकानंदजी के कार्य का परिचय उन्हें उस मासिक पत्रिका के माध्यम से ही हुआ होगा। सावरकरजी लिखते हैं, "सन् १८९८-९९ के बीच उनके बड़े भाई गणेश पंत उर्फ बाबा बीस साल के थे। वेदांत की विजयपताका फहराकर स्वामी विवेकानंदजी भारतवर्ष में वापस आए थे। पूरा भारतवर्ष उनके वेदांत के व्याख्यानों तथा 'राजयोग', 'कर्मयोग' आदि ग्रंथों से सम्मोहित हुआ था।" यह सारा साहित्य बाबा पढ़ते थे तथा सावरकरजी को भी देते थे। एक लेख के द्वारा ज्ञात हुआ कि निर्विकल्प समाधि का प्रत्यक्ष अनुभव प्राप्त किए हुए राजयोगी (विवेकानंदजी) मायावती में एक आश्रम का निर्माण कर रहे हैं तथा वे वहाँ सभी साधकों को राजयोग की शिक्षा देनेवाले हैं। बाबा तुरंत मायावती जाने के लिए तैयार हो गए। स्वामीजी का सत्संग उन्हें यदि प्राप्त हुआ होता, तो उनके जीवन की दिशा ही बदल जाती, पर उसी समय गाँव में 'प्लेग' का प्रकोप हुआ। उसमें उनके पिताजी की मृत्यु हो गई तथा उनके कुछ परिजन भी बीमार हो गए, इसलिए बाबा मायावती नहीं जा पाए।

२३ दिसंबर, १९१० को सावरकरजी को दो उम्रकैद (५० वर्ष) की सजा सुनाई गई थी। अंडमान में रवानगी होने के पहले उन्हें एक महीना बंबई की जेल में तथा कुछ दिनों तक पुणे की जेल में रखा गया था।

सावरकरजी ने जेल-जीवन के प्रारंभ के दिनों का बड़ा ही रोचक वर्णन अपनी 'सप्तर्षि' शीर्षक दीर्घ कविता में किया है। उनमें से कुछ पंक्तियों का भावानुवाद दे रहा हूँ—

"उस समय मेरे दैवत थे स्वामी विवेकानंदजी। महाविरागी, पृथ्वीदेव श्री भगवान् रामकृष्णजी के शिष्योत्तम स्वामी विवेकानंदजी। हम भौतिकवादी तथा अश्रद्ध लोगों के मन में सत्य तथा असत्य के विषय में सतत द्वंद्व चलता रहता है, पर स्वामीजी जब पतंजलि तथा कपिल के सूक्ष्म तत्त्व हमें हमारी भौतिकवादी भाषा में समझाते हैं, तब उन पर हमें श्रद्धा होने लगती है। उनके तर्कसंगत युक्तिवाद के कारण मुझे विश्वास हो गया है कि योग कोई गोपनीय रहस्य न होकर, एक विशुद्ध शास्त्र है। इसका मुझे विश्वास होने पर मैं दिन भर की सख्त मजदूरी के बाद प्रतिदिन सायंकाल हाथ-पैर धोकर योगिराज का 'राजयोग' ग्रंथ पढ़ता था। आहा! शांतिरस का वह प्याला एक क्षण भी दृष्टि से दूर करने की इच्छा नहीं होती थी। उस ग्रंथ में स्थित समाधिस्थ चित्र को भगवान् की मूर्ति मानकर, प्रणाम कर मैं ध्यान लगाता था। दृष्टि को नासिकाग्र पर स्थिर रखकर मेरे ध्यान प्रारंभ करते ही चंचल मन स्थिर हो जाता। साधुजनों के लिए भी जो निग्रह करना कठिन था, वह मेरे जैसे अनभ्यस्त जीव के लिए तो असंभव ही था। मेरी बुद्धि एकाग्र हुए मेरे मन को बहला-फुसलाकर उसे पुन: इंद्रियों के जाल में फँसाना चाहती, पर मेरे पास मन की एकाग्रता का एक कोना था और वह था, हिंदुस्तान की स्वतंत्रता के लिए लिया गया व्रत। उस मूल्यवान् धरोहर का मैंने ध्यान के लिए उपयोग किया, फिर मन की स्वच्छंद गति पर कुछ अंकुश लगा। चंचल मन ध्यानमग्न होने लगा और मैं आत्मरति की सुखद अनुभूति का आस्वाद चखने लगा। धीरे-धीरे अंत:करण में शांतिरस का उदात्त झरना बहने लगा और कैवल्यानंद के तुषारबिंदु प्रस्फुटित होने लगे। हे प्रभो स्वामी! आपके अदृश्य चरणों की कणमात्र भी कृपा हो जाए, तो मेरे जैसे त्रितापदग्ध शरणागतों के हृदय शीतल हो जाएँ।"

कारागृह के आरंभिक दिनों में उनकी जो मनोदशा थी, उसका भावपूर्ण चित्रण सावरकरजी ने 'सप्तर्षि' में किया है। उसके बाद 'ईश्वर है क्या?' नरेंद्र द्वारा श्रीरामकृष्णजी को पूछे गए इस प्रश्न का भी वर्णन है।

'राजयोग' नामक ग्रंथ का नित्य पठन करनेवाले सावरकरजी को उस ग्रंथ को अंडमान में ले जाने की अनुमति नहीं मिली। ठाणे कारागृह के कर्मचारी रा.बा. सोमण अपने संस्मरण में बताते हैं कि सावरकरजी की जिन-जिन वस्तुओं को जप्त कर नीलामी में बेचा गया, उनमें 'राजयोग' ग्रंथ भी था, ऐसा मुझे स्मरण हो रहा है।

अंडमान में अन्य अनेक लड़ाइयों के साथ ही सावरकरजी ने वहाँ पुस्तकालय प्रारंभ करने की लड़ाई भी लड़ी। इसमें वे सफल हुए तथा दो हजार पुस्तकों वाला एक

पुस्तकालय कैदियों को उपलब्ध कराया गया। तात्याराव लिखते हैं, "रामकृष्ण-विवेकानंदजी के चरित्र अनेक भाषाओं में देखने को मिले। हमने बंग साहित्य खूब पढ़ा है। 'श्रीरामकृष्णलीलामृत' के सारे खंडों को मैंने मूल बंगाली में ही पढ़ा है।"

स्वामी विवेकानंदजी की इच्छा थी कि जो हिंदू अपना धर्म छोड़कर अन्य धर्मावलंबी हो गए हैं, उन्हें पुनः अपने धर्म में लाने का प्रयत्न होना चाहिए। स्वामीजी की इस इच्छा को पूर्ण करने का काम स्वातंत्र्यवीर सावरकरजी ने अंडमान में ही प्रारंभ किया। 'माझी जन्मठेप' मराठी भाषा में लिखे अपने आत्मचरित्र में उन्होंने इसके उदाहरण दिए हैं।

अपने 'हिंदुत्व' ग्रंथ में भगिनी निवेदिता नामक अंग्रेजी कुमारिका द्वारा हिंदू धर्म को स्वीकार करने का वर्णन कर सावरकरजी ने भगिनी के विषय में अपनी श्रद्धा व्यक्त की है।

अंडमान से वापस आने पर सावरकरजी ने जातिप्रथा के विषवृक्ष को समूल उखाड़ फेंकने का जो कार्य हाथ में लिया, उसके प्रेरणास्रोत विवेकानंदजी ही थे।

जैसा कि पहले कहा जा चुका है, मामा वरेरकरजी विवेकानंदजी की प्रेरणा एवं आशीर्वाद से ही मराठी भाषा के एक महान् साहित्यकार बने थे। उन्होंने 'संन्याशाचा संसार' (संन्यासी की गृहस्थी) शीर्षक से एक मराठी भाषा में व्यंग्य नाटक लिखा, जिसमें आज के संन्यासियों की धनलोलुपता पर करारा प्रहार किया गया है। आगे वही संन्यासी स्वामीजी के जीवनदर्शन से प्रभावित होकर भूखे-नंगे गरीबों की सहायता करने के लिए अपना मठ भी बेचने को तैयार हो जाता है।

विवेकानंद तथा महाराष्ट्र के संबंधों के ये कुछ उदाहरण दिए गए हैं। कुछ समय तक महाराष्ट्र में रहकर कार्य करने की इच्छा रखनेवाले विवेकानंदजी के मन में मराठी भाषी महापुरुषों के लिए बड़ा ही आदर था। रानी लक्ष्मीबाई का जीवन-चरित्र उन्होंने कई बार अपने विदेशी शिष्यों को सुनाया था तथा हर बार उनकी आँखों में आँसू भर आते थे।

अमेरिका की पहली यात्रा से वापस आने पर जब यह मालूम हुआ कि स्वामीजी के पीछे अंग्रेजों के जासूस लगे हैं, तो उन्होंने कहा था, "जिस दिन शिवाजी महाराज आगरा से साधु का भगवा वेष धारण कर गायब हुए थे, उसी दिन से इस देश पर आक्रमण करनेवाले साम्राज्य-सत्ताधीशों के मन में संन्यासी के भगवे वेश के कारण दहशत बैठ गई है।"

ॐ नमो रामकृष्णाय।
ॐ नमो विवेकानंदाय।

□□□